Klartext

Uwe Knüpfer / Rolf Potthoff (Hg.)

1954

Das Jahr in der WAZ

Bibliografische Information der Deutschen Bibliothek
Die Deutsche Bibliothek verzeichnet diese Publikation
in der Deutschen Nationalbibliografie; detaillierte
bibliografische Daten sind im Internet
über http://dnb.ddb.de abrufbar.

1. Auflage Dezember 2003
Redaktion: Nina Grontzki, Achim Nöllenheidt
Satz und Gestaltung: Achim Nöllenheidt
Titelgestaltung: Dieter Pfennigwerth
Druck und Bindung: Koninklijke Wöhrmann B.V., Zutphen (NL)

ISBN 3-89861-284-8

Inhalt

Die WAZ erhält ein eigenes Haus

Von Siegfried Maruhn

1954 war das erste Jahr, das die WAZ-Mitarbeiter in einem neuen, eigenen Haus erlebten. Sie hatten das alte, noch die Spuren des Bombenkrieges tragende Gebäude in Bochum (gleich neben dem Rathaus), in dem sie 1948 vorübergehend untergekommen waren, verlassen und waren nach Essen, in die größte Stadt des Ruhrgebiets, umgezogen.

Das neue Haus, von dem Kölner Architekten P.F. Schneider erbaut, bildet noch heute den Kern des inzwischen auf ein Vielfaches angewachsenen Gebäudekomplexes, in dem nun die Mediengruppe WAZ zu Hause ist. Es war eine große Belastung, die der junge, gerade mal sechs Jahre alte Verlag auf sich genommen hatte. Aber er musste sich eine eigene Basis schaffen, ein eigenes Verlagshaus und eine eigene Druckerei mit der ganzen komplizierten und teuren Technik, die damals noch dazu gehörte. Der schärfer gewordene Konkurrenzkampf zwang dazu.

Karl Sabel, älteren WAZ-Lesern aus Essen noch als Leiter der Lokalredaktion bekannt, hat das neue Haus in lyrischen Tönen besungen. „Diese Zeit verschmäht das Prächtige und den Überschwang, sie sucht das Klare und Übersehbare," schreibt er in einem Bildband, mit dem das neue Haus 1954 vorgestellt wurde. „Ein Bürohaus ist kein Palast. Es soll in der Ansicht so ordentlich sein, wie die Arbeit, die in ihm erwartet wird. Im Betonraster aus Stützen und Balken erscheint das nach außen tretende Bild typisch für die Aufgabe eines Bürohauses; ein Raster, streng und unnachsichtlich wie ein Rechenblatt. Und doch gebaut, und das heißt lebendig gemacht, durch die rechte Zuordnung des Großen und Kleinen, des mächtigen Gevierts des Betonrahmens und der in Harmonie zu ihm bemessenen Rechtecke der Fenster, der farbfrohen Klinkerbänder zwischen den Betonträgern und des leicht zurücktretenden Dachaufbaus." Wer will, kann sich dieses Gebäude, kaum verändert, an der Ecke Friedrich- und Sachsenstraße noch heute ansehen.

Im fünfgeschossigen Hauptgebäude waren die Zentralredaktion und der komplette Verlag untergebracht. Der niedrigere, in leichtem Schwung der Friedrichstraße folgende Seitenflügel enthielt die Technik, im Erdgeschoss die mächtigen neuen Rotationsmaschinen, die auf zwei Werken in wenigen Stunden etwa die Hälfte der Auflage produzierten (die andere Hälfte wurde weiterhin bei Laupenmühlen in Bochum und einigen kleineren Druckereien hergestellt) und in den beiden Stockwerken darüber die Hand- und die Maschinensetzerei, die Korrektur und was sonst noch zur Vorbereitung des Drucks gehörte. Die Vergangenheitsform ist wichtig, denn diese drei Bereiche sind mit einigen anderen aus der Zeitungstechnik verschwunden. Computer haben diese Aufgaben zum Teil der Redakteursarbeit gemacht.

Auch sonst hat sich manches verändert. Die Rotationsmaschinen, die man einst von der Straße aus durch große Fenster bei der Arbeit bewundern konnte, haben ein eigenes, gewaltigeres Gebäude an der Schederhofstraße bekommen. An der alten Stelle wartet das Archiv mit seinen Tausenden von Bänden, Büchern und Zeitungsausschnitten darauf,

Nachrichtenverarbeitung in den Fünfzigern: Redakteure der Westdeutschen Allgemeinen Zeitung bei der Arbeit.

ebenfalls von Computern geschluckt zu werden. Anderes aber ist überraschend unverändert geblieben. Das alte Verlegerzimmer und der Konferenzraum der Redaktion verharren tief in der damals neuen Sachlichkeit der fünfziger Jahre, komplett mit Tütenlampen aus Messing und Resopalbeschichteten Tischflächen.

Verschwunden, verkleinert, umgeformt ist der 1954 als repräsentativ empfundene Eingangsbereich. Damals stellte eine Plastik des Künstlers Berke stolz das Verbreitungsgebiet der jungen Zeitung vor. Sie ist nicht mit umgezogen in das neue, ebenfalls eher bescheidene Verlagshaus auf der anderen Seite der Straße, sondern pietätlos entsorgt worden. Eine Zeitung für das ganze Ruhrgebiet, das war das Programm der WAZ, und es war auch der Schlüssel für ihren Erfolg. Karl Sabel wies im Text noch vorsichtig formulierend darauf hin: „Die Westdeutsche Allgemeine hat die meisten Abonnenten aller deutschen Tageszeitungen."

Die WAZ war schon damals die größte deutsche Regionalzeitung, wie sie sich heute selbst charakterisiert. Sie wuchs im Wesentlichen durch freien Entscheid neuer Leser, in bescheidenerem Maß aber auch durch den Hinzukauf von kleineren Zeitungen. Der größte solche Einzelankauf erfolgte im Juni 1954. Ein Altverleger hatte nach dem Ende der Lizenzierungspflicht versucht, seine „Essener Allgemeine" aus der Vorkriegszeit wieder zu beleben. Er ging dabei nicht gerade zimperlich vor. Die WAZ wurde im Abonnementpreis deutlich unterboten, außerdem gab es die Essener Allgemeine nicht nur, wie branchenüblich, sechsmal in der Woche, sondern ohne Mehrpreis auch am Sonntag. Notgedrungen ging die WAZ auf dieses Dumping ein. Doch hätte sie sich das wahrscheinlich sparen können. Die Essener Leser hatten sich an die neue Art des Zeitungmachens gewöhnt und wollten nicht zu den alten Blättern zurückkehren. Schließlich gab der Altverleger auf und verkaufte die Essener Allgemeine bzw. deren Abonnentenstamm an die WAZ. Weil der Kaufpreis, wie bei solchen Transaktionen üblich, nach der Zahl der tatsächlich verbleibenden Abonnenten bemessen wurde, musste strengste Geheimhaltung vereinbart werden. So kam es, dass die Redakteure der Essener Allgemeine an einem Sonntagabend noch fleißig an der Berichterstattung über das Ergebnis der Landtagswahlen in NRW arbeiteten, als sie erfuhren, ihre Zeitung werde am nächsten Morgen nicht mehr erscheinen.

Es war ein traumatisches Erlebnis auch für die Kollegen in der WAZ-Redaktion. Bei späteren großen Zusammenschlüssen, so mit der Westfälischen Rundschau und der Neuen Ruhr Zeitung, blieben die Zeitungen und ihre Redaktionen erhalten. Verschmolzen wurden nur noch die kaufmännischen und technischen Bereiche.

Die WAZ, die im Frühjahr des Jahres bereits eine Auflage von 286.000 Exemplaren gemeldet hatte, überschritt damit die 300.000-Marke. Die kritischen Anfangsjahre waren vorüber.

Der Sitz der Westdeutschen Allgemeinen Zeitung an der Essener Friedrichstraße in einer Aufnahme aus den fünfziger Jahren. Neben dem Haupthaus (rechts) schließt sich seitlich das Haus der Setzerei und der Druckmaschinen an.

1954
Auf in die Normalität

Von Uwe Knüpfer

„Rahn müsste schießen ... Rahn schießt!“ Kein Ruf, kein Zitat aus dem Jahr 1954 hallte länger nach, jedenfalls in deutschen Ohren. Die Fußballnationalmannschaft wurde Weltmeister. Deutsche durften wieder jubeln. Die unmittelbare Nachkriegszeit war vorüber. Viel Verkrampfung löste sich in diesem Schrei: „Tor, Tor, Tor!“

Die Bundesrepublik wurde von Bonn aus regiert und zu einem stabilen Staat. Man richtete sich ein. Extremistische Parteien fanden kaum noch Wähler. Die Wirtschaft wuchs. Es sprossen kühne Träume: vom Urlaub in Italien, vom eigenen Auto. Träume, die sich, man ahnte es, erfüllen lassen würden.

Allgegenwärtig war noch das Leid der Vertriebenen, Flüchtlinge und heimkehrender Kriegsgefangener. Millionen mussten integriert werden. Über die Ursachen des Elends, also die Verbrechen der Nazis und ihrer Mitläufer, sprach man meistens lieber nicht. Auch aus überzeugten Nationalsozialisten waren brave Bundesbürger geworden.

Im Jahr zuvor hatten Deutsche im anderen Teil des Landes, in der DDR, der „Zone“, den Aufstand riskiert. Ein letztes Mal für lange Zeit schien die neue Nachkriegsordnung in Frage zu stehen. Der Aufstand war gewaltsam niedergeschlagen worden. Der Westen hatte zugesehen. Seither stand fest: Man würde sich an die DDR gewöhnen müssen. 1954 wurde der 17. Juni im Westen zum ersten Mal als Feiertag „begangen“. Die deutsche Frage war vertagt.

Die Überlebenden des Krieges und der Nachkriegszeit hatten genug „große Zeiten“ erlebt. Die Sehnsucht nach Ruhe und Beständigkeit, nach dem kleinen Glück im stillen Winkel, nach Frieden war groß. Fortschritt bestand nicht mehr im Vorrücken von Bataillonen oder der Entwicklung von Panzerwaffen, Fortschritt erschien jetzt in der Form neuartiger Waschmaschinen, Fernsehgeräte, Autos, Reiseziele.

Auch die beiden Weltmächte USA und Sowjetunion hatten kein Interesse an einer neuen Zuspitzung des Ost-West-Konflikts. Der blutige Koreakrieg war im Vorjahr beendet worden; mit einem Waffenstillstand. Niemand hatte gewonnen. An einer Neuauflage an anderer Stelle waren weder die Amerikaner noch die Sowjets interessiert.

Als die Franzosen den Indochinakrieg verloren und Vietnam geteilt wurde, ahnte noch niemand, dass hier der nächste „heiße“ Ost-West-Konflikt ausgetragen werden würde. Aus dem antikolonialistischen Befreiungskampf der Vietminh einen Stellvertreterkrieg zwischen Kommunismus und Kapitalismus zu machen, das blieb einer Generation überlassen, die 1954 erst noch heranwuchs.

Das Ruhrgebiet war ein deutscher Mikrokosmos. Kaum eine andere Region hatte ähnlich viele Zuzügler aufgenommen, war in ähnlicher Weise zerstört worden. 1954 war der bevölkerungsreichste Ballungsraum Deutschlands zwar wieder der industrielle Motor des Landes, aber seine Bevölkerung hatte sich neu gemischt – und noch lange nicht die Kraft, der Region einen Stempel aufzudrücken. Das Gesicht der Region prägten Kohle und Stahl.

Doch Zechen fuhren 1954 erstmals seit Gründung der Bundesrepublik Feierschichten. Das Ende der Montanzeit war noch fern, aber es deutete sich an.

Die Zeitung des Ruhrgebiets, die WAZ, war in nur sechs Jahren aus dem Nichts zu Deutschlands größter Regionalzeitung gewachsen. Redaktion und Technik gewöhnten sich 1954 an neue Räume an einem neuen Produktionsstandort. Die WAZ war aus Bochum nach Essen gezogen.

In den Ausgaben der Zeitung spiegeln sich das Weltgeschehen und das Alltagsleben in den Ruhrgebietsstädten. Mit diesem Buch holen wir ausgewählte Beiträge aus den Tiefen des Archivs – für unsere Leser von damals, aber auch für neugierige Nachgeborene. Wir glauben: wer sich in dieses Buch vertieft, wird sich bald fesseln lassen, sei es von der kleinen Nachricht am Rande, der vergessenen Schlagzeile oder der aus heutiger Sicht exotisch wirkenden Aufmachung mancher Anzeigen. Anderes wirkt verblüffend modern.

Wir haben versucht, in diesem Buch Beiträge so interessant zu mischen, wie die WAZ stets eine spannende Mischung aus ernsten Nachrichten, menschlichen Geschichten, Heiterem, aus präzisen Informationen und analytischen Hintergrundberichten aus Nah und Fern war und ist. Jedem der zwölf Monatskapitel haben wir einen Essay vorangestellt, mal über die Weltpolitik des Jahres 1954, mal über Modetrends.

Wir hoffen, damit vielen jungen und alten, heutigen und künftigen Lesern der WAZ eine Freude zu machen.

Deutschland-West – Deutschland-Ost

Die innenpolitische Lage in Westdeutschland ist stabil. Im September 1953 hat die CDU/CSU bei der 2. Bundestagswahl in der jungen Republik die absolute Mehrheit errungen und der jetzt 78-jährige Kanzler Konrad Adenauer (CDU) setzt 1954 seinen Kurs des Aufbaus beharrlich fort. Das von Wirtschaftsminister Prof. Ludwig Erhard (CDU) entwickelte Konzept der sozialen Marktwirtschaft trägt weiterhin reiche Früchte: Lebhafter Aufschwung kennzeichnet die Situation.

Frauen haben einen maßgeblichen Anteil an der Aufwärtsentwicklung. Als „Trümmerfrauen" im kriegszerstörten Deutschland hatten sie beim Wiederaufbau ihren Mann gestanden, jetzt sind sie an vielen Arbeitsplätzen zu finden. Und die Gesellschaft macht sich über die Rolle der berufstätigen Frau Gedanken. Auch parlamentarisch: Der Bundestag berät über die Gleichberechtigung von Mann und Frau und kommt in einem Gesetzentwurf zu dem Schluss: Die Frau soll berufstätig sein; aber nur, wenn sie ihre Rolle als Ehefrau und Mutter nicht vernachlässigt. Auch die große Ausstellung im Frühjahr in der Dortmunder Westfalenhalle „Die Frau und ihre Welt" vermittelt eine ähnliche Botschaft: Das Arbeitsfeld der Frau ist das Heim und der Herd.

Doch ist dies nicht die beherrschende Auseinandersetzung des Jahres – das politische Klima steht im Zeichen der scharfen Ost-West-Konfrontation. Mitten durch Deutschland verläuft der „Eiserne Vorhang" zwischen den westlich-demokratischen Staaten und dem kommunistischen „Ostblock". Noch relativ frisch ist die erst seit dem Ende des Zweiten Weltkriegs bestehende Teilung in Deutschland-West und Deutschland-Ost, der DDR. Die Trennung wird von Deutschen hüben wie drüben als schmerzlich empfunden. In den Scharen der aus der „Sowjetzone" in den Westen flüchtenden Menschen drückt sich die politische und soziale Kluft aus. Und zu einem Bekenntnis zur nationalen Zusammengehörigkeit wird der 17. Juni, der in diesem Jahr erstmals ein gesetzlicher Feiertag ist. Er ist der erste Jahrestag der Erinnerung an den Volksaufstand vom 17. Juni 1953 in vielen Orten der DDR gegen das Regime der Sozialistischen Einheitspartei Deutschlands, der SED.

Umso mehr erregt es Politik und Öffentlichkeit, als der Präsident des Bundesamtes für Verfassungsschutz, Otto John, im Juli in Ostberlin verschwindet. Ob Verräter oder Opfer einer Entführung – die wahren Hintergründe sind nicht zu klären.

Noch steht das Land unter der Kontrolle der Kriegs-Alliierten, noch herrscht im Ausland Misstrauen gegen die Nation, die nur 15 Jahre zuvor den Weltkrieg entfachte. Aber die Konflikte der politischen Systeme, im Westen unter der Führung der USA und im Osten unter dem Regime der Sowjetunion, werden schärfer, was somit eine völlig veränderte Lage schafft: Deutsche unter Waffen werden gebraucht.

Schon seit Jahren wird über die mögliche Gründung, über die Stärke und die internationale Einbettung einer neuen westdeutschen Armee diskutiert. Ein bedeutender Schritt zur Konkretisierung dieser Absicht erfolgt im März: Mit einer von den bürgerlich-konservativen getragenen Zwei-Drittel-Mehrheit beschließt der Bundestag in Bonn die „Kleine Wehrergänzung" zum Grundgesetz. Die SPD-Abgeordneten stimmen geschlossen mit Nein. Mit dieser Verfassungsänderung ist der Weg zur Einführung der Wehrpflicht frei. Aber der Weg in einen neuen, alten Militarismus soll es nicht sein. Tief sitzt noch die düstere Erinnerung an den Missbrauch deutscher Soldaten für verblendeten und ungehemmten Eroberungswahn. Eine andere Truppe soll es werden, eine Armee, die geprägt ist vom Geist der Demokratie. Zum Schlagwort wird die Charakterisierung: Der Soldat soll „Staatsbürger in Uniform" sein.

Zwar scheitert der Plan, die „Europäische Verteidigungsgemeinschaft" (EVG) mit Belgien, Frankreich, Italien, Luxemburg, den Niederlanden und der Bundesrepublik zu schaffen. Aber zur Einbindung von Westdeutschland reifen längst weitergehende Pläne.

Im Oktober tagen die wichtigsten westlichen Staaten in mehreren Konferenzrunden in London und Paris. Das entscheidende Ergebnis: Die Bundesrepublik soll im kommenden Jahr in die NATO aufgenommen werden und wieder die volle Souveränität erhalten. Kanzler Adenauer, der seit langem diese West-Einbindung anstrebte, ist am Ziel.

Rolf Potthoff

NUMMER 18 / VII. JAHRGANG FREITAG, 22. JANUAR 1954

WESTDEUTSCHE ALLGEMEINE

Einzelpreis 20 Pf — *Die unabhängige Zeitung des Ruhrgebiets* — Erscheint täglich (außer sonntags)

1. Atom-U-Boot in Amerika vom Stapel gelaufen

Eisenhower fordert 45 Milliarden Dollar für Sicherheitsprogramme

NEW YORK, 21. Januar

Das erste Unterseeboot der Welt, das mit Atomenergie angetrieben wird, lief am Donnerstag in Croton (Connecticut) vom Stapel. Während Frau Eisenhower das U-Boot auf den Namen „Nautilus" taufte, legte Präsident Eisenhower in Washington dem Kongreß seinen Haushalts-Voranschlag für 1954/55 vor, der erhöhte Ausgaben für Atomforschung und Atomkonstruktionen vorsieht. Von rund 66 Mrd. Dollar Ausgaben entfallen 45 Mrd. auf die „großen Sicherheitsprogramme".

Der Stapellauf der „Nautilus" ist ein Wendepunkt in der Geschichte der Seefahrt. Ihr Brennstoff ist Uran 235. Theoretisch kann sie untergetaucht die ganze Welt umfahren, ohne aufzutauchen. Das Herzstück der Maschinenanlage ist eine Kernreaktion-Konstruktion, die Wärme zur Dampferzeugung liefert. Der Dampf treibt eine Turbine an und diese die Schiffsschraube. Ein zweites Atom-U-Boot ist auf Kiel gelegt.

Der Budget-Voranschlag Eisenhowers zeigt die radikale Umstellung der USA-Verteidigungsplanung. Den Vorrang hat neben der Atomforschung der Aufbau der Luftstreitkräfte, während Land- und Seestreitkräfte verringert werden.

Für Besatzungsausgaben in der Bundesrepublik und Österreich sind 15,5 Mill. Dollar (etwa vier Mill. weniger als im Vorjahr) vorgesehen. (dpa/ap)

Das erste Atom-U-Boot

... der Welt ist am Donnerstag in Croton, Connecticut, vom Stapel gelaufen. Es wurde von Mrs. Eisenhower, der Frau des USA-Präsidenten, auf den Namen „Nautilus" getauft. up-Funkbild

Im Zuchthaus geboren

... wurde die jetzt fünf Jahre alte Viktoria Hoffmann. Die Mutter war im Februar 1948 in der Sowjetzone verhaftet und in das Zuchthaus Bautzen wegen „Spionage" eingeliefert worden. Dort erblickte die kleine Viktoria am 13. Juni 1948 das Licht der Welt. Mutter und Tochter wurden dann getrennt, und zwar kam das Kind in ein Kinderheim bei Leipzig, während die Mutter in das Frauengefängnis Hoheneck gebracht wurde. Drei Tage vor ihrer Entlassung wurde die kleine Viktoria der glücklichen Mutter wieder zurückgegeben. Unser Bild zeigt die beiden zusammen mit einer Rot-Kreuz-Schwester in der DRK-Baracke des Lagers Friedland kurz nach ihrer Ankunft am Mittwochabend. Am Donnerstag trafen wiederum weitere 22 amnestierte Häftlinge, unter ihnen vier Frauen, im Bundesgebiet ein. ap-Bild

Berlin begrüßt Viererkonferenz mit drei Minuten Schweigen

Verzicht auf Demonstrationen – Technische Fragen geklärt

BERLIN, 21. Januar

Vor dem Berliner Abgeordnetenhaus riefen der Regierende Bürgermeister von Berlin, Dr. Schreiber, und die Oppositionsführer Franz Neumann (SPD) am Donnerstag die Bevölkerung der Stadt auf, am Montag zu Beginn der Konferenz drei Minuten schweigend zu verharren und gleichzeitig eine Verkehrsruhe einzuhalten. West-Berlin will die Teilnehmer an der Viererkonferenz weiter mit einem Aufruf begrüßen, in dem ihren Verhandlungen ein guter Erfolg gewünscht wird. Alle Deutschen wünschten sehnlichst, daß die Besprechungen zu einem guten Ergebnis kommen. Am Sonntag werden von den Kirchen in Ost- und West-Berlin die Glocken zu einem Gebet für den Frieden rufen.

Vertreter aller politischen Parteien und Organisationen in West-Berlin haben weiter vereinbart, während der Viererkonferenz auf jede Demonstration zu verzichten.

Inzwischen haben sich die Sachverständigen der vier Mächte über die hauptsächlichen Fragen der technischen Konferenz-Vorbereitungen geeinigt. In Sicherheitsfragen sollen die Westmächte in West-Berlin und die Sowjets in Ost-Berlin verantwortlich sein. Auf dem Weg zu den jeweiligen Konferenzstätten werden die Außenminister von ihren eigenen Leibwachen und Sicherheitsbeamten begleitet werden. (dpa/ap)

Kabinett rückt von Würmeling ab

WAZ BONN, 21. Januar

Im Namen der Bundesregierung distanzierte sich Bundesinnenminister Schröder am Donnerstag im Parlament von den Frankfurter Erklärungen Familienministers Würmeling, die sich mit dem Thema Ehescheidungen und Richter befaßten. Würmeling habe nicht vorgeschlagen zu prüfen, wieviel Richter bei Ablegung des Eides den religiösen Eid verweigerten und danach festzustellen, wie die Ehescheidung an jenen Gerichten gehandhabt werde. Er habe lediglich gemeint, „es wäre interessant, dies einmal festzustellen". Auf die Frage welche Schlußfolgerungen Würmeling denn aus solchen Statistiken ziehen wolle, erklärte Schröder: „Dies waren Überlegungen Würmelings und nicht der Ausdruck der Politik der Bundesregierung".

Alle Parteien unterstützten Konvention gegen Völkermord

WAZ BONN, 21. Januar

Auch in der Bundesrepublik soll der Völkermord — gleichgültig ob im Frieden oder im Krieg begangen — als Verbrechen gegen das Völkerrecht streng bestraft werden. Sprecher aller Parteien im Bundestag unterstützten am Donnerstag einen entsprechenden Gesetzentwurf, der den Beitritt Deutschlands zu einer internationalen Konvention über die Verhütung und Bestrafung des Völkermordes vorsieht.

Jeder, der Mitglieder einer Bevölkerungsgruppe tötet, ihnen körperliche Schäden zufügt, die Gruppe unter Lebensbedingungen stellt, die zu ihrer Ausrottung führen können, Geburten zu verhindern sucht oder durch Gewalt Kinder dieser Bevölkerungsgruppen in eine andere überführt, soll danach mit lebenslänglichem Zuchthaus bestraft werden.

Kanzler bittet um Freilassung Dr. Ernsts

Note an die Pariser Regierung - François-Poncet übergeben

Von unserem Bonner Büro
T BONN, 21. Januar

Bundeskanzler Dr. Adenauer hat die französische Regierung gebeten, den früheren Oberbürgermeister von Straßburg, Dr. Ernst, freizulassen. Dieser Wunsch der Bundesregierung wird in einer Note zum Ausdruck gebracht, die der Kanzler am Donnerstag dem französischen Oberkommisar François-Poncet mit der Bitte um Weiterleitung an die französische Regierung übermittelt hat.

Im Auswärtigen Ausschuß berichtete der Kanzler über diesen Schritt. Der Ausschuß billigte einstimmig das Vorgehen der Bundesregierung. Dr. Ernst, der sich in Metz in Haft befindet, hat dem Wunsche Ausdruck gegeben, daß sein Fall nicht zu einer Verstimmung zwischen Deutschland und Frankreich führen möge.

Der Verteidiger, Rechtsanwalt Eber aus Straßburg, betonte, die Anklage auf Kriegsverbrechen enthalte nicht einen einzigen neuen Tatbestand. Bereits vor sechs Jahren seien in der gegen Ernst geführten Untersuchung alle jetzt in der Anklage geltend gemachten Punkte völlig aufgeklärt worden.

Über die Haftbeschwerde von Dr. Ernst kann, wie am Donnerstag in Paris bekanntgegeben wurde, nicht vor dem 29. Januar entschieden werden. Als Begründung wird angegeben, daß die Anklagekammer beim Militärgericht in Metz auf Grund ihres Terminkalenders eine Entscheidung nicht früher treffen könne.

Spanisch-Marokko lehnt Sultan ab . . .

TETUAN, 21. Januar

Die zeitweise Abtrennung des spanischen von dem französischen Gebiet Marokkos forderten die weltlichen und geistlichen Führer Spanisch-Marokkos am Donnerstag auf einer Massenversammlung in Tetuan. 430 Würdenträger des Landes nahmen unter dem Jubel von 30 000 nach der Hauptstadt geeilten Mauren eine antifranzösische Resolution an. Sie lehnen es ab, den von den Franzosen eingesetzten Sultan von Marokko, Sidi Mohammed Ben Moulay Arafa, in Rabat als ihr politisches Oberhaupt anzuerkennen. Sie fordern statt dessen die Anerkennung des Kalifen Muley Hassan in Tetuan als souveränes Oberhaupt Spanisch-Marokkos. (ap/dpa)

Siehe auch Seite 2

Neuer Heimkehrertransport

FRIEDLAND, 21. Januar

Ein neuer Heimkehrertransport aus der Sowjetunion ist nach Mitteilung des Suchdienstes im Lager Fürstenwalde in der Sowjetzone eingetroffen. Es ist noch nicht bekannt, wieviele der rund 420 Zivilisten in die Bundesrepublik entlassen werden. (dpa)

Bundesrat will Gesetz über Gleichberechtigung ändern

Vater kann Schule bestimmen

WAZ BONN, 21. Januar

Nicht weniger als 39 Änderungswünsche haben die Sachverständigen des Bundesrates bereits für den Gesetzentwurf der Bundesregierung über die Gleichberechtigung von Mann und Frau angemeldet. Die Länderkammer wird sich am Freitag mit dieser Vorlage befassen und dürfte sich dabei den Forderungen ihrer Experten anschließen. Danach wird der sogenannte Stichentscheid des Mannes in Streitfragen bei Ehesachen Paragraph 1354 BGB) abgelehnt. Die Länder haben dagegen nichts gegen den Stichentscheid des Vaters nach Paragraph 1628 BGB einzuwenden. Bei einem Streit etwa darüber, welche Schule das Kind besuchen soll, möchte der Bundesrat, daß der Vater bei unüberwindlichen Meinungsverschiedenheiten die letzte Entsscheidung hat.

Streichen soll der Bundesrat die vorgesehene neue Vorschrift, wonach ein Ehegatte auch zum Unterhalt der nahen Angehörigen des anderen Ehegatten, also etwa der Schwiegereltern verpflichtet werden soll.

*

Das Großkreuz des Verdienstordens der italienischen Republik wurde Bundeskanzler Dr. Adenauer am Donnerstag vom italienischen Botschafter überreicht. (WAZ/dpa/ap)

Lager für Atomwaffen im Ausland

WASHINGTON, 21. Januar

Die USA-Luftwaffe will ein weltumspannendes System zur Lagerung von Spezialwaffen, darunter Atomwaffen, aufbauen. Der Senatsausschuß für die Streitkräfte hat dafür 126 Mill. DM genehmigt. Die Regierungen der geheimgehaltenen Länder, in denen diese Lager errichtet werden sollen, haben bereits ihre Zustimmung dazu gegeben, wie aus dem Bericht des Ausschusses hervorgeht. (dpa)

Schlechte Streichhölzer sollen nach Frankfurt geschickt werden . . .

. . . sagt Minister Erhard - Bundespost: ohne uns

Von unserem Bonner Büro
Vo BONN, 21. Januar

Schlechte Zündhölzer solle die Bevölkerung an die deutsche Zündwarenmonopol-Gesellschaft in Frankfurt, Neue Kräme Nr. 26, einsenden, erklärte Bundeswirtschaftsminister Erhard am Donnerstag in der Fragestunde des Bundestages.

Diese Anregung des Bundeswirtschaftsministers hat das Bundespostministerium überrascht. Seit rund 20 Jahren nämlich untersagt der § 4 der Postordnung, daß „Gegenstände, deren Beförderung eine Gefahr für die Postbediensteten oder Postsendungen bildet", mit der Post verschickt werden. Dazu gehören auch „Reib- oder Streichhölzer und Zündhölzchen".

Den unzufriedenen Verbrauchern dürfte also nichts anderes übrig bleiben, als sich neue Transportmittel für beanstandete Zündhölzer auszudenken. Mit der Post jedenfalls geht es nicht.

Nordost-Sturm überflutet Ostsee-Küste

Hochwasser im Lübecker Stadtzentrum — Mehrere Inseln teilweise geräumt — Deichbrüche in der sowjetischen Zone

KIEL, 4. Januar

Ein aus Nordost überraschend heranpeitschendes Sturmtief hat am Montag an den Küsten Deutschlands, Dänemarks, Südostenglands, Hollands und Belgiens beträchtliche Schäden angerichtet. Unter dem Druck von Schneeböen, die teilweise eine Spitzengeschwindigkeit von Windstärke 10 erreichten, drangen die Fluten der Ostsee in die offenen Buchten von Kiel, Lübeck und Eckernförde ein, überspülten das Hafengebiet und Teile der Städte. In Lübeck erreichte das Wasser das historische Wahrzeichen im Zentrum der Stadt, das alte Holstentor. An der Ostseeküste, im Bereich der Sowjetzone, kam es zu mehreren Deichbrüchen. Entlang der ganzen Küste steht das Wasser ungefähr zwei Meter über dem Normalstand. Nach den bisherigen Meldungen sind Opfer an Menschenleben nicht zu beklagen. Der angerichtete Sachschaden ließ sich am Montagabend noch nicht übersehen.

In der Nähe von Lübeck räumte der Bundesgrenzschutz im Katastropheneinsatz ein vom Wasser bedrohtes Flüchtlingslager. In vielen Städten wurden Bewohner gefährdeter Häuser vorsorglich von der Feuerwehr und vom Bundesgrenzschutz mit Schlauchbooten geborgen. Die Lagerkeller mit Lebensmitteln wurden ausgeräumt.

In den Ostseebädern Travemünde, Scharbeutz, Grömitz, Kellenhusen und Dahme errichtete die Einwohnerschaft mit Unterstützung der Polizei Sandsackwälle zum Schutz der tiefer gelegenen Häuser. Unser Funkbild vom Timmendorfer Strand (links) zeigt Feuerwehrleute, die zum Schutz gegen weitere Überflutungen einen Sandsackdamm bauen. — Unser Funkbild aus Lübeck zeigt die Obertravestraße am Montag. Auf der sonst sehr belebten Autostraße fahren jetzt Ruderboote.
dpa-Funkbilder

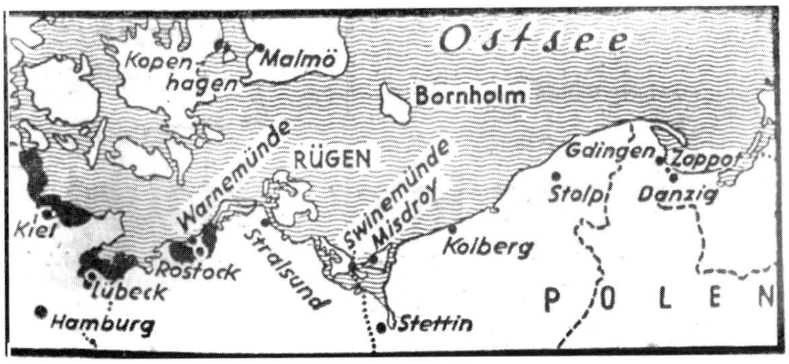

Unsere Karte zeigt die Gebiete der Ostseeküste (schwarz), die am meisten durch die Überflutungen litten.
WAZ-Karte

Wasser in der Hauptpost

In Flensburg erreichte das Hochwasser die Hauptpost und drang in die Telefonkabelschächte, so daß wichtige Telefonanschlüsse im Stadtgebiet gestört wurden. Auf den Inseln Femarn, Graswarder und Steinwarder mußte ein Teil der Bewohner evakuiert werden. Nach einer Meldung des sowjetzonalen Nachrichtendienstes ADN ist die Ostseeinsel Hiddensee teilweise vom Hochwasser überflutet worden. Teile von Ortschaften auf der Insel Rügen wurden vorsorglich geräumt.

In Dänemark wurden mehrere Hafenstädte teilweise überschwemmt. In Belgien und Holland wurde Großalarm gegeben. In Ostende drang das Wasser bis zur Innenstadt vor. An der Küste der britischen Grafschaft Suffolk bei Aldeborough durchbrach die Flut den erst zu Weihnachten fertiggestellten Deich und ergoß sich in die tiefergelegenen Stadtteile.

In der Elbemündung trieb der Sturm den 4500 BRT großen deutschen Frachter „Traunstein" und den griechischen Dampfer „Leros" bei dichtem Schneetreiben auf eine Sandbank. Die „Traunstein" kam später wieder frei, ist jedoch leckgeschlagen. Über das Schicksal des griechischen Schiffes ist noch nichts bekannt. Die Besatzungen mehrerer kleinerer Schiffe, die ebenfalls auf Grund liefen, wurden gerettet.

Über Mittel- und Südschweden tobte am Montag ein schwerer Schneesturm, durch den der Verkehr zeitweise völlig lahmgelegt wurde. Mehrere Ortschaften sind durch Kabelrisse ohne Licht. In den übrigen Gebieten Mittel- und Südeuropas hält das winterliche Wetter an.

3 Mill. Wohnungen fehlen noch

BONN, 4. Januar

475 000 neue Wohnungen wurden nach vorläufigen Schätzungen des Bundeswohnungsbauministers Preusker im Baujahr 1953 errichtet. Damit wurden die Erwartungen um 25 000 Wohnungen übertroffen. Von der Gesamtzahl entfallen rund 270 000 Wohnungen auf den mit öffentlichen Mitteln geförderten sozialen Wohnungsbau. In der Wohnungsgröße überwogen auch 1953 die Wohnungen mit drei und vier Räumen. Seit 1949 sind jetzt insgesamt über 1,7 Mill. Wohnungen errichtet worden. Der Bedarf wird jedoch immer noch mit rund drei Millionen Wohnungen angegeben. (ap)

Weltprobleme, die der Lösung harren

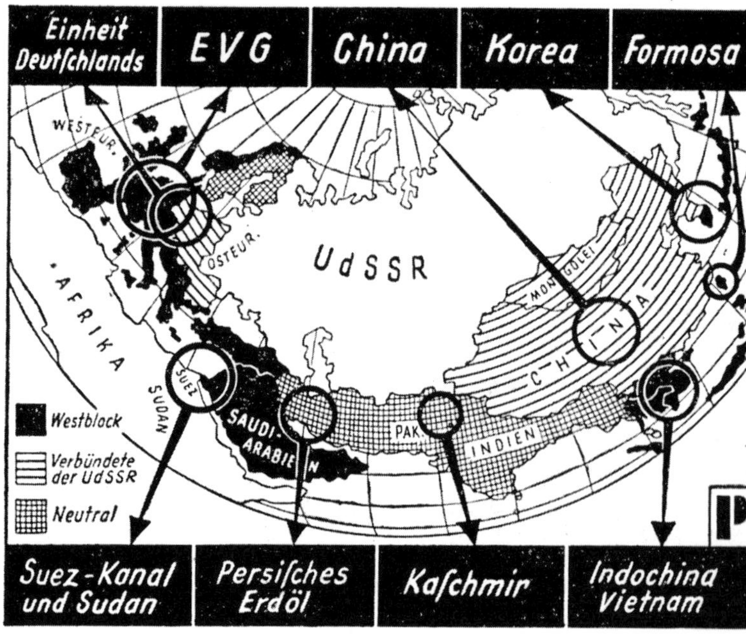

Unser Schaubild zeigt neun Brennpunkte der Welt, wo kritische Situationen entstanden sind, die zu einer Gefährdung des Friedens führen könnten. Deutschland: Bemühungen um die Einheit. Europa: Unstimmigkeiten über die Aufstellung der Europäischen Verteidigungsgemeinschaft; China: Anerkennung des kommunistischen Regimes. Korea: Krise um Waffenstillstand. Formosa: nationalchinesische Regierung Tschiangkaischek mit Restarmee. Ägypten: Verhandlungskrise um Räumung der Suezkanalzone durch Großbritannien — gespannte Lage wegen Zukunft des Sudan. Persien: Entschädigung britischer Gesellschaften für die Verstaatlichung der persischen Erdölindustrie. Kaschmir: Grenzkonflikt zwischen Indien und Pakistan. Indochina: Kampf Frankreichs gegen Vietminh-Rebellen.

WP-Schaubild

Ausbau der Bundesstrasse 1
— Ruhrschnellweg —
Neubau: Brücke Bahnhofstrasse
Bauherr: Der Bundesminister für Verkehr

„Erster Spatenstich" durch einen Bagger

Ruhrschnellwegausbau im westfälischen Teil wurde in Wattenscheid begonnen - Sperrungen und Umleitungen

BOCHUM, 4. Januar

Mit einem „historischen" Griff brach Montag um 11.30 Uhr verheißungsvoll in der ersten Woche des neuen Jahres ein mächtig dampfender Bagger das Erdreich am Ruhrschnellweg auf für die Baugrube, die ein Widerlager des ersten Brückenbauwerkes aufnehmen soll. Hier wird der Ruhrschnellweg niveaufrei in sechs Meter Höhe über die Wattenscheider Bahnhofstraße geführt.

Damit ist ein 60-Millionen-DM-Vorhaben in Gang gekommen, das wie kaum ein anderes im Revier seit Jahren von der Öffentlichkeit immer nachdrücklicher gefordert worden war. Die 25 Kilometer messende Strecke des westfälischen Ruhrschnellwegs, die in drei Baustufen (Wattenscheid, Bochum, Dortmund) unterteilt wird, soll in wenigstens fünf Jahren ausgebaut sein.

40 000 Tonnen Material

Auf dem Wattenscheider Abschnitt, im März 1955 wieder befahrbar, werden etwa 230 000 cbm Boden bewegt. Mit 40 000 t Material werden etwa 100 000 qm Fahrbahn zu befestigen sein. Tausende von Kraftfahrern — mit etwa 16 000 Einheiten je 24 Stunden im Jahresschnitt ist der Ruhrschnellweg die meistbefahrene Straße Westfalens — haben es Montag bereits erfahren, denn mit dem Ausbau beginnen Sperrungen und Umleitungen, zunächst nur auf einer Strecke von 600 m. Die große Umleitung wird erforderlich, wenn Abschnitt 2, der Bochumer Ruhrschnellweg, 1955 in Angriff genommen wird.

Vorsorglich hat das Landesstraßenbauamt, wie Oberbaurat Engelking betonte, bereits die Umleitungsstraßen verbreitern lassen, damit sie die neue Belastung zu tragen vermögen. Bestimmend für das Ausbautempo wird es sein, wie der Bund, der auf dem ortsdurchfahrtfreien Stück Wattenscheid—Bochum—Essen Baulastträger ist, die Mittel bewilligt. 1,5 Millionen DM stehen bereit. Weitere 7 Millionen sind, wie Landesrat Mönnig vom Landschaftsverband Westfalen-Lippe erklärte, im nächsten Etatsjahr sicher in Aussicht gestellt.

Mit diesen 8,5 Millionen können die ersten sechs Kilometer verbreitert werden. Erdkörper und Bauwerke sind so abgemessen, daß die zunächst in die Rechnung noch nicht eingeplanten Radwege, die zur Sortierung des Verkehrs gerade auf dem Ruhrschnellweg unbedingt erforderlich erscheinen, später angelegt werden können. Der Ruhrschnellweg mit zwei je neun Meter breiten Richtungsfahrbahnen und einem Trenngrünstreifen soll als Schnellverkehrsstraße mit Geschwindigkeiten um 80 km befahren werden können.

Oberbaurat Engelking, Landesstraßenbauamt Bochum, Landesrat Mönnig, Landschaftsverband Westfalen-Lippe, und Oberbaurat Atzhorn, Neubauabteilung B 1, erläutern die Pläne des ersten Abschnitts (links). — Der Bagger begann Montag um 11.30 Uhr die Grube für das erste Brückenbauwerk

up-Bild: Werner Roelen

DER ERSTE BÜRGER DES STAATES

Bundespräsident Theodor Heuss wird am Sonntag 70 Jahre alt. Der Strom der guten Wünsche, den das deutsche Volk am Sonntag dem Bundespräsidenten zuleitet, so schreibt Prof. Carlo Schmid, Vizepräsident des Bundestages, sei der Ausdruck seines Dankes für das beispielhafte Wirken eines noblen Mannes, der ein echter Volksmann ist. Er habe der Bundesrepublik einen echten republikanischen demokratischen Stil gegeben. Bundeskanzler Dr. Adenauer schreibt in einem Beitrag, daß Heuss durch seine Persönlichkeit dem Amt des Bundespräsidenten hohes Ansehen und Würde gegeben habe.

Im Dezember 330000 Interzonen-Reisende

BERLIN, 5. Januar

Der Fahrzeug- und Personenverkehr in Helmstedt war im Dezember beträchtlich stärker als im November. Insgesamt wurden auf der Autobahn 144 000 Menschen nach beiden Richtungen über die Grenze befördert (118 000 im November). Den Schienenweg benutzten 87 666 Reisende in Richtung Sowjetzone und 98 897 in Richtung Bundesrepublik. In der gleichen Zeit passierten etwa 34 000 Wagen die Grenze in beiden Richtungen. (dpa/ap)

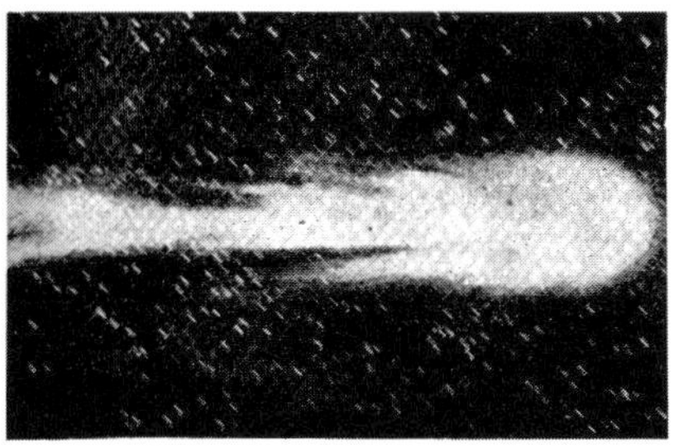

Mit 300 Millionen Stundenkilometern rast der Komet vorbei

Nicht leicht zu sehen - Panikstimmung wie 1910 ist unangebracht - Zusammenstoß nicht zu befürchten

Von LUDWIG DOERING
IM RUHRGEBIET, 21. Januar

Großalarm für alle Sternwarten der Welt: mit einer Geschwindigkeit von etwa 300 Millionen Stundenkilometern rast der Komet „1953 h" zwischen Erde und Sonne durch. Keine Angst: zwischen dem Weltenbummler und uns klaffen immerhin noch 140 Millionen Kilometer dunkelste Unendlichkeit. Beobachter im Revier haben die Chance, den Irrwisch an vier Tagen ohne Fernglas zu sehen, „1953 h" zeigt sich am morgigen Samstag gegen 18 Uhr für eine halbe Stunde am Südwesthimmel im Sternbild der Fische und vom 24. bis 26. Januar bei Beginn der Morgendämmerung gegen 6.30 Uhr am östlichen Horizont. Voraussetzung ist natürlich klare Sicht.

Es begann am 5. Dezember 1953 in einer Bergsternwarte der Hohen Tatra, wo die tschechische Astronomin Pajdusakova als erste einen neuen Kometen aufspürte. Es war der achte der im Jahre 1953 entdeckten Kometen. Daher erhielt er als Bezeichnung den Buchstaben h. Die Fachwelt wunderte sich nicht sonderlich über „1953 h".

Von Christi Geburt bis zum Jahre 1800 wurden 486 Kometen mit bloßem Auge ermittelt und nach Einführung der Fotografie in die Sternkunde von 1800 bis 1940 sogar 530. Jedes Jahr kreuzen mindestens vier oder fünf dieser seltsamen Himmelswanderer auf, deren silberflammender Schweif bis zu 300 Millionen Kilometer lang sein kann.

Blausäure sollte regnen

Die Astronomen also regten sich im Dezember 1953 nicht weiter auf. Auch die Öffentlichkeit, an Atombomben und Raketen gewöhnt, blieb ruhig. Sehr im Gegensatz zu jenen Maitagen des Jahres 1910, als der Halleysche Komet die ganze Erde in Weltuntergangsstimmung riß.

In Rußlands Kirchen drängten sich bußfertige Gläubige, eine Selbstmordwelle brandete durch Frankreich und Italien. In London, wo Wilhelm II zur Beisetzung seines hochseligen Vetters Eduard VII weilte, eilte „SM" in die Greenwicher Sternwarte. Am „Unglückstag" boten New Yorks Theater zu den Vorstellungen künstlichen Sauerstoff an, denn selbst ernsthafte Astronomen hatten angekündigt, daß sich mit dem Kometen ein Regen von Blausäure über die Erde ergießen würde. Und kanadische Grubenarbeiter weigerten sich, einzufahren, weil sie „lieber über der Erde sterben" wollten

„Mit leerem Magen sterben"

Auch in Deutschland grassierten heftig die „Kometitis". Ganz „jeck" war natürlich Köln, wo in der „Weltuntergangsnacht" die Polizeistunde aufgehoben wurde. Toller als im Karneval, tranken sich die Massen Mut an, sangen schunkelnd vor Mitternacht: „Heut' sehn wir uns zum allerletzten Mal" um später das alte Lied: „Et hätt' noch immer goot gegange" anzustimmen.

Panikstimmung auch im Ruhrgebiet, wo am 14. Mai 1910 der Halleysche Komet erstmals in Mülheim gesichtet wurde: „von der Breite eines Kürbisses mit glühendem, kurzen Schweif." In Essen meldete der Polizeibericht vom 21. Mai, daß ein Bergmann der Zeche „Graf Beust" aus Furcht irrsinnig geworden sei. In Mülheim-Styrum hielten Frauen ihre Männer von der Arbeit ab und hörten auf, zu kochen: „Wir können auch mit leerem Magen untergehen". Und am Niederrhein ließ der „Verein für Luftschiffahrt" neun Ballons aufsteigen, um unter der tapferen Führung des Oberlehrers Milarch Flaschen mit Luftproben zu füllen.

Heute, nach 44 Jahren, treffen die Volkssternwarten des Reviers sachliche Vorbereitungen, um den Kometen „1953 h" auf seiner Blitzreise durch das Weltall zu begrüßen. Furcht haben wir schon gar nicht. Ein Astronom hat errechnet, daß ein Komet nur alle 220 Millionen Jahre einmal mit unserer Erde zusammenstoßen kann. Selbst das hätte aber wenig zu bedeuten. Da der Weltenstaub der Komete nur eine sehr lockere Ansammlung von Materie darstellt, würde die Lufthülle der Erde als abschirmender Stahlpanzer wirken. Schlimmstenfalls würde in den nächsten Nächten „1953 h" nur einen rasch verpuffenden Wolkenbruch von Sternschnuppen auslösen.

Aber auch dazu wird es kaum kommen, ist die Ansicht des Leiters der Volkssternwarte Recklinghausen, Vinzenz Dahlkamp. Der frühere Vermessungsingenieur, der seit 1948 die vorbildliche Anlage im Stadtpark geschaffen hat — allein ihr Materialwert steht mit 530 000 DM zu Buch —, gibt dem Beobachter im Revier nur wenige Chancen, den Kometen zu sichten, auch wenn dieser zeitweise die Helligkeit des strahlendsten Fixsternes, des Sirius, erreichen wird. „Dieser ewige Dunst hier."

Die Geräte der Sternwarten sind auf den Kometen „1953 h" gerichtet, wie hier der große Spiegelrefraktor der Volkssternwarte Recklinghausen.

Manche Sternfreunde haben sich unter Opfern kleine Privatsternwarten geschaffen. Wie der Lokomotivheizer in Hamm, der sich auf Meteoritenforschung geworfen hat. Wie der Maschineningenieur in Wattenscheid, wie die Besitzer einer Tuchfabrik in Essen-Werden, wie der Schüler in Duisburg und der Angestellte in Rheinhausen, wo eine Volkssternwarte gebaut werden soll.

Wie die großen Astronomen werden auch diese „Stillen im Lande" wieder überwältigt sein von der Größe des Weltalls mit mehr als hundert Milchstraßen, von denen wir nur eine sehen ...

WESTDEUTSCHE
ALLGEMEINE
Die unabhängige Zeitung des Ruhrgebiets

Zum glanzvollen Auftakt

... des neuen Jahres in der Bundeshauptstadt wurde der Neujahrsempfang beim Bundespräsidenten. Sein Höhepunkt war der Empfang der 47 in Bonn akkreditierten Missionschefs, die zum Teil in prachtvollen Diplomatenuniformen erschienen. Im Mittelpunkt unseres Bildes (unter dem Gemälde) Bundespräsident Heuss im Gespräch mit dem Doyen des diplomatischen Korps, Erzbischof Münch. Rechts davon im Frack Bundeskanzler und Außenminister Dr. Adenauer. (Ausführlicher Bericht Seite 2.) Schirner-Bild

Ehescheidung soll erschwert werden

Dr. Würmeling kündigt neues Gesetz an
Über 480 000 Scheidungen in sechs Jahren

FRANKFURT, 10. Januar

Die „leichtfertige Ehescheidung", die zu einem Verfall der Familien beitrage, kritisierte der Bundesminister für Familienfragen, Dr. Würmeling, auf einer Kundgebung des Deutschen Familienverbandes in Frankfurt. Dr. Würmeling forderte unter dem Gesichtspunkt des Schutzes der Familie und der Kinder eine Revision des Ehegesetzes und kündigte an, daß dem Bundestag in Kürze ein entsprechender Gesetzentwurf zugeleitet würde.

Der Bundesminister teilt ferner mit, daß nach den Untersuchungen seines Ministeriums 38 v. H. der sogenannten gefährdeten Kinder aus geschiedenen Ehen stammen. Aus dieser Tatsache und daraus, daß von 1946 bis 1952 über 480 000 Ehen geschieden wurden, ergebe sich die dringende Notwendigkeit für eine Reform des Ehe- und Familienrechts. Dr. Würmeling plädierte dafür, die Ehescheidung zu erschweren.

Nach dem Entwurf des neuen Gesetzes werde die „staatliche Sanktionierung eines ehebrecherischen Verhältnisses nach der Scheidung einer Ehe unmöglich sein". Eine Ehescheidung soll künftig nur dann ausgesprochen werden, wenn wirklich schwerwiegende Gründe eine Scheidung rechtfertigen. In diesem Zusammenhang wandte er sich gegen die Praxis, Ehen zu scheiden, wenn die Partner drei Jahre getrennt gelebt hätten.

Das neue Ehegesetz fußt auf dem Grundsatz der Gleichberechtigung, gibt jedoch dem Mann das letzte Entscheidungsrecht. (dpa/ap)

Bund hat jetzt über 49 Mill. Einwohner

Dazu 2,1 Mill. in Berlin

WIESBADEN, 15. Januar

Die Bevölkerungszahl des Bundesgebietes (ohne West-Berlin) hat im Juli vergangenen Jahres die 49-Millionen-Grenze überschritten. Am 30. September lebten im Bundesgebiet 49 147 700 Personen, in West-Berlin am gleichen Tag 2 196 200. Nach einer vom Statistischen Bundesamt veröffentlichten Übersicht waren von der Bevölkerung des Bundesgebietes 23 094 000 Männer und 26 053 700 Frauen. Die Zahl der Vertriebenen stieg auf 8 403 200 und die der Zugewanderten auf 2 100 100 an. (dpa)

Volkswagen erhält 30-PS-Motor

WAZ WOLFSBURG, 5. Januar

Das Volkswagenwerk in Wolfsburg liefert seit Montag sein Modell 1954 aus, bei dem als wichtigste Verbesserung die Motorleistung von 25 PS auf 30 PS erhöht wurde. Der neue Motor mit 1192 ccm Hubraum wird in alle drei VW-Typen (Standard, Export, Transporter) eingebaut. Nach Mitteilung des Werkes beträgt die Dauergeschwindigkeit des Wagens jetzt 110 km/st gegenüber 100 km/st beim alten Modell. Die Inneneinrichtung wurde verbessert, vor allem erhalten die Sitze jetzt einen Überzug aus widerstandsfähigem Cordstoff. Ferner wurde eine neue Farbskala für den Außenanstrich entwickelt. Zum Öffnen der Türen und des Kofferraums sowie zum Anlassen des Motors wird künftig nur noch ein Spezialschlüssel erforderlich sein. Form und Größe des Wagens sowie der Preis blieben unverändert.

Mann soll entscheiden – aber „pflichtgebunden"

Neuer Gesetzentwurf zur Gleichberechtigung liegt vor — „Hergebrachte Ordnung"

Von unserem Bonner Büro

T. BONN, 8. Januar

Soll der Mann in der Ehe das letzte Wort haben oder nicht? — Diese seit Jahren hart umkämpfte Frage sucht die Bundesregierung nun mit fast salomonischer Weisheit zu lösen.

Der neue Gesetzentwurf zur Familienrechtsreform, der die Gleichberechtigung von Mann und Frau auch in den Einzelheiten regeln soll, geht davon aus, daß es der „natürlichen, hergebrachten Ordnung entsprechend" Sache des Mannes sei, die Verantwortung zu tragen und die Entscheidungen zu treffen. Je nachdem, wie man es nimmt, wird die Frau also gleichberechtigt und doch nicht gleichberechtigt.

Verklausuliert

Da die Bundesregierung nach Kompromißlösungen sucht, bieten sich die entscheidenen Bestimmungen in stark verklausulierter Form dar. Sie besagen: Der Mann entscheidet. Er darf aber nicht willkürlich und selbstherrlich entscheiden, sondern soll dieses Recht „pflichtgebunden" ausüben. Entscheidungen des Mannes, die dem Wohle der Familie widersprechen, braucht die Frau nicht anzuerkennen.

Was sie aber tun soll, wenn sie das „letzte Wort" des Mannes beim besten Willen nicht akzeptieren kann, verschweigt der Entwurf, der im übrigen auch nichts darüber sagt, wer denn nun entscheidet, ob der Mann „pflichtgebunden und pflichtgemäß" entschieden hat. Nach Ansicht des Bundesjustizministeriums bleibt der Frau dann nur noch der Weg zum Gericht. Ihr Klagebegehren kann dort nach Lage der Dinge aber nur lauten: Bitte Scheidung.

Bei der Ausübung der elterlichen Gewalt soll die Frau allerdings vollends gleichberechtigt sein. Der Vater entscheidet zwar „unter Berücksichtigung der Auffassung der Mutter", aber wenn die Entscheidung dem Wohle des Kindes widerspricht oder der Mann das Kindesvermögen nicht ordnungsgemäß verwaltet, kann die Mutter das Vormundschaftsgericht anrufen. Unter bestimmten Voraussetzungen kann das Gericht der Mutter dann einen Teil oder sogar das volle Entscheidungsrecht übertragen.

Kein „Alleinverkauf"

Bei Scheidung und bei Getrenntleben der Eltern soll das Vormundschaftsgericht einem Elternteil dann auch die volle elterliche Gewalt übertragen können. Dem an der Trennung oder Scheidung nicht schuldigen Elternteil soll dabei ein Vorrecht auf die Kinder eingeräumt werden.

Als gesetzlichen Güterstand sieht der Entwurf den sogenannten „Zugewinnausgleich" vor. Wichtig dabei ist u. a., daß kein Ehegatte gegen den Willen des anderen Haushaltungsgegenstände veräußern darf. Sollte dieser Vorschlag Gesetz werden, müßte jeder, der von Verheirateten Haushalts- oder gebrauchte Gegenstände erwirbt, zunächst prüfen, ob der andere Ehegatte mit dem Verkauf einverstanden ist. Fehlt dieses Einverständnis, kann der Käufer mit Erfolg auf Rückgabe verklagt werden. Selbst guter Glaube würde ihm dann nichts helfen.

Vom Winde verweht

Heute beginnen die öffentlichen Vorführungen des Filmes „Vom Winde verweht". Einige Umstände heben ihn aus der Reihe anderer Großfilme heraus: Einmal der Stoff, der dem Erfolgsroman von Margaret Mitchell entnommen ist; ferner der Umfang des Films und seine schon über sechzehn Jahre währende Zugkraft in allen Filmländern. Überall präsentiert er die große Zahl. 50 000 Dollar kosteten die Verfilmungsrechte des Romans. Aus 1400 Darstellerinnen für die Scarlett O'Hara wurde Vivien Leigh — damals im Film noch unbekannt — ausgewählt. 150 000 Meter Film wurden aufgenommen, 52 000 Meter kopiert und auf 6494 Meter zurückgeschnitten, gleich einer Laufzeit von drei Stunden 50 Minuten. Geschichtsraum des Geschehens: Der Bürgerkrieg zwischen dem Norden und Süden der USA: Zeit um 1864. — Auf dem Bild: Vivien Leigh und Clark Gable. Aufnahme: Metro-Goldwyn-Mayer

Gary Cooper – Kassenschlager Nr. 1

HOLLYWOOD, Anfang Januar

Der amerikanische Filmschauspieler Gary Cooper, der den diesjährigen „Oscar" errang, war bei der jährlichen Abstimmung der Kinobesitzer, die vom „Motion Picture Herald" veranstaltet wurde, der größte Kassenerfolg.

Die weitere Reihenfolge lautet: die Komiker Martin und Lewis, John Wayne, Alan Ladd, Bing Crosby, Marilyn Monroe, James Stewart, Bob Hope, Susan Hayward und Randolph Scott. (ap)

WESTDEUTSCHE
ALLGEMEINE
Die unabhängige Zeitung des Ruhrgebiets

Ein Jahr Fernsehen

Viele Wünsche blieben offen

Behelfe im Kölner Studio können Teilnehmer im Ruhrgebiet nicht befriedigen — Life-Sendungen nicht möglich

Von GOTTFRIED REULEN

KÖLN, 11. Januar

Es war am 26. Dezember 1952: Der NWDR startete sein erstes Fernsehprogramm. Zahlreiche gute Wünsche und Hoffnungen begleiteten diesen Start. Heute — nach genau einem Jahr Fernsehpraxis — sind noch viele der Wünsche und Hoffnungen auf dem Geburtstagstisch geblieben. Das gilt vor allem für das Ruhrgebiet, das sich auch in puncto Fernsehen — wie früher schon bei anderen Gelegenheiten — keiner besonderen Gunst erfreute. Würde man die Beschwerden, Klagen und Kritiken aus dem Kreis der nordrhein-westfälischen Fernsehteilnehmer zusammenzählen, so ergäbe sich eine umfangreiche Bilanz der Unzufriedenheit.

Schon beim Start vor einem Jahr begann es mit einer Improvisation. Die Dezi-Strecke Hamburg—Köln war nicht mehr rechtzeitig fertig geworden, und in wenigen Tagen mußte man in Köln ein provisorisches Fernsehstudio und ein behelfsmäßiges Programm aus dem Boden stampfen. Das Wort „Improvisation" ist seitdem zur Richtschnur der Arbeit in Köln geworden.

Mit 25 Mann

Ein Kellerraum der alten Kölner Universität mußte für das westdeutsche Fernseh-Studio genügen.

Von hier aus hat der Kölner Sendeleiter Walter Pindter mit seinem 25-Mann-Team — in Hamburg stehen dem Studio etwa 300 Mitarbeiter zur Verfügung — ein Jahr versucht, die Fernsehansprüche des nordrhein-westfälischen Raumes zu befriedigen. Mit technisch unzulänglichen Mitteln und mit einem Etat, der gerade für die Aufrechterhaltung des Kölner Betriebes ausreicht. Man muß nämlich bedenken, daß von den etwa 12 Millionen DM, die dem NWDR-Fernsehen in einem Jahr zur Verfügung standen, sechs bis acht Millionen in dem neuen Hamburger Studio verbaut wurden.

Nur „Konserve"

Aktuelle Sendungen („Sie sind das Rückgrat jedes Fernsehens") über den Kölner Raum hinaus, fielen den technischen Unzulänglichkeiten zum Opfer. Eine „Life-Sendung" irgendeines wichtigen Ereignisses in Düsseldorf, Essen oder Dortmund war unmöglich — weil es über Köln hinaus für das westdeutsche Studio keine Kabelverbindung gab. Man konnte lediglich einen Übertragungswagen einsetzen, der die Angelegenheit auf Filmband aufnahm und dann später als „Konserve" auf dem Bildschirm wiedergab. Dann konnte es aber immer noch passieren, daß die „Konserve" aus dem Ruhrgebiet im letzten Augenblick einer aktuellen Sendung aus dem norddeutschen Raum weichen mußte, die für die westdeutschen Fernsehteilnehmer durchaus nicht immer von großem Belang war.

Die Tatsache, daß zwei Drittel der Fernsehteilnehmer des NWDR in Nordrhein-Westfalen, und zwar in den Oberpostdirektionen, Köln, Düsseldorf, Dortmund und Münster ihren Sitz haben, hat bisher keine ausreichende Berücksichtigung gefunden.

Und das zu Karneval

Ein bezeichnendes Beispiel: Das Kölner Studio hat einen Dezi-Sender, der die Programme von der alten Universität zum Hochhaus weitergibt, von dem sie dann zum Sender Langenberg weitergestrahlt werden. Dieser eine Dezi-Sender soll jetzt in Berlin bei der Außenminister-Konferenz eingesetzt werden. Erklären die Fachleute: „Nimmt man

Die primitive Ausstattung des im Keller gelegenen Fernsehstudios Köln stellt die Techniker vor Aufgaben, die nur durch ständige Improvisation zu „lösen" sind. Das Plakat — links mit Heftzwecken an einer Staffelei befestigt — ist Titelbild der Sonntagssendung „Internationaler Frühschoppen". Sendeleiter Walter Pindter (rechts) schaut besorgt seinem Kameramann über die Schulter. **WAZ-Bild: Hans E. Lenz**

Diebe stehlen gesamten Skilift

LUGANO, 1. Januar

Unbekannte Täter haben in einem Schweizer Wintersportort einen kompletten Skilift mit Motor, Rollen, Bügeln und 800 Meter Stahlkabel gestohlen, wie die Polizei von Lugano am Silvestertag bekanntgab. Der Skilift war während des Sommers in einem leeren Chalet am Monte Lema eingelagert und sollte nach dem ersten Schneefall für die neue Saison aufgebaut werden. Die Arbeiter fanden jedoch die Hüttentür erbrochen und das Innere leer. Die Polizei nimmt an, daß die Diebe den Skilift durch das unbewohnte Grenzgebiet nach Italien geschafft haben. (ap)

Erste „Verkehrssünder-Kartei" eingerichtet

Zunächst in Hannover

HANNOVER, 7. Januar

Eine „Verkehrssünderkartei", in der alle Radfahrer und Kraftfahrzeugbesitzer geführt werden, die innerhalb kurzer Zeit mehrere Verkehrsunfälle verschuldeten, ist erstmals von der Hannoverschen Verkehrspolizei eingerichtet worden.

Wie das Polizeipräsidium Hannover mitteilte, sollen in dieser Kartei alle „Verkehrsrowdies" erfaßt werden, die sich trotz gerichtlicher Strafen und mehrfacher Belehrungen nicht an die Verkehrsregeln halten. Bei nachweislicher Unbelehrbarkeit droht den Betreffenden der Entzug des Führerscheines oder die Einziehung des Fahrzeuges. Die Gerichte in Hannover haben sich bereit erklärt, die von ihnen geahndeten Verkehrsdelikte der Polizei mitzuteilen. (dpa)

Lawinen begraben 150 Menschen

Allein Vorarlberg meldet 100 Tote und Vermißte - 23 Häuser eines Dorfes, ein Bahnhof und ein Eisenbahnzug weggerissen

Von unserer nach Bregenz entsandten Korrespondentin HANNI KONITZER

BREGENZ, 12. Januar

In den österreichischen Alpentälern herrscht Katastrophenalarm. Seit dem Wochenende donnern ununterbrochen Lawinen zu Tal, eine Hiobsbotschaft löst die andere ab. Mindestens 150 Menschen sind in den österreichischen, Schweizer und bayerischen Alpen bisher getötet worden oder werden noch vermißt. Eine ausreichende Hilfeleistung an den Katastrophenstellen ist nicht möglich, weil diese teilweise von der Außenwelt ganz abgeschnitten sind, teils aber auch neue drohende Lawinen jede Rettungsarbeit aufs höchste gefährden. Tausende von Wintersportlern sind in den Skisportorten abgeschnitten. Hunderte von Dörfern von der Außenwelt isoliert und der Straßen- und Eisenbahnverkehr unterbrochen.

Allein das österreichische Bundesland Vorarlberg meldet am Dienstag nachmittag 100 Tote und Vermißte. In dem Dorf Blons im Großen Walsertal werden mehr als 50 Einwohner vermißt, nachdem zwei gewaltige Lawinen 23 der 117 Häuser des Ortes unter sich begraben hatten. Die Schneemassen unterbrachen den Lauf des Lutzbaches, so daß ein großer Stausee entstand. Man fürchtet deshalb, daß viele Personen unter den Schneemassen ertrunken sind. Blons liegt sieben Kilometer nördlich von Bludenz (s. Karte).

Das größte Lawinenunglück, das je die Arlbergstrecke heimgesucht hat, ereignete sich in Dalaas (siehe Karte). Der Schnellzug nach Bregenz steckte schon seit drei Stunden im Schnee, als sich die berüchtigte Muddendobel-Lawine löste und den Bahnhof sowie den Zug mit sich riß. Von der Lokomotive und mehreren Waggons, sowie von den Insassen des Bahnhofgebäudes — zwei Eisenbahnerfamilien und sechs Fahrgäste des Schnellzuges, die im Wartesaal Zuflucht gesucht hatten — fehlt bisher jede Spur. Mindestens zwölf Personen sind allein in Dalaas ums Leben gekommen.

Ein Bild des Grauens bieten fünf bewohnte Bauernhäuser in der Ortschaft Schruns im Montafoner Tal. Gleich mehrere Lawinen walzten die Häuser buchstäblich glatt. 26 Personen wurden dabei verschüttet. Nur acht konnten bisher lebend geborgen werden.

Alle Zugverbindungen nach Tirol und Vorarlberg mit Ausnahme der Strecke München-Kufstein sind unterbrochen. Die Brenner-Bahn ist durch mehrere Lawinenstürze blockiert.

Auch in der Schweiz wurden bisher 13 Tote und zwei Vermißte und in den bayerischen Alpen vier Tote und zwei Schwerverletzte als traurige Bilanz der Naturkatastrophe gezählt.

Die Katastrophen wurden durch einen plötzlichen Warmwettereinbruch ausgelöst. Tagelang hatte es in den Alpen unaufhörlich geschneit. In einzelnen Gegenden war innerhalb von 24 Stunden ein Meter Schnee gefallen. In der Nacht von Sonntag auf Montag gingen die Schneestürme plötzlich in den Tälern in strömenden Regen über, während es in Höhenlagen über 1 000 m weiter schneite. Dadurch gerieten die Schneemassen in Bewegung.

Umgerissen und fast vollständig begraben wurde dieser Bauernhof in der Nähe des Schweizer Dorfes Eblingen am Brienzer See im Berner Oberland von einer Lawine. Nur der abgeknickte Telegrafenmast ragt ein Stück aus den Schneemassen heraus.

ap-Funkbild

Mangel an Hausgehilfinnen steigert Konserven-Verbrauch

WAZ DÜSSELDORF, 21. Januar

Der Verbrauch von Konserven steige im Bundesgebiet wegen des Mangels an Hausgehilfinnen ständig an, erklärte der Leiter des deutschen Zinn-Informationsbüros, Dr. von Keysselitz, am Donnerstag in Düsseldorf. Der amerikanische Haushalt lebe bereits im wesentlichen „aus der Konservendose". 50 v. H. des Zinn-Verbrauchs entfielen auf die Herstellung von Weißblech für Konservendosen.

England bildet Piloten für neue Lufthansa aus

KÖLN, 1. Januar

Die ersten deutschen Piloten für die künftige Lufthansa kommen am 4. Januar zur Ausbildung nach Hamble in England. Die genaue Zahl liegt noch nicht vor. Wie am Donnerstag in Köln mitgeteilt wurde, sind diese Piloten ehemalige Flugkapitäne der alten Lufthansa. Sie werden jetzt in England mit modernen Verkehrsmaschinen und neuen Navigationsmethoden vertraut gemacht. (dpa/ap)

ILLUSTRIERTE bunte BLÄTTER

SONNTAGSBEILAGE »WESTDEUTSCHE ALLGEMEINE«

SAMSTAG, 16. JANUAR 1954

bei Schnee zu tragen

Fertig zur Abfahrt! Zünftige Skihasen erkennt man schon auf dem Heimatbahnhof an ihrer feschen, sportlichen Aufmachung. Selbstverständlich auch an ihren lachenden, unternehmungslustigen Gesichtern. Diese Mädchen tragen lammfellgefütterte Ninoflex-Jacken.

Auch ein warmer Mantel gehört zum Reisegepäck. Wenn möglich, mit einem angearbeiteten vor Wind und Kälte schützenden Schal.

AUF UNSERER ZEICHNUNG sehen wir rechts oben eine Skijacke im Trachtenstil, darunter einen weiten, flauschigen Hänger mit tief angesetzten Ärmeln und hohem Kragen. Links den in dieser Saison besonders beliebten grobgestrickten Pullover mit hochklappbarem Rollkragen, der die Ohren schützt. Darüber wird ein Leder-Anorak getragen. Ganz unten eine Apres-Ski-Jacke mit weiten Fledermausärmeln aus abstechendem Material. Zeichnung: ERIKA VAUPEL

LINKS: Vielleicht zur brausenden Abfahrt nicht geeignet, sicherlich aber sehr hübsch anzuschauen sind diese beiden Skijacken, streng, männlich geschnitten die eine, verspielt und phantasievoll die andere. Beide sind aus festem Wollstoff gefertigt.

RECHTS: Die Apres-Ski-Mode — Kostüme, die man nach dem Sport abends bei geselligem Zusammensein trägt — gewinnen immer mehr an Bedeutung. Auf unserem Bild zwei reizvolle Modelle: enge Dreiviertelhosen, kombiniert mit weiten, flauschigen Röcken. Dazu passen Pullover und Stola.

Bilder: Georgi, Bavaria

Orkan verheert Nordeuropa

Sechs Tote in Westdeutschland - Schwerste Schäden im Küstengebiet - Schiffahrt stillgelegt

HAMBURG, 16. Januar

Mit Geschwindigkeiten bis zu 135 km/st rasten am Wochenende orkanartige Sturmböen über ganz Nordeuropa. Sie richteten vor allem im nordwestdeutschen Küstengebiet, in England, Schweden und den übrigen Ländern Nordeuropas schwerste Schäden an. In Westdeutschland kamen sechs Menschen ums Leben. Die Zahl der Verletzten konnte noch nicht genau ermittelt werden.

In zahlreichen Städten von Nordrhein-Westfalen, über das sich Wintergewitter entluden, stürzten Mauern, Schornsteine, Ruinen, Bauzäune und Gerüste ein. In Münster wurde ein Mann durch Steine getötet, die vom Turm der Lamberti-Kirche herabstürzten. In Duisburg schleuderte der Sturm einen Radfahrer gegen einen Kraftwagen. Der Radfahrer wurde schwer verletzt. In Dortmund-Hörde mußte ein Haus wegen Einsturzgefahr geräumt werden.

In der Nordsee rissen sich die Feuerschiffe „Weser" und „Außenjade" von ihrer Verankerung los und treiben auf dem Meer. Die Schiffahrt im Küstengebiet mußte stillgelegt werden. Hochwasser überflutete die in Hafennähe gelegenen Straßen von Bremen, Bremerhaven, Cuxhaven und Hamburg. In verschiedenen Straßen Hamburgs schwamm Packeis.

In Westerland auf Sylt wurde das Seenot-Café unterspült und stürzte in die Brandung. Das gleiche Schicksal ereilte die dortige Funkstation der Seenot-Rettungsstelle. Die Halligen stehen teilweise unter Wasser. An der schmalsten Stelle der Insel Sylt erzielten die Wogen einen gefährlichen Einbruch.

In Dorum (Wesermündung) wurden drei Fischkutter auf das Bollwerk geworfen. Drei in Bremerhaven liegende Ozeandampfer mußten die Ausreise verschieben.

In England wurden mindestens sechs Personen getötet. Der Orkan brachte die wärmste Januartemperatur mit, die in England jemals verzeichnet wurde.

In den Alpen gingen in der Nacht zum Samstag wieder Dutzende von Lawinen nieder. 120 Todesopfer und neun Vermißte in Österreich ist die Bilanz der Unglückswoche. Im Schwarzwald blockieren zwei große Lawinen die Straße von Todtnau zum Feldberg. (dpa/ap)

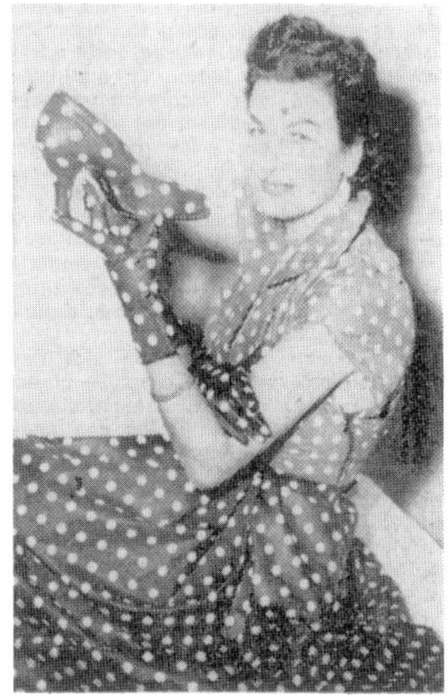

„Walzerpunkt" heißt dieses Kleid aus gedrucktem Baumwollsatin, dem große lustige Polkatupfen einen besonderen Reiz verleihen. Handschuhe und Schuhe sind dazu passend aus gleichem Material gefertigt. dpa-Bild

Helium im Faß soll Sturz über Niagara-Fall verlangsamen

ST. CATHARINES, Ontario, 4. Januar

Frank Candler will sich in Kürze in einem Faß über den Niagarafall spülen lassen. Für die Reise muß er sich allerdings das Faß selbst bauen, da er wegen der darauf stehenden Strafe niemand findet, der es ihm konstruiert. Er versicherte beiläufig, daß er sich eine Schaumgummipolsterung und — vermutlich zur Verlangsamung des Falles — Heliumkammern einbauen will. (ap)

Arnold legt Gesetzentwurf über „Westdeutschen Rundfunk Köln" vor

Soll NWDR ablösen - Kabinett ist einstimmig dafür

Von unserem Redaktionsmitglied DR. KARL DZIOCK

DÜSSELDORF, 18. Januar

Die NRW-Landesregierung hat einstimmig beschlossen, dem Landtag einen Gesetzentwurf vorzulegen, der die Bildung des „Westdeutschen Rundfunks Köln" als Nachfolger des bisherigen NWDR-Senders Köln vorsieht, teilte Ministerpräsident Arnold am Montag vor der Presse mit. Das Gesetz, das bereits im Februar beraten werden soll, kann jedoch erst in Kraft treten, wenn die britische Verordnung Nummer 118, auf der der NWDR beruht, aufgehoben ist.

Arnold gab gleichzeitig Einzelheiten des Gesetzentwurfes bekannt, wonach sich die neue Rundfunkanstalt im wesentlichen nach den Grundsätzen schon bestehender Gesellschaften aufbauen soll. In den allgemeinen Richtlinien für die Programmgestaltung heißt es, daß die neue Rundfunkanstalt der landsmannschaftlichen Gliederung innerhalb von NRW Ausdruck geben soll. Weiter wird verlangt, daß der neue Sender „zur sozialen Gerechtigkeit mahnen" soll. Ministerpräsident Arnold betonte, daß dadurch beispielsweise den Bedürfnissen der Bergleute und Hüttenarbeiter im Ruhrgebiet endlich ausreichend Genüge getan werden könne.

Ohne auf die ablehnende Haltung der norddeutschen Ministerpräsidenten im einzelnen einzugehen, betonte Arnold, daß bei einer Hörerzahl von 3 440 980 in NRW dem „Restgebilde" des NWDR im Norden immer noch 2 605 127 Hörer blieben. Damit bliebe der NWDR auch finanziell die zweitstärkste Rundfunkanstalt und damit lebensfähig.

Nach dem Gesetzentwurf soll sich der Einfluß der Landesregierung auf die Entsendung eines Vertreters in einem 20köpfigen Programmbeirat sowie auf die Aufsichtsrechte wie bei anderen Körperschaften mit Selbstverwaltung beschränken. Mehrfach betonte Arnold, daß der neuen Anstalt echte Unabhängigkeit und Schutz gegen Mißbrauch durch Einzelinteressen garantiert würden.

Marilyn Monroe heiratet Baseballstar

SAN FRANZISKO, 15. Januar

Die amerikanische Filmschauspielerin Marilyn Monroe und der Baseballstar Joe Dimaggio wurden in San Franszisko getraut. Die

Schauspielerin gab ihr Jawort vor einer mehr als 100köpfigen Menschenmenge, die sich im Zimmer des als Standesbeamter fungierenden Oberrichters drängte, und küßte getreu ihrer vielpublizierten Rolle als „Sexbombe", ihren frischgebackenen Ehemann so oft, daß sein Gesicht mit Lippenstift beschmiert war. Beide Ehepartner waren bereits einmal verheiratet, Marilyn Monroe im Alter von 15 Jahren.

Die Schauspielerin beendete kürzlich den Film „Wie heiratet man einen Millionär?"

WESTDEUTSCHE ALLGEMEINE
Die unabhängige Zeitung des Ruhrgebiets

Neues Schwerpunktprogramm schafft im Ruhrgebiet

Wohnungen für Normalverbraucher

Elf Großbaustellen mit insgesamt 5800 Wohnungen bis 1956 - Nur vorbildliche Planungen werden gefördert

RUHRGEBIET, 19. Januar

Im Rahmen eines Schwerpunktprogramms hat der Wiederaufbauminister von Nordrhein-Westfalen im Vorgriff auf die Haushaltsjahre 1955 und 1956 für den sozialen Wohnungsbau 100 Millionen DM bereitgestellt. Davon werden 38 Millionen DM für Großbauvorhaben eingesetzt, die die Außenstelle Essen des Ministeriums für den Bereich des Siedlungsverbandes Ruhrkohlenbezirk vorgeschlagen hat.

Es ist zu hoffen, daß Städte mit starken Kriegszerstörungen, die beim Schwerpunktprogramm leer ausgingen, bei diesen Maßnahmen Anschluß finden. Wegen der Beschränkung der Vorgriffmittel konnte nämlich nur etwa die Hälfte der Vorschläge zum Zuge kommen.

Von den Gemeinden wird eine weitgehende Beteiligung vor allem an den Aufschließungskosten erwartet. Es sollen alle Wohnformen vertreten sein, die Mietwohnung wie das Eigenheim und das Wohnungseigentum. Die Schwerpunkt-Vorhaben sind nicht bestimmten Berufsgruppen, sondern den „Normalverbrauchern" unter den Wohnungsuchenden zugedacht, wobei in vielen Fällen kleine und mittlere Betriebe solcher Gewerbezweige, die bei den Sonderprogrammen unberücksichtigt bleiben, an der Spitzenfinanzierung teilnehmen und sich damit Ansprüche zugunsten ihrer Mitarbeiter sichern werden.

Gegen die Langeweile

Mit besonderer Betonung ist an die Schwerpunktvorhaben die Bedingung geknüpft, daß sie in ihrer Gestaltung überdurchschnittlich gut sein müssen. Das scharfe Bautempo der letzten Jahre hat eine sorgsame Planung oft erschwert. In dieser Hast hat die langweilige Gleichförmigkeit mancher neuen oder wiederaufgebauten Wohnsiedlung ihre Ursache. Planung kostet aber nicht nur Zeit, sondern auch Geld. Bei Großprojekten war für eine kontinuierliche Durchführung jedoch keine Gewähr gegeben, solange die Landesmittel jeweils nur für ein Baujahr zugesagt werden konnten. Die Vorhaben des Schwerpunktprogramms sollen bis Ende des Baujahres 1956 abgewickelt sein. Hier ist also die Möglichkeit zu langfristiger Planung gegeben.

Die Schwerpunktbildung bedeutet wirtschaftlicheres Bauen. Großbaustellen lassen sich rationeller organisieren und erlauben eine Kostensenkung auch durch Normung und Großeinkauf von Baustoffen und Bauteilen.

Beteiligt sind mit zusammen etwa 5800 Wohnungen die folgenden elf Ruhrgebietsstädte: Bochum mit dem Wiederaufbau im Grievenbruchviertel; Dortmund mit Neubauwohnungen in der Gartenstadt Nord; Duisburg mit dem Wiederaufbauvorhaben im Bereich des Burgplatzes; Essen mit einer Beteiligung am Wiederaufbau des Stadtteils Holsterhausen; Gelsenkirchen mit einem Neubauvorhaben in Horst (Gelsenberg-Benzin); Hagen mit dem Wiederaufbauvorhaben an der Volme; Lünen mit Neubauwohnungen „In der Geist"; Marl mit Neubauvorhaben, die zu wesentlichen Teilen im Interessenbereich der Chemischen Werke Hüls liegen; Mülheim mit Neubauwohnungen in Heißen; Recklinghausen mit Neubauwohnungen in Ergänzung der MSA-Siedlung; Wesel mit dem Wiederaufbauvorhaben am Dom. (idz)

Piccard will auf 4000 m Tiefe

CASTELLAMMARE DI STABIA, 4. Januar

Der Schweizer Tiefseeforscher Auguste Piccard wird im April vor der griechischen Küste versuchen, seinen im September im Tyrrhenischen Meer aufgestellten Tiefenrekord von 3150 m zu brechen. Diese Mitteilung machte sein Sohn, der gegenwärtig in Castellammare di Stabia bei Neapel das Tauchboot „Triest" überholt. „Wir hoffen", sagte der junge Piccard, „bereits bei unserem ersten Versuch auf 4000 m zu kommen." (dpa)

Adenauer: Freiheit - Einheit - Frieden

Forderung aller Deutschen an die Viererkonferenz
Wiedervereinigung natürliches und göttliches Recht

Von unserem Bonner Büro Vo BONN, 22. Januar

Am Vorabend der Berliner Außenministerkonferenz richtete Bundeskanzler Dr. Adenauer den dringenden Appell an die vier Besatzungsmächte, dem deutschen Volk die Einheit in Frieden und Freiheit zu ermöglichen, die es als sein natürliches und göttliches Recht ansehe. „Gebt ganz Deutschland endlich Freiheit, Einheit und Frieden! Das ist die Forderung aller Deutschen an die Welt!" heißt es in dem Aufruf des Kanzlers.

Die drei Außenminister der Westmächte, Anthony Eden (England), John Foster Dulles (USA) und Georges Bidault (Frankreich), trafen am Freitag kurz nacheinander in West-Berlin ein. Sie werden am Samstagmorgen ihre erste gemeinsame Konferenz haben. Alle sprachen den Wunsch aus, auf der Berliner Viererkonferenz zur Wiedervereinigung Deutschlands beitragen zu können, wobei Eden davor warnte, zu schnell ein umfassendes Ergebnis zu erwarten. Die Ankunft des sowjetischen Außenministers Molotow wird von den sowjetischen Stellen mit tiefem Geheimnis umhüllt. Es wurde nicht einmal gesagt, wann und wo Molotow eintrifft und ob er mit dem Flugzeug oder der Eisenbahn kommt. Fest steht nur, daß Pressevertreter bei seiner Ankunft nicht anwesend sein dürfen. ap-Funkbilder

Der Bundeskanzler, der versichert, daß die Deutschen fest entschlossen seien, all ihre Kräfte in den Dienst der Freiheit und des Friedens zu stellen, wendet sich „als der Sprecher der Deutschen in West und Ost an die Vertreter der vier Mächte, die in Berlin zusammenkommen, um sie aufzufordern, die Teilung Deutschlands zu beenden, indem sie dem deutschen Volk die Möglichkeit geben, sich frei eine Nationalversammlung zu wählen, eine gesamtdeutsche Regierung zu bilden und einen gerechten Friedensvertrag zu schließen."

„Deutschland ist bereit und fähig, gemeinsam mit allen Völkern, die guten Willens sind, an der Verwirklichung der in der Charta der Vereinten Nationen niedergelegten Ziele mitzuhelfen. Dem Frieden und der Sicherheit in Europa und in der Welt kann kein größerer Dienst erwiesen werden als durch die Wiedervereinigung Deutschlands in Frieden und Freiheit. Ohne die Wiedervereinigung wird die von allen Völkern erhoffte Entspannung und Befriedung Europas und der Welt nicht erreicht werden. Ein wiedervereinigtes Deutschland wird keinen dringlicheren Wunsch haben, als mit allen Völkern in Frieden und im Geiste guter Nachbarschaft zu leben. Deutschlands Arbeit wird nicht nur ihm selbst, sondern allen seinen Nachbarn und der Gemeinschaft der Völker zum Segen gereichen."

Aufruf der SPD

Auch der SPD-Parteivorstand richtete an die Großmächte die Mahnung, stets der Tatsache zu gedenken, daß die Trennung Deutschlands eine schwere Bürde für das ganze deutsche Volk darstelle. Die SPD erwarte daher, daß die an den Beratungen Teilnehmenden keine Anstrengungen scheuen, um durch Verhandlungen zu einer Verständigung über die Einheit Deutschlands zu gelangen. „Wer versuchen wollte, mit rückwärts gerichtetem Blick die Konferenz lediglich dazu auszunutzen, die Schuld der Gegenseite am Scheitern einer Verständigung zu beweisen, würde sich am Frieden der Welt versündigen", heißt es in dem Aufruf.

DIE WESTLICHEN AUSSENMINISTER IN BERLIN

Dämme und Deiche brechen

In einer Zeit, in der der Glaube an Fortschritt und Technik beständig wächst, scheint die Natur umso deutlicher ihre unbeherrschbare, ursprüngliche Macht beweisen zu wollen. Das Jahr ist gerade ein paar Tage jung, als eine Sturmflut die Ostseeküste überspült. Entlang der gesamten Küste erreicht das Wasser zwei Meter über dem Normalstand. Dämme und Deiche brechen, Häfen und Küstenstädte werden überschwemmt. In Lübeck erreichen die Fluten sogar das Holstentor im Zentrum der Stadt. Mit Schlauchbooten bringen Rettungskräfte gefährdete Bewohner in Sicherheit.

Doch das war erst der Auftakt. Keine zehn Tage später kommen bei einer Lawinen-Serie in den Alpen über 200 Menschen ums Leben. Ausgelöst durch einen plötzlichen Wetterumsturz, donnern Schneemassen in die Täler, begraben Häuser und reißen im am schlimmsten betroffenen Vorarlberg (Österreich) einen Bahnhof samt Zug mit sich. Tausende Wintersportler sind in ihren Urlaubsorten von der Außenwelt abgeschnitten. Und während in den Alpen noch die Lawinen niedergehen, fegt ein Winterorkan über Nordeuropa hinweg. Die Sturmböen erreichen Spitzengeschwindigkeiten von 135 km/h und richten schwere Schäden an. Allein in Westdeutschland werden sechs Menschen getötet.

Weitere Naturkatastrophen folgen – sintflutartige Regenfälle in Bayern, Sachsen und Österreich führen im Juli zu einer Überschwemmungskatastrophe. Ein schweres Erdbeben erschüttert im September Algerien; befürchtet werden zunächst 1.000 Tote, es sollen aber mehr als 1.500 werden. Im gleichen Monat fegt ein Taifun über Japan hinweg, er kostet 2.000 Menschen das Leben.

Über Deutschland peitscht der heftigste Sturm im Dezember, in nur 48 Stunden fordert er 22 Todesopfer. Das Land befindet sich neun Jahre nach dem Zweiten Weltkrieg noch im Wiederaufbau; Trümmerruinen gehören weiterhin zum Straßenbild – viele von ihnen können dem Sturm nicht standhalten. In Duisburg kracht das Notdach einer Hausruine auf die Straße und erschlägt eine Frau. In Dortmund birst eine Brandmauer, durchschlägt ein Nachbarhaus – zwei Frauen finden dabei den Tod. In Mülheim wird ein Fahrradfahrer durch eine Windböe in die Ruhr geweht und ertrinkt.

Es sind allerdings nicht nur die Naturkatastrophen, die für Schlagzeilen sorgen und die Menschen aufwühlen. Ostern blickt ganz Deutschland auf das Dachstein-Plateau in Österreich. Dort werden zehn Schüler, 15 bis 17 Jahre alt, und drei Lehrer aus Heilbronn vermisst. Die Gruppe war Gründonnerstag zu einer Wanderung aufgebrochen. Einheimische sollen noch zur Umkehr gemahnt haben – das Wetter gab Anlass zur Sorge –, doch die Schüler und Lehrer wanderten offenbar weiter. Und gerieten in einen Schneesturm, in dem sie sich verirrten. Suchtrupps mit bis zu 400 Helfern entdecken erst Tage später die ersten neun Opfer, erfroren und vom Schnee begraben. Es soll über einen Monat dauern, bis auch die letzten Vermissten tot aufgefunden werden.

Nur wenige Tage vor Weihnachten dann erschüttert ein Eisenbahnunglück das Revier. 15 Menschen sterben, 64 werden verletzt, als am 18. Dezember, früh morgens um 6.20 Uhr, am Dortmunder Hauptbahnhof ein Nahverkehrszug aus Duisburg mit einem Sonderzug aus Kiel zusammenstößt. Den Rettungskräften bietet sich ein grausiges Bild: Der Packwagen des Nahverkehrszuges hat sich in den folgenden Wagen geschoben und ihn zertrümmert. Die stabileren Ganzstahlwagen des Sonderzuges dagegen halten den schweren Stoß aus. Das verhindert eine noch größere Katastrophe – denn mit diesem Sonderzug sind 500 Kinder aus dem Ruhrgebiet und dem Rheinland, die zur Erholung nach Westerland geschickt worden waren, unterwegs nach Hause. Die Ursache des Unglücks, so wird die Bahn später erklären, ist auf menschliches Versagen zurückzuführen.

Versagen kann auch die modernste Technik, und zwar mit katastrophalen Folgen. Das erfahren die Menschen in diesem Jahr am Beispiel des ersten Düsenverkehrsflugzeugs, der „Comet". Im Januar zerbricht eine Maschine aus der „Comet"-Flotte in der Luft, nur drei Monate später explodiert ein weiteres Flugzeug diesen Typs über dem Mittelmeer und stürzt mit 21 Menschen an Bord in die Bucht von Neapel. Dramatische Höhepunkte einer Unglücksserie seit der Indienststellung der „Comet" Anfang der 50er Jahre. Folge: Flugverbot für die ganze Flotte.

Nina Grontzki

NUMMER 37 / VII. JAHRGANG

SAMSTAG, 13. FEBRUAR 1954

WESTDEUTSCHE ALLGEMEINE

Einzelpreis 20 Pf

Die unabhängige Zeitung des Ruhrgebiets

Erscheint täglich

CDU: Ehemann soll entscheiden

Bundestagsdebatte um Gleichberechtigung - FDP und SPD für gemeinsamen Entscheid der Eheleute

Von unserem Bonner Büro T BONN, 12. Februar

In einer mehrstündigen Debatte setzte sich der Bundestag am Freitag mit der Gleichberechtigung von Mann und Frau im bürgerlichen Recht auseinander, die jetzt endlich — den Vorschriften des Grundgesetzes entsprechend — verwirklicht werden soll. Der Aussprache lagen Gesetzentwürfe der Bundesregierung, der FDP und der SPD zugrunde. Der grundsätzliche Unterschied zwischen den verschiedenen Gesetzentwürfen besteht in der Frage, wer in der Ehe das letzte Wort haben soll. Die Regierung will dem Mann das letzte Entscheidungsrecht einräumen, während FDP und SPD verlangen, daß beide Ehegatten gemeinsam entscheiden sollen.

Bundesjustizminister Dr. Neumayer wies in der Debatte darauf hin, daß seit der Entscheidung des Bundesverfassungsgerichts über die Gültigkeit des Gleichberechtigungsparagraphen die deutschen Richter vor schwerwiegenden Entscheidungen standen. Sie hätten es verstanden, diese Aufgabe zu lösen. „Dem deutschen Richter verdanken wir es, daß das vielfach befürchtete Rechtschaos vermieden werden konnte". Der Regierungsentwurf, so sagte der Minister, gehe von den Grundsätzen aus, Ehe und Familie zu schützen, Einwirkungen von außen und Rechtsstreitigkeiten aus ehelichen Differenzen vor Gericht zu vermeiden sowie die finanzielle Position der Frau zu stärken.

Den Kritikern am sogenannten Stichentscheid des Mannes sagte Dr. Neumayer, dieser sei nicht für „normale Ehen" gedacht. Dort würden eheliche Angelegenheiten im Einvernehmen zwischen Mann und Frau geregelt.

Der FDP-Fraktionsvorsitzende Dr. Dehler warnte davor, eine religiöse oder kirchliche Auffassung über das Wesen der Ehe gesetzlich zu verankern. Der Staat sei nicht berechtigt, die Ehe als göttliche Ordnungsform zu sichern, er solle sie vielmehr nur gesellschaftlich festigen. Es wäre eine „unerträgliche Ausweitung der Macht des Staates", wenn er das Sakrament der Ehe zu seiner eigenen Angelegenheit machen wolle. Die kirchliche Ordnung würde entwertet, wenn sie den Zwang des Staates in Anspruch nehmen wolle.

Fortsetzung auf Seite 2

London: „Eden kehrt Sonntag zurück"

WAZ LONDON, 12. Februar

Politische Kreise in London glauben zu wissen, daß Außenminister Eden am Sonntag oder spätestens am Montag nach London kommen wird, um Premierminister Churchill und dem Kabinett persönlich Bericht zu erstatten. Es gilt als zweifelhaft, das Eden dann noch einmal nach Berlin zurückkehren wird.

In parlamentarischen Kreisen verlautet in diesem Zusammenhang, daß der „Speaker", der Präsident des Unterhauses, voraussichtlich in der darauffolgenden Woche auf Antrag der konservativen Fraktion eine zweitägige außenpolitische Aussprache ansetzen werde, um Außenminister Eden Gelegenheit zu geben, dem Unterhaus über die Berliner Konferenz zu berichten.

FRÜH ÜBT SICH . . .

Als galantes Pärchen zeigten sich diese beiden Dreijährigen auf einem Kinderkostümfest in West-Berlin. Nach anstrengendem Tänzchen dankt der kleine Gardeoffizier seiner Prinzessin mit einem Kuß auf die charmant hingehaltene Hand. ap-Bild

„Nichtangriffs-Erklärung geplant"

PARIS, 12. Februar

Als Abschlußgeste der Viererkonferenz werde von den drei westlichen Außenministern eine feierliche Nichtangriffserklärung gegenüber der Sowjetunion abgegeben werden, meldet der Berliner Korrespondent des großen Pariser Abendblattes „France Soir" am Freitag. Diese Erklärung werde den Wunsch der Alliierten unterstreichen, die Atmosphäre der Entspannung beizuhalten, (dpa)

GANG DURCHS FLAMMENMEER

Bis zu 2000 Hitzegraden kann dieser neue feuerbeständige Schutzanzug, der jetzt einer technischen Kommission der französischen Streitkräfte vorgeführt wurde, widerstehen. Der Anzug, aus einem Kunstfasergewebe, ist mit einer Schutzmasse schweizerischer Erfindung überzogen. up-Bild

Westen bereit, mit Peking zu verhandeln Sowjets verzichten auf Fünferkonferenz

Ergebnis der drei geheimen Fernost-Besprechungen in Berlin

BERLIN, 12. Februar

Wie nach den geheimen Besprechungen der Außenminister am Freitag in Berlin verlautet, wird die Einberufung einer Konferenz über Ostasien-Probleme erwogen, um zu einer Lösung der Krisen in Korea und Indochina zu gelangen. Auch Molotow ist bereit, einer Ostasienkonferenz zuzustimmen, an der alle an den verschiedenen Problemen interessierten Staaten teilnehmen können. Molotow dürfte damit auf die unmittelbare Einberufung einer Fünferkonferenz verzichtet haben, während sich die Westmächte bereit erklärten, mit Rotchina an einem Konferenztisch zu verhandeln.

Die westlichen Außenminister bestehen darauf, daß Rotchina seine Unterstützung für Vietminh in Indochina, insbesondere die Waffen- und Materiallieferung, einstellt. Wie diese Voraussetzung erfüllt werden soll, steht noch nicht fest. Es ist auch noch nicht entschieden, wer die Konferenz über asiatische Probleme einberuft. Auch die Beteiligung Nationalchinas und Japans ist noch nicht geklärt.

Die westlichen Außenminister haben ihre Auffassungen über die Möglichkeiten der Einberufung einer Asienkonferenz einheitlich vertreten. Die Geheimbesprechungen werden fortgeführt. Der Zeitpunkt der nächsten Sitzung steht noch nicht fest. (dpa)

Rhee: Eine Division für Indochina

SOEUL, 12. Februar

Staatspräsident Syngman Rhee hat die Entsendung einer vollen südkoreanischen Division nach Indochina angeboten, bestätigte am Freitag Außenminister Pyun Yung-tai in Soeul. Das Angebot wurde dem alliierten Oberbefehlshaber, General Hull, vor dessen Abflug nach Washington schriftlich übermittelt. (ap)

St. Laurent verläßt Deutschland

BONN, 12. Februar

Der kanadische Ministerpräsident St. Laurent beendete am Freitag seinen zweitägigen Staatsbesuch in der Bundesrepublik und flog nach Rom weiter. Auf dem Flugplatz Wahn nahmen Bundeskanzler Adenauer, die Minister Blücher, Erhard, Schäffer sowie Staatssekretär Hallstein und Sicherheitsbeauftragter Theodor Blank von dem hohen Gast Abschied. (ap)

Auch Österreich soll neutralisiert werden

Neue Forderung Molotows - Westmächte enttäuscht

Von unserem Berliner Büro
BERLIN, 12. Februar

Die erste Österreichsitzung in Berlin, die die vier Außenminister gemeinsam mit der österreichischen Delegation am Freitag abhielten, zeigte sofort, daß es auch bei diesem Problem ernste Schwierigkeiten geben wird. Während die westlichen Außenminister empfahlen, den Vertrag noch in Berlin abzuschließen, schlug Molotow eine Verschiebung um eine Dreimonatsfrist vor. Außerdem stellte Molotow eine ganze Reihe neuer Forderungen, mit denen der Westen sich nicht einverstanden erklären dürfte.

Molotow ließ die österreichischen Wünsche im wesentlichen unbeachtet und forderte statt dessen, daß sich Österreich in einer Ergänzung des Staatsvertrages verpflichten müsse, keinerlei Koalitionen oder Militärbündnisse mit irgendeiner am Krieg gegen Deutschland beteiligten Macht einzugehen. Die Besatzungstruppen sollen in Österreich bleiben, bis der Friedensvertrag mit Deutschland abgeschlossen ist, die Errichtung ausländischer Militärstützpunkte wird nicht zugelassen. Auch die Stadt Triest darf nicht als Militärstützpunkt dienen.

Entgegenkommen zeigte Molotow lediglich gegenüber dem österreichischen Wunsch, die der Sowjetunion zu leistenden Zahlungen für die ehemaligen deutschen Vermögenswerte (150 Mill. Dollar) durch Warenlieferungen abgelten zu können.

Fortsetzung Samstag

Die Debatte über den österreichischen Staatsvertrag wird am Samstagnachmittag fortgesetzt. Österreich darf an den Verhandlungen teilnehmen. Nach diesem enttäuschenden Beginn haben in Konferenzkreisen die schon bisher sehr geringen Erwartungen, auf greifbare Ergebnisse der Berliner Konferenz noch weiter abgenommen. Auf Antrag Außenminister Dulles' ist am Freitagabend ein Unterausschuß der Berliner Viermächtekonferenz zusammengetreten, um den weiteren Verlauf der Beratungen festzulegen und sich über ein vorläufiges Schlußdatum der Konferenz zu einigen.

Dulles hatte in der Freitagsitzung erklärt, er müsse vor Ende des Monats nach Washington zurück, da er an der am 1. März in Caracas (Venezuela) beginnenden Interamerikanischen Konferenz teilnehme. Der Unterausschuß soll auch das Verfahren zur weiteren Behandlung der Deutschlandfrage und europäischen Sicherheit festlegen.

Fortsetzung auf Seite 2

Riesiger Schwede schlug fünf Vopos in Ost-Berliner Sowjetbotschaft nieder

„Ich wollte Molotow sprechen" - Im Gefängnis Waldheim gelandet

Von unserem Korrespondenten
DR. GERHARD MEISSEL
STOCKHOLM, 12. Februar

Der beinahe zwei Meter große schwedische Direktor Albert Kinberg (37) hat am 26. Januar im Gebäude der sowjetrussischen Botschaft in Berlin fünf Volkspolizisten niedergeschlagen und, bevor er von zwölf weiteren Vopos überwältigt wurde, einen schweren Sessel durch das Fenster auf die Straße gefeuert. Er wollte mit Molotow zusammentreffen, um, wie er sagte, den Moskauer Außenminister um Frieden zu bitten.

Verletzt wurde Kinberg anschließend gefesselt in ein Ost-Berliner Krankenhaus transportiert. Jetzt sitzt er im Gefängnis Waldheim in Sachsen in Einzelhaft. Am Freitag wurde seine Verhaftung offiziell bekanntgegeben.

Das Stockholmer Außenministerium versucht, Klarheit darüber zu gewinnen, ob der Verhaftete es auf die Person Molotows abgesehen hatte. Seine Lage wird in Schweden als äußerst kritisch bezeichnet. Der schwedische Generalkonsul in Berlin hatte bisher keine Möglichkeit, mit Kinberg zusammenzutreffen. Man vermutet, daß die Anklage auf Hausfriedensbruch und Widerstand gegen die Staatsgewalt lauten wird, falls nicht noch wesentlich schwerwiegendere Momente herausgestellt werden.

Die Mutter Kinbergs erklärte dem Korrespondenten der WAZ in Stockholm: „Albert hatte zeit seines Lebens nur einen Wunsch, der Welt den Frieden zu erhalten. Ich kann es nicht fassen, daß er in eine solche unangenehme Situation verwickelt wurde."

Lesen Sie in unserem Wirtschaftsteil:

Milchsorten verwirren Hausfrauen

Schreiber bittet für 15 000 Gefangene

In der Sowjetzone

BERLIN, 12. Februar

Die Freilassung der etwa acht- bis fünfzehntausend noch in der Sowjetzone festgehaltenen politischen Gefangenen forderte der Regierende Bürgermeister von Berlin, Dr. Schreiber, am Freitag. Er bat die drei westlichen Außenminister in einem Schreiben, sich in Verhandlungen mit dem sowjetischen Außenminister Molotow dafür einzusetzen. Diese politischen Gefangenen seien auf Grund der Kontrollratsgesetzgebung ohne persönliche Schuld und ohne erhöhte Verantwortung lediglich wegen ihrer vor oder während des Krieges ausgeübten Beamten- oder Wirtschaftstätigkeit verurteilt worden.

Schreiber erinnert daran, daß sowohl der verstorbene Bürgermeister Reuter wie Bundeskanzler Dr. Adenauer bereits die Alliierten darum gebeten haben, daß sie als Mitunterzeichner der Krontrollratsgesetze sich bei den Sowjets für eine Freilassung dieser Gefangenen verwenden sollten. (dpa)

*

Bundeskanzler Dr. Adenauer wird nach einer offiziellen Mitteilung in Athen am 9. März zu einem einwöchigen Staatsbesuch in Griechenland eintreffen.

Ein Ausschuß für Rundfunkfragen ist vom Hauptausschuß des NRW-Landtags eingesetzt worden. Er soll den Gesetzentwurf über den Westdeutschen Rundfunk Köln weiter beraten.

Der Haupttreffer von 100 000 DM in der Freitagziehung der ersten Klasse der 12. Nordwestdeutschen Klassenlotterie fiel auf das Los 91205. (Ohne Gewähr — D. Red.) (WAZ/dpa/ap)

Papst hat Krankheit überwunden

VATIKANSTADT, 12. Februar

Papst Pius XII. scheint seine dreiwöchige Krankheit, die bereits zu ernster Besorgnis Anlaß gab, jetzt endgültig überwunden zu haben. Seine Genesung hat auch am Freitag wieder erfreuliche Fortschritte gemacht. Der Papst befindet sich auf dem Wege zur völligen Wiederherstellung seiner Gesundheit. (ap)

Strenger Frost lähmt die Binnenschiffahrt

Mastenwälder in Nothäfen

1250 Schiffe liegen allein in Duisburg-Ruhrort fest - Arbeitslosigkeit bedroht die Hafenarbeiter - Eisbrecher kommen kaum noch durch

Von unserem Redaktionsmitglied ALBERT LONGJALOUX

DUISBURG, 1. Februar

Eisiger Wind pfeift durch die Duisburg-Ruhrorter Häfen, ein tödlicher Hauch, der die Schiffahrt von Stunde zu Stunde mehr erstarren läßt. Wo sonst die Schiffssirenen ihr vielstimmiges Konzert veranstalten, herrscht lähmende Stille. Während der Rhein die weißgekränzten Eisschollen wie einen Lavastrom langsam talwärts wälzt, so dicht schon, daß man sie einzeln kaum noch unterscheiden kann, haben die Schiffe sich in den Schutz der Hafenbecken geflüchtet. Eine Massenflucht, denn bis Montag mittag waren es schon 1250. „Diesen Frost noch ein paar Tage, dann steht alles", brummt Matrose Richard Müller, reibt sich die schmerzenden Ohren und blickt über den Wald von Schornsteinen, Masten über schwarzen Schiffsbäuchen, der regungslos daliegt.

1250 Schiffe haben Zuflucht in den Duisburg-Ruhrorter Häfen gesucht. Das Geheul der Sirenen ist verstummt. Tödliche Stille liegt über dem Schiffsfriedhof.

Vom Bug des 250 PS starken Eisbrechers „Germanus" dirigiert Hafenoberinspektor Berger das Boot durch die Duisburg-Ruhrorter Häfen.

Steht alles still... Das bedeutet, daß auch die kleinen Manöver, die Montag noch mit Hilfe der drei Eisbrecher möglich waren, um entladene Schiffe auf den Liegeplatz und beladene an den Umschlagsort zu bringen, aufhören werden, daß die Kräne und Ladebrücken nichts mehr zu tun haben und daß die riesige Kohlenmischanlage, die größte Europas, mangels Masse stilliegen muß.

Lage wird kritisch

Das bedeutet aber auch, daß für mehrere Hundert von insgesamt 4500 Hafenarbeitern und besonders für die „unbeständigen" von ihnen, die mal hier, mal dort eingesetzt werden, die Lage kritisch wird. Ihnen droht das gleiche Schicksal wie den Kollegen vom Bau.

Seit Tagen schon furchen die drei Boote mit dem runden, starken Bug und ihren insgesamt 700 PS Maschinenstärke die Eisdecke in den Häfen. Sie sind von morgens bis abends ständig unterwegs. Bei Hafenoberinspektor Heinrich Berger steht das Telefon nicht still. „Eisbrecher Germanus sofort zur WTAG", kommt ein Alarmruf. Das 250 PS starke Boot, gerade zur Stelle, dampft sofort los. Unter dem Steven krachen die Eisschollen, schieben sich widerspenstig zur Seite und poltern hart gegen den bebenden Schiffskörper. Immer wieder wirbelt der Rudersmann das Steuer herum, denn es ist schwer, das Boot auf Kurs zu halten. „Wenn das nur die Schraube mitmacht", zuckt der Kapitän die Achseln. Montag abend sollten die bronzenen durch stählerne Propeller ersetzt werden.

Nichts mehr zu lotsen

Zwei Eisbrecher haben vier Stunden lang zu tun, um einen 2000-t-Tanker aus der frostigen Umklammerung zu befreien. Eine schwere Stahltrosse reißt, aber das Manöver gelingt.

In Jan Smits gutgeheizter Wirtschaft „Zum Havenmond" am Ruhrorter Damm stehen die Lotsen und gießen sich einen wärmenden Doppelstöckigen hinter die Binde. Schlechte Zeiten für sie, denn es gibt nichts mehr zu lotsen. 60 von ihnen können zum Arbeitsamt gehen, sich ihre Unterstützung zu holen, aber die 20 „freien" müssen sehen, wie sie in den nächsten Tagen über die Runden kommen. Verdrießlich angelt sich Lotse Wilhelm R. einen Matjeshering aus dem Korb der alten Frau, die durch die Schifferlokale pilgert. Er schmeckt heute besonders salzig...

Schiffahrt gelähmt - Zugverkehr behindert

Frost zwingt Instandsetzungskolonnen zu Überstunden

IM RUHRGEBIET, 2. Februar

Die Kältewelle über Europa hielt auch am Dienstag mit Tiefsttemperaturen bis zu 25 Grad unter Null an, und die Meteorologen erklären, daß vor dem Wochenende kaum mit einer Milderung zu rechnen sei. In Deutschland ist die gesamte Binnenschiffahrt praktisch zum Erliegen gekommen. Zum erstenmal seit 1929 hat sich auf dem Rhein von der Lorelei bis Caub auf einer rund fünf Kilometer langen Strecke eine feste Eisdecke gebildet. Man erwartet, daß der Rhein von der Schweiz bis zur Nordsee gegen Ende der Woche völlig zugefroren ist.

Die Weser ist auf einer Strecke von etwa 50 km zwischen Englern und Petershagen zugefroren. Das Packeis ist bis zu zwei Meter dick. Auch der Zugverkehr in der Bundesrepublik wird in zunehmendem Maße durch den Frost behindert. Es wurden Verspätungen der Reisezüge bis 60 Minuten gemeldet und Hunderte von Arbeitskolonnen sind Tag und Nacht beschäftigt, die Weichen aufzutauen und die Signalanlagen zu überprüfen.

Die nordfriesischen Halligen sind von der Außenwelt abgeschnitten. Die Inseln Wangerooge und Juist werden von drei dänischen Flugzeugen versorgt.

Aus fast allen Teilen des Bundesgebietes kommen Meldungen von Flur- und Gebäudeschäden. Städtische Instandsetzungskolonnen, Feuerwehreinheiten und Installateure machen Überstunden, um Rohrbrüche zu beseitigen und um Gasleitungen aufzutauen und kleinere Brände zu löschen, die durch überheizte Öfen entstehen. (WAZ/ap/dpa)

WESTDEUTSCHE
ALLGEMEINE
Die unabhängige Zeitung des Ruhrgebiets

Toto-Mat' will Tipper während der Spiele informieren

Schweizer Erfindung wird auf Oberliga-Plätzen eingeführt

WAZ RUHRGEBIET, 1. Februar

„Toto-Mat" heißt die neue, geschäftstüchtige Erfindung, die am Sonntag, dem 7. Februar, zum erstenmal auf sechs westdeutschen Oberligastadien in Aktion treten soll. Vorerst haben sich Rot-Weiß Essen, VfL Bochum, FC Schalke 04, Preußen Münster, 1. FC Köln und Rheydter SV entschlossen, „Toto-Mat" auf ihren Plätzen einzuführen.

So sieht der Toto-Mat aus. Man kann gespannt sein, ob er sich rentieren wird. Bild: privat

An gut sichtbarer Stelle wird im Stadion der genannten Vereine eine Resultat-Anzeigetafel aufgestellt, die die Spielpaarungen des aktuellen Totoscheins enthält und laufend über den Stand der Spiele unterrichtet. Toto-Mat ist durch eine Telefonzentrale mit allen Plätzen verbunden, auf denen Totospiele stattfinden. Wenige Minuten nach einem Tor in Aachen, Köln, Essen, Gelsenkirchen, Bochum oder Nürnberg wird dieses Ereignis auf der Anzeigetafel registriert. Das Halbzeitergebnis, der Stand zehn Minuten vor Schluß und das Endergebnis können abgelesen werden. Die Totowetter wissen dann schon wenige Minuten nach dem Schlußpfiff, während die Massen abmarschieren, ob sie etwas gewonnen haben, oder ab sie unter „ferner liefen" zählen.

Ein Mann in der Schweiz ist nach vielen schlaflosen Nächten und Grübeleien auf diese Idee gekommen. Jetzt schläft er immer beruhigt, weil seine Finanzen in Ordnung sind. Der Fußball rollt und damit auch das Geld für ihn.

Toto-Mat ist seit langem in der Schweiz mit Erfolg eingeführt. Er ist auch in Spanien und in Schweden übernommen worden und soll jetzt auch Westdeutschland erobern. Das Interesse, den Stand eines Totospieles laufend zu erfahren, ist sicher genau so groß wie die Wettleidenschaft.

Der Mann aus der Schweiz und die Vereine, die Toto-Mats auf ihren Plätzen aufstellen, lassen sich diesen Dienst am Kunden natürlich bezahlen. Der Wetter und Zuschauer Müller, der am nächsten Sonntag zum Spiel FC Schalke 04 — Bayer Leverkusen geht, kann ein Programmheft kaufen. In diesem Programmheft ist der Schlüssel aufgezeigt, mit dessen Hilfe er auf der Toto-Mat-Tafel die Resultate ablesen kann. Auf dieser Tafel werden die Spiele in anderer Reihenfolge, als es beim Tipschein der Fall ist, aufgeführt. Ein praktisches Beispiel: Am nächsten Sonntag ist das Spiel Rot-Weiß Essen gegen Alemannia Aachen auf dem Tipschein das Spiel Nr. 5. Auf der Toto-Mat-Tafel ist es aber Nr. 1. Der Wetter und Zuschauer Müller muß also schon das Programmheft mit dem Schlüssel kaufen, um die einzelnen Nummern zu enträtseln. Dieses Vergnügen soll einige Groschen kosten. Über den genauen Preis schweben noch Verhandlungen.

In einer Besprechung mit dem FC Schalke 04 wies der 1. Vorsitzende Rechtsanwalt Albert Möritz darauf hin, daß durch die neue Einrichtung auf den großen Sportplätzen keine Beeinflussung des Spielverlaufs zu befürchten sei. Die Spieler selbst würden nicht auf die Anzeigetafel schauen, zumal sie während des Spieles den Schlüssel nicht im Besitz haben. Entscheidende Kämpfe für die Meisterschaft und für den Abstieg werden auf Wunsch während der Spieldauer nicht angezeigt. Erst zum Spielschluß wird dieses Ergebnis bekanntgemacht.

1215 Meter!

Tiefster Schacht ist abgeteuft

‚Essen-Rossenray' erprobt abfallende Bewetterung

Von unserem Redaktionsmitglied
JOACHIM SOBOTTA

IM REVIER, 9. Februar

Zehn von Salzwasser und Schweiß triefende Kumpel erlebten am Dienstag um 18 Uhr, als ihre Schicht zu Ende ging, 1215 Meter tief unter dem Essener Kruppgelände einen für den deutschen Bergbau historischen Augenblick. Mit dem Abschluß der Teufarbeiten auf dem Wetterschacht Barbara der Bergwerke Essen-Rossenray war der tiefste Schacht in Deutschland glücklich niedergebracht. Und ein zweites: die Beendigung dieser Teufarbeiten bedeutet die Voraussetzung für eines der eindrucksvollsten und bedeutsamsten Experimente im Bergbau, die „abfallende Wetterführung".

Während der sechsstündigen Schichtzeit gibt es keine „Butterpause". Nur hin und wieder nehmen die zehn Abteufarbeiter aus dem Deckel der gemeinsamen 20-Liter-Kaffeekanne einen kleinen Schluck — für die salzüberkrusteten Lippen eine Wohltat

Dieses neuartige, von Bergwerksdirektor Bergassessor Rauschenbach in Essen entwickelte Verfahren zur Bewetterung einer Schachtanlage, die aus einer Teufe von mehr als 1000 Meter fördern will, wird im nächsten Jahrzehnt bei „Essen-Rossenray" ausprobiert und wahrscheinlich später bei einem Großteil der Ruhrzechen angewandt.

Bergassessor Rauschenbach hatte sich, ehe vor zwei Jahren die Abteufkolonnen der Schachtbau Thyssen anrückten, folgendes überlegt: der Schacht Amalie seiner Gesellschaft, der zugleich zur Förderung und zur Frischbewetterung diente, war tausend Meter tief. Schacht Barbara dagegen, durch den schon seit hundert Jahren die Abwetter abgezogen wurden, hatte nur eine Teufe von 800 Meter.

Frage weniger Jahre

Das Frischwetter stieg also von unten durch die Abbauflöze zwischen 800 und 1000 Meter und brachte den vor Ort liegenden Bergleuten Abkühlung und frische Luft. Wie lange unter diesen Umständen noch gefördert werden kann, ist — wie die Sachverständigen sagen — eine Frage weniger Jahre. Dann muß unter der ominösen 1000-Meter-Grenze abgebaut werden, weil sich die Vorräte in höheren Lagen erschöpft haben.

Der — in ein paar Jahren fällige — Sprung in die Tiefe brachte den Bergwerksdirektor auf die kühne, von der Bergbehörde inzwischen unterstützte Idee, nur den alten A b w e t t e r schacht Barbara von 800 Meter auf 1200 Meter zu bringen, den Förder- und Frischwetterschacht Amalia dagegen auf seiner alten Teufe zu belassen. Die frische Luft wird also weiterhin durch Amalie einströmen, nun aber nicht mehr durch die höher liegenden Flöze aufsteigen, sondern durch die unter der alten Frischwettersohle liegenden Flöze abfallen. Nach den bisher üblichen Verfahren hätte man aber den Frischluft- (und zugleich Förderschacht) niederbringen müssen, um die Frischluft aufströmen zu lassen.

Der Förderkübel kommt auf dem Schachtgrund an. An dem eisernen Haken zieht ihn der Kumpel die beiden letzten Meter hinab

Viel Geld eingespart

Der Vorteil liegt auf der Hand: die weitaus höheren Kosten für das Abteufen des Förderschachtes lassen sich vorerst einsparen. Die frische Luft kommt auf dem kürzest möglichen Wege an den arbeitenden Bergmann, wodurch sich auch die vorgeschriebene Wärmehöchstgrenze von 28 Grad einhalten läßt. Der Ausbau der 1200-Meter-Sohle braucht schließlich in den nächsten drei Jahrzehnten nur der Abwetterführung zu dienen.

Wieweit sich die in die „abfallende Bewetterung" gesetzten Hoffnungen der Experten erfüllen, wird sich erst frühestens in zehn Jahren herausgestellt haben, wenn man tatsächlich die Kohle in einer Teufe von 1200 Meter abbaut. Vorläufig ist der Abwetterschacht auf seinen tiefsten vierhundert Metern noch leer und tot. Aber — der Bergbau baut vor.

Die Abteufarbeiten auf Barbara verliefen übrigens zwei Jahre hindurch reibungslos. Jede Woche kam man etwa fünf Meter tiefer; bei dem starken Wassereinfall, der wie ein Dauerregen auf die halbnackten Teufarbeiter niederrieselte, eine bewundernswerte Leistung. Jedes Meter Abteufen kostete nicht weniger als 7000 DM.

Bei 49 Grad

Mit den beiden Förderkübeln, die je 75 Mal am Tage zwischen 800 Meter und Endstation Schachtgrund pendelten, wurden wöchentlich allein 27 000 Backsteine in die Tiefe gebracht. Vier Kolonnen zu je zehn Mann wechselten sich Tag und Nacht bei der Abteufarbeit ab. Ununterbrochen wurde Gestein gebrochen, in Kübel geladen und der neugewonnene Raum ausgemauert. Zum Schluß noch eine Zahl, die Härte und Gefahr der Arbeit kennzeichnet: jeder der jungen, athletischen Abteufarbeiter verdiente im Durchschnitt 22,— DM. Für eine Sechsstundenschicht, bei der das Thermometer 49 Grad anzeigte...

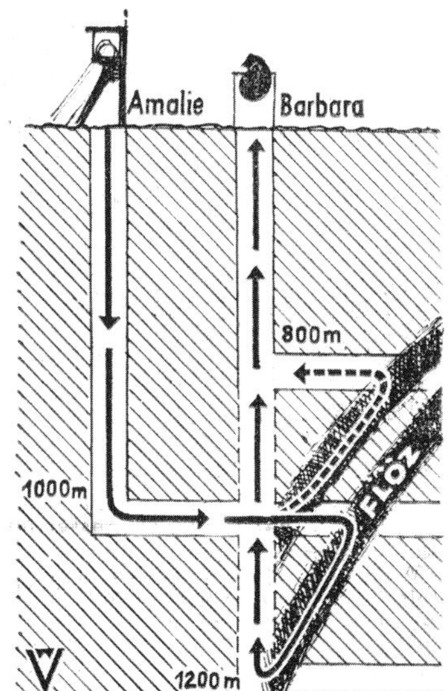

Querschnitt durch das Bergwerk: Während die Frischwetter, durch Schacht Amalie eingeführt, jetzt noch zwischen 1000 und 800 Meter aufsteigen, werden sie demnächst zwischen 1000 und 1200 Meter abfallen.

WAZ-Zeichnung: Wilm Voßnacke

NOCH größer!!!

Der größte Tanker der Welt, die 45 000 t große „World Glory", deren riesenhafte, 15 m hohe Schraube das Bild zeigt, ist in Quincy (Massachusetts, USA) vom Stapel gelaufen. Das Schiff, das 16,5 Mill. Gallonen Öl faßt, wurde für den griechischen Reeder Stabros Niarchos gebaut.

Die „World Glory", die in ihrer Größe nur noch von den Passagierdampfern „Queen Elizabeth", „Queen Mary", „United States", „Liberté" und „Ile de France übertroffen wird, hat eine größere Ladefähigkeit als die 42 720 t große „Tina Onassis, die im November in Dienst gestellt worden war und von den Howaldt-Werken in Hamburg für Niarchos' Schwager Socrates Onassis, den größten Privatreeder der Welt, gebaut worden war.

In der kommenden Woche wird in Newcastle-on-Tine in Großbritannien ein 33 000-t-Tanker für Niarchos vom Stapel laufen, während in Kiel für ihn der 33 000-t-Tanker World Gratitude" gebaut wird.

Handstricken wird unmodern

WAZ DÜSSELDORF, 10. Februar

Die Frauen in NRW scheinen immer mehr vom Selbststricken abzukommen und zur fertiggestrickten Kleidung überzugehen, erklärte das Statistische Landesamt. Die Erzeugung von Handstrickgarnen gehe ständig zurück. Während 1952 in NRW noch 3750 t Handstrickgarne aus Wolle und Baumwolle hergestellt wurden, waren es 1953 nur noch 2750 t.

Fast 2 Mill. Arbeitslose

NÜRNBERG, 5. Februar

Die Zahl der Arbeitslosen im Bundesgebiet erreichte Ende Januar infolge des anhaltenden Frostwetters nahezu 2 Millionen. Sie stieg seit Jahresanfang um 464 792 auf 1 989 550. Das bedeutet einen Höchststand der Arbeitslosigkeit seit Januar 1951. Von der Zunahme waren überwiegend Männer betroffen (433 295), während sich die Zahl der weiblichen Arbeitslosen um 31 497 erhöhte. Die Zahl der Arbeitslosen stieg in allen Bundesländern, wobei Nordrhein-Westfalen mit 142 539 die größte Zunahme verzeichnete.

FERTIG ZUM STRATOSPHÄRENFLUG!

Aus Hochdruck-Atmungshelmen, Druckanzügen und Sauerstoffgeräten besteht die neuste Ausrüstung der amerikanischen Piloten für Flughöhen über 15 000 m. Auf unserem Bild die beiden Northrop-Testpiloten in der Stratosphären-Kombination vor ihrer Düsenmaschine. up-Bild

„Bitte, recht freundlich, Herr Präsident!"

Eisenhower hat Schauspielunterricht, um „Fernseh-Star" zu werden

Von unserem ständigen Mitarbeiter
HANS B. MEYER

WASHINGTON, 15. Februar

Seit einiger Zeit geht Mr. Robert Montgomery im Weißen Hause ein und aus. Mr. Montgomery ist von Beruf Film- und Fernsehstar — einer der besten in den Vereinigten Staaten. Und es sind seine beruflichen Qualitäten, die im Weißen Hause verlangt werden. Um es klar und offen zu sagen: der Präsident der USA ist zugleich die populärste Figur im Fernsehapparat, und er muß lernen, so zu sprechen, sich so zu bewegen, so zu lächeln und so auszusehen, daß er auf dem Fernsehschirm die beste Wirkung erzielt.

Die Amerikaner haben mit den Männern, die sie wählen und die ihre Politik machen, noch nie auf so vertrautem Fuß gestanden wie jetzt. Durch den Fernsehapparat kommt der Kongreßmann, das Regierungsmitglied und der Präsident — in ihr Wohnzimmer. Die politischen Probleme des Tages werden von den Beteiligten selbst vor dem Familiensofa debattiert. Natürlich wird die Debatte oft von Vater und Mutter fortgesetzt — nicht nur über die Themen, sondern auch über die Persönlichkeiten, und jedes Familienmitglied ist ein Wähler. Es lohnt sich für den Politiker und sogar für den Präsidenten der Vereinigten Staaten, an der eigenen Fernsehwirkung zu arbeiten.

Zweifellos, das Fernsehen bietet große Möglichkeiten, um das politische Leben des Landes lebendiger, den Bürger wissender und die Demokratie stärker zu machen. Besonders Programme, in denen die Politiker Journalisten oder anderen Bürgern Rede und Antwort stehen müssen — ohne Probe und ohne Konzept —, zeigen, was der Mann und seine Sache wert sind. Aber manches an dieser Entwicklung ist doch etwas bedenklich, und die Vorstellung, daß der Präsident gewissermaßen Schauspielunterricht nehmen muß, ist nur eines dieser Momente.

Kehrseite der Propaganda

Bevor die Fernsehkamera auch in das politische Leben der Bundesrepublik eindringt, sollte man sich darüber klar sein, daß sie nicht nur die politische Haltung des Zuschauers verändern kann, sondern vielleicht auch die menschliche Haltung der Politiker. Präsident Eisenhower hatte während seines Wahlfeldzuges ebenso viele Propagandafachleute um sich wie Politiker. Auch jetzt befinden sich mehr von ihnen in seiner Umgebung als je zuvor in der Geschichte des Weißen Hauses, und es kann nicht ausbleiben, daß sie die Politik durch ihre eigenen Augen sehen; sie wollen nur „populär machen" und übersehen, daß Propagandawirkung nicht alles ist.

Zum Beispiel haben sie kürzlich vorgeschlagen, daß Präsident Eisenhowers Pressekonferenzen im Fernsehen verbreitet werden sollten. Zuerst fand dieser anscheinend so demokratische Vorschlag allgemeinen Beifall. Dann aber wurden warnende Stimmen hörbar. Die Pressekonferenzen im Weißen Hause haben sich seit Jahrzehnten zu einer äußerst nützlichen Einrichtung entwickelt, gerade weil der Präsident hier informell und formlos mit den Vertretern der öffentlichen Meinung sprechen kann. Bis vor kurzem durfte er nicht einmal in direkter Rede zitiert werden. Er konnte überlegen, zögern, „ins Unreine sprechen", sich korrigieren und sich peinlichen Fragen aussetzen, ohne daran zu denken, wie das wohl auf Mrs. Smith und Mr. Miller wirken mag.

Eine Schaustellung

Die Zeitungsleute verstanden nach so einer Konferenz die Gedanken des Präsidenten, und der Präsident erfuhr aus diesen Wortwechseln viel über das Denken der Leute im Lande. Schon jetzt hat die Atmosphäre in dem großen, altmodisch-hohen zweistöckigen Saal, in dem Präsident Eisenhower seine Konferenzen abhält, viel von der früheren Formlosigkeit verloren. Das war zum Teil unvermeidlich, weil die Zahl der Korrespondenten im Weißen Hause in den letzten Jahren schnell angewachsen ist, aber es rührt auch von der neuen Sitte her, die Antworten des Präsidenten wörtlich zu drucken. Würde der ganze Vorgang auf den Fernsehschirmen von New York bis San Franzisko erscheinen, dann würde die Informationskonferenz zu einer bloßen politischen Schaustellung werden.

Man hat das erlebt, wenn Komiteesitzungen aus dem Kongreß über die Fernsehapparate liefen. Die fernsehwirksamen Politiker nutzten diese Sitzungen auf Kosten der gewissenhafteren Politiker aus. Vor der Fernsehkamera benimmt sich niemand natürlich. Sie macht die Unbedenklichen zu Schauspielern und die Nachdenklichen schweigsam. Sie macht bestimmt viele Politiker zu besseren Rednern, aber sie macht sie kaum zu besseren Denkern.

Drei neuere Ausdrucksstudien des Präsidenten. Bilder ap/dpa

Länder erhalten einheitliches Schulsystem

Beschluß der Münchener Ministerpräsidenten-Konferenz

Von unserem nach München entsandten Redaktionsmitglied SIEGFRIED MARUHN

MÜNCHEN, 5. Februar

Auf ihrer am Freitag in München eröffneten Konferenz beschlossen die Regierungschefs der neun Länder der Bundesrepublik und West-Berlins, durch Staatsverträge die Schulsysteme in den einzelnen Ländern zu vereinheitlichen. Auf dem Gebiete des Rundfunks soll ebenfalls durch einen Staatsvertrag unter den Ländern und mit dem Bund den Bonner Absichten, ein Bundesrundfunkgesetz zu erlassen, vorgebeugt werden.

Der bayrische Ministerpräsident Dr. Ehard hatte die Konferenz mit einem Bekenntnis „zur inneren Geschlossenheit in der Bundesrepublik in allen Fragen des deutschen Daseins" und der Verbundenheit mit Berlin eröffnet. Er bezeichnete es als Aufgabe der Länder, die föderalistischen Kräfte wach und lebendig zu halten.

Auf Antrag des nordrhein-westfälischen Ministerpräsidenten Arnold beauftragten die Länderchefs die ständige Kommission der Kultusminister, innerhalb von fünf Monaten die Grundlage für Staatsverträge zu schaffen, durch die die äußere Organisation des Schul- und Erziehungswesens weitgehend vereinfacht und vereinheitlicht werden soll. U. a. sollen eine Begrenzung der Zahl der Hauptschultypen, einheitlicher Schulbeginn sowie einheitliche Anerkennung der Reifezeugnisse sichergestellt werden.

In seinem Referat hatte Arnold u. a. erklärt: „Es ist notwendig, die durch das Grundgesetz garantierte Freizügigkeit innerhalb der Bundesrepublik für Familien mit Kindern nicht durch die Vielgestaltigkeit der Schulformen praktisch zu sabotieren und gegenstandslos zu machen."

Sieben Todesopfer bei Grubenunglück auf Centrum

WAZ WATTENSCHEID, 27. Febr.

Am Samstagmorgen starb im Bochumer Bergmannsheil der Kohlenhauer Wenzlawski aus Essen-Steele an den Folgen der bei der Schlagwetterverpuffung auf der Schachtanlage Centrum in Wattenscheid erlittenen schweren Verbrennungen. Damit hat sich die Zahl der Toten auf insgesamt sieben erhöht. Die toten Knappen werden am Dienstag nach einer gemeinsamen Trauerfeier beigesetzt. Bundeskanzler Dr. Adenauer hat den Angehörigen der tödlich verunglückten Bergleute in einem Telegramm sein Beileid und den Verletzten die besten Wünsche für eine baldige Genesung ausgesprochen.

WESTDEUTSCHE
ALLGEMEINE
Die unabhängige Zeitung des Ruhrgebiets

Elektronengehirn serviert

... vollautomatisch Mischgetränke. Kristall, Apfel, Zitrone, Himbeer, Cola und Waldmeister. All das enthält das Wundergerät in einem tropensicheren Kühlschrank für zusammen 3000 Portionen. Die Kohlensäure-Imprägnieranlage ist über ein Filter an das normale Trinkwassernetz angeschlossen. Auch 400 Papp-Becher stehen zur Verfügung. Bald soll der Automat serienmäßig hergestellt werden. Unser Bild zeigt sein „Schaufenster".

Mit vollen Segeln durch den Verkehr

Der Busfahrer in Saltdean (Sussex/England) war überrascht, als er dieser Tage Segel neben sich auftauchen sah. June Harding (25) und Alice Gibson (23) haben sich diese leichten fahrbaren Untersätze zum Erschrecken aller übrigen Verkehrsteilnehmer ausgedacht. Wenn die Brise mal nachläßt, können sie durch Pedalantrieb kritische Luftlöcher zwischen den Häusern überwinden. ap-Funkbild

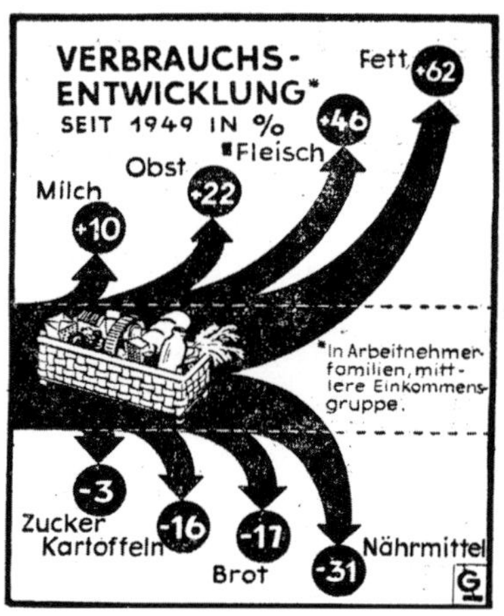

Gründgens erhält Vollmacht für Duisburgs Theaterleben

WAZ DUISBURG, 24. Februar

Vor dem Vertragsabschluß der Stadt Duisburg und der „Schauspielgemeinschaft Düsseldorf GmbH." wurden am Mittwoch im Duisburger Hauptausschuß weitere Einzelheiten der künftigen Theaterehe bekannt, wonach Gustaf Gründgens auch bei der Gründung eines eigenen Ensembles für Duisburg mitwirken wird. Von den 100 Aufführungen je Spielzeit in Duisburg sollen zehn Premieren sein, darunter eine Neuinszenierung des „Faust II" im nächsten Jahre.

Der Vertrag, der auf zwei Jahre bemessen ist, enthält die Bestimmung, daß Gründgens nicht nur für die Duisburger Gastspiele, sondern auch für die Aufstellung des gesamten Duisburger Spielplans die Verantwortung übernimmt. Der Generalintendant wird auch über die künftigen Opern- und Operettengastspiele entscheiden.

RUHRGEBIET führt im FERNSEHEN

Über 9000 Fernsehgenehmigungen hat es zu Anfang dieses Jahres gegeben. Das Ruhrgebiet mit den Oberpostdirektionen Dortmund und Düsseldorf führt auf diesem modernsten publizistischen Gebiet. Mit diesen Zahlen sind jedoch keineswegs sämtliche in Betrieb befindlichen Fernsehempfänger erfaßt.

Am 1. Dezember vorigen Jahres wurde die Zahl der nichtangemeldeten Geräte auf rund 12 000 geschätzt. Weihnachten werden nicht wenige dazugekommen sein. Das würde also bedeuten, daß die Zahl der „Schwarzseher" mindestens ebenso groß ist, wie die Zahl der legalen „Seher". Weniger verbreitet ist das Fernsehen in Bayern, da die Fernsehbrücke erst später bis nach Süddeutschland geschlagen wurde. Den Rekord mit 1760 Fernsehgenehmigungen hält die Oberpostdirektion Düsseldorf.

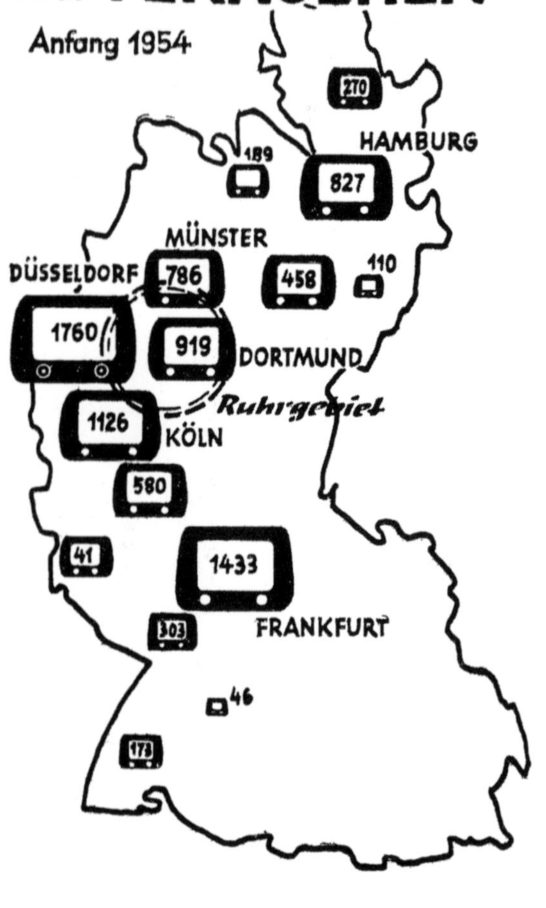

„Schlachtfeld Straße" Blutzoll unter der Lupe

Zahl der Verkehrsunfälle stieg, blieb aber unter der „Todesrate" - Statistik läßt echte Vergleiche kaum zu

Von unserem Redaktionsmitglied
ROLF BUTTLER

IM RUHRGEBIET, 15. Februar

Auf den Straßen des Bundesgebietes starben 1953 vermutlich 12 000 Menschen. Das sind nur 4000 weniger als der Polenfeldzug auf deutscher Seite an Gefallenen kostete . . .

Der forsche, aber sorgenbeladene Kraftfahrer Flottmann geht über einen viel zu kleinen Parkplatz zu seinem Wagen. Der ist einer von 4 Millionen Kraftfahrzeugen aller Art, die zusammen mit etwa 15 Millionen Fahrrädern und einer Unzahl „sonstiger, unmöglich zu beschreibender Fahrzeuge" das rollende Potential auf den Straßen des Bundesgebietes darstellen. Doppelt soviel Motorfahrzeuge wie 1938/39, denkt Herr Flottmann, der sich mit seinem Freund, einem Statistiker, gelegentlich über Verkehrsprobleme unterhält. Dieses rollende Potential bewegt sich heute auf Straßen, deren Ausbau den Stand des letzten Vorkriegsjahres zum Teil noch nicht wieder erreicht hat.

„Nur eine Bagatelle"

Flottmann läßt seinen Wagen an und versucht, sich aus dem Gedränge der parkenden Fahrzeuge zu schlängeln. Da gibt es einen Ruck, Metall scheuert quietschend. Flottmann ist seinem Hintermann in die Kühlerattrappe gerutscht. Herr Flottmann und sein Hintermann rechnen sich aus, daß mit 30 Mark der Schaden behoben ist. Ein Schupo aber notiert, so wie er im vergangenen Jahre viele der 450 000 Unfälle aufschrieb, die sich 1953 ereigneten. „75 000 mehr als 1952", sagt der Schupo. Und der Statistiker könnte ergänzen, daß gegenwärtig die Unfallkurve im gleichen Maße steigt, wie die Zahl der Kraftfahrzeuge zunimmt.

Der Schupo ist fertig. „Na ja", sagt der Hintermann, „ist ja nur eine Bagatelle, diese Beule am Kühler." Aber sie erscheint in der Unfallstatistik.

Die Statistik für 1953 unterteilt die 294 575 Unfälle (in den ersten drei Quartalen) „mit Personen- und Sachschäden sowie nur mit Sachschäden" erstmalig nach der Schadensgröße in

100 792 Unfälle mit Sachschäden über 200 DM, und

193 783 Unfälle mit „Bagatellschäden" bis 200 DM.

Bei weiteren 42 044 Unfällen gab es lediglich Personen-, aber keine Sachschäden.

VERKEHR: Alpdruck vor der Haustür

Der Statistiker sagt aber auch, daß die Schwere der Unfälle zugenommen hat, wie auch die Möglichkeit, bei ihnen zu Tode zu kommen. Ein korrekter Vergleich absoluter Zahlen der im Verkehr Getöteten ist zwischen dem Jahr 1952 und 1953 nicht möglich, da die Totenzahl von 1953 durch Umstellung des Meldeverfahrens eine „unechte Erhöhung" birgt. Die echte Zunahme der Verkehrstoten im letzten Jahr beträgt 32 v. H. „Und das ist im Vergleich mit der Gesamtunfallzahl keine übermäßige Erhöhung . . ."

„Wie gescheuchtes Wild"

Ob unecht oder echt, ob übermäßig oder nicht — Frau Dabrigkeit, die Fußgängerin, schaudert bei dem Gedanken an 12 000 Tote. Und sie möchte dem Staatssekretär im nordrhein-westfälischen Verkehrs- und Wirtschaftsministerium, Professor Leo Brandt, die Hand drücken für die Worte, die — ihr aus dem Herzen gesprochen — der Staatssekretär in einem Gutachten an seinen Minister schrieb:

„Die Zahl der im Verkehr Getöteten ist ein Blutzoll des deutschen Volkes, das . . . jetzt aber nicht gewillt ist, dem Moloch Verkehr weitere Opfer darzubringen, um so weniger, als das deutsche Volk in der Hauptsache aus Fußgängern besteht, denen der Hergott das Recht des Lebens auf dieser Erde verliehen hat, und die nicht von den wenigen Autofahrern wie gescheuchtes Wild an den Rand der Straße oder in den Tod getrieben zu werden brauchen."

Herr Flottmann seinerseits ist geneigt, dem gefühlsmäßig zu widersprechen und auf „die Schlafmützigkeit der Fußgänger" hinzuweisen.

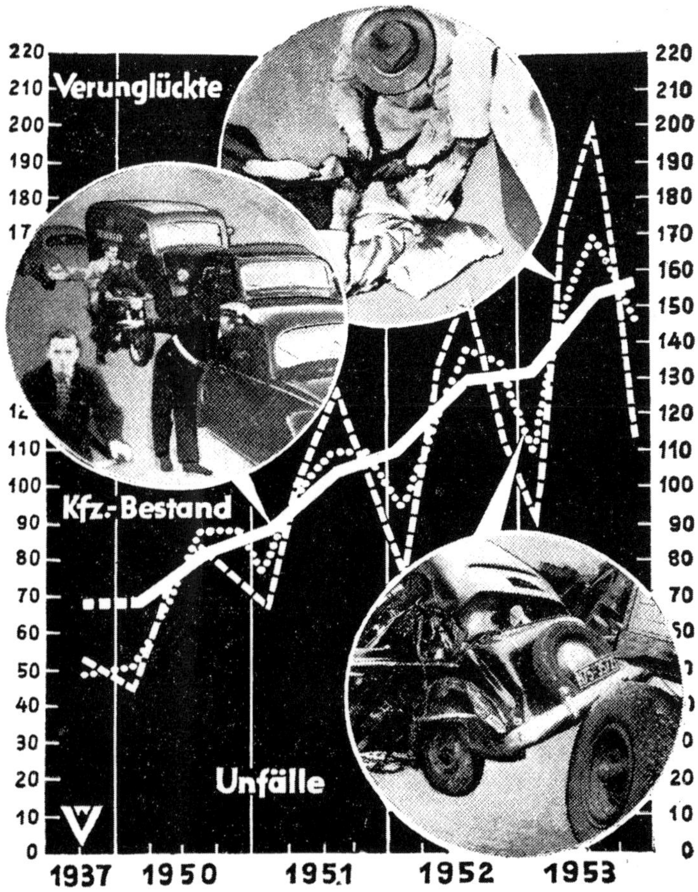

Das Schaubild zeigt, wie Kfz.-Bestandszahl, Unfälle und die Zahl der durch sie Verunglückten (Tote und Verletzte) sich seit 1951 in Nordrhein-Westfalen entwickelt haben. Die Kurven erreichen jeweils in den Sommermonaten ihren Höhepunkt, weil in der schönen Jahreszeit mehr Fahrzeuge auf den Straßen sind und stärker ausgenutzt werden. Der steile Abfall im Winter ist ebenso saisonbedingt.
Eine besondere Kurve für die Zahl der Unfalltoten würde ein falsches Bild ergeben, da die Statistik neuerdings alle bis zum 30. Tage nach dem Unfall Verstorbenen dazu zählt, während sie früher höchstens die innerhalb acht Tagen Verstorbenen berücksichtigte.

WAZ-Schaubild: Wilm Voßnacke

WESTDEUTSCHE ALLGEMEINE
Die unabhängige Zeitung des Ruhrgebiets

„Miß Amerika" führt vor

Evelyn Ay ist die zwanzigjährige Tochter einer aus Deutschland stammenden Arztfamilie, die jetzt im Staat Pennsylvania lebt. Evelyn wurde für 1954 als „idealer Typ der jungen Amerikanerin" gewählt. In diesen Wochen bereist sie Deutschland, um hier Modekollektionen amerikanischer Salons vorzuführen. Auf unserem Bild trägt sie eines der amerikanischen Sommerkleider für 1954.

61000 Deutsche wanderten 1953 aus

Über 50 v. H. nach Kanada

BONN, 21. Februar

Rund 61 000 Deutsche sind nach Mitteilung des Statistischen Bundesamtes im vergangenen Jahr aus der Bundesrepublik ausgewandert. 34 v. H. der erwachsenen Auswanderer waren Vertriebene, weitere 4 v. H. aus der Sowjetzone oder Berlin zugewandert.

Als Auswanderungsziel führten weiter Kanada mit 53 v. H. vor den USA (25 v. H.) Australien, Südafrika und Brasilien. (ap)

Als erstes Passagierschiff unter deutscher Flagge

... seit 1939 traf — wie die WAZ bereits berichtete — die 19 000 t große „Gripsholm" im New Yorker Hafen ein. Unser Bild zeigt das über die Toppen geflaggte Schiff vor der bekannten Manhattan-Silhouette. Das letzte deutsche Passagierschiff im New Yorker Hafen war die „Bremen", die bei Ausbruch des Krieges heimlich den Hafen verließ und nach abenteuerlicher Fahrt über Murmansk deutsche Häfen erreichte.

ap-Bild

Beschäftigungsquote der Frauen übertrifft Vorkriegsstand

BONN, 3. Februar

1953 waren im Bundesgebiet von 1000 Frauen rund 194 beschäftigte Arbeitnehmerinnen, wie das Bundesarbeitsministerium in Bonn mitteilt. Damit wurde die Beschäftigungsquote der Frauen vom Mai 1939 (185 je 1000) bereits überschritten. (dpa)

GUNDI BUSCH IST WELTMEISTERIN

Als erste Deutsche holte sich die achtzehn Jahre alte Kölnerin Gundi Busch den Titel der Weltmeisterin im Eiskunstlauf der Damen. Im Osloer Bislett-Stadion konnte sie die letztjährige Weltmeisterin Temley Albright (USA), die nach der Pflicht noch vor ihr lag und fast als sichere Weltmeisterin galt, in der Kür überragend ausstechen und sich mit einem knappen Vorsprung den Titel sichern. Dritte wurde die Engländerin Batchelor, die die Kanadierin Gratton auf den vierten Platz verwies.

Die Entscheidung zugunsten Gundi Buschs fiel nach ersten inoffiziellen Meldungen recht knapp aus. Zuerst wurde mitgeteilt, daß Tenley Albright Weltmeisterin geworden sei. Aber diese Entscheidung wurde wenige Minuten später widerrufen. (ap-Bild)

Köln gegen Schalke im Fernsehen

WAZ GELSENKIRCHEN, 14. Februar

Der Kampf um die Tabellenführung in der Oberliga West zwischen dem 1. FC Köln und Schalke 04 am Sonntag, dem 21. Februar, im Köln-Müngersdorfer Stadion wird ganz vom Fernsehfunk übertragen. Im vergangenen Jahr, eine Woche nach dem Länderspiel Deutschland gegen Österreich brachte dieser Kampf 59 000 zahlende Zuschauer für Köln. Auch diesmal ist mit einem Länderspielrahmen zu rechnen. Es ist das erste Mal, daß die Schalker Mannschaft auf dem Fernsehschirm erscheint.

Enttäuschung beherrscht Konferenz-Ende

Fortschritt nur bei Fernostfragen

Von unserem Berliner Büro BERLIN, 18. Februar

„Ich kann nicht anders, als einer großen Enttäuschung Ausdruck geben", erklärte der amerikanische Außenminister Dulles am Donnerstag zur Beendigung der dreieinhalbwöchigen Konferenz der vier Außenminister in Berlin. „Es ist uns nicht gelungen, die Hoffnungen zu erfüllen, die viele Menschen in der ganzen Welt in uns gesetzt hatten. Ich denke dabei besonders an die Bevölkerung in Ost- und Westdeutschland und in Österreich." Von den drei Beratungspunkten — Fernostfragen, Deutschland und Österreich — konnte nur im ersten ein Ergebnis erzielt werden. Dies ist, was die Außenminister am 23. und letzten Sitzungstag mitzuteilen hatten:

„Kleine Lösung" für Deutschland

Zur Deutschlandfrage stellten sie lediglich fest: „Die vier Minister hatten einen vollen Gedankenaustausch über die deutsche Frage und die Probleme der europäischen Sicherheit... waren aber nicht in der Lage, ein Übereinkommen zu erzielen." Die Westmächte gaben bekannt, daß ihre Hohen Kommissare Kontakt mit ihrem sowjetischen Kollegen aufnehmen werden, um über Erleichterungen im innerdeutschen Verkehr und für Berlin zu beraten.

Österreich-Vertrag gescheitert

Obwohl der österreichische Außenminister Figl als letzte Konzession angeboten hatte, daß die Besatzungsmächte ihre Truppen bis zum 30. Juni 1955 in Österreich belassen könnten, und ihnen schließlich für unbestimmte Zeit Kontrollbefugnisse einräumen wollte, lehnte Molotow alle Vorschläge ab. Damit konnte über den österreichischen Staatsvertrag keine Einigung erzielt werden. Die Westmächte haben daraufhin ihre in der Vorwoche gemachten Zugeständnisse zu den fünf bis dahin strittigen Artikeln des Österreich-Vertrages zurückgezogen.

Korea-Konferenz in Genf geplant

Einigung erzielten die Außenminister darüber, daß für den 26. April eine koreanische Friedenskonferenz in Genf einberufen wird, auf der auch der Indochinakonflikt beraten werden soll. Neben Nord- und Südkorea und der Sowjetunion sollen Rotchina und andere Staaten, die mit ihren Streitkräften am Koreakrieg beteiligt waren, an der Konferenz teilnehmen. Die Schweiz hat bereits ihre Zustimmung erteilt. Zu einem späteren Zeitpunkt soll weiterhin ein Gedankenaustausch über eine „erfolgreiche Lösung" der Abrüstungsfrage „oder zumindest eine wesentliche Verminderung der Rüstung" erfolgen.

Keine Lösung

Gemessen an dem, was trotz aller Skepsis das deutsche Volk von der Berliner Konferenz der Außenminister erhoffte, ist die „kleine Lösung", die sich jetzt abzeichnet, erschreckend klein. Dreieinhalb Wochen lang prüften wir jedes Wort der vielen Reden, die in Berlin gehalten wurden, daraufhin, ob sich nicht irgendwo ein Ansatzpunkt entdecken ließe, an den sich eine erfolgversprechende Diskussion über die „große Lösung", die Wiedervereinigung in Freiheit, anknüpfen ließe.

Zu dieser Diskussion ist es nicht gekommen. Immer schmerzlicher wurde klar, daß vor allem die Sowjets gegenwärtig nicht daran interessiert sind, in Deutschland ein Risiko einzugehen. Die Entspannung, die auch sie suchen, soll anderswo gefunden werden, in Asien und vielleicht in der Frage der Abrüstung. In Deutschland und in Europa soll es beim Status quo, beim gegenwärtigen Zustand, bleiben. Als einzige, magere Konzession stellen sie eine Milderung in Form der „kleinen Lösung" in Aussicht.

Der politische Zweck ist offensichtlich: das Gefühl der Entspannung auch in Europa soll nach der ersten starken Enttäuschung über den Fehlschlag der Konferenz um so stärker wirken und Westeuropa in dem Schwebezustand verharren lassen, in dem es sich jetzt befindet.

Aus diesem Grund darf man auch annehmen, daß sich die „kleine Lösung" nur in dem Grade verwirklichen lassen wird und daß sie nur so lange Bestand haben kann, wie dieser politische Zweck erreicht wird, d. h., die EVG und die Einigung Westeuropas verhindert werden.

In Berlin: Protest durch Schweigen

Mit Demonstrationen in Ost- und West-Berlin wurde der letzte Konferenztag am Donnerstag begleitet. In Ost-Berlin nahmen etwa 150 000 Personen unter Aufsicht von Funktionären der Betriebsgewerkschaftsleitung an einer „Kampfdemonstration" teil, die mit einem Vorbeimarsch an der sowjetischen Botschaft Unter den Linden beendet wurde. In West-Berlin waren am Donnerstagabend Zehntausende von Menschen trotz des strengen Frosts dem Aufruf der West-Berliner Gewerkschaften gefolgt und marschierten schweigend zum Schöneberger Rathaus. Der Zug wurde von Fackelträgern begleitet. In beiden Sektoren der Stadt waren starke Polizeikräfte bereitgestellt, die aber nicht einzugreifen brauchten. — Unser Funkbild aus Berlin zeigt den Beginn des Schweigemarsches auf dem Wittenbergplatz.

ap-Funkbild

334 Stimmen für Wehrpflicht

Zweidrittelmehrheit für Wehrergänzung des Grundgesetzes

Von unserem Bonner Büro Vo BONN, 26. Februar

Mit verfassungsändernder Mehrheit hat der Bundestag am Freitag nach vierstündiger Debatte die „kleine Wehrergänzung" unseres Grundgesetzes verabschiedet. Von den 478 anwesenden Abgeordneten (von 487) gaben 334 blaue Ja-Karten ab, während die 144 anwesenden SPD-Abgeordneten mit Nein stimmten. Für die Verfassungsänderung waren nur 325 Stimmen notwendig, so daß neun Ja-Stimmen mehr als erforderlich abgegeben wurden.

KRANK ODER GESUND . . .

Um möglichst jede Stimme für die Bundestagsabstimmung über das Wehrergänzungsgesetz am Freitag zu sichern, veranlaßten die Koalitionsparteien, daß nicht nur aus Amerika und Afrika, sondern sogar auch aus den Krankenhäusern und Sanatorien jeder Abgeordnete, ob gesund oder krank, eiligst nach Bonn gebracht wurde. Der CDU-Abgeordnete Karl Hahn, der mit einer schweren Gehirnerschütterung in einem Krankenhaus lag, mußte im Rollstuhl in das Bundeshaus gefahren werden. Auf zwei Begleiter gestützt, wurde er dann in den Plenarsaal geführt. Unser Funkbild zeigt Bundeskanzler Dr. Adenauer (rechts), der Hahn (sitzend) seinen Dank ausspricht. Hinter Hahn die Abgeordneten Dr. Mörschel und Rasner (mit Brille). ap-Funkbild

SPD geschlossen dagegen

Durch diese Wehrergänzung werden dem Bund verfassungsmäßig die Wehrhoheit sowie der Schutz der Zivilbevölkerung zuerkannt. Außerdem wird bestimmt, daß für Männer vom 18. Lebensjahr ab Wehrpflicht besteht und daß die Bestimmungen des Grundgesetzes dem Abschluß und dem Inkrafttreten der deutsch-alliierten Verträge mit ihren Zusatzabkommen (Generalvertrag) und EVG-Vertrag) nicht entgegenstehen.

Der Kanzler äußerte sich nach der Sitzung mit großer Befriedigung über den Ausgang der Abstimmung. In Regierungskreisen erklärte man, durch den heutigen Tag sei man wieder einen Schritt weiter nach Europa gekommen.

Vor Beginn der Sitzung war auch die Ungewißheit über die Haltung der FDP beseitigt worden. Im Namen der übrigen Koalitionsparteien gab der DP-Fraktionsvorsitzende Dr. von Merkatz eine Erklärung zu Protokoll, wonach die noch offenen Fragen (Oberbefehl, landsmannschaftliche Gliederung, Wehrverwaltung usw.) später ebenfalls im Grundgesetz verankert werden sollen. Von dieser Zusicherung hatte die FDP ihre Zustimmung zu dem am Freitag vorgelegten Wehrgesetz abhängig gemacht.

Nach der Erläuterung der Wehrergänzungsvorlage erklärte von Merkatz, im Verfassungs- und Rechtsausschuß des Bundestages habe Einigkeit darüber bestanden, daß eine Wehrpflicht für Frauen nicht in Frage komme.

SED: „Unter fremden Bajonetten"

BERLIN, 26. Februar

Als „Verfassungsbruch" und Verstoß gegen die Interessen der westdeutschen Bevölkerung bezeichnete der Sowjetzonen-Rundfunk am Freitagabend in einem ersten östlichen Kommentar den Bundestagsbeschluß zur Wehrergänzung des Grundgesetzes. „Nur unter dem Schutz fremder Bajonette wagten Adenauer und sein Häuflein Vaterlandsverräter das Gesetz durchzupeitschen", erklärte der Funkkommentator. (ap)

Wehrpflicht

Der Wortlaut der Wehrergänzung

Zur Klarstellung von Zweifeln über die Auslegung des Grundgesetzes hat der Bundestag mit Zustimmung des Bundesrates unter Einhaltung der Vorschrift des Artikels 79, Absatz 2 des Grundgesetzes folgendes Gesetz beschlossen:

Artikel 1:

Artikel 73, Nummer 1 erhält folgende Fassung: 1. Die auswärtigen Angelegenheiten sowie die Verteidigung einschließlich der Wehrpflicht für Männer vom vollendeten 18. Lebensjahr an und des Schutzes der Zivilbevölkerung;

Artikel 79, Absatz 1 erhält folgenden Satz 2: Bei völkerrechtlichen Verträgen, die eine Friedensregelung, die Vorbereitung einer Friedensregelung oder den Abbau einer besatzungsrechtlichen Ordnung zum Gegenstand haben oder der Verteidigung der Bundesrepublik zu dienen bestimmt sind, genügt zur Klarstellung, daß die Bestimmungen des Grundgesetzes dem Abschluß und dem Inkraftsetzen der Verträge nicht entgegenstehen, eine Ergänzung des Wortlauts des Grundgesetzes, die sich auf diese Klarstellung beschränkt.

Nach Artikel 142 wird folgende Vorschrift als Artikel 142a eingefügt:

Artikel 142a: Die Bestimmungen dieses Grundgesetzes stehen dem Abschluß und dem Inkrafttreten der am 26. und 27. Mai 1952 in Bonn und Paris unterzeichneten Verträge (Vertrag über die Beziehungen zwischen der Bundesrepublik Deutschland und den drei Mächten und Vertrag über die Gründung der Europäischen Verteidigungsgemeinschaft) mit ihren Zusatz- und Nebenabkommen, insbesondere dem Protokoll vom 26. Juli 1952, nicht entgegen.

Artikel 2:

Dieses Gesetz tritt am Tage nach seiner Verkündung in Kraft.

Wehrergänzung: „Ein Ermächtigungsgesetz!"

SPD begründet ihre Ablehnung - Einladung an französische Abgeordnete

Fortsetzung von Seite 1

In der Begründung für die Ablehnung der Wehrergänzungsvorlage nannte der Hauptsprecher der Opposition, Erler, die Vorlage ein „Ermächtigungsgesetz" für die Mehrheit des Bundestages. Von einem wirklichen Wehrgesetz könne hier nicht gesprochen werden. „Unser Nein zu dieser ‚Mißgeburt' schließt ein Ja zu einer vernünftigen demokratischen Wehrverfassung ein", betonte Erler. Früher habe die Regierung erklärt, daß das Grundgesetz zum Abschluß der Verträge berechtige. Nun spreche man von einer „Verdeutlichung" des Grundgesetzes. Praktisch gebe man mit dieser Wehrergänzung einer einzigen Partei den Blankoscheck, später im einzelnen wichtige Bestimmungen der Wehrverfassung zu beschließen.

Nicht genug vorbereitet

„Wer garantiert Ihnen", rief Erler aus, „daß diesem Gesetz auch wirklich ein zweites verfassungsänderndes Gesetz folgen wird und wer weiß, wie diese einfache Mehrheit in Zukunft aussieht". Eine Wehrverfassung könne auch nicht stückweise, sondern nur ganz oder überhaupt nicht erfolgen. Die wesentlichsten rechtsstaatlichen demokratischen Prinzipien einer solchen Ordung müßten in der Verfassung ihren Niederschlag finden. Es sei einfach unmöglich, z. B. die Frage des Oberbefehls offenzulassen. Auch die einzelnen Kompetenzen dieses Oberbefehlshabers müßten festgelegt werden. Hier seien doch Entscheidungen zu treffen, die an die Grundrechte aller Bürger rührten. Eine solche Verfassungsänderung müsse sorgfältig vorbereitet werden.

Man wolle z. B. festlegen, daß die deutsch-alliierten Verträge dem Grundgesetz nicht entgegenstehen. „In Zukunft muß also jeder Bürger ganze Bücher und Verträge mit sich schleppen, um in Deutschland zu wissen, was überhaupt die Verfassung ist". In Wahrheit handele es sich hier um ein Amnestiegesetz für jene Mehrheit des alten Bundestages, die damals den deutsch-alliierten Verträgen zustimmte, und offenbar heute nicht mehr genau wisse, ob diese dem Grundgesetz entspreche oder nicht.

Der FDP-Abgeordnete Dr. Becker meinte, seine Fraktion trete dafür ein, daß bei der Regelung des Oberbefehls Kontrollmöglichkeiten verankert werden. Hier handele es sich nicht, wie Erler behauptet habe, um ein Ermächtigungsgesetz. Man könne nicht alles, was Erler fordere, in eine Verfassung hineinarbeiten. Becker betonte noch einmal die Notwendigkeit, eng mit dem Westen zusammenzuarbeiten.

Im Verteidigungsausschuß der französischen Kammer habe man gefragt, was in Bonn mit dieser Grundgesetzänderung beabsichtigt sei. „Ich bitte hiermit die französischen Kollegen, nach Bonn zu kommen, und wir werden ihnen in der fairsten Weise Auskunft geben", meinte Becker. „Sie sind uns jedenfalls willkommen."

„Verfassung ist durchlöchert"

„Zu dieser Vorlage sagen wir ein klares und deutliches Ja", erklärte der Bundestagsabgeordnete Dr. Czermak für den BHE. Jedes Bekenntnis zum freien Westen sei eine Frage der Gesinnung und verlange auch in entscheidender Stunde eine klare Entscheidung aller. Der BHE sei sich darüber im klaren, daß es sich hier um einen ersten Schritt handele.

Prof. Carlo Schmid, SPD, warf den Regierungsparteien vor, daß sie nach dem Grundsatz handelten: die Verfassung absolut, wenn sie unseren Willen tut. Aber wenn nicht, dann werde man schon sehen, was mit ihr zu machen sei. Auf diese Weise werde das Verfassungsrecht ein weicher, knetbarer Teig für die Zweidrittelmehrheit des Hauses. Diese Art von Jurisprudenz habe auch 1933 das Ermächtigungsgesetz hervorgebracht. Wir müßten künftig unsere Verfassung an den Bestimmungen der deutsch-alliierten Verträge messen.

Zu Unruhe kam es, als der CDU-Abgeordnete Weber sich gegen den Begriff Ermächtigungsgesetz wandte und davon sprach, daß damit die Atmosphäre in der Öffentlichkeit vergiftet werden solle. Dr. Arndt, SPD, erwiderte jedoch: „Diese Vorlage ist unser aller Überzeugung nach ein Ermächtigungsgesetz." Wenn man aber schon von Vergiften der öffentlichen Meinung spreche, solle man vielleicht an diejenigen aus den Reihen der Regierungsparteien denken, die den Dokumentenfall Schroth und Scharley aufgebracht hätten. Wenn man hier erklärt habe, daß die Verträge dem Grundgesetz nicht entgegenstünden, warum baue man sie denn in die Verfassung ein, fragte Arndt. Unsere Verfassung sei durch diese Verträge „wie Schweizer Käse durchlöchert" worden.

Wehrergänzung am 19. März vor dem Bundesrat

WAZ BONN, 26. Februar

Über die vom Bundestag am Freitag beschlossene Wehrergänzung des Grundgesetzes wird voraussichtlich am 19. März im Bundesrat entschieden. Auch die Vertretung der Länder muß dem Gesetz mit Zweidrittelmehrheit zustimmen.

Ollenhauer: Neue Situation

BONN, 26. Februar

Der SPD-Vorsitzende Ollenhauer erklärte nach der Bundestagssitzung, durch die Verabschiedung des Wehrergänzungsgesetzes sei eine neue Situation entstanden. Die SPD werde sich mit dieser neuen Lage beschäftigen. Er lehnte einen Kommentar zu seiner Äußerung ab. (dpa)

Der langerwartete Mercedes-Rennwagen ist da. Fast 20 Jahre, nachdem 1934 die ersten Silberpfeile entstanden. Der neue Rennwagen hat sehr elegant geschwungene Linien. Der Wagen ist nur etwa 80 cm hoch, die obere Kante des Kühlers liegt nur 45 cm über dem Boden. Über die technischen Daten des Wagens wird noch strengstes Stillschweigen bewahrt. Die Spitzengeschwindigkeit des von einem 2,5-Liter-Motor angetriebenen Wagens dürfte weit über 300 km/st liegen. Wann der neue Wagen zum erstenmal eingesetzt wird, ist noch nicht bekannt. Auch die Fahrerfrage ist noch offen. Zur Verfügung stehen die deutschen Fahrer Kling, Lang, Hermann und Riess. — Unser Bild links zeigt Karl Kling am Steuer eines der neuen Wagen, rechts wird demonstriert: „Sooo niedrig" ist er. Das obere Bild zeigt einen der alten Silberpfeile im Jahre 1939 bei einem Rekordversuch auf der Reichsautobahn bei Dessau. WAZ-Bilder: Rolf Kroseberg (2), Schirner

Bergmann – Beruf voller Gefahren

Der Tod in der Grube hat übertage ein düsteres Symbol – die schwarze Fahne auf dem Förderturm. Im Jahre 1954 weht sie oft im Ruhrgebiet. Zehn Schachtanlagen sind es, die von Unglücken heimgesucht werden: Prosper in Bottrop, Grillo in Kamen, Centrum in Wattenscheid, Siebenplaneten in Bochum-Langendreer, Anna Katharina in Bochum-Sundern, Prinz Regent in Bochum-Weitmar und Mansfeld in Langendreer. Mal haben sich schlagende Wetter entzündet, mal war es ein Strebbruch. Beim schwersten Unglück des Jahres auf Hansa in Dortmund stürzen am 3. Oktober zehn Kumpel im Schacht in den Tod.

Trotz der Grubenunglücke, trotz Feierschichten und trotz der neuen Angst vor der konkurrierenden Atomenergie – der Ruhrbergbau bleibt, was er schon in den Jahrzehnten zuvor war: Deutschlands industrielles Rückgrat. Am liebsten liefert er Schlagzeilen, die die Rekorde der stolzen Bergingenieure rühmen. Am 9. Februar wird in Essen der tiefste Schacht Deutschlands (1.215 Meter) abteuft.

Obwohl das Ruhrgebiet allmählich die Ruinen des Weltkriegs beiseite geschafft hat, ist es von einer blühenden Stadtlandschaft weit entfernt. Der größte Ballungsraum Europas leidet stark unter den Spätfolgen der ungezügelten Zersiedelung. Die Straßenverbindungen sind schlecht, die Zugverbindungen ebenso – und die rauchenden Schlote garantieren eben nicht nur Wohlstand, sondern auch dicke Luft. Darüber ärgert sich nicht nur die Hausfrau bei der „Großen Wäsche", auch der Verbandsdirektor des Siedlungsverbandes Ruhrkohlenbezirk hat nun die Nase voll. Am 11. Mai 1954 legt er einen leidenschaftlichen Gesetzentwurf „zur Reinhaltung der Luft in Industriegebieten" vor.

Der 1954 begonnene Umbau des Ruhrschnellweges (der damals schon „Ruhrschleichweg" heißt) weckt auch in der vernachlässigten Emscherzone große Hoffnungen. Obwohl die Emscherstädte schneller wachsen als die alten Ruhrstädte, ist das Straßennetz hier völlig zersplittert. Von der 67 Kilometer langen Strecke eines neuen Emscherweges (Kosten: 50 Millionen DM) sind nur 19 Kilometer der alten Verbandsstraße OW III vorhanden. Allerdings drohen die ehrgeizigen Emscherweg-Pläne am mangelnden Geld zu scheitern, weil die Baulast allein bei den Bergbaugemeinden liegt – und die sind notorisch steuerschwach.

Wird der Pendler also auf der Schiene besser bedient als auf der Straße? Mitnichten. Zwar kündigt die Essener Bundesbahndirektion am 6. Mai die ersten von 18 neuen Elektro-Loks für 1955 an. Gleichwohl droht eine Zwei-Klassen-Gesellschaft, denn unrentable Strecken sollen eingestellt werden. Und auch den so genannten Ruhrtarif, einen Vorzugstarif für die Ruhrstadt, lehnt die Bahn ab. Soll heißen: Das Ruhrgebiet ist eine Ansammlung einzelner Städte, nur kein Ganzes.

So tut es gut, wenn Gäste aus dem Ausland den Weg an die Ruhr finden. Gerne demonstriert man Weltoffenheit. Im Juli kommen der griechische Ministerpräsident und US-Schülerinnen zu Besuch, im Oktober Japans Regierungschef.

Besonders freut man sich über alltägliche Dinge, die das Leben angenehmer machen. So werden spezielle Tanzkurse für Spätheimkehrer in Bottrop angeboten, Nicht-Kruppianer dürfen im Konsum kaufen und in Essen zeigt das Kino Filme in Cinemascope.

Nach den Hungerjahren werden gute Nachrichten aus der Lebensmittelbranche wie kleine Sensationen verkauft. „Bäcker im Ruhrgebiet wollen Brotpreise nicht erhöhen" – so steht es am 8. Juli in großen Lettern auf der Titelseite. Wie beruhigend. Alarmiert sind hingegen die Menschen im Norden, wo die Preisaufschläge für ein Dreipfundbrot zwischen 3 und 8 Pfennigen schwanken. Das sind Verteuerungen, die auf den Magen schlagen.

Gelegentlich strotzt das Ruhrgebiet des Jahres 1954 vor Optimismus. Etwa wenn der Chronist für das Ruhrgebiet als Tourismusziel im In- und Ausland wirbt. Als Paradebeispiel gilt die „Schauzeche" der „Neuen Hoffnung" in Oberhausen.

Den ruß- und lärmgeschädigten Menschen des Ruhrgebiets indes möchte der Rheinische Heimatbund im Gegenzug gern die gelegentliche Stadtflucht gönnen. Landschaftsschutzgebiete in der Eifel, im Sauerland und im Bergischen Land sollten deshalb zu Erholungsgebieten gemacht werden. Die Zugabe: diese grünen Oasen müssten für Autos gesperrt werden, wenn der Ruhr-Mensch spazieren geht.

Gerd Niewerth

WESTDEUTSCHE ALLGEMEINE
Die unabhängige Zeitung des Ruhrgebiets

EINZELPREIS 20 PF / NR. 65 DONNERSTAG, 18. MÄRZ 1954

WESTDEUTSCHE ALLGEMEINE

WAZ-GESAMTAUFLAGE ÜBER 300 000

Die unabhängige Zeitung des Ruhrgebiets

Ruhrzechen müssen Feierschichten einlegen

Harpener Bergbau und Hannover-Hannibal betroffen - Ursache: angespannte Absatzlage

WAZ RUHRGEBIET, 17. März

Die Zechengesellschaft Hannover-Hannibal AG (Bochum) und die Harpener Bergbau AG (Dortmund und Bochum) haben am Donnerstag die erste Feierschicht über und unter Tage eingelegt. Beide Gesellschaften begründen diese Maßnahme mit der angespannten Absatzlage. Bei der Harpener Bergbau AG feiern die Schachtanlagen Oespel (rd. 1400 Arbeitskräfte), Dorstfeld (rd. 2050), Gneisenau-Scharnhorst (rd. 4000) und Robert Müser (rd. 3700). Auf den Schachtanlagen Hannover und Hannibal sind insgesamt 3800 Bergleute betroffen.

„Mit Feierschichten wurde seit längerer Zeit gerechnet. Daß sie aber so rasch notwendig wurden, hat uns überrascht", erklärte die Bezirksstelle Dortmund der IG Bergbau am Mittwoch. Jetzt müsse gefordert werden, daß ab sofort alle Überschichten gebremst werden. Nur so könnten eine gerechtere Verteilung der Beschäftigung gesichert und weitere Feierschichten vermieden werden. Noch immer gebe es Bergleute, die im Monat 30 bis 34 Schichten verfahren dürften. Eine Feierschicht bedeute für jeden Bergmann einen durchschnittlichen Lohnausfall von 16 bis 18 DM.

Siehe auch Seite 2

Treibstoff wird billiger

HAMBURG, 17. März

Die führenden Treibstoffgesellschaften der Bundesrepublik senken mit Wirkung vom 18. März die Tankstellenpreise für Vergaserkraftstoffe um 1 Pf und für Dieselkraftstoff um 2,5 Pf je Liter in allen Zonen. Die Firmen teilten mit, daß diese Preissenkungen in Anpassung an die Marktlage und an das Absinken der Frachtraten sowie der Weltmarktnotierungen erfolgten. Die fiskalische Belastung beträgt gegenwärtig bei Vergaserkraftstoff etwa 29 Pf, bei Dieselkraftstoff rund 15 Pf je Liter. (dpa)

NRW-Produktion steigt unerwartet früh

DÜSSELDORF, 17. März

Der Produktionsindex der Industrie in Nordrhein-Westfalen (ohne Bau) stieg im Februar nach Mitteilung des NRW-Wirtschaftsministeriums um 3 v. H. auf 144 v. H. der Produktion von 1936. Das Ministerium betont, daß damit die saisonübliche Abwärtsbewegung der Industrie-Produktion diesmal früher als in vergangenen Jahren überwunden wurde. Der Wiederanstieg der Produktion erstrecke sich bereits auf die meisten Industriezweige. Die höchste Zunahme erzielte die Investitionsgüterindustrie mit fast 8 v. H. Dann folgen die Grundstoff- und Produktionsgüterindustrie mit einer Zunahme von knapp 7 v. H. (dpa)

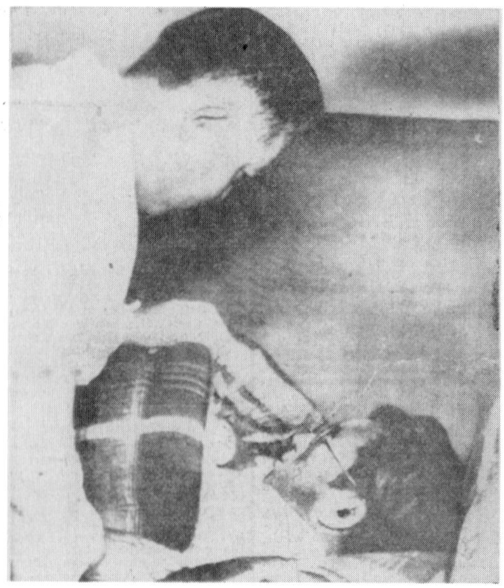

ARZT BEI ATOM-VERBRANNTEM

Die 23 Besatzungsmitglieder des japanischen Fischdampfers „Fukuryu Maru", die durch radioaktiven Aschenregen bei einem amerikanischen Atombombenversuch in der Nähe der Bikiniinseln schwere Verbrennungen erlitten, mußten am Mittwoch in ein Tokioter Krankenhaus eingeliefert werden. Bei vier von ihnen werden die Verbrennungen als lebensgefährlich bezeichnet. Bei mehreren Fischern beginnen die Haare auszufallen, und die Brandwunden schwellen an.

Die amerikanische Botschaft in Tokio hat der japanischen Regierung angeboten, die Behandlung der Seeleute je drei amerikanischen und japanischen Ärzten zu übertragen, die der Kommission zur Untersuchung der medizinischen Folgen des Atombombenabwurfs auf Hiroshima angehören. Die Untersuchung des japanischen Seefahrtsamtes hat ergeben, daß sich der Fischdampfer 14 Seemeilen außerhalb der um die Bikiniinseln gelegten Sperrzone befand.

Der Vorsitzende des Atomenergie-Ausschusses des amerikanischen Kongresses in Washington, Cole, erklärte am Mittwoch, die USA müßten die Fischer für ihre Verletzungen entschädigen, wenn sie zu unschuldigen Opfern der Atomexplosion wurden.

Unser Funkbild zeigt den japanischen Arzt Dr. Shimizu bei der Untersuchung eines der verbrannten Fischer. ap-Funkbild

Türkei erwartet den Kanzler

ANKARA, 17. März

Die türkische Hauptstadt bereitet sich zu einem festlichen Empfang für den deutschen Bundeskanzler vor. Dr. Adenauer wird am Donnerstagnachmittag, in einem Sonderflugzeug von Athen kommend, in Ankara erwartet. Auf Einladung der türkischen Regierung wird sich der Kanzler neun Tage in der Türkei aufhalten. (dpa/ap)

700 französische Fallschirmjäger über Dien Bien Phu abgesetzt

SAIGON, 17. März

Die französische Armee hat zur Unterstützung der bedrohten Garnison Dien Bien Phu 700 Fallschirmjäger über der umkämpften Festung abspringen lassen. Der Einsatz soll gelungen sein. Vereinzelt gelang es auch Transportflugzeugen, in Dien Bien Phu zu landen und Schwerverwundete aus der Festung herauszufliegen. Leichte Bomber und Kampfflugzeuge aus amerikanischen Lieferungen griffen währenddessen die Artilleriestellungen der Vietminh mit Bomben, Raketen und Maschinengewehrfeuer an. (ap/dpa)

Westmächte: Hohe Kommissare für Erleichterungen verantwortlich

Neue Note an Semjonow - Hindernisse beseitigen

Von unserem Bonner Büro

Vo BONN, 17. März

Die drei westlichen Hohen Kommissare haben sich am Mittwoch erneut in gleichlautenden Schreiben mit der Forderung an den sowjetischen Hohen Kommissar Semjonow gewandt, Maßnahmen zur Beseitigung der Hindernisse im Verkehr zwischen der sowjetischen Besatzungszone und der Bundesrepublik zu ergreifen.

Die Hohen Kommissare bedauerten, daß Semjonow sich damit begnügt habe, den Vorschlag Molotows über die Schaffung gesamtdeutscher Ausschüsse wieder aufzunehmen, den die Außenminister der drei Westmächte bereits auf der Berliner Konferenz abgelehnt haben. Keine der vier Besatzungsmächte habe das Recht, ihren Verpflichtungen auszuweichen. Dazu gehöre es, die Hindernisse, die der Bewegungsfreiheit der Deutschen im Wege stehen, zu beseitigen.

Viele dieser Schwierigkeiten könnten durch einseitiges Handeln seitens der Behörden der Sowjetzone beseitigt werden. Dies treffe zu für:

a) die Abschaffung der Aufenthaltsgenehmigung für in der Bundesrepublik ansässige Deutsche, die sich in die Sowjetzone zu begeben wünschen,

b) die Beseitigung der Sperrzone, der Stacheldrahtverhaue und aller anderen in der sowjetischen Zone längs der Grenze errichteten Hindernisse,

c) die Abschaffung aller Formalitäten für den Personenverkehr zwischen Berlin und der sowjetischen Zone.

Siehe auch Seite 2

Trauungsbestimmung soll bleiben

Aber mildere Strafen

WAZ BONN, 17. März

In der Frage der Eheschließung, über die der Bundesrat am Freitag beraten wird, zeichnet sich eine Kompromißlösung ab. Danach soll, wie verlautet, der Paragraph 67 des Personenstandsgesetzes, nach dem eine kirchliche Trauung vor der standesamtlichen Eheschließung untersagt wird, nicht gestrichen, sondern nur die Strafandrohung gemildert werden.

Der Rechts- und Innenausschuß des Bundesrates soll vorgeschlagen haben, nur noch eine Geldstrafe bis zu 500 DM oder Gefängnisstrafen bis zu drei Monaten vorzusehen. Damit wäre praktisch der Zustand wiederhergestellt, wie er vor Änderung des Artikels 67 im Jahre 1937 bestand. Allerdings war damals die Geldstrafe auf bis „300 Mark" festgesetzt.

Sowjets am 26. April in Genf

MOSKAU, 17. März

Die sowjetische Regierung hat am Mittwoch dem amerikanischen Vorschlag zugestimmt, daß die Genfer Ostasien-Konferenz am 26. April im ehemaligen Völkerbundspalast in Genf eröffnet wird. (dpa)

*

15 Bundestagsabgeordnete werden vom 19. bis 21. März nach Paris fahren. Sie erwidern damit einen Besuch französischer Parlamentarier in Bonn.

General a. D. Reinhard, der Präsident des Kyffhäuserbundes, wird am Donnerstag 85 Jahre alt.

Der BHE will bei den kommenden Landtagswahlen keine Wahlabreden mit der FDP treffen, erklärte am Mittwoch der BHE-Parteivorstand zu anderslautenden Gerüchten. (WAZ/dpa/ap)

„Ich schlage zurück, ohne den Kongreß zu befragen"

WASHINGTON, 17. März

Die USA würden im Falle eines überraschenden Angriffs zurückschlagen, ohne eine Kriegserklärung von dem Kongreß abzuwarten, erklärte Präsident Eisenhower am Mittwoch vor der Presse. „Jeder Präsident, der in einer solchen Lage nichts tut, verdient, daß man ihn aufhängt." Eisenhower sagte, er würde im Angriffsfalle das tun, was dem Feind am schnellsten die Möglichkeit nimmt, den ersten Überraschungsschlag zu wiederholen. (dpa)

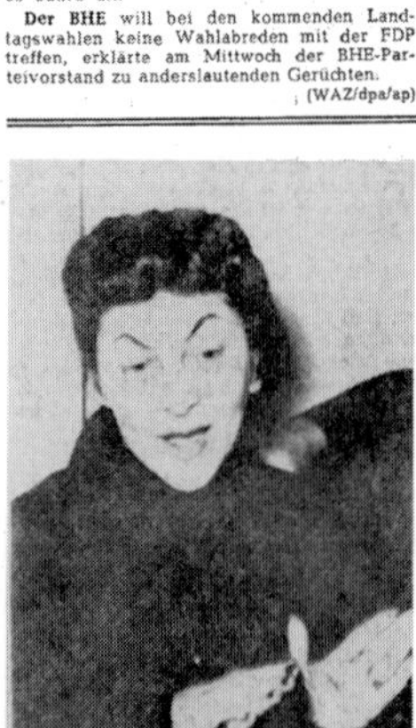

Doria Shafik: bis zum Tode up-Bild

Hungernde Niltöchter stark geschwächt

Frauenrechtlerin zerreißt Räumungsbefehl - Gesuch an Nagib

KAIRO, 17. März

Die ägyptische Frauenrechtlerin Doria Shafik richtete am Mittwoch an Staatspräsident Nagib ein Gesuch, in dem sie den Präsidenten aufforderte, ägyptischen Frauen in der kommenden verfassunggebenden Versammlung Sitz und Stimme zu gewähren. Nagib hatte die Frauenrechtlerinnen, die am Mittwoch bereits sechs Tage im Hungerstreik sind, aufgefordert, den Streik abzubrechen und sich offiziell mit ihrem Begehren an ihn zu wenden. Das ägyptische Pressesyndikat forderte Doria Shafik und ihre Mitstreikerinnen auf, das Gebäude des Pressesyndikats, wo sie bisher übernachteten, zu räumen, widrigenfalls man sie zwangsweise fortschaffen würde. Doria hat das Schreiben, in dem man sie dazu aufforderte, zerrissen mit den Worten: „Laß sie nur kommen und uns raussetzen."

Nach ärztlichem Gutachten haben die sechs Tage Hungerstreik die Frauen bereits beträchtlich geschwächt. Die amerikanische Journalistin Charlotte Ebener von der „Chicago Daily News", die sich am Dienstag dem Hungerstreik der Ägypterinnen angeschlossen hatte, hält immer noch bei den Frauenrechtlerinnen durch.

Unser Bild zeigt Doria Shafik während ihres Hungerstreiks. Sie erklärt gerade dem Fotografen, daß sie „bis zum Tode" hungern würde, wenn den Frauen die Wahlberechtigung weiter verweigert werden würde. (dpa/ap)

Umfang der Rentenaufwertung noch immer ungeklärt

Bundesarbeitsminister zur Reform in der Sozialversicherung

Von unserem Bonner Büro Vo BONN, 17. März

Als völlig unzutreffend bezeichnete Bundesarbeitsminister Storch am Mittwochabend Berichte, wonach im Rahmen der geplanten Rentenreform in der Sozialversicherung eine Erhöhung der Altrenten um 30 v. H. vorgesehen sei. Der Minister betonte, daß die Aufwertung der einzelnen Renten unterschiedlich sein werde. Erst nach Abschluß der Vorarbeiten im Bundesarbeitsministerium könnten genaue Vorschläge darüber gemacht werden, von wann an und in welcher Höhe die Aufwertung der Renten in der Invaliden-, Angestellten und Knappschaftsversicherung erfolgen solle.

Die Steigerungsbeträge auf Grund der alten Beitragsleistungen sollten so verbessert werden, daß sie der heutigen Kaufkraft entsprächen. Denselben Grundsatz wolle man für die Renten aus der Weimarer Zeit anwenden. Die Kosten für die Rentenaufwertung werden auf 700 bis 800 Mill. DM beziffert. Dieser Betrag werde fast ausschließlich aus den Kassenüberschüssen der Sozialversicherungsträger aufgebracht. Dieser Überschuß beträgt geenwärtig insgesamt 1,2 Md. DM.

Die Rentenaufwertung solle noch vor der beabsichtigten großen Sozialreform durchgeführt werden. Bei dieser Reform seien drei Gruppen zu berücksichtigen:

1. Die Sozialversicherungsrentner
2. Die Empfänger von Renten der Kriegsopferversorgung und des Lastenausgleichs.
3. Die Empfänger von Wohlfahrtsfürsorge.

Sowjets geben Pankow Souveränitätsrechte

Sowjetzone soll „selbst über Beziehungen zur Bundesrepublik entscheiden" - Aber Truppen bleiben

BERLIN, 25. März

Die Sowjetunion hat in einer am späten Donnerstagabend veröffentlichten Erklärung die Souveränität der Ostzone anerkannt, nach eigenem Ermessen sowohl über innere als auch äußere Angelegenheiten und die Beziehungen zur Bundesrepublik zu unterscheiden. Gleichzeitig wurde angekündigt, daß die UdSSR zu der Sowjetzonenrepublik die gleichen Beziehungen wie mit anderen souveränen Staaten aufnehmen wird.

In der Ostzone will die Sowjetunion künftig nur noch Funktionen behalten, die der „Gewährleistung der Sicherheit" dienen oder sich auf Verpflichtungen im Zusammenhang mit Viermächteabkommen ergeben. Der Tätigkeitsbereich des Hohen Kommissars der Sowjetunion in Deutschland soll in diesem Sinne umgrenzt werden.

Die von ADN veröffentlichte Erklärung der Sowjetregierung hat in den Hauptpunkten folgenden Wortlaut:

„1. die Sowjetunion nimmt mit der Deutschen Demokratischen Republik die gleichen Beziehungen auf wie mit anderen souveränen Staaten. Die Deutsche Demokratische Republik wird die Freiheit besitzen, nach eigenem Ermessen über ihre inneren und äußeren Angelegenheiten einschließlich der Frage der Beziehungen zu Westdeutschland zu entscheiden.

Potsdamer Abkommen bindet

2. Die Sowjetunion behält in der Deutschen Demokratischen Republik die Funktionen, die mit der Gewährleistung der Sicherheit in Zusammenhang stehen und sich aus den Verpflichtungen ergeben, die der UdSSR aus den Viermächteabkommen erwachsen. Die Sowjetregierung hat die Erklärung der Regierung der Deutschen Demokratischen Republik zur Kenntnis genommen, daß sie die Verpflichtungen einhalten wird, die sich für die Deutsche Demokratische Republik aus dem Potsdamer Abkommen über die Entwicklung Deutschlands als eines demokratischen friedliebenden Staates ergeben, sowie die Verpflichtungen, die mit dem zeitweiligen Aufenthalt sowjetischer Truppen auf dem Gebiet der DDR in Zusammenhang stehen.

3. Die Überwachung der Tätigkeit der staatlichen Organe der Deutschen Demokratischen Republik, die bisher vom Hohen Kommissar der UdSSR in Deutschland wahrgenommen wurde, wird aufgehoben.

In Übereinstimmung damit werden die Funktionen des Hohen Kommissars der UdSSR in Deutschland auf den Kreis der Fragen beschränkt, die mit der obengenannten Gewährleistung der Sicherheit und mit der Aufrechterhaltung der entsprechenden Verbindungen mit den Vertretern der Besatzungsbehörden der USA, Großbritanniens und Frankreichs in den Fragen gesamtdeutschen Charakters in Zusammenhang stehen und die sich aus den vereinbarten Beschlüssen der vier Mächte über Deutschland ergeben.

Die Regierung der UdSSR ist der Ansicht, daß das Bestehen des „Besatzungsstatuts", das von den Vereinigten Staaten von Amerika, Großbritannien und Frankreich für Westdeutschland festgelegt w de, nicht nur mit den demokratischen Prinzipien und den nationalen Rechten des deutschen Volkes unvereinbar ist, sondern unter den gegenwärtigen Verhältnissen, da es die Annäherung zwischen Ost- und Westdeutschland erschwert, auch eines der Haupthindernisse auf dem Wege zur nationalen Wiedervereinigung Deutschlands ist". (ap)

USA: Neue Atombomben-Explosion

WASHINGTON, 1. März

In dem Versuchsgebiet auf den Marshall-Inseln im Pazifik hat eine Atombomben-explosion stattgefunden, gab die USA-Atomenergie-Kommission am Montag bekannt. Weitere Einzelheiten wurden nicht bekanntgegeben, doch nimmt man an, daß im Verlauf der Versuchsreihe auch eine Wasserstoffbombe zur Explosion gebracht wird. (ap)

Ladenschluß wird vereinheitlicht

Gesetzentwurf fertiggestellt

WAZ BONN, 16. März

Die Schließung aller Geschäfte am Mittwochnachmittag ab 13 Uhr sieht der Vorentwurf des Bundesarbeitsministeriums zum Ladenschluß-Gesetz vor. Nach diesem Entwurf dürfen lediglich Apotheken generell offenhalten. Tankstellen ist der Verkauf gestattet, wenn sie an Autobahnen, Bundesstraßen oder Durchgangsstraßen liegen. Für Verkaufsstellen in Bahnhöfen und an Autobahnen sollen die bisherigen Bestimmungen gültig bleiben. Reisevertretern soll nur die Vorführung von Mustern am verkaufsfreien Mittwochnachmittag erlaubt sein, nicht jedoch die Entgegennahme von Aufträgen.

Jeder Geschäftsinhaber mit mindestens einem Arbeitnehmer wird verpflichtet, das Ladenschluß-Gesetz mit Durchführungsverordnungen in seinem Geschäft auszulegen.

DEUTSCHE DIPLOMATEN IN ALLER WELT

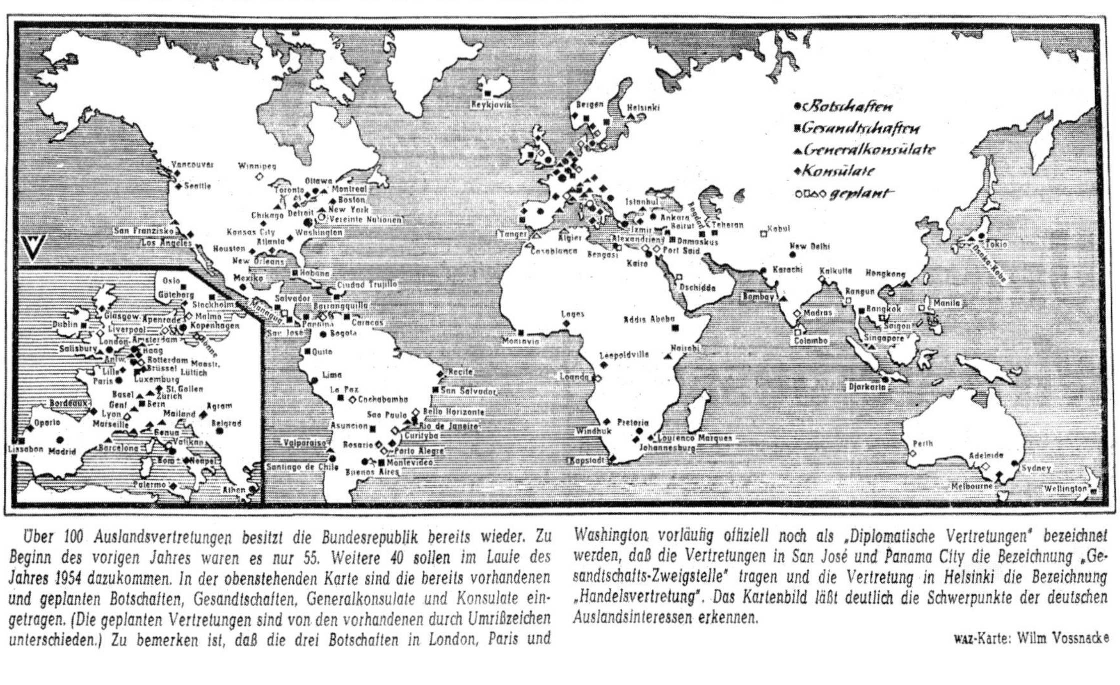

Über 100 Auslandsvertretungen besitzt die Bundesrepublik bereits wieder. Zu Beginn des vorigen Jahres waren es nur 55. Weitere 40 sollen im Laufe des Jahres 1954 dazukommen. In der obenstehenden Karte sind die bereits vorhandenen und geplanten Botschaften, Gesandtschaften, Generalkonsulate und Konsulate eingetragen. (Die geplanten Vertretungen sind von den vorhandenen durch Umrißzeichen unterschieden.) Zu bemerken ist, daß die drei Botschaften in London, Paris und Washington vorläufig offiziell noch als „Diplomatische Vertretungen" bezeichnet werden, daß die Vertretungen in San José und Panama City die Bezeichnung „Gesandtschafts-Zweigstelle" tragen und die Vertretung in Helsinki die Bezeichnung „Handelsvertretung". Das Kartenbild läßt deutlich die Schwerpunkte der deutschen Auslandsinteressen erkennen.

WAZ-Karte: Wilm Vossnacke

WESTDEUTSCHE ALLGEMEINE
Die unabhängige Zeitung des Ruhrgebiets

England: Walther-U-Boot vom Stapel gelaufen

LONDON, 5. März

In Großbritannien lief am Freitag das erste U-Boot vom Stapel, zu dessen Antrieb Wasserstoff-Superoxyd verwendet wird. Das 67,5 m lange Boot, das den Namen „Explorer" (Entdecker) erhielt, kann ohne Auftauchen um den halben Erdball fahren und ist schneller als das im Bau befindliche amerikanische Atomunterseeboot Nautilus. Es hat keinen Turm oder Schnorchel.

Beim Stapellauf in Barrow (nördlich Liverpool) teilte Konteradmiral Barnard mit, daß die Erfindung für den Bau dieses U-Bootes bereits während des Krieges von deutschen Wissenschaftlern gemacht worden sei. Nach dem Kriege habe Großbritannien den deutschen Erfinder, Prof. Helmut Walther, zusammen mit anderen deutschen Wissenschaftlern nach Barrow geholt, um ihn dort die „Explorer" bauen zu lassen. (ap)

Luftschutzräume sollen in alle Neubauten

BONN, 7. März

Ein „Sofortprogramm" des Bundesinnenministeriums für die dringendsten Maßnahmen auf dem Gebiet des zivilen Luftschutzes wird voraussichtlich innerhalb der nächsten sechs Wochen dem Bundeskabinett zugeleitet werden. Damit laufen zum erstenmal seit Kriegsende in der Bundesrepublik Maßnahmen und Aktionen an, um das Leben der Zivilbevölkerung im Falle eines Luftkrieges zu sichern und um die Bevölkerung über die Notwendigkeit des Selbstschutzes aufzuklären.

Das „Sofortprogramm" des Bundesinnenministeriums umfaßt die vordringlichsten Maßnahmen auf dem Gebiete des Luftschutzes und überläßt eine allgemeine Regelung des gesamten Luftschutzwesens einer späteren Gesetzgebung.

Die drei Hauptpunkte des Programms sehen fogendes vor:

1. Einrichtung eines Luftwarndienstes;
2. Umwandlung des Bundesluftschutzverbandes in eine Körperschaft des öffentlichen Rechtes;
3. Bau von Luftschutzräumen in Neubauwohnungen.

Die finanziellen Aufwendungen bei diesem Sofortprogramm sind so erheblich, daß man sich im Bundesinnenministerium bisher immer noch nicht über eine Lösung im klaren ist. Es wird angestrebt, daß sich Bund, Länder und Gemeinden an der Finanzierung beteiligen sollen. Ebenfalls aktuell geworden ist das Problem der Wiederherstellung der noch verbliebenen 3000 Großbunker in westdeutschen Städten, in denen schätzungsweise eine Million Menschen Schutz finden könnten. Die Renovierung dieser Bunker würde 100 Mill. DM kosten.

Gesetzlich festgelegt in dem Sofortprogramm ist die Verpflichtung für alle Bauherren, in allen Neubauten in Gemeinden mit über 5000 Einwohnern Luftschutzräume zu errichten. Ohne die Einplanung dieser Räume darf die baupolizeiliche Genehmigung in Zukunft nicht mehr erteilt werden. Ähnliche Maßnahmen sollen in angemessener Zeit auch für Altbauten getroffen werden.

Die Luftschutzaktionen werden sich in der ersten Zeit vor allem auf die 82 besonders luftgefährdeten Städte in der Bundesrepublik erstrecken. Zu diesen gehören alle Städte mit über 100 000 Einwohnern. (dpa/ap)

STRAHLUNGSABWEISEND, VON BESSEREM SITZ UND STABILER als die alte Volksgasmaske sollen diese neuen deutschen Prototypen von Zivilschutzmasken sein, die im Bonner Auftrag auf Vorschlag der Schutzkommission der deutschen Forschungsgemeinschaft entwickelt wurden. Die Modelle wurden unter Berücksichtigung der neuesten technischen Gesichtspunkte von maßgeblichen Wissenschaftlern und Luftschutzfachleuten geschaffen. Gegenwärtig werden die beiden im Bild gezeigten Typen überprüft.
Auch die Atemverhältnisse sollen gegenüber der alten Volksgasmaske wesentlich verbessert sein. dpa-Bild

Ruhrzechen müssen Feierschichten einlegen

Harpener Bergbau und Hannover-Hannibal betroffen

WAZ RUHRGEBIET, 17. März

Die Zechengesellschaft Hannover-Hannibal AG (Bochum) und die Harpener Bergbau AG (Dortmund und Bochum) haben am Donnerstag die erste Feierschicht über und unter Tage eingelegt. Beide Gesellschaften begründen diese Maßnahme mit der angespannten Absatzlage. Bei der Harpener Bergbau AG feiern die Schachtanlagen Oespel (rd. 1400 Arbeitskräfte), Dorstfeld (rd. 2050), Gneisenau-Scharnhorst (rd. 4000) und Robert Müser (rd. 3700). Auf den Schachtanlagen Hannover und Hannibal sind insgesamt 3800 Bergleute betroffen.

„Mit Feierschichten wurde seit längerer Zeit gerechnet. Daß sie aber so rasch notwendig wurden, hat uns überrascht", erklärte die Bezirksstelle Dortmund der IG Bergbau am Mittwoch. Jetzt müsse gefordert werden, daß ab sofort alle Überschichten gebremst werden. Nur so könnten eine gerechtere Verteilung der Beschäftigung gesichert und weitere Feierschichten vermieden werden. Noch immer gebe es Bergleute, die im Monat 30 bis 34 Schichten verfahren dürften. Eine Feierschicht bedeute für jeden Bergmann einen durchschnittlichen Lohnausfall von 16 bis 18 DM.

Pieck und Grotewohl nicht mehr Parteivorsitzende

Neues SED-Parteistatut nimmt sowjetische Kollektiv-Führung zum Vorbild

Von unserem Berliner Büro BERLIN, 7. März
Wilhelm Pieck und Otto Grotewohl werden von Ende März nicht mehr Vorsitzende der Sozialistischen Einheitspartei sein. Das SED-Politbüro veröffentlichte am Sonntag den Entwurf eines neuen Parteistatuts, in dem das Amt der Parteivorsitzenden nicht mehr vorgesehen ist. Dieses Statut soll auf dem SED-Parteitag vom 24. bis 28. März angenommen werden. Die bisherigen SED-Vorsitzenden dürften aber weiterhin Nr. 1 und 2 in den beiden höchsten Parteiorganen, dem Zentralkomitee und dem als dessen politische Spitze fungierenden Politbüro bleiben. Nr. 3 der beiden Gremien wird der erste Sekretär der SED, Walter Ulbricht, sein.

Die künftige Stellung von Pieck, Grotewohl und Ulbricht in der SED-Führung entspricht damit der Stellung Malenkows, Molotows und des ersten Parteisekretärs Chruschtschew in der Leitung der KP der Sowjetunion. Diese Umbildung der SED-Führung folgt dem vom 19. Parteitag der sowjetischen KP Ende 1952 verkündeten Grundsatz der „Kollektivität", der die Heraushebung einzelner Parteifunktionäre aus dem „Kollektiv" verbietet. Im Unterschied von der KPdSU, die ihr Politbüro damals durch ein Präsidium ersetzte, behält jedoch die SED die Einrichtung des Politbüros als politische Spitze des Zentralkomitees neben dem Sekretariat als Leitung der laufenden Organisationsarbeit bei.

Weitere Kennzeichen des neuen Statuts sind zahlreiche Bestimmungen zur Straffung der Parteidisziplin und Verstärkung des SED-anspruchs auf die Führung im Sowjetzonenstaat. Elf Pflichten stehen nur fünf Rechte der Parteimitglieder gegenüber. Den Herrschaftsanspruch der SED formuliert das neue Statut mit den Worten: „Das Zentralkomitee lenkt die Arbeit der zentralen, staatlichen und gesellschaftlichen Institutionen und Organisationen durch die in ihnen bestehenden Parteigruppen." Das bisherige Statut sprach nur von einer „Einflußnahme". Die Partei kann anordnen, daß ein Parteimitglied, das wegen eines Vergehens von der Partei bestraft wird, eine von ihm bekleidete Staatsstellung aufgibt. Die SED-Parteiorganisationen in der kasernierten Volkspolizei und im Verkehrswesen erhalten Sonderinstruktionen vom Zentralkomitee. Im übrigen wird die Partei nach dem „Produktions- und Gebietsprinzip" aufgebaut. Nach dem Grundsatz des „demokratischen Zentralismus" sind in der SED alle Beschlüsse der höheren Parteiorgane für jedes untere Organ verbindlich.

NWDR-Fernseh-Befragung ergab: 26 v. H. der Teilnehmer haben:

Fernsehgerät - aber keine Badewanne

Fast jeder zweite Apparat aus geschäftlichen Gründen in Betrieb
Tagesschau ist beliebteste Sendung auf dem Bildschirm

Von unserem Korrespondenten
VOLKMAR HOFFMANN

HAMBURG, 15. März

In der Bundesrepublik gibt es gegenwärtig 18 000 feste gebührenzahlende Fernseh-Konsumenten. Von Monat zu Monat wächst die Zahl der Teilnehmer um einige Tausend an. Fernseh-Hochburg ist mit 67 v. H. Nordrhein-Westfalen.

„Wie sieht unser Publikum aus, welches Programm will es haben?" fragten sich die Verantwortlichen in Hamburg. Fast zwei Monate lang haben deshalb 150 NWDR-Interviewer die „Kunden" befragt. Dabei stellte sich heraus: Von den 18 000 Fernsehern sind 47 v. H. „Profis", denen es bei der Television nicht um ein Privatvergnügen, sondern um ihr Geschäft geht. Es handelt sich dabei um Rundfunkhändler, Gastwirte und Hoteliers. Ihr Programm-Urteil wird nicht von den Sendungen bestimmt. Statt auf den Bildschirm sehen sie nach ihrem Bier-Umsatz und bewerten meist danach die Programme.

Fast 60 v. H. der privaten Teilnehmer sind Kaufleute, Handwerker oder gehören freien Berufen an. An zweiter Stelle stehen die Angestellten mit 19 v. H. Es folgen Arbeiter (neun v. H.), Beamte (vier v. H.) und Landwirte (zwei v. H.).

Wie in England und den USA zeigen sich auch in der Bundesrepublik die Akademiker als fernsehscheu. Sie machen kaum fünf v. H. aller Teilnehmer aus.

Der Lebensstandard der Geräte-Besitzer ist sehr unterschiedlich. Zwei Drittel von ihnen haben Telefon und Plattenspieler. 26 v. H. verzichten dagegen — obwohl die räumlichen Möglichkeiten dazu vorhanden sind — auf eine Badewanne. „Eine Fernsehtruhe ist mir wichtiger", bekamen die Interviewer oft zu hören.

Überwiegend sitzt das Publikum Abend für Abend vor den Bildschirmen und schluckt wahllos alle Sendungen. Bei 80 v. H. der Teilnehmer ruht das Gerät erst, wenn die Sprecherin „Gute Nacht" sagt. Nur bei ernster Musik stürzen die meisten Teilnehmer wutschnaubend an ihren Apparat und schalten aus. Ein Strawinskij-Konzert beispielsweise erschien auf kaum 15 v. H. aller Bildschirme. Jeder zweite der wenigen Zuschauer schrieb geharnischte Briefe an den Fernseh-Chef und beschwerte sich. Die Reaktion der Fachleute: „Man kann solche Sachen nicht bringen. Einen Pianisten in zwei Einstellungen zu sehen, ist zu langweilig."

Am beliebtesten sind bei den 18 000 zahlenden Fernsehern lebendige Sendungen. Die Spitze hält die Tagesschau mit der Indexzahl 91 vor Spielfilmen (89), Kabarett (87), Fernsehspiel (84) und Sport (75).

Kaum gefragt sind dagegen politische Sendungen und ernste Musik. Beide erhielten bei der Befragung mit Abstand die wenigsten Stimmen.

Max-Planck-Gesellschaft entwickelt größte deutsche Rechenmaschine

GÖTTINGEN, 11. März

Die Arbeitsgruppe Rechenmaschinen der Max-Planck-Gesellschaft in Göttingen hat mit der Entwicklung einer Rechenmaschine höchster Geschwindigkeit begonnen, die die bisher größte deutsche Maschine dieser Art sein wird. Man rechnet mit einer Bauzeit von zwei bis drei Jahren.

Durch ein neues Speicherverfahren soll es möglich sein, die Geschwindigkeit und Vielseitigkeit der größten amerikanischen Rechenmaschine zu erreichen. Das neue Göttinger Modell wird in einer Sekunde rund 10 000 Rechenvorgänge durchführen können. Es würde damit in etwa einer Stunde eine Aufgabe bewältigen, zu der eine normale Rechenmaschine bei ununterbrochener Tätigkeit etwa ein Jahr benötigt.

Die neue Maschine soll vor allem für atomphysikalische und aerodynamische Berechnungen verwendet werden. Sie wurde vom Max-Planck-Institut für Physik in Auftrag gegeben, dessen Leiter der Atom-Physiker Prof. Werner Heisenberg ist. (ap)

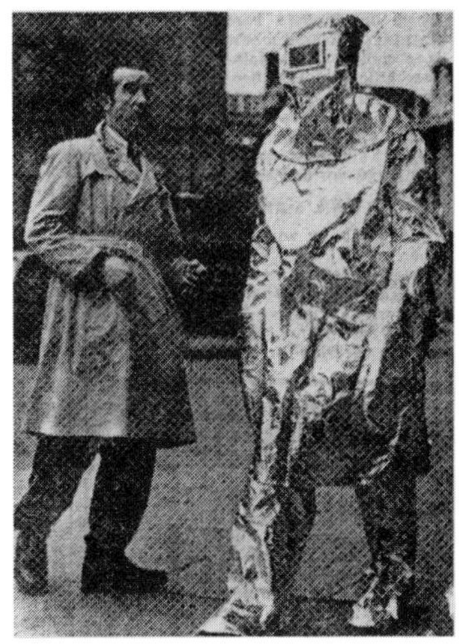

TOTALE SCHRECKWIRKUNG übt dieser Mann auf Passanten aus. Dabei kommt er gar nicht von einem anderen Stern, sondern ist ein gewöhnlicher Erdenbewohner, allerdings in einem neuen feuersicheren Anzug, der die Löscharbeiten bei Bränden erleichtern soll. Das Material des jetzt in London gezeigten Anzuges soll bis 2300 Grad Celsius Hitze widerstehen können. ap-Bild

WESTDEUTSCHE ALLGEMEINE
Die unabhängige Zeitung des Ruhrgebiets

Schrubbertuch ist ferngesteuert

Fachleute erstreben dennoch nicht den supermodernen Haushalt - Wasch- und Kühltechnik im Mittelpunkt der Kölner Messe

Von GOTTFRIED R.ULEN KÖLN, 7. März

Die erste Etappe der Internationalen Kölner Frühjahrsmesse ist die Haushalt- und Eisenwarenausstellung. Mehr als 1100 Firmen präsentieren hier einen Leistungsquerschnitt, zeigen dem Verbraucher den letzten Stand der Entwicklung. Um es vorwegzunehmen: ausgesprochene Sensationen und Messeschlager gibt es kaum. Die Fachleute weisen auf die technischen Verbesserungen hin und betonen: „Wir wollen ja gar nicht den supermodernen Haushalt. Bei uns soll die Technik der Hausfrau helfen, sie aber nicht zur Sklavin eines immer komplizierter werdenden Fortschritts machen."

Die technische Verbesserung beginnt bei den weiter rationalisierten Waschmaschinen für Gas und Strom über den Warmwasserbereiter, der für ein Vollbad mit 120 Litern bei einer Badetemperatur von 38 Grad nur noch zehn Minuten braucht, und endet schließlich beim Bodenwringer, mit dem die Hausfrau Fenster, Türen, Böden und Wandplatten reinigen und trocknen kann, ohne sich dabei die Hände zu beschmutzen.

„Is ja ein ferngesteuertes Schrubbertuch", sagt Lieschen Müller und hat damit den Nagel auf den Kopf getroffen.

Was einem bei einem Rundgang durch die Messe immer wieder auffällt, ist die Anzahl der Wasch- und Wringmaschinen und der Kühlschränke. Man trifft sie fast an jedem dritten Stand in allen Variationen und zu allen Preisen. Kühlschränke ab 300 DM aufwärts mit Gehäuse aus Kunststoff, vollautomatisch, lautlos, vibrations- und radio-störfrei. Man kann sich jetzt sogar seinen Kühlschrank an die Wand hängen, falls die Wand das aushält.

Waschmaschinen mit einer Gangschaltung wie beim Auto, in denen die Wäsche in einem Arbeitsprozeß gewaschen und sofort getrocknet wird. Einfachste Handhabung.

Die Waschmaschine mit Wassermotor schiebt sich immer mehr in den Vordergrund. Auch das dürfte nicht zuletzt auf die meist sehr dünne Brieftasche des Haushaltungsvorstandes zurückzuführen sein. Wasser ist eine Energie, die sich die Haushaltsindustrie immer mehr zunutze macht, angefangen von der Waschmaschine bis zum wasserbetriebenen Mixgerät. Leider fließt auch diese Energiequelle nicht im Übermaß.

Alles, was zerkleinert werden muß, nimmt sich der neue Rollboy vor. Sein rostfreies Innere ist waschbar, denn er ist leicht auseinanderzunehmen. (Bilder: Hübenthal)

Daß man sein Leitungswasser durch einen Zusatz an der sanitären Einrichtung des Hauses auch in sauerstoffhaltiges Quellwasser verwandeln kann, wird ebenfalls gezeigt. Man braucht nur den Hahn aufzudrehen und hat „Mineralwasser aus der Leitung."

Mit großen Hoffnungen hat sich die Heiz- und Kochgeräte-Industrie auf die Kölner Messe konzentriert. Sie hat ausgerechnet, daß 25 v. H. aller bundesdeutschen Öfen in den Haushaltungen über 20 Jahre alt sind. Weitere 25 v. H. sind älter als 16 Jahre. Man hat sich auf einen gewaltigen Nachholbedarf eingestellt, und das Angebot auf diesem Sektor dürfte allen Anforderungen gewachsen sein. Für jede Küchen- und Wohnzimmerform findet der Verbraucher den passenden Ofen und das geeignete Kochgerät. Einfache und elegante Modelle gibt es, und für den, der seine Freude daran hat, sogar Herde im Barock- oder Biedermeierstil.

„Infrarot gegrillte Speisen erhalten dem Körper Jugend und Frische", verspricht eine Firma dem Käufer ihres Grillapparates mit Drehspieß und Elektromotor. Für 156 DM ein Geschenk für Junggesellen-Selbstversorger und Hausfrauen, die Wert auf Diätkuren und schlanke Linie legen. Oder der neue Blitzkonservierer, eine Kugelflamme, die Bakterien vernichtet und 200 Einmachgläser in einer Stunde dicht verschließt. Strumpftrockner aus Plastik, Liegestühle, die man auch im Sitzen verstellen kann, oder Schnellkocher, die Bohnen in zehn und Kartoffeln in vier Minuten kochen, gehören zu den praktischen Kleinigkeiten am Rande dieser großen Messe.

Kühlschrank fürs Camping

Ein letztes Wort für die Camping-Leute. Sechs Schaufenster unter dem Motto: „Camping bei Nacht" oder „Das Camping ist des Müllers Lust". Da hat man aber auch nichts vergessen, was einem das Zelten bequemer macht. Nicht einmal den Zelt-Kühlschrank in Kofferform. Es fehlt nur noch das transportable Örtchen mit Herzchen in der Mitte . . .

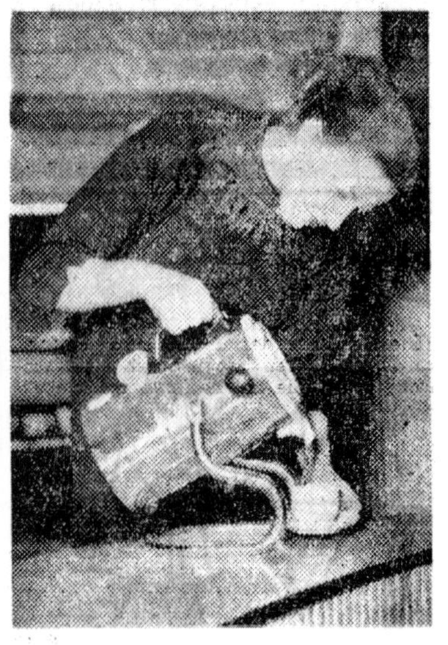

Auch diese schwenkbar gelagerte Familienkaffeekanne will der Hausfrau die Arbeit erleichtern. Außerdem ist die Kanne bis auf 80 Grad heizbar.

Deutsche essen $3^{1}/_{2}$mal mehr Kartoffeln als Amerikaner

Der Deutsche ißt und trinkt etwa halb soviel wie der Amerikaner, raucht etwa ein Drittel soviel und verfügt nur über die Hälfte des amerikanischen Wohnraums. Er verbraucht nur ein Achtel soviel Brennstoff, Licht und Wasser und benutzt nur etwa ein Fünftel der Haushaltwaren sowie ein Zehntel des Transportraumes. Dafür ißt er aber $3^{1}/_{2}$mal soviel Kartoffeln wie der Amerikaner. Dies geht aus einem jetzt veröffentlichten Bericht des Europäischen Wirtschaftsrates hervor.

Treibstoff wird billiger

HAMBURG, 17. März

Die führenden Treibstoffgesellschaften der Bundesrepublik senken mit Wirkung vom 18. März die Tankstellenpreise für Vergaserkraftstoffe um 1 Pf und für Dieselkraftstoff um 2,5 Pf je Liter in allen Zonen. Die Firmen teilten mit, daß diese Preissenkungen in Anpassung an die Marktlage und an das Absinken der Frachtraten sowie der Weltmarktnotierungen erfolgten. Die fiskalische Belastung beträgt gegenwärtig bei Vergaserkraftstoff etwa 29 Pf, bei Dieselkraftstoff rund 15 Pf je Liter. (dpa)

ILLUSTRIERTE bunte BLÄTTER

SONNTAGSBEILAGE »WESTDEUTSCHE ALLGEMEINE«

SAMSTAG, 6. MÄRZ 1954

Der Hausherr braucht ein Eckchen, in dem er ungestört arbeiten (Zeitung lesen, rauchen, nachdenken) kann. Es muß nicht unbedingt an einem Diplomatenschreibtisch sein. Wie gefällt Ihnen diese Lösung?

Zwar kann sich nicht jeder ein Haus einrichten, wie es unsere Zeichnerin hier kühn angedeutet hat. Ob es sich aber um eine gemütliche Junggesellenbude, um die gängige Zweieinhalb-Zimmer-Wohnung oder wirklich um ein ganzes Haus handelt — die Freude am Einrichten ist überall die gleiche.

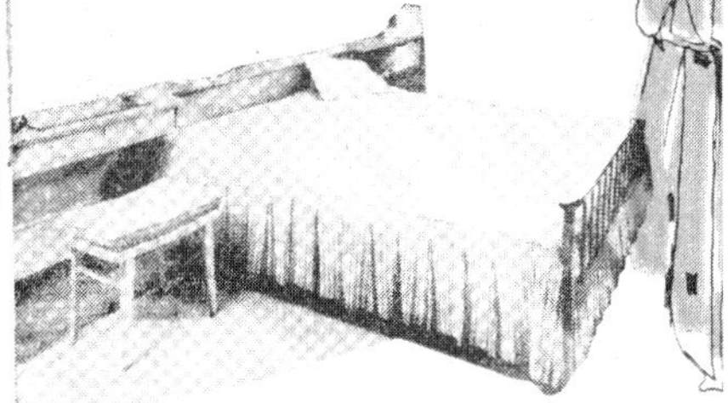

In den meisten Wohnungen wirkt das Schlafzimmer kalt und nüchtern, fast unbewohnt. Warum den Raum, in dem man so viele Stunden seines Lebens zubringt, nicht etwas wohnlicher gestalten? Moderne Anbaumöbel bieten einfallsreichen Leuten viele Möglichkeiten.

Ist man glücklicher Besitzer einer größeren Wohnung plus Diele, so sollte man diese besonders hübsch ausstatten. Der erste Eindruck entscheidet — auch beim Eintritt in eine Wohnung. Ein gemütlicher Sessel, eine Pflanze genügen schon.

Am Feierabend versammelt sich die Familie im Wohnraum, in der gemütlichen Ecke (links). Etwas farbenfreudigere Sessel heben die Laune abgespannter Menschen gewaltig.

Zeichnungen: Erika Vaupel

wir richten ein

WESTDEUTSCHE
ALLGEMEINE
Die unabhängige Zeitung des Ruhrgebiets

Die Flammen waren echt

Das Leiden im Gesicht der Bergman ist nicht nur gespielt, denn sie steht auf einem Scheiterhaufen, dessen Flammen nur allzu echt sind und in denen die Schwedin bei den Aufnahmen zu ihrem neuesten Johanna-von-Orleans-Film fast verbrannt wäre. Getreu der neuen italienischen Kunstrichtung, dem „Neo-Verismus", hatten Roberto Rossellini und seine Frau, Ingrid Bergman, sich entschlossen, den Scheiterhaufen so echt wie möglich erscheinen zu lassen. Ingrid Bergman wurde jedoch nicht gefesselt und sollte vom Scheiterhaufen springen, sobald das Feuer unerträglich wurde. Ingrid Bergman blieb jedoch so lange auf dem Scheiterhaufen stehen, bis die Flammen sie tatsächlich fast erreicht hatten. Hustend und halberstickt konnte sie sich im letzten Augenblick mit Hilfe der bereitstehenden Feuerwehrmänner retten. Up-Bild

Große Worte und arme Soldaten

Zur Erstaufführung des Films „Verdammt in alle Ewigkeit" im Revier

Als der Krieg zu Ende war, setzte sich der entlassene GI James Jones an die Schreibmaschine und schrieb den Soldatenroman „Verdammt in alle Ewigkeit". Es wurde ein bitteres, aufrichtiges und aggressives Buch, und Jones legitimierte sich damit als vorläufiger Schlußmann in der Gruppe jener literarischen „Abdecker" (Malaparte, Mailer, Wouk), deren Kennzeichen eine drastische, schokierende, oft die Grenzen des Erträglichen sprengende Prosa ist.

*

Mit höhnischer Kaltschnäuzigkeit schildert Jones die Unzulänglichkeiten innerhalb einer auf Pearl Harbour stationierten Einheit: korrupte Offiziere, sadistische Korporale, die ihre Leute schleifen, bis sie zusammenbrechen, eine mehr oder minder brave Landsertruppe, deren Bedürfnisse vorwiegend auf Tanzmädchen, Schnaps und Essenfassen konzentriert sind. In dieser Welt der radikalen Mißachtung aller Werte und Würden versucht der tragische Held des Buches, Robert L. Prewitt, ein Individualist zu bleiben. Es ist ein hoffnungsloser Versuch, und der Tod Prewitts — er wird von seinen Kameraden erschossen — ist ein eigentlich nicht mehr notwendiger Beweis für die Erkenntnis, daß das Individuum beim Kommiß scheitern muß, sofern es mehr sein will als eine Erkennungsmarke.

*

Diese kurze Charakterisierung des Buches „Verdammt in alle Ewigkeit" ist notwendig zum Verständnis des gleichnamigen amerikanischen Films. Fred Zinneman, der Regisseur von „Zwölf Uhr mittags", konnte die Fülle ordinärer Szenen und Gespräche unmöglich übernehmen; er mußte streichen, retouchieren, beschwichtigen. Das Ergebnis sieht auf den ersten Blick hervorragend aus. Das desillusionierende Kasernenhofmilieu stimmt, der Dialog trifft den perfiden Kommandoton der „Schinder" genau so gut, wie den rauhen aber herzlichen Slang der Soldaten, die Besetzung der Hauptrollen mit Schauspielern wie Montgomery Clift, Burt Lancaster, Frank Sinatra und Deborah Kerr konnte nicht besser sein. Aber dann . . .

*

Dann erscheint plötzlich ein nobler Offizier auf der Bildfläche, der mit ruhiger Hand die Akten und Verhältnisse ordnet, der die Bösen degradiert und zum Latrinenreinigen abkommandiert, während die Guten sterben. Dann spricht der gedemütigte, geschundene Prewitt Worte, die auf einem Werbeprospekt für die Infanterie stehen könnten. Spruchbänder flattern von der Leinwand herab: Kommt in die Armee, Kameraden! Im Felde da ist der Mann noch was wert! Schön ist's bei den Soldaten, trotz allem! Die Tendenz des Buches wird im Film ins Positive abgefälscht. Aus der harten Kritik wird eine Quintessenz im Sinne der Wehrertüchtigung gezogen. Und das, nachdem der Barras breit und ausgiebig von seiner schlimmsten Seite gezeigt wurde.

*

Diese moralische Gebrauchsanweisung ist sinnwidrig. Sie überzeugt keineswegs, sie wirkt lächerlich. Man fragt sich nur, wer dafür verantwortlich ist. Die Frauenvereine, bestimmte Kreise in den USA, oder die deutsche Synchronisation, von der wir ja einiges gewohnt sind? Es wird sich kaum nachprüfen lassen.

Sieht man von diesem Dilemma ab, so bleibt ein technisch gut gemachter, spannender Film, in dem das Spiel der Darsteller das Beste ist. Bis auf ihre pathetischen Parolen zum ach so falschen Schluß

MICHAEL LENTZ

Schalker Tribüne überdacht 14 000

Mit 114 m Länge für eine Million DM die größte im Bundesgebiet

Die letzten Leitungen werden gelegt. WAZ-Bild: Theo Weingandt

WAZ GELSENKIRCHEN, 18. März

Die vor einem halben Jahr begonnenen Erweiterungsarbeiten für die Tribüne des FC Schalke 04 in der Glückauf-Kampfbahn gehen mit Volldampf ihrer Vollendung entgegen. Die Überdachung ist fertig. Mit 114 m Länge ist die Schalker Tribüne damit die längste und größte im gesamten Bundesgebiet. Einschließlich der geschützten Vortribünenplätze können insgesamt 14 000 Zuschauer (Sitz- und Stehplätze) untergebracht werden. Die Stehplätze sollen zu gegebener Zeit gleichfalls in Sitzplätze umgewandelt werden.

Rund gerechnet repräsentiert der imposante Tribünenbau ein Kapital von einer Million DM, das allein vom FC Schalke 04 aufgebracht worden ist. Dieses Kapital ist ohne Zweifel gut angelegt. Bei schlechtem Wetter ist der Verein jetzt in der Lage, 14 000 Zuschauer geschützt unter Dach und Fach unterzubringen. Für seine Majestät, den Zuschauer, ist also alles getan worden.

Unter dem alten Tribünenbau befinden sich bereits die Umkleideräume für die ersten Mannschaften und die im Bundesgebiet einzigartig dastehende Gesundheitsanlage mit Arzt- und Bestrahlungsräumen sowie der Sauna. Die neuen Erweiterungsbauten erhalten Räume und Duschanlagen für die unteren Mannschaften und für die Jugend. Dazu kommen Aufenthaltsräume mit Bibliotheken und Wohnungen für den Geschäftsführer Simon und den Platzwart Tibulski.

Wenn so oft behauptet wird, daß der FC Schalke 04 der reichste Fußball-Club in Deutschland sei, so mag allein das Beispiel des Tribünenbaus erhellen, daß der Verein mit seinem Geld auch gut gewirtschaftet hat. Für den weiteren Ausbau der Kampfbahn mit einem Fassungsvermögen von 80 000 bis 90 000 Zuschauern bestehen Pläne auf weite Sicht.

H. K.

Bochumer Schauspielhaus eröffnet neue Studio-Bühne

WAZ BOCHUM, 3. März

Noch während der laufenden Spielzeit will Intendant Hans Schalla in Bochum eine Studio-Bühne eröffnen, die es sich zur Aufgabe macht, vor allem für junge deutsche Autoren einzutreten. Als erstes Stück der Studio-Bühne wird die Komödie „Lionel der Löwe" des dreißigjährigen deutschsprachigen Dramatikers Claude Richard Stange uraufgeführt werden.

SICHTLICH ZUFRIEDEN erprobt der bekannte deutsche Rennfahrer Karl Kling den neuen Mercedes-Benz-Typ 220. Die Karosserie des Wagens lehnt sich in ihrer Form an die bekannten Mercedes-Typen „180" und „300" an. (Siehe Bericht auf dieser Seite.) ap-Bild

Fräulein Müller fährt an die Riviera

Moderne Massen-Auslandsreisen schaffen neues kontinentales Raumgefühl

Über 10½ Millionen Menschen verließen im vergangenen Jahr die Grenzen der Bundesrepublik zu kürzerem oder längerem Aufenthalt im Ausland. Das ist nahezu die Hälfte aller Erwerbstätigen. Die größte Völkerwanderung, die Europa je erlebte, die Vertreibung der Deutschen aus den Ostgebieten, erreichte knapp die Zahl derer, die acht Jahre später aus freien Stücken, meist zur Freude und Erholung, über Deutschlands Grenzen fluteten. Im August waren es 2,3 Millionen. Gegenüber 1952 haben sich die Zahlen mehr als verdoppelt. Die meisten verbrachten ihren Urlaub in südlichen Ländern.

Wollte man das große Reisefieber der letzten Jahre lediglich als ein Luftholen nach den seelischen und körperlichen Belastungen des Krieges und der Abschließung vom Ausland deuten, so müßte doch jetzt allmählich wieder eine rückläufige Bewegung einsetzen. Aber keine Rede davon. Die Voranmeldungen bei den Reisebüros für das kommende Jahr lassen ein weiteres Ansteigen der Zahlen vermuten. Nach wie vor wird sich der Hauptstrom der Reisenden nach Süden ergießen. In Jugoslawien führen die Deutschen bereits die Fremdenlisten an, in Österreich und in Italien werden sie bald die Spitze erreicht haben.

Es gibt natürlich eine ganze Reihe naheliegender Motive für diesen Auslandsrausch: Flucht vor sich selbst und vor der häuslichen Enge, Ruhelosigkeit unserer Zivilisation, Erlebnishunger, Angst vor drohenden Kriegen und vor Geldabwertung, gesteigertes Erholungsbedürfnis usw. Warum die Leute aber ausgerechnet ins Ausland reisen, wo doch allerlei schwierige Situationen auf sie lauern, weil sie Sprache und Gepflogenheiten der Fremde nicht kennen, erklärt keiner dieser Gründe.

Die einzig stichhaltige Deutung führt zu einer Erkenntnis von grundlegender Bedeutung: Ein neues Raumgefühl bemächtigt sich zunehmend der gesamten Bevölkerung. Noch vor wenigen Jahrzehnten waren es hauptsächlich Angehörige einer kleinen adligen und bürgerlichen Oberschicht, die zur Erholung oder zum Vergnügen ins Ausland reisten. Heute sind alle sozialen Gruppen daran beteiligt. Der europäische Raum, einst nur von einer Elite der europäischen Völker als Ganzes empfunden, tritt heute mehr und mehr in das Bewußtsein der gesamten Bevölkerung.

An dieser Verbreiterung der Raumvorstellung und des Raumerlebnisses ist der billige Massenreisebetrieb ebenso beteiligt wie das Ideen- und Erfahrungsgut der Jugendbewegung, die moderne Verkehrstechnik ebenso wie das Raumerlebnis der Soldaten zweier Weltkriege, die KdF-Reisen ebenso wie der alte Bildungstrieb des Bürgertums. Die Wurzeln der Gesellschaftsreisen modernen Stils reichen nicht tiefer als in die zweite Hälfte des vorigen Jahrhunderts. Damals begann der Engländer Thomas Cook, Auslandsreisen in größerem Maßstab zu organisieren, indem er die drei Elemente Dampfkraft, Eisenbahn und Bürgertum in ein wirksames Verhältnis zueinander brachte.

Auf der einen Seite führte dieser kommerzielle Reisebetrieb zu unerfreulichen Formen, wie sie in jenem Prospekt zum Ausdruck kommen: „Rom in einem Tag, den Papst mit inbegriffen" oder: „Besucht die historische Stadt Rom, Schauplatz des Kolossalfilms ‚Quo vadis'". Oder wir denken an die Ladungen schwitzender und grölender Ausflügler, die während der Saison in die Zentren der Fremdenverkehrsgebiete mit Massenamüsierbetrieben hineingepumpt werden.

Auf der anderen Seite ermöglichen diese Reisen auch dem Arbeiter und kleinen Angestellten die Erweiterung seines Horizontes und den Bildungshungrigen wenigstens eine teilweise Befriedigung. Mit den Zeltgruppenfahrten entstand eine besondere Spielart des modernen Massenreisens. Unter Verzicht auf alle Bequemlichkeit stellen sie den Bildungsgedanken und das Gemeinschaftserlebnis in Anlehnung an die Ideen der Jugendbewegung in den Vordergrund.

Alle diese Menschen haben keine Scheu mehr vor der Fremde. In ihrer Vorstellung sind nicht nur die Länder, sondern die Kontinente einander so nahe gerückt, daß ihnen die tatsächlichen Entfernungen schon gar nicht mehr bewußt werden. Ein Gefühl der Sicherheit breitet sich aus, wenn man im bequemen Polster der Ferienzüge in 24 Stunden an die Riviera eilen kann. Die Auswirkungen dieser Entwicklung auf die Verbreiterung und Vertiefung eines gemeineuropäischen Bewußtseins sollte man nicht übersehen. Ein politisch geeintes Europa wird ja erst dann Wirklichkeit werden können, wenn die Millionenmassen seiner Völker sich im In- und Auslande gleicherweise zu Hause fühlen.

DR. F. RONNEBERGER

WESTDEUTSCHE
ALLGEMEINE
Die unabhängige Zeitung des Ruhrgebiets

Parlamentarier ringen mit Amazonen

Bayerns Landtag wollte Catcher-Damen das Handwerk legen – Nach der Debatte: Hochbetrieb am Ring

Von unserem Korrespondenten KARL STANKIEWITZ MÜNCHEN, 21. März

„Was die Mannsbilder können, steht uns aa zua, für was hätt' mer sonst die Gleichberechtigung." Mit diesen Worten selbstbewußter Weiblichkeit verteidigt sich die 20jährige Steffi Heindl, ehemals standfeste Münchner Bierkellnerin und seit 1952 „Deutsche Meisterin im Damen-Freistilringen", gegen die „Matadore der politischen Arena". Sie und ihre Kolleginnen waren nämlich Gegenstand einer dramatischen Debatte im bayrischen Landtag. Der parteilose Abgeordnete Ludwig Volkholz hatte beantragt, alle Catcher-Veranstaltungen grundsätzlich zu verbieten.

Zur Begründung fand der Revierförster Volkholz, Hauptakteur so mancher bayrischer „Affäre", kernige Sätze moralischer Entrüstung: „Wenn sich die Kätscher fast die Augen ausdrücken oder die Zähne einschlagen, ist das wohl nicht mehr als Sport zu bezeichnen und entspricht nicht unseren kulturellen und sittlichen Begriffen." Es müsse endlich Schluß gemacht werden mit der öffentlichen Herabwürdigung der Frau, gerade im Zeichen der Gleichberechtigung.

Am Halse gewürgt

Ludwig Volkholz selbst hat noch nie einer Catcher-Veranstaltung beigewohnt. Einen Augenzeugenbericht konnte dagegen der Abgeordnete Bauer geben: „Wie von der Hysterie selbst die Zuschauer ergriffen werden, habe ich selbst einmal erlebt, als mich eine hinter mir sitzende Frau am Halse würgte, während auf die Bühne geschrien wurde: Dreh ihm das Bein ab!"

Die ob solcher Berichte nicht wenig erzürnten Volksvertreter mußten sich allerdings von einem Referenten des Wirtschaftsministeriums sagen lassen, daß diese „Art Ringkämpfe sehr freien Stils" nicht ohne weiteres gegen die Gesetze verstoßen. Über die Sittenwidrigkeit gingen die Meinungen auseinander, und die Anschauungen der Bevölkerung hätten sich in den letzten 50 Jahren sehr gewandelt. Der Ministerialrat zitierte dann Art. 1 Abs. 1 des Grundgesetzes, worin über die Menschenwürde die Rede ist, und stellte fest: „Der Würde der Frau entspricht es nicht, sich öffentlich gegen Geld in Ring- oder gar Boxkämpfen zu produzieren."

Billige Reklame

Für ein Verbot, wie es Volkholz wollte, reichte die Rechtslage also nicht aus, schon deshalb nicht, weil die Catcher-Veranstaltungen unter die Gewerbeordnung fallen und dafür der Bund zuständig wäre. Darauf empfahl der Landtagsausschuß mit 18 Stimmen bei vier Enthaltungen der Landesregierung, sie möge auf die Behörden einwirken, daß Frauen-Ring- und -Boxkämpfe grundsätzlich nicht mehr genehmigt werden.

Am nächsten Morgen waren in ganz München die Plakate der Ringerdamen mit knallgelben Streifen überklebt: „Warum, Herr Volkholz, waren Sie schon bei uns?" Nicht umsonst hatte der Hopfenbauer Josef Piechl („Diese Schaukämpfe sind eine Zeiterscheinung wie die Hinrichtungen nach der französischen Revolution") seine Parlamentskollegen gewarnt; sie würden den Kätschern nur billige Reklame liefern. Tatsächlich vermerkt Manager Franz Weber, ein 54jähriger ehemaliger Artist, seit der Debatte im Landtag eine ständig steigende Besucherzahl in seinem Münchner „Tischtelefontanzpalast".

„Wir verdienen unser Geld auf anständige Weise und erhalten damit z. T. noch unsere Angehörigen oder tragen als verheiratete Frauen zum Lebensunterhalt der Familie bei", stellten die 16 Ringerdamen Münchens („Die größte Truppe ihrer Art in Deutschland") in einer Eingabe an den Landtag fest. Sie fordern die Abgeordneten auf, „unsere angegriffene Ehre wiederherzustellen".

Der wackere parlamentarische Kämpfer Ludwig Volkholz erhielt zwei Ehrenkarten, die er allerdings ungenutzt ließ. Er hätte sonst den neuen Schlachtruf der 16 Freistilamazonen hören können: „Von der Ringertruppe kommen wir, und wir ringen alle wie ein Stier. Kommt uns einer in die Quere, kriegt er gleich 'ne Nierenschere."

Modenschau: ausnahmsweise für Männer

Was die Männer in der kommenden Saison tragen sollen, wurde in Berlin auf einer Herren-Modenschau gezeigt. Unser Bild links zeigt besonders preiswerte Anzüge aus einem neuartigen Gewebe, das man waschen kann und das innerhalb von 30 Minuten trocknet. Dazu gehören „Kreissäge", bunte Schleife und eine karierte oder gestreifte Weste. Unser Bild rechts zeigt einen neuartigen Abendanzug der Herrensaison 1954.

Scholz schlägt Andrews klar

Eindrucksvoller Punktsieg – Amerikaner am Rande des K. o.

NEW YORK, 27. März

Der Berliner Mittelgewichtler Gustav Scholz schlug am Freitagabend vor knapp 4000 Zuschauern im New-Yorker Madison Square Garden seinen Gegner Al Andrews (USA) nach zehn Runden überlegen nach Punkten und gestaltete sein Debüt in einem amerikanischen Ring zu einem eindrucksvollen Erfolg.

In der 7. Runde schlug Bubi Scholz (rechts) seinen Gegner Al Andrews zum zweitenmal zu Boden. ap-Funkbild

Andrews fand sich mit dem Stil des Berliners nicht recht ab. Dieser machte den Kampf aus dem Stand, hielt seinen Gegner mit der größeren Reichweite auf Distanz und suchte mit pendelndem Oberkörper eine Konterchance. So war Andrews fast immer der Angreifer. Mit härteren und genaueren Treffern aber sammelte Scholz die zum Siege notwendigen Punkte. In der fünften Runde hatte er seinen Gegner am Boden.

Nach einem zweiten Niederschlag in der siebten Runde machte Andrews in Runde acht und neun wieder etwas Boden gut, doch Scholz ging in der Schlußrunde aufs Ganze. Eiskalt konternd ging er selbst zum Angriff über und beendete das sehr lebhafte Treffen mit einer Beidhandattacke, die Andrews schwer traf und ihn mit Mühe den Schlußgong stehend erreichen ließ.

Die meisten Boxkritiker New Yorks bescheinigten Scholz, daß er überlegen gewonnen habe. Die New Yorker Herald Tribune schrieb: „Der Deutsche ist ein guter Kämpfer, der noch besser werden kann, wenn er sich an das Klima gewöhnt hat. Er besitzt eine gute boxerische Grundschule, ist vorsichtig in seiner Kampfanlage und schickt seine soliden Schläge nicht unzweckmäßig in die Gegend". (dpa/ap)

Heuss unterzeichnet - Bonn will Souveränität

Ratifikationsurkunden für EVG- und Generalvertrag werden in Paris hinterlegt

Von unserem Bonner Büro — Vo BONN, 29. März

Bundespräsident Prof. Heuss hat am Montagmorgen die Zustimmungsgesetze zu den deutsch-alliierten Verträgen, also den EVG-Vertrag, der die Aufstellung deutscher Soldaten im Rahmen der Europäischen Verteidigungsgemeinschaft vorsieht, und den Generalvertrag, der das Besatzungsstatut ablösen soll, ausgefertigt und verkündet. Noch am gleichen Tage erfolgte die Bekanntgabe im Bundesgesetzblatt. Ein Sonderkurier wird die Ratifikationsurkunden in den nächsten Tagen in Paris hinterlegen, wodurch die Verträge für die Bundesrepublik Rechtskraft erhalten.

In Bonn wird zu der Unterzeichnung durch Heuss erklärt, damit habe die Bundesregierung von sich aus alle Voraussetzungen für die Beseitigung des Besatzungsstatus erfüllt. Es wäre unfair, wenn man jetzt Westdeutschland weiterhin seine Souveränität vorenthalte. Die Verantwortung dafür liege bei den Westmächten und bei diesen in erster Linie bei Frankreich. In Bonn wird jetzt mit großem Nachdruck die Forderung erhoben, Westdeutschland endgültig die Souveränität zu geben, falls sich das Inkrafttreten des EVG-Vertrages noch weiter verzögern sollte. Starke Beachtung haben in Bonn die Erklärungen des US-Botschafters Conant gefunden, der davon sprach, daß das Besatzungsstatut in absehbarer Zeit aufgehoben werde. Conant hatte gesagt, das Junktim (Koppelung) zwischen dem General- und EVG-Vertrag müsse gegebenenfalls beseitigt werden, wenn es nicht vorher automatisch durch das Inkrafttreten des EVG-Vertrages falle.

Albert Einstein:

75 Jahre alt

Es ist nicht das erstemal, daß der Bearbeiter dieser Zeitungsspalte von der Vermessenheit seines Tuns schreckhaft überfallen wird. Auch wenn er sich der Persönlichkeit Albert Einsteins, dieses geistigen Kolosses unseres Jahrhunderts, in allertiefster Bescheidenheit nähert, bleibt ein fataler Geschmack des Unvermögens zurück, das rechte Wort der Würdigung zu finden. Weder das Ausweichen ins Anekdotische noch in das so beliebte „Rein-Menschliche" vermag hier zu helfen.

Denn wir sollten wenigstens am Tage seines 75. Gburtstages — wenn auch nur für den Blitz einer Sekunde — uns bewußt werden, daß wir Zeitgenossen eines

der größten Genies sein dürfen, die das Abendland hervorgebracht hat. Nur ein kleinster Kreis von Wissenschaftlern ist überhaupt in der Lage, das ganze Ausmaß der geistigen Revolution zu erkennen, die Albert Einstein mit seinen schmalen Büchern voller mathematischer Formeln in Bewegung brachte. Erst jetzt, 50 Jahre nach seinen ersten Veröffentlichungen, beginnen die Philosophen seine Gedankenwelt zur vorsichtigen Anbahnung eines neuen Weltbildes zu erschließen, während Physiker und Techniker sein Gesetz über die Beziehung von Masse und Energie in der Atomkernspaltung bereits mit Erfolg anwandten. In vielem, was wir heute denken und tun, sind wir nichts als Erben des schöpferischen 19. Jahrhunderts. Albert Einstein aber weist unserer Epoche in seinen naturwissenschaftlichen und seinen philosophisch-sittlichen Gedanken den Weg zu einem reicheren und besseren Leben.

Dr. Ro.

Lübke: Kein Verbot für Hundeschlachten

Gegen das Schlachten von Hunden und Katzen zum Verzehr hat der Deutsche Tierschutzverein Protest erhoben. Auf Anregung des Präsidenten, Oberbürgermeister Dr. Kolb, fragte ein Bundestagsabgeordneter die Bundesregierung, ob sie bereit sei, dieses Schlachten gesetzlich zu unterbinden.

Es ist nach den Vorschriften des Tierschutzgesetzes von 1933, des Fleischbeschaugesetzes von 1940 und des Gesetzes über das Schlachten von Tieren bisher noch zulässig. Die Behandlung der Frage wurde auf den 8. April vertagt.

Der Bundesminister für Ernährung hat in einem Schreiben vom 24. Februar dem Deutschen Tierschutzbund erklärt, daß er dem Verbot des Schlachtens nicht entsprechen zu können glaube, weil zu befürchten sei, daß ein Verbot zu Schwarzschlachtungen führen könne und durch das Fehlen der Fleischuntersuchung der Verbreitung von Krankheiten, wie beispielsweise Trichinose, Leptospirose oder Tollwut, Vorschub leisten würde. (ap)

WESTDEUTSCHE ALLGEMEINE
Die unabhängige Zeitung des Ruhrgebiets

Das junge Mädchen im Film

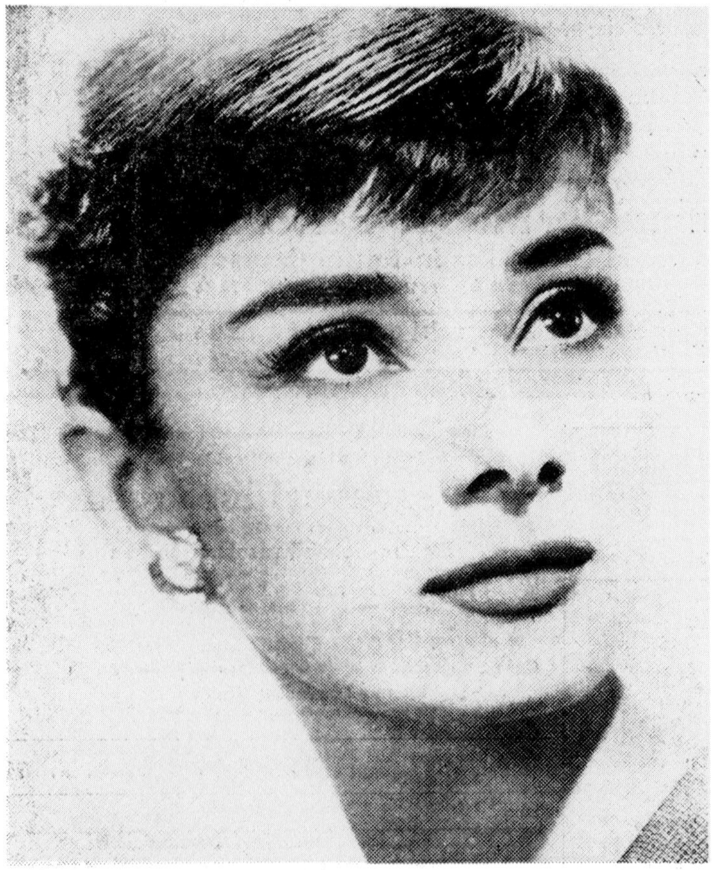

„Sie wird in kurzer Zeit aufräumen mit all den figürlichen ‚Atombomben' des Films, von Jane Russell bis Marylin Monroe, und mit dem genormten Schönheitsideal, made in Hollywood", prophezeite William Wyler auf einer Gesellschaft, die ihren jüngsten Star, Audrey Hepburn, feierte. Es war nach der Premiere des Films „Ein Herz und eine Krone". Die noch nicht einundzwanzigjährige Audrey Hepburn, in Holland geboren, in England aufgewachsen, spielte darin eine Prinzessin und wurde in Amerika über Nacht berühmt. Kurze Zeit später kannte man sie auch in Europa. Es war ihre erste Hauptrolle, und sie überzeugte und bezauberte jeden durch ihren Charme, ihre Jugend und ihre Natürlichkeit. Schon jetzt, bevor sie einen zweiten Film fertiggestellt hat, ist sie in der Meinung der Leute zum idealen Typ des jungen Mädchens von heute geworden. Wir meinen, mit Recht. Und was meint Ihr?

(WAZ-Archiv)

Churchill: H-Bombe bester Schutz gegen 3. Weltkrieg

LONDON, 30. März

Premierminister Churchill hat am Dienstag im britischen Unterhaus die Forderung der Labour-Partei nach internationaler Kontrolle der amerikanischen Wasserstoffbombenversuche bzw. nach einem Verbot der Versuche überhaupt zurückgewiesen und betont, daß diese Versuche keine allgemeine Gefahr darstellen.

Churchill erklärte, Großbritannien sei nicht in der Lage, eine Kontrolle oder ein Verbot zu fordern und würde damit der freien Welt auch keinen guten Dienst leisten. Die Wasserstoffbombe stelle den besten Schutz gegen den Ausbruch eines dritten Weltkrieges dar. (ap)

7 Mill. DM für Umbau des Ruhrschnellweges

Im Bundesetat vorgesehen - Mülheimer Strecke bald fertig

Von unserem Bonner Büro

T BONN, 2. März

Für den Umbau des Ruhrschnellweges sollen erstmalig in größerem Umfang Bundesmittel bereitgestellt werden. Im neuen Bundesetat, der jetzt vom Haushaltsausschuß des Bundestages beraten wird, sind dafür insgesamt 7 Mill. DM vorgesehen. Im Vorjahr gab der Bund nur 1,5 Mill. DM aus. Die Kosten für den gesamten Ausbau des Ruhrschnellweges werden auf 48 Mill. DM veranschlagt.

Leider trägt der Umbau des Ruhrschnellweges in den Plänen des Bundesverkehrsministeriums immer noch den Vermerk: „Zeitpunkt der Fertigstellung unbestimmt". Ausbau und Verlegung der Strecke in Mülheim (Ruhr) sollen dagegen in diesem Jahre beendet werden. Dieses Projekt erfordert insgesamt 1,3 Mill. DM. Im neuen Etat ist der Finanzierungsrest von 300 000 DM enthalten.

Ferner sollen 1954 die neue Rheinbrücke Köln—Rodenkirchen und die Lenneper Talbrücke fertiggestellt werden. Für den Ausbau der Autobahnstrecken Düren—Köln und Köln—Lennep—Wuppertal-Süd sind im Etat keine Mittel eingesetzt. Der Ausbau beider Strecken würde über 60 Mill. DM erfordern. Auch für die Holland-Linie Oberhausen—Emmerich, für deren einbahnigen Ausbau auf 66 km Länge 80 Mill. DM benötigt werden, enthält der neue Etat keinerlei Mittel.

Jede 4. Ehe im Revier wird geschieden

Schnelle Heirat ist oft nur Ausweg — Scheidungsrichter: „Zu wenig Opferwille . . ."

Von GERTRAUDE UHLHORN IM RUHRGEBIET, 28. März

Das Revier wächst. Seit dem Kriegsende nimmt es Jahr für Jahr um eine mittlere Stadt zu. Die Zahl der Eheschließungen aber sinkt, während die der Ehescheidungen nahezu gleichbleibt oder leicht zunimmt. Der Landgerichtsbezirk Bochum, der die Städte Bochum, Herne, Recklinghausen, Wanne-Eickel, Wattenscheid und Witten umfaßt, kann dafür als Beispiel gelten.

Hier wuchs die Bevölkerung im Jahre 1953 um 31 322 Menschen auf 815 941. 1952 wurden 8632 Ehen geschlossen, 1953 nur 8163. Geschieden wurden im Jahre 1952 1923 Ehepaare, 1953 dagegen 1958 Paare. 1953 wurden demnach 469 Ehen weniger geschlossen als im Vorjahre, während 35 Scheidungen mehr ausgesprochen wurden. Demnach wird fast jede vierte Ehe in diesem Bezirk geschieden. Das Revier steht in dieser Hinsicht hinter den Weltstädten kaum zurück.

Jüngste Ehen stark erschüttert

Woran liegt es? Sind wir Menschen des Reviers unverträglicher, empfindlicher oder leichtsinniger als die der anderen Landstriche? Denn hier wird ja kein Scheidungsrummel reklamebedürftiger Prominenter durchgeführt, sondern der kleine Mann von seiner Alltagsfrau getrennt. Kumpel, Dreher oder Buchhalter Schmidt hat keinen Propagandaerfolg, sondern nur Unkosten, wenn er sich von Lieschen geborener Schulte scheiden läßt. Er tut es dennoch — Lieschen will es meistens auch.

Die brüchigen Kriegsehen sind nach Mitteilung der Scheidungsrichter inzwischen restlos erledigt. Ältere Vorkriegsehen sind im allgemeinen, soweit sie bis heute gedauert haben, stabil. Dagegen sind die jungen und jüngsten Ehen — seit 1948 — so zarte Gebilde, daß sie bei der kleinsten Erschütterung zusammenfallen. Und sie werden nicht zu knapp erschüttert!

Freund als Garantie

Man heiratet schnell und frühzeitig im Revier. Viele junge Mädchen glauben nur so um das Gängelband der Eltern, die häusliche Bescheidenheit herumzukommen. Der Freund mit dem Motorrad, der dicken Brieftasche und den großen Versprechungen scheint die Gewähr für ein Wohlleben zu geben.

Die zwanzigjährigen Junggesellen im Wohnheim der Zeche oder des Werkes haben alle ihre Braut. Erstens so überhaupt — und zweitens, weil Hausordnung, Heimleiter, Spind, Stubenkameraden und gemeinsamer Brauseraum eben doch und trotz allen Komforts mehr nach Kommiß als nach trautem Heim riechen.

Dann sind da jene — Jünglinge wie Mädchen —, die in unglücklichen oder verworrenen Familienverhältnissen stekken. Jene, die mit Stiefvater oder -mutter nicht auskommen, diese, die endlich heraus wollen aus dem engen, stickigen Raum mit 6 oder 8 Personen.

Von Liebe spricht man kaum

Von der Liebe wird unter diesen Umständen nicht unbedingt in allen Fällen gesprochen. Von der gegenseitigen Kameradschaft selten, von Verantwortungsbewußtsein überhaupt nicht. Weil dann aber Lieschen weder rechnen noch kochen, weder Strümpfe stopfen noch Hemden plätten kann, weil es zuviel raucht, konditort, ins Kino rennt und anderen Männern gefallen will, steht Peter einige Wochen nach der Hochzeit vor dem Kadi. Weil Peter die Raten für Motorrad, Möbel und Kleidung kaum bewältigen und Lieschen deshalb kurzhalten muß, weil er sie aus Eifersucht und Verdruß geohrfeigt hat, reicht Lieschen prompt Gegenklage ein.

Ungefragt, unberücksichtigt und mehr als die andern wirklich darunter leidend, ist nur das Kind, das Baby, das in der Mehrzahl dieser geschiedenen Ehen da ist. Jenes Kind, das von der Scheidung an überall „zuviel" ist.

Folgen nur zu ahnen

„Zu hohe Ansprüche ans Leben, zuwenig gegenseitiger Opferwille, Unreife der Ehepartner und ungünstige Wohnverhältnisse" nennt der Bochumer Scheidungsrichter als die häufigsten Scheidungsursachen des vergangenen Jahres. Mißhandlungen und Untreue, die sich daraus entwickelnden Gründe. Die Folgen sind heute noch nicht genau vorauszusehen, nur zu ahnen... Sie werden vielleicht eine Unzahl asozialer Jugendlicher, aber auch Männer und Frauen sein, die vor den Gerichtsschranken ihre zerrütteten Familienverhältnisse als Grund zur Zubilligung mildernder Umstände für Vergehen und Verbrechen anführen werden.

Die Scheidungsquote des Reviers ist ein soziales Problem, das nicht übersehen werden sollte.

AUFFALLEND an diesem Dodge-„Feuerpfeil"-Sportcoupé, dem neuesten Experimentiermodell auf dem Gebiete des Sportwagenbaus sind das völlig verglaste Verdeck und die fischähnlichen Schwanzflossen, welche als Stabilisierungsflächen an beiden Heckseiten angebracht sind. Dieses Gefährt, über dessen Leistung und Verbrauch keine Angaben gemacht werden, wird gegenwärtig auf der Auto-Ausstellung in Detroit (USA) gezeigt. dpa-Bild

Fangio fährt für Mercedes

WAZ STUTTGART, 7. März

Juan Manuel Fangio, der argentinische Spitzenfahrer, wurde von Mercedes für die Rennsaison 1954 verpflichtet. Fangio wird den Formel-I-Rennwagen fahren, der kürzlich auf der Solitude erprobt wurde. Noch in diesem Monat werden die Trainingsfahrten aufgenommen. Exweltmeister Fangio ist der Vertreter des Untertürkheimer Werkes für Südamerika, so daß seine Verpflichtung nicht nur vom sportlichen, sondern auch vom wirtschaftlichen Standpunkt ein geschickter Schachzug ist. Nach einer Erklärung des Vorsitzenden des Vorstandes der Daimler-Benz AG., Dr. Fritz Könecke, wird Mercedes sich nicht nur mit dem in Erprobung begriffenen Grand-Prix-Formelrennwagen, sondern auch mit den neuen Rennsportwagen 300 SLR voll in die internationale Saison der Großen Preise und der großen Langstrecken-Wettbewerbe einschalten.

Herrenschuhe werden spitzer

KREFELD, 3. März

Herrenschuhe würden wegen der engen Hosenform und der kürzeren Mäntel in der kommenden Saison wie auch im Herbst und im Winter 1954/55 eine spitzere Linienführung als bisher haben, teilte der „Modeausschuß Schuhe" am Mittwoch in Krefeld mit. Die Sportschuhe sollen in Form und Verzierung zurückhaltender sein, obwohl die Wulstränder nicht ganz verschwinden. Ein großer Teil dieser Schuhe hat profilierte Gummisohlen oder doppelte Ledersohlen. Die Farben Turf-, Sattel-, Kognak- und Nußbraun sowie Naturell, Mahagoni und Schwarz dominieren. Außer der „Budapester Form" mit gepflochtenem Oberteil werden der Slipper mit Gummizug und die modische Herrensandale tonangebend sein.

(dpa)

Traumautos und Träume vom eigenen Auto

Alles scheint besser, bequemer und trotzdem billiger zu werden. Automobil-, Motorrad- und Straßenbau sind Hauptträger des jungen Wirtschaftswunders. Am 5. Januar gräbt der erste Spatenstich in Wattenscheid die Erde für den Ruhrschnellweg um. Der Bau dieser neuen Hauptverkehrsachse durchs Revier beschäftigt viele Menschen, nicht nur auf den Baustellen – auch die, deren Häuser der Trasse im Weg stehen. Dass der Ausbau der Bundesstraße 1 jemals zu schmal für zu viele Autos sein könnte, daran denkt noch niemand. Ein Thema ist, dass der harte Winter im Ruhrorter Hafen die Schiffe festfrieren lässt. Vielleicht bringt dies einen Erfinder auf die Idee des Handschuhblinkers für Motorradfahrer.
Dabei wächst in diesem Jahr die Autoproduktion um über 40 Prozent auf fast 520.000 Stück. Damit wird die junge Bundesrepublik zum drittgrößten Automobilproduzenten der Welt.
Die meisten neu gebauten Wagen sind Volkswagen aus Wolfsburg. Zu Jahresbeginn feiert VW die Produktion des 600.000. Typ eins. Das Jubiläumsgeschenk präsentierte Volkswagen gleich dazu: Die Motorleistung steigt auf 30 PS, damit sind mit langem Anlauf 112 km/h auf den wenigen Autobahnkilometern möglich. Gekrabbelt wird noch nicht, denn der Begriff Käfer ist noch nicht erfunden.
Gemessen am geringen Kraftfahrzeugbestand sind es blutige Zeiten auf den Straßen, die Unfallzahlen steigen heftig. Die Politik reagiert. Drakonische Strafen sollen abschrecken, die Polizei nimmt Massenkontrollen vor.
Ende März verabschiedet die Bundesregierung ein Verkehrsgesetz. Damals wie heute aktuell: Güter weg von der Straße und eine Vollmacht für den Finanzminister zur Erhebung einer Autobahngebühr. Da trifft es sich gut, dass VW den Preis für den Standard Volkswagen Ende März auf 3.950 DM senkt. Ein Minimalmobil wie der „Goggo" kostet nur 2.940 DM, hat aber nur Platz für zwei Personen. Bei den meisten Bundesbürgern reicht es aber nur für ein Moped oder Motorrad. Der Durchschnittsverdienst in Deutschland-West liegt bei 3.936 DM, also umgerechnet rund 2.000 Euro. Das Standardverkehrsmittel für den Weg zur Arbeit im Stahlwerk oder auf Zeche ist das Fahrrad.
Im April rechnen einige Verkehrsexperten hoch, dass es 50 Jahre später keine Autos mehr geben wird. Als dieses Ende der Geschichte verkündet wird, da hat General Motors gerade sein 50-millionstes Auto gebaut. Am 11. April fliegen Bilder der ersten Lufthansa-Maschinen nach dem Krieg über die Titelseiten: Der Probebetrieb der neu gegründeten Traditionsgesellschaft beginnt.
Im Mai geht der Bau des Ruhrschnellwegs an vielen Stellen weiter. Der Porsche 550 erhält die schöne Auszeichnung „Goldener Lorbeer", und die Porsche-Werbung rühmt den 356 als „wahrscheinlich besten Reisewagen der Welt". Traumwagen sind der Ferrari 250 mit Zwölfzylindermotor und der Mercedes-Benz 300 SL mit seinen so genannten Flügeltüren.
Im Juni startet Auto-Pionier Borgward die Isabella, ein halbwegs erschwinglicher Traumwagen der Fünfziger. Die Kraftfahrer werden aufgeklärt: „Rasen lohnt sich nicht, aber auch Bummeln stört."
Kaum auf den Rennstrecken zurück, glückt Mercedes im Juli mit den wieder fliegenden Silberpfeilen ein Doppelsieg, und schon im August stellt der Argentinier Juan Manuel Fangio als „Sternen-Reiter" vorzeitig seinen nächsten WM-Titel sicher.
Im August geht es dem Auto-Fahrer schon wieder an die Börse. Auf die Parkraumnot reagieren die Städte mit immer mehr Parkuhren. Duisburg ist ein Pionier des Groschengrabs, hinter dem immer öfter ein Polizist nur auf den Ablauf der Uhr zu warten scheint. Noch diskutiert die Öffentlichkeit, ob Parkgebühren überhaupt rechtlich zulässig sind. Schließlich gibt es für einige ein Gewohnheitsrecht – freies Parken für freie Bürger, sozusagen.
Auch im Spätsommer und Herbst zieht sich der Ruhrschnellweg durch die Zeitungsseiten. Die Boxer-Legende Max Schmeling sorgt im Oktober für Schlagzeilen: er hat einen Unfall. Den ersten seit 1928, heißt es entschuldigend. Im November schwebt die Lösung aller Park- und der meisten Unfallprobleme durch die Gazetten: Der „Hubschrauber im Rucksack" empfiehlt sich als Volksflugzeug von morgen. Doch er bleibt nur eine Idee.
Der Dezember beschert der Öffentlichkeit eine internationale Verkehrsstatistik: Die meisten Autobesitzer sind überall – Männer. Das Jahr endet, wie es begann: mit Bauarbeiten, nicht nur am Ruhrschnellweg.

Gerd Heidecke

EINZELPREIS 20 PF / NR. 98 MITTWOCH, 28. APRIL 1954

WESTDEUTSCHE ALLGEMEINE

WAZ-GESAMTAUFLAGE ÜBER 300 000

Die unabhängige Zeitung des Ruhrgebiets

SO GINGEN SIE IN DEN TOD

Diese beiden Bilder stammen aus der Box-Kamera des im Dachsteingebiet zusammen mit acht weiteren Schülern und Lehrern erforen aufgefundenen Heilbronner Schülers Dieter Steck. Die beiden Aufnahmen wurden wahrscheinlich am Gründonnerstag während des Todesmarsches der Gruppe aufgenommen. Der Vater des toten Kamerabesitzers stellte der deutschen Presse die beiden Fotos zur Verfügung.

Das linke Bild zeigt die Gruppe beim Marsch durch den hohen Schnee. Vorn rechts ist der Lehrer Seiler zu sehen, der im knietiefen Schnee Spuren tritt. Auf dem Bild rechts reiben sich die Schüler während einer Marschpause die erstarrten Hände warm. Es sind erkennbar (von links nach rechts) die Lehrerin Fräulein Vollmer in hellem Anorak (von hinten), ihr Verlobter, Lehrer Rupp (vorn Mitte in schwarzem Anorak), der ihr die Hände warm reibt. Links hinten die Schüler Rauschmaier und rechts Peter Mössler mit einer von der Lehrerin Vollmer geliehenen Wollkappe.

ap-Funkbilder

(Siehe auch Bericht auf der Seite „Buntes Leben")

Heuss bleibt Bundespräsident

CDU/CSU für Wiederwahl im Juli auf weitere fünf Jahre

Von unserem Bonner Büro Vo BONN, 27. April

Die Wiederwahl von Prof. Theodor Heuss zum Bundespräsidenten gilt als gesichert. Am Dienstag hat sich der Parteiausschuß der CDU/CSU unter Vorsitz von Bundeskanzler Dr. Adenauer einmütig dafür ausgesprochen, die Wiederwahl von Heuss, die voraussichtlich am 16. Juli stattfinden soll, zu unterstützen. Die Stimmen der FDP sind Heuss ebenfalls gewiß, so daß sich schon jetzt fast 300 von den 487 Abgeordneten des Bundestages für die Wiederwahl von Heuss aussprechen werden.

Die Wahl des Bundespräsidenten erfolgt durch die sogenannte Bundesversammlung, die aus den Mitgliedern des Bundestages und einer gleichen Anzahl von Personen besteht, die die Länderparlamente entsenden. In Bonn rechnet man mit keinerlei Überraschungen bei der Wahl. Man nimmt außerdem an, daß auch die übrigen Parteien für Heuss stimmen werden.

Der Bundespräsident wird für fünf Jahre gewählt. Die erste Wahl von Prof. Heuss erfolgte 1949. Eine einmalige Wiederwahl ist nach dem Grundgesetz zulässig. Ein Gegenkandidat für den Posten des Bundespräsidenten wird voraussichtlich nicht aufgestellt werden.

Lesen Sie auf Seite Buntes Leben

‚Skandinavien-Expreß' bei Hanau verunglückt

Vier Tote
97 Verletzte

Adenauer eröffnet Sparkassentag

WAZ BONN, 27. April

„Sparen ist und bleibt eine Tugend", erklärte Bundeskanzler Adenauer am Mittwoch zur Eröffnung des Deutschen Sparkassentages in Bonn. Das Sparkassenwesen sei einer der wichtigsten Zweige der deutschen Wirtschaft. Wenn man im Ausland von „deutschen Wunder" spreche, so sei das nicht zuletzt ein Verdienst der Sparkassen, die den Sparwillen im deutschen Volk wiedererweckt hätten.

Der Präsident des Deutschen Sparkassen- und Giroverbandes, Butschkau, betonte, daß die Sparkassen mit der Entwicklung der letzten Jahre zufrieden sein könnten, Dank einer auf die Stabilität der Währung gerichteten Notenbank-Politik habe sich das Vertrauen der Sparer gefestigt. Das Teilzahlungsgeschäft widerspreche dem Spargedanken. Es müsse sich wieder die „Weisheit der Väter" durchsetzen, daß man sparen müsse, um zu Eigentum und zu Freiheit zu gelangen.

Fortsetzung auf Seite 2

CDU: Notopfer soll in Berlin abgeschafft werden

BONN, 27. April

Die CDU-Fraktion beschloß am Dienstag, im Bundestag einen Antrag einzubringen, nachdem in Berlin das „Notopfer Berlin" vom 1. Juli dieses Jahres an nicht mehr erhoben werden soll. Ferner sollen für Berlin im Zuge der geplanten Steuerreform die Einkommen- und die Körperschaftssteuer um 20 v. H. gegenüber den im Bundesgebiet jeweils geltenden Sätzen gesenkt werden. Schließlich will man die steuerfreien Beträge in Berlin um 20 v. H. erhöhen. (ap)

Molotow und Bidault erörtern Indochina-Waffenruhe

Rege diplomatische Tätigkeit – Konferenz debattiert über Korea

Von unserem nach Genf entsandten Londoner Korrespondenten JOHN F. REYNOLDS

GENF, 27. April

Wichtiger als die Erklärungen der Vertreter Nord- und Südkoreas auf der Vollkonferenz waren in Genf am Dienstag eine Reihe von Minister-Begegnungen und diplomatische Besprechungen, wobei besonders die erste Fühlungnahme zwischen Molotow und Bidault hervorzuheben ist. Der sowjetische Außenminister hat dabei, wie verlautet, erstmalig in vorsichtiger Form durchblicken lassen, daß er bereit sei, im Indochina-Konflikt zu vermitteln.

In Delegationskreisen verstärkt sich der Eindruck, daß Molotow tatsächlich gewillt sei, über eine Waffenruhe in Indochina mit sich reden zu lassen. Wie weit das auch auf die Chinesen zutrifft, ist eine andere Frage. Die französischen Bemühungen, möglichst schnell zu einer Waffenruhe in Indochina zu gelangen, werden von Großbritannien unterstützt.

Außenminister Dulles ist bemüht, die Bresche in der diplomatischen Einheitsfront des Westens so rasch wie möglich zu schließen. Er soll Bidault die bedingte Zusage gegeben haben, notfalls mit See- und Luftstreitkräften, jedoch nicht mit Landtruppen, in den Indochinakrieg einzugreifen, vorausgesetzt, daß Großbritannien und Commenwealth sich dieser Aktion anschließen. Über den Zeitpunkt eines solchen Eingreifens verlautet nichts.

Den Vorsitz in der Vollsitzung im UNO-Palast führte am Dienstag Molotow. Er gab bekannt, daß Außenminister Dulles am Mittwoch zur Koreafrage sprechen werde. Abzug aller fremden Truppen innerhalb von sechs Monaten, Bildung einer koreanischen Kommission, aus Vertretern der Parlamente Nord- und Südkoreas zur Organisierung allgemeiner Wahlen, verlangte der Vertreter Nordkoreas. Zuvor hatte der Delegierte Südkoreas erklärt, daß Korea schon längst frei und wieder vereint sein würde, wenn nicht ein Teil seines Landes von einer „rücksichtslosen fremden Macht" besetzt wäre.

Die Delegation der Chinesischen Volksrepublik erklärte am Dienstag auf Fragen von Journalisten, daß sie sich in jeder Weise mit den Vertretern der anderen vier Großmächte in Genf gleichberechtigt betrachte.

USA: Atombomben-Attrappen explodieren

Manöver mit modernsten Waffen

NEW YORK, 27. April

Ihr bisher größtes kombiniertes Luft-Erd-Manöver unter Atomkriegsbedingungen führt die amerikanische Armee zur Zeit in Fort Bragg (Nordkarolina) durch. Atombomben-Attrappen werden zur Explosion gebracht, 9000 Fallschirmjäger aus 500 „Fliegenden Güterwagen" sind mit Geigerzählern in das „vom Feind besetzte Gebiet" abgesprungen, und ferngelenkte Raketen, unbemannte Bomber sowie 28-cm-Atomgeschütze werden eingesetzt. Bei dem Massenabsprung sind 78 Fallschirmjäger verletzt worden. (dpa)

*

Neue Saar-Besprechungen werden am 3. Mai zwischen Staatssekretär Hallstein und seinem französischen Kollegen Maurice Schumann in Paris beginnen.

Zum dritten Mal verhandelten am Dienstag Vertreter der vier Besatzungsmächte in Berlin über Erleichterungen für die Spandauer Häftlinge. Die Sowjets sollen in einigen Punkten zu Entgegenkommen bereit sein.

Zum Bonner Polizeipräsidenten wurde der bisherige Senatspräsident des Landessozialgerichts in Hannover, Dr. Wilhelm Tegethoff, ernannt.

Auf Freispruch plädierten am Dienstag die Verteidiger der beiden wegen Hochverrats angeklagten KP-Funktionäre vor dem Bundesgerichtshof in Karlsruhe.

(WAZ/dpa/ap)

Britische Geschäftsleute verhandeln mit Rotchina in Ost-Berlin

WAZ BERLIN, 27. April

Die Verhandlungen englischer Geschäftsleute mit rotchinesischen Außenhandelsstellen in Ost-Berlin, die Mitte März schon einmal beginnen sollten, sind nunmehr seit Ende vergangener Woche im Gange. Wie das sowjetzonale Nachrichtenbüro ADN meldete, befinden sich in Ost-Berlin 47 britische Geschäftsleute, die Firmen der Stahl-, Werft-, Maschinenbau- und Chemie-Industrien vertreten. Sie verhandeln über die Erfüllung eines im Juni 1953 von einer Delegation britischer Geschäftsleute in Peking abgeschlossenen Globalabkommens über beiderseitige Lieferungen in Höhe von je 15 Mill. Pfund Sterling, von denen aber bisher nur 4,5 Millionen Pfund abgewickelt werden konnten.

Saar und Pankower Souveränität Hauptpunkte der Bundestagsdebatte

WAZ BONN, 27. April

Bundeskanzler Dr. Adenauer bereitete am Dienstag die geplante Regierungserklärung zur Außenpolitik vor, die er am kommenden Donnerstag im Rahmen einer großen außenpolitischen Debatte im Bundestag abgeben wird. Die endgültige Fassung der Erklärung, die sich im wesentlichen mit der Verleihung der Souveränitätsrechte an die Pankower Regierung und der Saarfrage befassen wird, soll am Mittwoch in einer Kabinettssitzung festgelegt werden.

Monsun verwandelt Festung Dien Bien Phu in ein Schlammfeld

HANOI, 27. April

Schlagartig setzte am Dienstag über der Festung Dien Bien Phu und ganz Nordindochina der jährliche Monsunregen mit schweren Gewitterstürmen ein und verwandelte das Gelände in ein Schlammfeld. Durchnäßt und im tiefen Schlamm watend, errichteten die Verteidiger ungeachtet des heftigen Granatwerfer- und Artilleriebeschusses der Vietminh neue Stacheldrahtverhaue vor ihren Gräben und Schützenlöchern. Der aufgeweichte Boden verhinderte den Einsatz französischer Panzer.

Ob sich der anhaltende Regen zum Vorteil der Verteidiger auswirkt oder den erwarteten Großangriff der Vietminh erleichtert, wird von militärischen Beobachtern unterschiedlich beurteilt. (ap)

Beamter heiratete auf dem Sterbebett

Staat verweigerte Witwenrente - Karlsruhe: „Keine Versorgungsehe"

Von unserem Korrespondenten WALTER SCHALLIES

KARLSRUHE, 27. April

Gegen sogenannte Versorgungsehen seiner Beamten schützt sich der Staat durch eine besondere Klausel in dem Deutschen Beamtengesetz. Es heißt dort, der Witwe stehe kein Anspruch auf Rente zu, wenn diese Ehe innerhalb eines Vierteljahres vor dem Ableben des Mannes mit dem Ziel geschlossen wurde, durch die Heirat der Hinterbliebenen die Witwenrente zu verschaffen.

Von dieser Bestimmung hat der Staat bisher dann Gebrauch gemacht, wenn er es als erwiesen ansah, daß einer der Ehepartner diese Absicht hatte.

Künftig müssen nach einer neuen Entscheidung des Dritten Zivilsenats des Bundesgerichtshofes aber Beweise vorliegen, daß beide Ehegatten es auf die Zahlung der Witwenrente abgesehen hatten. Nur dann erlösche der Anspruch auf Rente: Die Frau hatte mehr auf Anraten des Arztes als auf die Werbung eines schwerkranken Beamten kurz vor seinem Tode ihr Jawort gegeben. Die Zurückweisung des Heiratsantrages, so hatte der Arzt gesagt, werde dem Patienten nur die Hoffnungslosigkeit seines Zustandes offenbaren.

Als der Beamte gestorben war, verweigerte der Staat seiner Witwe die Rente. Zwei Gerichte wiesen die Klage der Frau ab. In ihrer Begründung sagten sie, es habe bei dieser Eheschließung auf dem Sterbebett der Wille zur Gründung einer ehelichen Gemeinschaft gefehlt. Der Dritte Zivilsenat in Karlsruhe entschied jedoch: Was zu einem wirklichen Ehewillen gehöre, könne ein Richter nicht von sich aus bestimmen und damit das Gesetz korrigieren. Schon die Fürsorge der Frau für den kranken Mann rechtfertige den Anspruch auf die Witwenrente.

Entscheidend für den vorliegenden Fall sei, daß die zuerst angerufenen Gerichte die Versorgungsabsicht der Klägerin verneint haben. Das Motiv des Mannes zur Heirat spiele hier also keine Rolle, denn nur dann kann die Rente verweigert werden, wenn von beiden Teilen darauf spekuliert worden ist.

Churchill verkündet Nichteinmischung

LONDON, 27. April

Großbritannien beabsichtige für die Dauer der Genfer Konferenz kein militärisches Eingreifen in Indochina. Es sei keine neuen militärischen oder politischen Verpflichtungen eingegangen, erklärte am Dienstag Premier Churchill unter großem Beifall im Unterhaus. Im Parlament herrschte eine spannungsgeladene Atmosphäre, hervorgerufen durch die Geheimhaltung, mit der die Wochenend-Besprechungen westlicher Politiker und Militärs über die Indochina-Krise behandelt worden waren. (dpa/ap)

Abschiedsparade mit Atomkanonen

Zu Ehren des in den Ruhestand tretenden US-Generals Handy fand am Mittwoch auf dem Rhein-Main-Flughafen in Frankfurt eine große Abschiedsparade statt. Dabei wurden zum ersten Male auch zwei 28-cm-Atomkanonen gezeigt, von denen sich gegenwärtig zwölf in der Bundesrepublik befinden. General Handy ist seit 1952 stellvertretender Befehlshaber der US-Armee in Europa. Unser Bild zeigt den 62jährigen, wie er im Jeep stehend an den zur Parade angetretenen Truppen vorbeifährt. Im Hintergrund eine der massigen Atomkanonen. ap-Funkbild

Bonn: Einschneidende Verkehrsmaßnahmen

Kabinett verabschiedet Gesetze zur Neuordnung des Verkehrs

Von unserem Bonner Büro Vo BONN, 31. März

Einschneidende Maßnahmen im Rahmen der geplanten Neuordnung des Verkehrs sehen zwei Gesetze vor, die am Mittwoch von der Bundesregierung verabschiedet wurden. Es handelt sich um das sogenannte Straßenentlastungsgesetz und das Verkehrsfinanzgesetz. Beide Gesetze müssen noch vom Bundestag und Bundesrat verabschiedet werden. Änderungen sind deshalb noch möglich.

Die wichtigsten Punkte der Gesetze lauten:

1. **Verbot bestimmter Massengüter im Ferntransport.**
2. **Erhöhung der Preise für Benzin um einen Pf je Liter und für Dieselöl um 7 Pf je kg.**
3. **Wesentliche Steuererhöhung für Lastkraftwagen, bei gleichzeitiger Senkung der Steuern für Personenkraftwagen um durchschnittlich 20 v. H.**
4. **Erhöhung der Beförderungsteuer für den Werkfernverkehr über 50 kg von 0,99 Pf auf 5 Pf je t/km.**
5. **Beförderungsteuer für den Lkw.-Nahverkehr von 7 v. H. wie bei der Bundesbahn.**
6. **Beförderungsteuer von einem Pf je t/km für den Werknahverkehr.**
7. **Gründung einer Finanzierungsgesellschaft für den Ausbau des Autobahnnetzes.**
8. **Vollmacht für den Bundesfinanzminister zur Erhebung einer Autobahngebühr.**

Mit diesen beiden Gesetzesvorlagen hat die Bundesregierung ihre Entscheidung über den wichtigsten Teil der geplanten Maßnahmen zur Neuordnung des Verkehrs getroffen. Es steht noch aus die Verabschiedung des Personenbeförderungsgesetzes, das bekanntlich eine Erhöhung der Omnibusgebühren und der Sozialtarife bei der Bundesbahn vorsieht.

Ferner will sich die Regierung jetzt vorrangig mit den Problemen der Bundesbahn befassen. Hier müssen Maßnahmen ergriffen werden, um das Defizit zu decken und die Bundesbahn von ihren politischen und betriebsfremden Personallasten zu befreien.

Zur gesamten Verkehrsneuordnung stellte ein Regierungssprecher fest, daß es sich hier nicht allein um wirtschafts- oder verkehrstechnische Probleme handele, sondern vor allem um Maßnahmen zum Schutze des Lebens der Menschen, das heute angesichts des ungeheuren Verkehrs oft bis zur Unerträglichkeit gefährdet sei.

Adenauer warnt vor Film und Fernsehen

„Furchtbare Gefahr der Vermassung" - Tip für freie Berufe

Von unserer Düsseldorfer Redaktion TS DÜSSELDORF, 3. April

Mit scharfen Worten wandte sich Bundeskanzler Dr. Adenauer am Samstag in einer Ansprache vor dem Bundeskongreß der freien Berufe in Düsseldorf gegen die Gefahr der Vermassung, die heute das deutsche Volk bedrohe. Mit Schrecken sähe er, wie die geistigen Werte immer geringere Beachtung fänden.

Die Technik bringe zwangsläufig eine Vermassung des Geschmacks mit sich, bemerkte Dr. Adenauer. Er erinnert daran, daß im vergangenen Jahr in der Bundesrepublik nicht weniger als insgesamt 600 Millionen Kinokarten verkauft wurden. Alle diese Besucher sahen die gleichen Filme, die gleiche Regie und Inszenierung, die gleichen Gesichter der Schauspieler und hörten die gleichen Stimmen. Diese Uniformierung bringe eine furchtbare Gefahr mit sich. Als neue Gefahr drohe uns das Fernsehen. Nach amerikanischen Statistiken säßen täglich 65 v. H. der Bevölkerung vor dem Fernbildschirm. Das wären also 100 Millionen Amerikaner, die diese gleichförmige Unterrichtung zusätzlich zum Film erhielten.

100 Vertreter im Bundestag

Dr. Adenauer gab „als Bundestagsabgeordneter" den freien Berufen den Tip, sich an die fast 100 Abgeordneten zu wenden, die dem Bundestag als Vertreter der freien Berufe angehörten. Es sei wohl nicht schwer, dort ein geneigtes Ohr zu finden. Gewiß werde das deutsche Volk nicht in fünf oder zehn Jahren zugrunde gehen, wenn man das geistige Leben vernachlässige, meinte Dr. Adenauer abschließend. Auf die Dauer jedoch könne man die geistig schaffenden freien Berufe nicht ohne schweren Schaden für das deutsche Volk beiseite schieben.

Beträchtliches Aufsehen

... erregte dieses italienische Spezialfahrzeug „Isette" bei einer Autosternfahrt in Meran. Wenn der Besitzer mit seiner Begleiterin aussteigen will, muß er zuerst das Steuerrad nach vorn klappen. Öffnet er die Wagentür, so hebt sich sogleich die halbe Karosserie mit ab.

WESTDEUTSCHE ALLGEMEINE
Die unabhängige Zeitung des Ruhrgebiets

Sie haben noch kein GESICHT

Sorgen und Nöte um männlichen deutschen Filmnachwuchs – Regisseure und Drehbücher fehlen

Es ist kein Geheimnis, daß der deutsche Film noch von den alten Ufa-Stars lebt. Aus dem weiblichen Nachwuchs haben sich allerdings zwei Künstlerinnen durchsetzen können, nicht zuletzt deshalb, weil sie eine gediegene künstlerische Ausbildung am Theater zuvor hinter sich brachten: Maria Schell und Ruth Leuwerik. Beide sind keine Stars im üblichen Sinne. Beide haben eine eigenartige persönliche Note, die allerdings bei der Schell manchmal durch gewisse „Seelchentöne" gefährdet wird, während Ruth Leuwerik gelegentlich ihre sympathische Schlichtheit gegen zu hausbackenen Biedersinn eintauscht. Steht man aber vor der Frage nach dem Nachwuchs an jungen Helden und Liebhabern, so stellt man lediglich bis jetzt einige hoffnungsvolle Ansätze fest, wird jedoch keine schon ausgeprägte Persönlichkeit nennen können.

HARDY KRÜGER

Im Mittelpunkt des Publikumsinteresses stehen vom männlichen Nachwuchs Walter Giller, Karl Heinz Böhm, Hardy Krüger und Gunnar Möller. Hardy Krüger hatte in dem Film „So lange du da bist" die Chance, sich neben Maria Schell zu behaupten. Doch er war dieser Aufgabe noch nicht ganz gewachsen. Gerade der Vergleich mit Maria Schell, die doch zur gleichen Generation zählt, zeigte, wie wenig unser männlicher Filmnachwuchs weiß, was er will.

Das soll nicht als uneingeschränkter Tadel mißverstanden werden. Wir haben es ja hier durchweg mit jungen Menschen zu tun, die in dem Strudel von Hitler-Jugend, Krieg und Schwarzmarktzeit es besonders schwer hatten, einen Persönlichkeitskern und damit auch eine persönliche künstlerische Ausstrahlung zu gewinnen. Vor allem aber fehlte gerade ihnen der verantwortungsbewußte Filmregisseur, der sie geformt hätte, ein Fritz Lang oder Josef von Sternberg. Walter Giller beispielsweise hat in all seiner Schlaksigkeit in dem Film „Primanerinnen" doch Momente gehabt, wo er dem reichlich sentimentalen Drehbuch Szenen echter generationsgemäßer Ratlosigkeit abgewann. Wo ist das Drehbuch, das ihm eine innere Entfaltungsmöglichkeit gibt? Statt dessen muß er in „Schlagerparaden" konferieren.

WALTER GILLER

Bilder: Archiv

GUNNAR MÖLLER

Und Hardy Krüger hat in „Mein Freund der Dieb" Zeugnisse einer eigenwilligen Komik gegeben, die immer recht charakteristisch eine melancholische Spitze hatten. Doch man schickte ihn mit Hannerl Matz nach Hollywood, um die „Jungfrau auf dem Dach" zu drehen. Karl Heinz Böhm, übrigens Sohn des bekannten Dirigenten, könnte der junge Gentleman des deutschen Films werden. In der gigantischen Daneben-Produktion „Alraune" bewies er noch als Liebhaber der Knef Kultur. Gunnar Möller stellte seine Anlagen zum Charakterspieler schon vor Jahren in Liebeneiners wirklich bemerkenswertem Berlin-Film „Des Lebens Überfluß" unter Beweis. Liebeneiner (einer der Regisseure, die doch wissen müssen, worum es geht) versetzte ihn dafür im „Tanzenden Herz" als Forstadjunkt in das tiefste deutsche Biedermeier.

Man könnte noch einige Namen nennen. Aber wir wollen den Leser nicht mit der Wiederkehr des gleichen Problems in anderer Gestalt ermüden. Die Schlußfolgerung dürfte eindeutig klar liegen. Der Nachwuchs braucht Regisseure und Drehbücher, die ihm ermöglichen, sich wirklich freizuspielen. Der neu-deutsche Heimatfilm gibt ihm diese Chancen nicht.

FABIAN

Ursel Happe schwimmt Rekord

DORTMUND, 9. April

Die Deutsche Hallen-Schwimm-Meisterin Ursel Happe (Westfalen/Dortmund) stellte im Dortmunder Nordbad mit 1:20,0 Minuten einen neuen deutschen Rekord über 100 m Brust auf. Bisherige Rekordhalterin war Inge Schmidt (Hamburg) mit 1:22,2 Minuten.

Mit der Staffel Happe, Doditz, Köhler, Puntmann, Blomeyer und Heß schaffte Westfalen Dortmund über 6 × 100 m Brust in 9:17,0 Minuten gleichfalls neuen deutschen Rekord.

Richter: Kein Scheidungsgrund

Mit einem Ei nach der Frau geworfen

LONDON, 8. April

Ein Londoner Gericht entschied, daß es kein Akt der Grausamkeit und damit kein Scheidungsgrund sei, wenn ein Ehemann mit einem einzigen, hartgekochten Ei nach seiner Frau wirft. Der Richter sagte: „Ein einziger Wurf mit einem Ei ist noch kein Vergehen. Eine regelrechte Eier-Kanonade könnte aber unter Umständen als Grausamkeit ausgelegt werden."

Der Verteidiger der Frau, die auf Scheidung klagte, führte daraufhin ins Feld, daß der Ehemann schon vor dem ersten Weltkrieg einmal mit einem Ei nach seiner Mandantin geworfen habe. Der Richter ließ das Argument jedoch nicht gelten, da eine zu lange Zeit zwischen beiden Vorfällen liege und der Ehemann in der Zwischenzeit sicher sehr oft hartgekochte Eier gegessen habe, ohne damit nach seiner Frau zu werfen. (dpa)

Unser Vorschlag für den Tipzettel

Die Paarungen	Die letzten 3 M.-Spiele	Beurteilung	Tip	Chance
1 Bor. Dortmund Schalke 04	**U** N N **S** S **N**	Ist nicht mehr im Rennen um die Spitze, das bedeutet viel Muß gewinnen, um Titel zu erreichen, auch auswärts mit Chancen	2 (1)	◑
2 Jahn Regensbg. Eintr. Frankfurt	**S** N N **S** U **U**	Elf kämpft nur noch um das Prestige, zuletzt mit wenig Erfolg Hat letzte Hoffng. auf erst. Platz, muß aber undedingt gewinnen	0 (1)	◕
3 1. FC Köln Pr. Münster	N **S** S U **S** **U**	Verteidigt Spitze im Westen und wird entsprechend kämpfen Wieder mit starker Mannschaft, die beachtet werden muß	1	○
4 Vikt. Aschaffenb. Kick. Offenbach	**S** N **S** U **S** **S**	Hat letzte Möglichkeit, Klassenverbleib zu sichern, heimstark Liegt noch im Rennen um ersten oder zweiten Platz, mit Chancen	1 (0)	◔
5 TuS Neuendorf Worm. Worms	**N** **S** N **S** **U** N	Ein Treffen ohne Bedeutung, Platzvorteil wahrsch. ausschlaggebend Ist wieder abgefallen, hat nur Außenseiterchance	1	○
6 Fort. Düsseldorf RW Essen	**S** N S **S** N **S**	Sieg in Schalke besagt viel, hat neue Erfolgsaussichten Titel steht evtl. auf dem Spiel, in guter Form Sieg möglich	0 (2)	◕
7 VfR Mannheim Karlsruher SC	**U** **U** S N **S** N	In letzten Punktekämpfen gute Resultate, Heimstärke beachten Hat technisch bessere Elf, die aber sehr launisch ist	0 (1)	◕
8 STV Horst Bay. Leverkusen	N **U** N N **S** **N**	Ist viel besser als sein Tabellenplatz (Absteiger), Sieg möglich Zuletzt 6:0-Heimniederlage durch SW Essen, Aussichten ungünstig	1	○
9 Schweinfurt 05 Bay. München	N **U** S N **U** **U**	Form wieder konstant, starker Sturm kann Kampf entscheiden Hält Süd-„Rekord" a. unentschied. Spielen, diesm. Niederl. wahrsch.	1 (0)	◔
10 Meidericher SV VfL Bochum	**S** N S **N** S **N**	Hat starke Elf zur Verfügung, knapper Sieg zu vermuten Mit Mannschaftssorgen, ist aber trotzdem unberechenbar	1 (0)	◔
11 Bor. Neunkirchen Mainz 05	**N** N N U N N	Ein halb. Dutzend Niederl. hintereinander, ob es diesm. and. wird? Auswärts nicht überragend, höchstens Remis-Chancen	0 (1)	◔
12 BC Augsburg Kick. Stuttgart	**S** N **S** **U** N **N**	Ist äußerst heimstark und hat deshalb größere Aussichten Hat viel Sorgen, kämpft um Klassenverbleib, Abwehr ist schwach	1 (2)	◑
13 Hannover 96 VfL Osnabrück	S **S** U **S** **S** N	Sieg für Nordmeister nur Prestigeangelegenheit Muß gewinnen, um Verbleib zu sich., wird vermutl. stark kämpf.	1 (0)	◔
14 M. Gladbach Pr. Dellbrück	**S** U S **S** N **N**	Die letzte Form und der Platzvorteil sprechen für einen Erfolg Hat nichts mehr zu verlieren und wird wohl „kurz" treten	1	○

Erläuterung: S — Sieg; U — Unentschieden; N — Niederlage. Die Spiele auf eigenem Platz in Fettdruck. Bei der Chancenbeurteilung bedeutet Weiß Vorteil für den Platzverein, Schwarz für den reisenden Verein. Ganz weiß also 1, ganz schwarz 2, Kreis zur Hälfte weiß und schwarz: unentschieden. Nach diesen Kreisen kann man sofort erkennen, wie der Spielausgang theoretisch beurteilt wird

Hecht neuer Europa-Meister

Titelverteidiger Hairabedian muß dreimal zu Boden

Von unserem Sonderberichterstatter BESAR

HAMBURG, 9. April

Mit einem überlegenen Punktsieg und der Erringung der Europa-Meisterschaft im Halbschwergewicht über den Titelverteidiger Jaques Hairabedian, Frankreich, in der Hamburger Ernst-Merck-Halle krönte der Spandauer Tischlermeister Gerh. Hecht seine Laufbahn als Berufsboxer. Während Hairabedian (78,5 kg) bei der Vorstellung einen sehr ruhigen Eindruck machte, ist Hecht, (87,7 kg) etwas blaß.

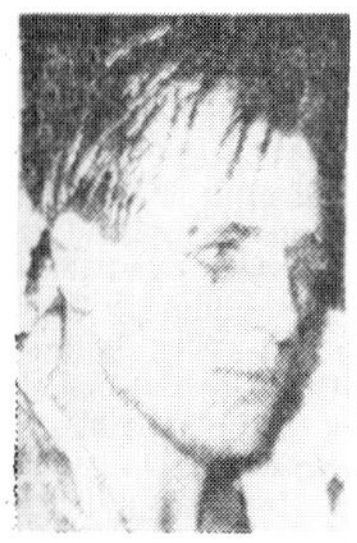

Gerhard Hecht: haushoch gewonnen

Hecht begann den Kampf äußerst vorsichtig. Erst in der vierten Runde wurde er wach, mußte aber ein paar schwere Schläge von Hairabedian einstecken. Mit der siebten Runde ändert sich das Bild. Hecht landet in erster Linie linke Haken bei Hairabedian, der sichtlich Wirkung zeigt. Hairabedian hat eine schwere Rißwunde unter dem linken Auge. Von der neunten Runde an geht Hecht zum Generalangriff über. Hairabedian muß zwei Verwarnungen wegen Tiefschlags einstecken. In der zehnten Runde muß der Titelträger zweimal bis neun zu Boden, er ist kaum noch verteidigungsfähig. In der 12. Runde rettete ihn nur der Gong.

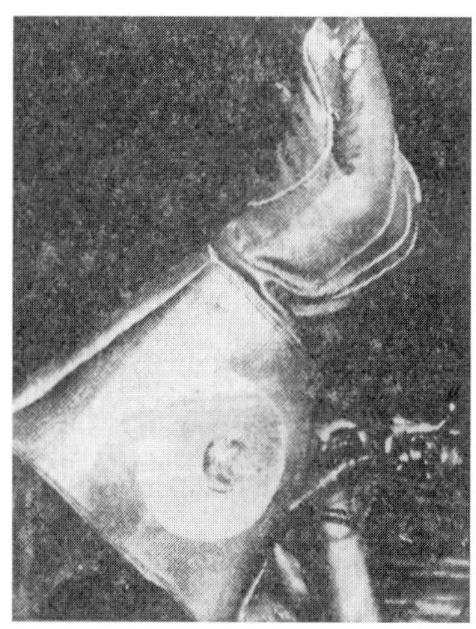

EIN HANDSCHUH-BLINKER

. . . für Motorradfahrer ist in England auf den Markt gekommen. Damit sollen den Kraftfahrern ohne große technische Anlagen am Fahrzeug Signale ermöglicht werden, die von den Verkehrsteilnehmern auch bei Nacht erkannt werden können. Als Energiequelle dient bei dem ledernen Handschuh-Blinker eine Taschenlampen-Stabbatterie, die etwa drei Monate lang den Strom liefert und in die Handschuhmanschette gesteckt wird. Eine einfache Taschenlampenbirne leuchtet dann auf, wenn der Motorradfahrer mit zwei Metallscheibchen am Daumen und Zeigefinger der Hand einen Kontakt herstellt. **Keystone-Bild**

Revierbevölkerung stieg auf 4,48 Millionen

32 v. H. der Einwohner auf 9 v. H. der Fläche von Nordrhein-Westfalen

WAZ DORTMUND, 13. April

Um 450 000 ist die Einwohnerzahl des Ruhrgebiets von 1950 bis Anfang 1954 auf 4,48 Millionen gestiegen. Nach Erhebungen der gemeinsamen statistischen Stelle der nordrhein-westfälischen Handelskammern in Dortmund wohnen gegenwärtig im Ruhrgebiet etwa 32 v. H. der Bevölkerung des Landes Nordrhein-Westfalen, obwohl das Revier nur 9 v. H. der Fläche des Landes einnimmt. 3,1 Millionen Menschen — das sind 69 v. H. der Ruhrgebietsbevölkerung — leben in den zehn Großstädten, etwa 550 000 — das sind 12 v. H. — in den sieben Mittelstädten und etwa 833 000 — das entspricht 19 v. H. — in den vier Landkreisen.

Die Statistik versteht unter dem Ruhrgebiet den Raum, der im Süden von der Ruhr, im Norden von der Lippe, im Osten vom Landkreis Unna und im Westen vom Landkreis Moers begrenzt wird.

WESTDEUTSCHE ALLGEMEINE
Die unabhängige Zeitung des Ruhrgebiets

‚In fuffzig Jahren ist alles vorbei'

... meinen die Pessimisten - Sind der Motorisierung auf den Straßen Grenzen gesetzt?

Pessimisten geben der Motorisierung auf den Straßen höchstens noch fünfzig Jahre Zeit. Dann sei es aus und vorbei — endgültig! Die Straßen würden derart verstopft sein, daß man es vorzöge, ein anderes Verkehrsmittel zu benützen, die Unfallzahlen so hoch, daß Autofahren oder Motorradfahren nur noch eine Sache verwegener Selbstmordkandidaten bliebe.

New York: 8 km/st Durchschnitt

Wenn man sich nun die Straßen im Bundesgebiet und auf der anderen Seite die Statistiken der Automobilproduktion besieht, so ist man zunächst fast geneigt, diesen Pessimisten recht zu geben. Vergleiche etwa mit den USA zu ziehen, in denen heute schon die Durchschnittsgeschwindigkeiten in den größeren Städten erheblich niedriger sind als bei uns (8 km/st in New York, 30 km/st in Frankfurt!) und man uns somit auch in dieser Beziehung um gut 20 Jahre „voraus" ist, wäre sinnlos. Die Tendenzen im Automobilbau werden infolge der so grundverschiedenen landschaftlichen und bevölkerungspolitischen Gegebenheiten in Europa stets erheblich anders sein als in Amerika!

Trotzdem darf man aber getrost die Behauptung wagen, daß mindestens die nächsten 50 Jahre noch im wesentlichen der Straße gehören werden und wahrscheinlich noch mehr! Mit einer wichtigen Einschränkung allerdings! Obwohl man eines Tages die Straßen nicht mehr flicken, sondern von Grund auf erneuern wird, obwohl neue Autobahnen und andere schnelle Fernverkehrswege entstehen werden, darf man als unvermeidbar annehmen, daß sich der Nahverkehr insofern von der Straße abwenden wird, als seinem Weiterwachsen natürliche Grenzen gesetzt sind.

Man vergißt aber allzu leicht, daß die modernen Fahrzeuge nicht nur größer und immer schneller geworden sind, sondern teilweise auch kleiner und immer wirtschaftlicher werden. Denken wir doch einmal an das Moped und stellen wir uns vor, daß es in den Zentren der großen Städte keine Straßenbahnen, keine Omnibusse und keine Automobile mehr geben würde: nur wendige, leichte und doch wieselflinke kleine Zwei- und Vierradfahrzeuge! Könnten wir uns so die Großstädte in 50 Jahren nicht besser vorstellen? —

Garagen vor der Stadt

U-Bahnen und Straßenunterführungen könnten dafür sorgen, daß für diese Kleinfahrzeuge wirklich genügend Platz auf den Straßen vorhanden wäre. Draußen, vor den Toren der Stadt erst, dürften wir uns die Garagen für die großen Fahrzeuge vorstellen, und von hier aus wird man auch in 50 Jahren noch mit dem Auto auf geschäftliche Reisen gehen oder ins Grüne fahren!

Geben wir uns keinen Illusionen hin! Man wird nicht ganze Städte niederreißen können, und der „kleine Mann" wird es sich auch in 50 Jahren noch nicht leisten können, mit dem Helikopter auf dem Dach der eigenen Villa zu landen. Aber „motorisiert" wird er sein!

Die meisten wollen ins Gebirge reisen

Das Schaubild zeigt die Antworten auf eine Umfrage des Bielefelder Meinungsforschungsinstituts EMNID nach den Reisezielen in der kommenden Urlaubssaison. Zu den im Schaubild dargestellten Antworten in Prozentsätzen müssen noch 11 v. H. für „nähere Umgebung" und 5 v. H. für „sonstige Fernziele" hinzugerechnet werden.

WAZ-Schaubild Wilm Voßnacke

„Jede Stadt der Welt kann völlig vernichtet werden"

Amtliches Ergebnis der H-Bomben-Versuche im Pazifik

WASHINGTON, 31. März

Jede Stadt der Welt kann durch die amerikanische Wasserstoffbombe völlig vernichtet werden. Das ist nach einem Bericht, den der Vorsitzende der Atomenergie-Kommission, Konteradmiral Strauss, auf der Pressekonferenz Eisenhowers am Mittwoch gab, das Ergebnis der beiden amerikanischen Atom-Versuche im Pazifik am 1. und 26. März.

In einem dramatischen Frage- und Antwortspiel mit einem Journalisten gab Strauss die fürchterliche Wirkung der Bombe zu: „Kann eine Wasserstoffbombe hergestellt werden, die groß genug ist, ganze Städte zu vernichten?" — „Ja." — „Eine Stadt von welcher Größe?" — „Jede Stadt." — „Auch New York?" — „Auch das Stadtgebiet von New York", erwiderte Strauss.

Die Gewalt der Explosion am 1. März habe, wie Strauss weiter berichtet, die Vorausberechnungen etwa um das Doppelte übertroffen. Doch sei dies bei Versuchen mit völlig neuen Waffen nicht ungewöhnlich. Es sei eine fürchterliche Explosion gewesen. Doch könne nicht die Rede davon sein, daß die Explosionsgewalt unkontrollierbar gewesen sei.

Kein Grund zur Beunruhigung

Beide Versuche seien erfolgreich verlaufen und hätten die militärische Macht der USA in unerhörtem Maße verstärkt. Die Atomenergie-Kommission sei ihrem Ziel, der Armee eine brauchbare Waffe zu liefern, viel näher gekommen. Strauss warnte vor übertriebenen Berichten und betonte, Amerika werde keine Versuche ohne einen ganz bestimmten Zweck unternehmen. Zur Beunruhigung der Weltöffentlichkeit bestehe kein Grund.

Vor dem Bericht von Strauss hatte Präsident Eisenhower betont, die kürzlichen sowjetischen Veröffentlichungen von Einzelheiten der Wirkung von Atom- und Wasserstoffbomben könnte nach Ansicht einiger seiner Berater auf eine Kursänderung der sowjetischen Regierung hindeuten. Sie sei jetzt vielleicht bereit, aufrichtig und ernsthaft über seinen Vorschlag eines internationalen Atompools für friedliche Zwecke zu verhandeln.

Im Film und Fernsehen

Ein vom Verteidigungsministerium hergestellter Film über die ersten Versuche mit Wasserstoffbomben im Jahre 1952 wird Anfang April zur Vorführung in den Kinos und Fernsehsendern Amerikas freigegeben. Der Film soll die Bevölkerung über die Wirksamkeit von Atom- und Wasserstoffbomben unterrichten und sie auf die für die zivile Verteidigung notwendigen Maßnahmen vorbereiten. (ap)

Zahl der Eheschließungen in NRW sinkt

Tiefstand seit 1947

WAZ DÜSSELDORF, 31. März

Die Zahl der Eheschließungen in NRW ist 1953 weiter gesunken. Mit rund 136 500 oder 9,7 auf 1000 Einwohner erreichten damit in diesem Jahr die Eheschließungen seit 1947 ihren niedrigsten Stand. Die Zahl der Lebendgeburten in NRW hat sich in den letzten beiden Jahren nicht geändert. Sie liegt bei 15,7 auf 1000 Einwohner. Im vergangenen Jahre starben 153 000 Bewohner von NRW, das sind etwa 11 000 mehr als 1952.

Für 20 000 DM in Lippe-Detmold zu haben:

Familiengerechter Atombunker

Kernstück: ein großer Stahlkessel — Mit Periskop und Notausstieg unter Betonmantel

WAZ DORTMUND, 5. April

Auf entlegenen Pazifik-Atollen und in den Weiten Rußlands detonieren Atombomben sowie andere Sprengkörper, die der Explosionskraft von 600 Millionen Tonnen Trinitrotoluol gleichkommen, wie Wissenschaftler ausgerechnet haben. Die vermehrte Radioaktivität der Atmosphäre läßt sich auch in Deutschland geraume Zeit nach Atom- und H-Bomben-Explosionen wissenschaftlich genau messen. Die Radioaktivität dieser Versuchsbomben hat in dem kleinen lippischen Malerstädtchen Schwalenberg, unweit Detmolds, bei einer renommierten Kanalbaufirma eine gewisse Aktivität ausgelöst: Der erste deutsche Familien-Atombunker, auf den Namen „Laurin" getauft, wurde hier gebaut und der Patentschutz beim Patentamt in München dafür beantragt.

Das aus der Eisenplatte im Vordergrund herausragende Rohr ist der „Schnorchel" für die Belüftungsanlage des Bunkers. Dahinter auf dem Rasen das Periskop.

So sieht der Atombunker von innen aus. Links die Sauerstoffanlage, unter der Decke der Filtersatz und rechts der Balglüfter, der bei Stromausfall die Luftversorgung aufrechterhalten soll. dpa-Bilder

Zum Preise von 20 000 Mark ist der fertige „Laurin", nach den Vorschriften des Bundes-Baublatts, Heft 3, Jahrgang 1952 gebaut, mit allen Schikanen des neuzeitlichen Luftschutzes ausgerüstet, erhältlich. Kernstück des auf die Bedürfnisse einer normalen, atombombenbedrohten Familie berechneten Bunkers ist ein Stahlkessel, 2,5 Meter lang, 1,8 Meter im Durchmesser, ähnlich wie ein Stück U-Boots-Druckkörper.

An ein U-Boot erinnert auch das Periskop, ein Sehrohr, das Rundumbeobachtung aus dem Bunkerinnern heraus ermöglicht. Zur Ausstattung gehören ferner ein Geiger-Zählrohr zur Messung von Radioaktivität, Lichtanlage, Telefon, Radio, Entlüftung, Heizung und Konservenproviant für mehrere Wochen.

Die Luftversorgung ist bei allen Bunkern eine schwierige Sache. Im Familien-Atombunker gibt es eine Sauerstoffausrüstung und eine elektrisch betriebene Filteranlage, die Außenluft ansaugt und reinigt. Normale Gasmasken-Filtersätze, die leicht auszuwechseln sind, sollen der Außenluft alle schädlichen Bestandteile entziehen.

Mit Beton ummantelt

Auch daran, daß gelegentlich Atombomben ein Elektrizitätswerk außer Betrieb setzen können, ist gedacht: Ein im Militärsprachgebrauch „von Hand zu bedienender" Balglüfter soll dann die Luftzufuhr sicherstellen.

Der Hersteller will den kompletten Bunker mit der technischen Ausstattung liefern. Die ganze Anlage wird in eine vorher ausgehobene Grube eingehängt und allseitig mit Beton ummantelt.

Die Werbeschrift des Herstellerwerkes weist auf die Vorzüge hin, die bei zweckmäßiger Verbindung mit einem Wohnhaus besonders wertvoll sind: Man kann einen Zugangstunnel aus dem Kohlenkeller zum Bunker anlegen und einen besonderen Aussteigeschacht, der — fachgemäß ausgedrückt — „außerhalb des Schuttkegels der Häuser liegt". Das für den schlimmsten Fall, „wenn alles in Scherben fällt".

„Man muß an die Zukunft denken", sagt der Konstrukteur, „dieser Bunker wird als Kommandostelle von Werken und Städten seine Bewährungsprobe bestehen."

Lieber nicht, auch wenn er nur 20 000 Mark kostet. Besuch aus Bonn ist bereits angekündigt.

WESTDEUTSCHE ALLGEMEINE
Die unabhängige Zeitung des Ruhrgebiets

Vorerst nur in den USA:

Fernsehen bekommt Farbe

Zwei Fernsehgeräte standen im Center-Theater der National Broadcasting Corporation nebeneinander und zeigten dieselbe Sendung. Aber schon nach einigen Minuten sah man die übliche Übertragung in Schwarz und Weiß nicht mehr. Sie war blaß, grau, flach, fast unsichtbar neben uen vollen, zart abgestuften und rein strahlenden Farben des anderen Apparates. Hier war nicht nur Farbe, sondern auch eine Plastik und ein Leben, das der Farbfilm in mehreren Jahren seiner Entwicklung nicht erreicht hatte. Das Farb-Fernsehen hat seine ersten Kinderkrankheiten überwunden.

Es wird noch einige Jahre dauern, bevor in den Vereinigten Staaten das Farbfernsehen die Schwarzweiß-Sendung verdrängt haben wird, aber der Vorgang ist kaum mehr aufzuhalten. Man kann sich bereits einen Empfänger kaufen, allerdings nur, wenn man viel Geld übrig hat, und bis zum Ende des Jahres werden etwa 75 000 Apparate hergestellt sein. Ein Gerät kostet noch rund 1300 Dollar, d. h. über 5000 DM, aber die Fabrikanten machen sich über den Absatz keine Sorgen. In fünf Jahren, so glaubt David Sarnoff, der Präsident der Radio Corporation, werden Farbfernseh-Apparate nur noch um ein Viertel mehr kosten als Schwarzweiß-Empfänger. Noch vor fünf oder sechs Jahren waren Fernsehempfänger für den kleinen Mann schwer erschwinglich. Heute kosten sie um zweihundert Dollar, und in diesem Jahr dürfte der 30millionste Empfänger verkauft werden.

Für Länder mit engeren Absatzmärkten und geringeren Kapitalquellen sind vielleicht die Sendekosten ein größeres Hindernis zum Farbfernsehen als die teuren Empfänger. Eine Farbsendevorrichtung kostet eine halbe Million Dollar, die Einrichtung des ersten Farbfernseh-Studios in New York im umgebauten Colonial Theater hat 1,3 Millionen Dollar verschlungen. Eine Farbübertragung kostet drei- bis viermal soviel wie eine Schwarzweiß-Sendung.

Ist der Senderaum erst einmal vorhanden, so ergeben sich die laufenden Mehrkosten vor allem aus der Notwendigkeit sorgfältigster Ausleuchtung. Im Farbbild müssen die scharfen Kontraste und grauen Schatten der Schwarzweiß-Sendung ausgefüllt und ausgeleuchtet sein. Das Licht wird zu einem Teil der Farbwirkung. Eine Zitrone zum Beispiel kann grün erscheinen, wenn das Licht nicht genügend Rot enthält.

Nach den bisherigen Erfahrungen erreicht die Farbsendung ihre höchste Wirkung bei Opern, wo Musik, Bewegung und Farbwirkung sich zu einer künstlerischen Einheit verbinden; Ballett und Tanzvorführungen, die bisher im Fernsehempfänger puppenhaft und oft läppisch wirkten, erhalten Wirklichkeit und Leben. Natürlich, wo das Wort wesentlicher ist als das Bild oder der Inhalt wichtiger als die Form der Darbietung, in Vorträgen, Reportagen oder auch Hörspielen, kann keine Farbe ersetzen, was Inhalt und Gedanke nicht bieten. Aber stets macht die Farbe das Bild der Menschen lebendiger und seine Gegenwart wirklicher.

Das ist ein Mambo

So heißt der Tanz, der aus Südamerika stammt und hier von der italienischen Filmschauspielerin Silvana Mangano („Bitterer Reis") mit ernstem Gesicht und mit dem ersten Solotänzer an der Oper in Rom, Walter Zappolini, vorgeführt wird. Mambo heißt auch der Film, aus dem diese Szene stammt und in dem sich Silvana in diesem eher „süßlichen" als „bitteren" Kostüm vorstellt. Der Film wird in Rom gedreht. ap-Bild

Westmächte: Keine Anerkennung der Pankow-Souveränität

WAZ BONN, 8. April

In einer gemeinsamen Erklärung der Hohen Kommissare haben die drei Westmächte am Donnerstag in Bonn festgestellt, daß sie die der Sowjetzonenregierung vor kurzem von Moskau verliehene Souveränität nicht anerkennen und nicht die Absicht haben, mit dem Sowjetzonenregieme als Regierung zu verhandeln. In der Erklärung heißt es, die Regierungen der drei Westmächte betrachten die Sowjetunion weiterhin als die verantwortliche Macht für die Sowjetzone Deutschlands. Die Regierung der Bundesrepublik werde auch weiterhin als die einzig frei gewählte und rechtmäßig konstituierte Regierung in Deutschland anerkannt.

DIE „LUFTHANSA" FLIEGT WIEDER

Zum ersten Male seit neun Jahren wurde jetzt wieder eine Maschine fotografiert, die die Buchstaben „Lufthansa" auf ihrem Rumpf trägt. Es ist eine „Super-Constellation", die bald ausgeliefert wird. Insgesamt hat die LUFTAG in Köln vier dieser Typen bestellt. Unser Bild zeigt die Maschine auf einem Erprobungsflug in den USA. Bild: Keystone

Die letzte Schlacht ist geschlagen

100 000 Zuschauer sehen die Schlußspiele der Oberliga West

SPANNENDER ALS EIN KRIMINALSTÜCK verlief die Oberliga-Saison im Westen: Erst in der zweiten Halbzeit der letzten Spiele entschied der 2:1-Sieg der Kölner in Sodingen die Frage nach dem Westdeutschen Fußballmeister. Das Spiel in Bergeborbeck sah eine Begegnung, die bei einem Versagen der Kölner in Herne einen anderen Meister auf den Schild hätte heben können. Vor 40 000 Zuschauern setzte sich Rot-Weiß Essen mit einem 4:2-Sieg über Schalke hinweg auf den zweiten Platz der Abschlußtabelle.

Die Wogen der Fußballbegeisterung gingen naturgemäß bei dem so wichtigen Spiel in Essen sehr hoch, je nach Lage schrien sich die Anhänger der Rot-Weißen und der Königsblauen aus Schalke heiser. Den längeren Atem hatten die Essener, sowohl die elf Spieler als auch die Zuschauer. WAZ-Bild: Wulfran Hagemann

Adenauer: Moskau will Teilung Deutschlands verewigen

Bundeskanzler protestiert gegen Souveränitätsverleihung an die Sowjetzone

Von unserem Bonner Büro Vo BONN, 6. April

„Es gibt nur eine legitime Vertretung des deutschen Volkes, und das ist die Bundesrepublik Deutschland", erklärte Bundeskanzler Dr. Adenauer am Dienstag vor der Auslandspresse in Bonn. Die Sowjetunion versuche jetzt, nachdem es ihr nicht gelungen sei, ganz Deutschland unter ihren Einfluß zu bringen, das kommunistische Regime in ihrer Zone zu verankern. „Damit wird die Spaltung Deutschlands verewigt."

Das Kabinett billigte am Dienstag einmütig eine Regierungserklärung zur Verleihung der Souveränität an die Sowjetzonenregierung, die Dr. Adenauer am Mittwoch vor dem Parlament abgeben wird. Noch am gleichen Abend fanden zwischen den einzelnen Fraktionen Besprechungen statt, um eine gemeinsame Entschließung des Parlaments herbeizuführen. Die SPD, deren Vorsitzender Ollenhauer am Dienstag vom Bundeskanzler über den Inhalt seiner Erklärung unterrichtet wurde, wird erst am Mittwoch über ihre Haltung entscheiden.

Ohne Berechtigung

Auch vor dem Auswärtigen Ausschuß des Bundestages wies der Bundeskanzler, wie verlautet, darauf hin, daß keine der Besatzungsmächte berechtigt sei, einen Teil Deutschlands zu einem selbständigen Staat zu machen. Darauf aber ziele die sowjetische Souveränitätserklärung ab.

Vor der Auslandspresse erklärte Dr. Adenauer zur Übertragung der Souveränität an Pankow weiter: „Die Bundesrepublik und alle freien Staaten können nicht anerkennen, daß die Machthaber der Sowjetzone, die gegen den Willen einer überwältigenden Mehrheit der Bevölkerung mit Mitteln des Zwanges und des Terrors das Land regieren, deutsche Staatsgewalt ausüben."

Zu den Schwierigkeiten um die EVG erinnerte der Bundeskanzler daran, daß Eisenhower die EVG als die beste aller denkbaren Alternativen bezeichnet habe. Wenn die deutsche Mitwirkung wirklich zur Verteidigung Europas notwendig sei, werde sie sich auch durchsetzen. Deshalb werde die Bundesrepublik ihren Beitrag unter keinen Umständen irgend jemandem aufzwingen.

Vergipst und versiegelt

Mit seiner Unterschrift „versiegelt" hier Michael Wilding, der bekannte englische Filmschauspieler, jetzt in Hollywood den Gipsverband seiner reizenden Frau Elizabeth Taylor, die sich bei einem Unfall das rechte Bein verletzte. So „versiegelt" muß der unschöne Verband bleiben, bis Arzt und Gatte sich nach erfolgter Heilung auf die Abnahme einigen. up-Bild

WESTDEUTSCHE ALLGEMEINE
Die unabhängige Zeitung des Ruhrgebiets

Starke Frauen

Nun wissen wir es ganz genau: die Frau ist bei uns nicht nur gleichberechtigt, sie ist darüber hinaus auch nicht mehr „erhöht schutzbedürftig" im Sinne des Paragraphen 1300 BGB. Ein Nürnberger Oberamtsrichter wies jetzt die Schadenersatzklage eines Mädchens (600 DM) gegen ihren ehemaligen Bräutigam — er hatte die Verlobung gelöst — mit der Begründung ab, im Zeitalter der Gleichberechtigung sei eine Frau eben nicht mehr — siehe oben. In seiner Urteilsbegründung zieht der Richter — ein Junggeselle — vom Leder: Eine wesentliche Weiterentwicklung der Frau habe nicht nur in soziologischer, sondern auch in biologischer Hinsicht stattgefunden. Gleichzeitig habe sich auch das seelische Erscheinungsbild der Frau geändert und sich dem männlichen stark angepaßt.

Heute gebe es Frauen, die Minister, Generale, Richter, Politiker, Rennfahrer, Ringkämpfer und Schmiedemeister seien. Ein derartiges Menschenwesen könne daher dem Mann gegenüber nicht als besonders schutzbedürftig angesehen werden. Die Frau habe den Mann vielmehr auf vielen Gebieten überflügelt.

Nun, trotzdem ist es noch nicht so weit, daß die Männer zum Kampf um ihre Gleichberechtigung antreten müssen. Aber hoffentlich zieht kein Ehemann aus dem Urteil des Junggesellen den verhängnisvollen Schluß, daß er nun keine Kohlen mehr aus dem Keller holen müsse . . . mü—

Vorerst keine Fünftagewoche

Bonn: Allgemeine Einführung nicht vertretbar

Von unserem Bonner Büro — Vo BONN, 12. April

Die allgemeine Einführung der Fünftagewoche in absehbarer Zeit im Bundesgebiet wurde am Montag vom Bundeswirtschaftsministerium abgelehnt. Eine derartige Regelung müsse aus technischen Gründen zu einer Arbeitszeitverkürzung auf 40 Stunden in der Woche führen. Eine solche Entwicklung sei aber in der gegenwärtigen Lage der deutschen Wirtschaft nicht vertretbar. Mit dieser Erklärung sind die in den letzten Wochen immer lebhafter werdenden Diskussionen um diese Frage in eine neue Phase getreten.

Man müsse bestrebt sein, so wird vom Bundeswirtschaftsministerium erklärt, auf lange Sicht durch Erhöhung der Wirtschaftlichkeit zu einer verkürzten Arbeitswoche und gleichzeitig zu einer Erhöhung des Lebensstandards zu kommen. Dieses Ziel lasse sich jedoch angesichts der vielen noch durchzuführenden Wiederaufbauarbeiten vorläufig leider nicht verwirklichen. Kein Volk könne mehr konsumieren, als seine Wirtschaft produziere.

Im Bundesarbeitsministerium lehnt man nach wie vor eine Stellungnahme zur Fünftagewoche ab. Die vorherrschende Meinung in diesem Ministerium soll jedoch sein, daß die Entscheidung über die Fünftagewoche von den Sozialpartnern selbst getroffen werden müsse. Man verweist darauf, daß es viele Wirtschaftszweige gäbe, die schon aus arbeitstechnischen Gründen niemals die Fünftagewoche einführen könnten. Als Beispiel werden neben den Hochöfen im Ruhrgebiet die Bundespost und Bundesbahn sowie die übrigen Verkehrsträger genannt.

In der Wirtschaft selber sind die Auffassungen geteilt, obwohl sich die Bundesvereinigung der Arbeitgeberverbände offiziell gegen die Fünftagewoche ausgesprochen hat. Eine Reihe von Betrieben, vor allem in Süddeutschland, hat die Fünftagewoche schon seit langem eingeführt.

„Rasender Liegestuhl" fährt 7 Weltrekorde

Neukonstruktion der NSU erreicht phantastische Zeiten

MÜNCHEN, 27. April

Sieben neue Weltrekorde hat der Konstrukteur Gustav Adolf Baum am Dienstagmorgen zwischen 6.00 und 7.00 Uhr auf der Autobahn Ingolstadt—München auf einer 50-ccm- und einer 100-ccm-NSU-Maschine aufgestellt. Die Rekordversuche wurden mit dem „rasenden Liegestuhl", einem völlig neuen Maschinentyp unternommen. Baum steuerte die 3,80 m lange und nur 75 cm hohe Maschine auf dem Rücken liegend.

Der „rasende Liegestuhl" bei seiner Rekordfahrt — ap-Bild

Die Steuerung wird durch Hebel, die links und rechts an den Knien des Fahrers liegen, betätigt. Der auf einer Schaumgummiunterlage ruhende und leicht nach vorn geneigte Kopf hat gerade noch einen Ausblick in die Fahrtrichtung.

Weltrekordmann Gustav Adolf Baum ist Graphiker und trägt einen Vollbart. Er kam bei den Rekordfahrten von Herz im Jahre 1951 auf die ungewöhnliche Idee und wandte sich an die NSU-Werke, die seine Pläne weiterentwickelten. Die Neukonstruktion ergibt den niedrigsten Luftwiderstand.

Bei den Rekordfahrten herrschte kein ideales Wetter. Der böige Wind ließ Baums Fahrzeug in Schlangenlinie über die Autobahn rasen. Dennoch blieb der 34 Jahre alte, aus Schlesien stammende Fahrer ruhig und gelassen. Er stieg in die Maschine, als handelte es sich um einen gewöhnlichen Ausflug.

Folgende neue Rekorde wurden aufgestellt: In der 50-ccm-Klasse fliegender Start über einen Kilometer 128,0 km/st (bisheriger Rekord 92 km/st des Italieners Meo), fliegender Start über eine Meile ebenfalls 128 km/st (bisheriger Rekord 90 km/st von Meo).

Mit derselben Maschine brach Baum auch den Rekord in der 75-ccm-Klasse über eine Meile mit fliegendem Start. Er erreichte 128,0 km/st (bisheriger Rekord 116,0 km/st des Italieners Rulli).

In der 100-ccm-Klasse verbesserte Baum die Zeit für einen Kilometer mit fliegendem Start auf 178,0 km/st (bisheriger Rekord 129 km/st des Italieners Bottigelli), fliegender Start über eine Meile 179 km/st (bisheriger Rekord 116 km/st von Rulli). Fünf Kilometer mit fliegendem Start 171,0 km/st (bisheriger Rekord 94,0 km/st des Franzosen Rapeau) und fünf Meilen mit fliegendem Start 171,0 km/st (bisheriger Rekord 94 km/st von Rapeau).

DER KANZLER SPRICHT

Es war ein großer Tag in Bonn. Die Parteien hatten ihre erste Redner-Garnitur auf die außenpolitische Debatte vorbereitet. Unser Bild zeigt Bundeskanzler Dr. Adenauer, während er seine Erklärung zur außenpolitischen Lage abgab. Über ihm SPD-Prof-Carlo Schmid, der zeitweise die Debatte als Vizepräsident des Bundestages leitete.
Schirner-Bild

USA-Atomphysiker Dr. Oppenheimer seines Amtes enthoben

WASHINGTON, 13. April

Die amerikanische Atomenergiekommission hat ihren wissenschaftlichen Berater, den bekannten Physiker Dr. Oppenheimer, aus Sicherheitsgründen suspendiert und ihm den Zugang zu allen Geheimakten verwehrt.

Die gegen Oppenheimer erhobenen Anschuldigungen wurden von ihm selbst durch die Veröffentlichung eines Briefwechsels mit dem Hauptgeschäftsführer

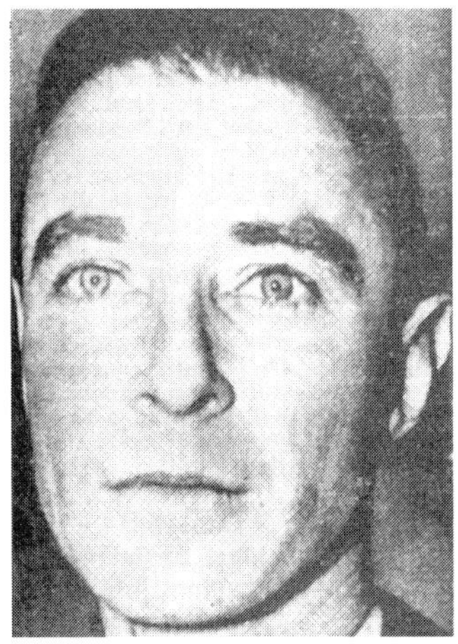

Dr. Oppenheimer: suspendiert

der Atomenergiekommission, Generalmajor Nichols, der Öffentlichkeit mitgeteilt. Aus dem Schreiben Nichols geht hervor, daß Oppenheimer u. a. beschuldigt wird, die Entwicklung der Wasserstoffbombe eindeutig verzögert zu haben. Ferner wird ihm vorgeworfen, sich in eine Kommunistin verliebt zu haben. Oppenheimer antwortete mit einer 43seitigen „Betrachtung meines Lebens" und bestätigte den Vorwurf, in früheren Jahren mit Kommunisten verkehrt zu haben. Er sei jedoch niemals Mitglied der Kommunistischen Partei gewesen. (ap)

Schwere Zusammenstöße an israelischer Grenze

JERUSALEM, 7. April

Zwei neue schwere Zusammenstöße zwischen israelischen und jordanischen Truppen haben sich in der Nacht zum Mittwoch an der Grenze in der Nähe von Bethlehem ereignet.

Die Israeli sollen mit etwa 100 Mann die Demarkationslinie bei dem Dorf Husan überschritten und mit Schnellfeuer-

waffen und Handgranaten jordanische Wachmannschaften angegriffen haben. Nachdem die Israeli zurückgeworfen worden, hätten sie drei Stunden später einen weiteren Angriff unternommen und sich dann nach einem 45 Minuten dauernden Gefecht endgültig auf israelisches Gebiet zurückgezogen. (ap/dpa)

WESTDEUTSCHE ALLGEMEINE
Die unabhängige Zeitung des Ruhrgebiets

Welche Frau wird geheiratet?

Nach Kriegsende wurde sehr viel über das Thema „Mangelware Mann" geschrieben und diskutiert. Man sprach immer wieder von einer „Tragik des Frauenüberschusses", und viele Mädchen im heiratsfähigen Alter sahen ihre Ehechancen für immer dahinschwinden. Hinzu kam der besorgniserregende Bruch zwischen den Geschlechtern, der die große Scheidungswelle ins Rollen brachte. Viele Männer, die sich nach dem Zusammenbruch verraten und verkauft fühlten, trennten sich von ihren Frauen. Ihre Enttäuschung war so groß, daß sie grollend erklärten, sie würden nie wieder heiraten. Das war eine finstere Drohung, denn im Jahre 1946 gab es für 24,1 Millionen Frauen nur 19,1 Millionen Männer. Doch die Zeit löst viele Probleme und heilt alte Wunden.

Die meisten geschiedenen Männer vergaßen ihre „schlechten" Erfahrungen, suchten und fanden eine passende Gefährtin und gründeten so schnell wie möglich eine neue Familie. Es gibt heute in Westdeutschland zwei Drittel mehr geschiedene Frauen als Männer — das hat nichts mit dem sogenannten Frauenüberschuß zu tun. Seitdem sich die Gefangenenlager leerten, sind nur noch 12 auf 100 Männer „überzählig". Da es auch schon vor dem Kriege mehr Frauen als Männer gegeben hat — damals nannte die Statistik 105 auf 100 —, kann man kaum noch von „Mangelware Mann" sprechen.

Im Gegenteil: „Richtige" Frauen sind heute sehr gefragt, denn die Männer sind heiratslustiger denn je.

Die Sentimentale

Die Selbstbewußte

Die Naive

Wie sieht die „richtige" Frau aus?

Ich habe versucht zu ergründen, was Männer unter der Bezeichnung „richtige" Frau verstehen. Mir scheint, daß nicht die schöne Zivilisationspuppe und nicht die, ach so gescheite, selbstbewußte Intellektuelle, sondern die verständige, reife, gepflegte, tüchtige und gütige Frau das Modell zu diesem Idealbild ist.

Wenn an Diskussionsabenden Eheprobleme zur Debatte stehen, beklagen sich viele Männer über die Unreife und Vergnügungssucht gleichaltriger Mädchen, die nur einen „Freizeitpartner" suchten und kein Verständnis dafür hätten, daß sich ein Mann, der aus Krieg und Gefangenschaft heimgekommen ist, nicht nur für Modefirlefanz, Tanzlokale, Kinobesuche und Wochenendausflüge interessiere.

„Wir brauchen Frauen mit Herz", rief ein gutaussehender junger Mann, „und keine Modepuppen mit Wimpern wie türkische Teppichfransen!" Er erntete für seinen Zuruf stürmischen Beifall — vom Jüngling bis zum Greis —, aber bei den meisten anwesenden Frauen nur ein spöttisches Lächeln.

Sind Männer altmodisch?

Dabei fiel mir die Unterhaltung mit dem Heimkehrer in meiner Nachbarschaft ein, der so schnell wie möglich heiraten

WIR FRAGTEN DIE MÄNNER:

Idealfrauen sind „Mangelware"

wollte, als ihn vor vier Jahren der sibirische Stacheldraht entließ. Vor einiger Zeit gestand er mir, daß es ihm zwar gelungen sei, sich eine Existenz aufzubauen, daß er aber immer noch keine passende Gefährtin gefunden habe. Als er mein Erstaunen bemerkte, erzählte er: „Ja, wissen Sie, vielleicht bin ich für mein Alter (er ist gerade 29 Jahre alt geworden) etwas altmodisch in meinen Ansichten: ich suchte ein junges Mädchen, das durch seine natürlichen Reize wirkt. Darunter verstehe ich Anmut, Zurückhaltung, Anpassungsfähigkeit und Seelenreichtum — also eine Frau, die eine Atmosphäre der Zufriedenheit und Wärme verbreitet. Alles andere kann ich auch so haben, da brauch' ich nicht zu heiraten. Ich will nicht sagen, daß es heutzutage solche Mädchen nicht mehr gibt, aber es ist sehr schwer, so ein ‚Musterexemplar' zu finden."

Moderne Frauen — verkrampft?

Ein Frauenarzt, der seit vielen Jahren gern heiraten möchte und trotzdem Junggeselle geblieben ist, erklärte mir neulich: „Ich verehre die Frauen und gönne ihnen alle Rechte, um die sie kämpfen — aber ich verstehe sie nicht mehr. Viele Frauen, die sich einbilden, ‚modern' zu sein, leiden unter einer seelischen Verkrampfung. Sie wissen einfach nicht, was sie eigentlich wollen. Auf der einen Seite scheint ihnen die absolute Gleichberechtigung als erstrebenswertes Ziel, auf der anderen Seite sehnen sie sich nach der Geborgenheit in starken männlichen Armen. Sie bezeichnen sich als klug, reden sich ein, daß sie auf Grund ihrer ‚Klugheit' keinen Mann finden, weil gescheite Männer angeblich ein Vorurteil gegen kluge Frauen haben — und mit dummen Männern können sie nicht glücklich werden, weil ihre ‚Gescheitheit' das nicht zuläßt. Wenn diese Frauen wirklich so klug sind, wie sie angeben — dann müßten sie doch erkennen, daß alle Männer nur eine Frau begehrenswert finden: die Kameradin, die selbstlose Liebe schenkt."

„Der Frauen Liebe macht Engel aus Männern. Die Liebe des Mannes macht Dulderinnen aus den Frauen, die um seinetwillen alles ertragen." Wieviel Lebensweisheit liegt in diesen zwei Sätzen des englischen Schriftstellers Oscar Wilde! Darüber sollten doch einmal die ‚modernen' Frauen, die alles verstehen — außer Männern —, tief nachdenken.

Frauen, die große Ansprüche stellen und sich einbilden, sie hätten ein Recht auf Glück, haben oft gar nichts zu bieten. Sie suchen einen Mann, der sie mit einem gewissen Glanz umgibt, sie verwöhnt und verhätschelt — und dafür ihre Launen erträgt. Die selbstbewußten Intellektuellen erträumen sich eine Kameradschaftsehe, in der sie ihre ‚persönliche Freiheit' gewahrt wissen wollen. SIE will ihre materielle Sicherheit bis ans Lebensende verbrieft haben — ER soll SIE dafür ritterlich auf Händen tragen.

Wahrhafte Liebe und echte Kameradschaft können niemals im Schatten von Vorschriften oder Forderungen blühen und gedeihen — ihr Nährboden ist Opferbereitschaft. Frauen, die das erkennen, sind so liebenswert, daß sie vom Fleck weg geheiratet werden — aber sie sind ebenso selten wie kostbare Edelsteine. Denn die meisten wollen nur nehmen — und nichts geben.

Sind Männer zu anspruchsvoll?

Stimmt es tatsächlich, daß in unserem Zeitalter Frauen mit echt weiblichen Eigenschaften Seltenheitswert besitzen? Sind Männer, die sich eine solche Lebens-

Die Anspruchsvolle

Die Enttäuschte

Die Energische

gefährtin ersehnen, zu anspruchsvoll in ihren Wünschen? Haben die meisten Frauen nur deswegen ihren Verstand geschult, um auf die schönste und größte Aufgabe in ihrem Leben: Liebe zu schenken und andere Menschen glücklich zu machen, zu verzichten?

Wie viele Mädchen und Frauen, die im Lebenskampf Tag für Tag beweisen, daß sie genauso tüchtig und intelligent sind wie Männer, sind trotzdem unausgefüllt, einsam und unglücklich. Warum glauben viele dieser Frauen, daß Hingabefähigkeit ein Zeichen von Dummheit sei? Gibt es nicht unzählige Beispiele in Vergangenheit und Gegenwart, die beweisen, daß gerade besonders tüchtige und geistig hochstehende Frauen gleichzeitig liebevolle Gattinnen sein können? Daß viele überhaupt erst in einer glücklichen Ehe ihre Fähigkeiten voll entfalten? Frauen, von denen man auf Grund ihrer persönlichen Leistung sprach oder spricht, waren oder sind verheiratet, und gerade die intelligentesten unter den erfolgreichen haben keineswegs auf die echt weiblichen Eigenschaften verzichtet.

LILO AUREDEN

Großstädte sollen im Kriegsfall evakuiert werden

Luftschutz-Sofortprogramm vorbereitet - Experten nach USA

Von unserem Bonner Büro T BONN, 20. April

Ein umfassendes Sofortprogramm zum Schutze der deutschen Zivilbevölkerung gegen Luftangriffswaffen will die Bundesregierung in Kürze aufstellen. Es soll den modernen Waffen angepaßt sein und auch weitgehend Schutz gegen Atom- und Wasserstoffbomben bieten. In diesem Zusammenhang wird auch ein Plan erörtert, im Kriegsfall die Großstädte weitgehend zu evakuieren.

Anfang Mai wird eine Gruppe deutscher Sachverständiger auf Einladung des Chefs der amerikanischen Zivilverteidigung, Petersen, nach den Vereinigten Staaten reisen, um dort eingehend den Aufbau des US-Luftschutzes zu studieren. Insbesondere wollen die Sachverständigen des Bundesinnenministeriums die neuesten in Amerika entwickelten Schutzvorrichtungen gegen die Wasserstoffbombe prüfen. Nach Rückkehr der Kommission sollen die deutschen Luftschutzpläne überprüft und den modernen Erkenntnissen angepaßt werden. Im Bundesinnenministerium vertritt man die Auffassung, daß Luftschutzmaßnahmen keineswegs sinnlos geworden seien.

Bei den zuständigen Stellen werden seit einiger Zeit Pläne erörtert, die die Möglichkeit einer teilweisen Evakuierung von Großstädten im Kriegsfall vorsehen. Ähnliche Pläne gibt es in den Vereinigten Staaten, wo man der Auffassung ist, daß ohne die Räumung großer Städte ein wirksamer Schutz der Zivilbevölkerung kaum möglich sei.

Bei den deutschen Stellen geht man davon aus, daß von den rund 15 Mill. Großstadt-Einwohnern im Ernstfalle etwa 5 Mill., vor allem Kinder und Frauen, in weniger besiedelte Gebiete verschickt werden könnten.

Neun Dachstein-Opfer tot aufgefunden

Erfroren und vom Schnee begraben - Vier Schüler noch vermißt

OBERTRAUN, 24. April

Am ersten Tage des Großeinsatzes auf dem Dachsteinplateau wurden von einer österreichischen Gendarmeriepatrouille am Samstag die drei Lehrpersonen, die am Gründonnerstag mit zehn Heilbronner Schülern im Schneesturm verschwanden, sowie sechs Schüler erfroren aufgefunden. Die Toten lagen etwa 20 Gehminuten von dem früher entdeckten Biwakplatz entfernt und waren von 50 cm Neuschnee bedeckt.

Nachdem am Morgen die Leichen der drei Lehrer, eng zusammengekauert auf einer kleinen Anhöhe entdeckt worden waren, wurden am Nachmittag in einer nahegelegenen Schneemulde auch sechs Schüler erfroren aufgefunden. Wie der Gruppenleiter mitteilte, hatten die erfrorenen Jungen außer ihrer Kleidung nichts mehr bei sich. Auch wurden keinerlei Aufzeichnungen entdeckt, die über die letzten Stunden der Verunglückten Schlüsse zuließen.

Bei dem am Vormittag entdeckten Lehrer Hans Sailer fand man nur noch seine Landkarte. Der Kompaß, den er von der Bundessportschule in Obertraun mitgenommen hatte, wurde nicht mehr bei ihm gefunden.

Wie inzwischen hier bekanntgegeben wurde, sind die Rettungsmannschaften mit Fackeln ausgerüstet, um notfalls in den ersten Stunden der Dunkelheit weiterarbeiten zu können, falls vor Einbruch der Dämmerung noch eine weitere Spur gefunden werden sollte.

Die Leichen der drei Lehrer wurden wenige Stunden nach Beginn der größten alpinen Suchaktion gefunden, die bisher in Österreich durchgeführt worden ist. Günstiges Wetter und klare Sicht herrschten, als 400 Bergrettungsmänner und Gebirgsgendarmen aus Oberösterreich, Salzburg und der Steiermark in den frühen Morgenstunden mit sieben Lawinensuchhunden die Suche nach den 13 vermißten Lehrern und Schülern fortsetzten. Die Suche konzentrierte sich von Anfang an auf das Gebiet im Umkreis von einem Kilometer um das Nachtbiwak. Von außen her gingen die Suchtrupps immer näher auf das Zentrum zu. (dpa/ap)

Letzte Meldung aus Obertraun:

Wie sich nach der Bergung der ersten neun Dachstein-Opfer herausstellte, wurde der Lehrer Hans Sailer bisher noch nicht aufgefunden. Bei der Identifizierung der Toten war ein Schüler mit ihm verwechselt worden. (dpa)

WAZ-Bild: Wolfram Hagemann

Die Fünftagewoche

...bei verkürzter Wochenarbeitszeit und gleichbleibendem Lohn hat der DGB zum diesjährigen 1. Mai als Ziel proklamiert. Unser Schaubild gibt einen Überblick über die durchschnittliche Wochenarbeitszeit eines Industriearbeiters in anderen Ländern. Abgesehen von Italien, wo die kurze Arbeitswoche vor allem durch unfreiwillige Kurzarbeit herbeigeführt wurde, ist in erster Linie in den reichen Ländern, wie in den USA und Kanada, die kurze Arbeitswoche die Regel. (Globus)

Atomgefahren beunruhigen England stark

LONDON, 31. März

In der Öffentlichkeit Großbritanniens, Australiens und Indiens sind Befürchtungen laut geworden, daß die amerikanischen Wasserstoffbomben-Versuche im Pazifik eine große Gefahr bedeuten könnten. Die beschwichtigende Erklärung Churchills im Unterhaus hat die Engländer nicht beruhigt. Der Premier hat den Forderungen der Labour-Party nachgegeben und für Montag eine Unterhaus-Debatte über die Wasserstoffbomben-Versuche und deren Gefahren für die ganze Welt angekündigt. Er will selbst eine Erklärung zu diesem Thema abgeben.

Alles, was ein Staat in einem künftigen Krieg brauche, sei „ein Mann, ein Bomber und eine Wasserstoffbombe", erklärte der Labour-Abgeordnete Craddock vor dem Unterhaus. „Dann verlassen wir alle diese Welt der Sterblichen und gehen in die himmlischen Gefilde ein". — Der parlamentarische Staatssekretär des Verteidigungsministeriums, Nigel Birch, erwiderte darauf trocken: „Ich werde es den Stabschefs melden." (ap)

Die Welt im Kalten Krieg

Der Zweite Weltkrieg mit dem Untergang des Nationalsozialismus liegt erst neun Jahre zurück. Nun wird die Welt dominiert vom „Kalten Krieg“ zwischen den ehemaligen Waffenbrüdern USA und Sowjetunion und von Unabhängigkeitskämpfen gegen die alten Kolonialherren.
Angesichts des atomaren Overkills steht die Welt am Abgrund. Der Frieden beruht auf dem „Gleichgewicht des Schreckens“, jede Störung dieses labilen Zustands könnte in die Katastrophe führen.
Die innenpolitischen Zustände sind 1954 sowohl in der Sowjetunion als auch in den USA keineswegs vertrauenserweckend stabil.
Am 5. März 1953 war Sowjet-Diktator Stalin gestorben. Nach seinem Tod steht das ganze Land unter Schock. Vielen einfachen Menschen hatte der Alleinherrscher, der durch gigantischen Personenkult verherrlicht worden war, quasi als unsterblich gegolten. Stalins ungeheure Verbrechen sind der breiten Masse noch nicht bekannt. Kein einzelner Sowjetführer scheint nun in der Lage, Stalin zu ersetzen. Das Prinzip der „kollektiven Führung“ setzt sich durch: Nikita Chruschtschow, Georgi Malenko, Wjatscheslaw Molotow, Nikolai Bulganin und andere teilen sich die Macht. Hinter den Kulissen tobt ein Machtkampf; es dauert noch bis 1956, dass Chruschtschow auf dem XX. Parteitag der KPdSU mit dem Personenkult und den Verbrechen Stalins abrechnet.
Auch in den USA sind die Verhältnisse 1954 keineswegs so stabil und freiheitlich, wie man es von einer Demokratie erwarten darf. Der Korea-Krieg, in dem die Systeme blutig aufeinander geprallt waren, endete 1953 mit dem Waffenstillstandsabkommen zwischen Nord- und Südkorea. In den USA setzt unter Präsident Dwight D. Eisenhower (1953-1961) die „rote Psychose“ ein. Der republikanische Senator Joseph McCarthy startet eine Kampagne gegen die angebliche kommunistische Unterwanderung der USA. Seit 1950 leitete McCarthy den Senatsausschuss zur Untersuchung „unamerikanischer Umtriebe“. Gewerkschafter, Schauspieler und Intellektuelle werden vor den Ausschuss gezerrt – mit dem Vorwurf, sie seien Teil einer kommunistischen Verschwörung. Denunziantentum und ein Klima des Misstrauens machen sich breit. Die Verfolgung Andersdenkender nimmt teils die Form einer Hexenjagd an. „1984“, diese 1948 von George Orwell entwickelte furchtbare Vision, scheint Realität zu werden – ausgerechnet in den USA.
Doch McCarthy überzieht völlig: Er behauptet, das US-Außenministerium sei von Kommunisten unterwandert, im April 1954 erhebt der Senator Anklage gegen den Verteidigungsminister wegen Verschleierung ausländischer Spionagetätigkeit. Jetzt endlich gerät McCarthy selbst in die Schusslinie: Sein Ausschuss soll Armeeangehörige unter Druck gesetzt haben. Der Republikaner muss schließlich den Vorsitz des Ausschusses niederlegen und verliert an Einfluss.
Schockierende Nachrichten für den Westen kommen 1954 aus Vietnam. Im Norden des Landes fällt am 7. Mai die Festung Dien Bien Phu: Die französischen Kolonialsoldaten kapitulieren nach 56-tägiger Belagerung durch die Kämpfer des kommunistischen Vietminh. Schon im Juli macht der französische Ministerpräsident Pierre Mendes-France sein Versprechen wahr, rasch Frieden in Vietnam zu schaffen. Ergebnis des Waffenstillstands-Abkommens ist die Teilung Vietnams in Höhe des 17. Breitengrades.
Die Franzosen stehen als Kolonialherren nicht nur in Indochina unter Druck: In allen außereuropäischen Besitzungen erheben sich Widerstandsbewegungen, die vor allem in Tunesien und Marokko nur mit Mühe unter Kontrolle gehalten werden können.
Mit großer Härte wird der Befreiungskampf gegen die Franzosen in Algerien geführt. In der Nacht zum 1. November 1954 fliegen an insgesamt 70 Orten des nordafrikanischen Landes Brücken und Fabriken in die Luft, werden Franzosen und algerische Beamte erschossen. Sofort entsendet Paris mehrere Fallschirmjäger-Bataillone nach Algerien. Frankreich will den Aufstand rasch niederschlagen. Der Algerien-Krieg, der auf beiden Seiten mit äußerster Brutalität geführt wird, endet erst 1962 mit dem Abkommen von Evian. Algerien wird unabhängig.
Es gibt 1954 auch Lichtblicke: Am 17. Mai hebt der Oberste Gerichtshof der USA die bis dahin gültige Rassentrennung an den Schulen auf. Ein schwarzer Vater hatte den Antrag gestellt, seinen Sohn in eine „weiße Schule“ aufzunehmen. Das Urteil ist für die USA wahrlich revolutionär: Für viele Amerikaner waren Rassentrennung und -diskriminierung selbstverständlich oder gar gottgegeben. Das Urteil gibt dem Kampf der Schwarzen in den USA erheblichen Auftrieb.

Lutz Heuken

EINZELPREIS 20 PF / NR. 120

MONTAG, 24. MAI 1954

WESTDEUTSCHE ALLGEMEINE

WAZ-GESAMTAUFLAGE ÜBER 300 000

Unabhängige Zeitung • Höchste Auflage in Essen und im Ruhrgebiet

Hannover Deutscher Fußballmeister

Verdienter 5:1- (1:1)-Sieg über den 1. FC Kaiserslautern in Hamburg

WAZ HAMBURG, 23. Mai

Vor fast 75 000 Zuschauern besiegte im Hamburger Volksparkstadion die Außenseitermannschaft von Hannover 96 die als hohe Favoriten ins Endspiel gehende Elf des zweifachen Deutschen Fußballmeisters 1. FC Kaiserslautern mit dem sensationellen Ergebnis von 5:1 Toren. Ähnlich wie im letzten Endrundenspiel der Hannoveraner, der VfB Stuttgart, schienen auch die mit fünf Nationalspielern antretenden Kaiserslauterner die „Elf der Namenlosen" unterschätzt zu haben.

Der in der 12. Minute erzielte Führungstreffer der Pfälzer deutete tatsächlich eine leichte Überlegenheit der Meistermannschaft an. Hannover gelang jedoch in der Schlußminute der ersten Halbzeit der Ausgleich, und die von Trainer Helmut Kronsbein auf die Minute fit gemachte Mannschaft kam wie verwandelt aus der Pause zurück: Ihr gefürchtetes raumgreifendes Flügelspiel riß die ruhmreiche Mannschaft um Fritz Walter in den Strudel einer vernichtenden Niederlage. Ein Selbsttor von Kohlmeyer in der vierten Minute nach dem Wechsel leitete den Sieg des Nordmeisters ein. Die drei den Triumph sicherstellenden Tore fielen wie reife Früchte gegen einen Gegner, der dem Einsatz, der Kondition und dem Siegeswillen der Niedersachsen in der zweiten Halbzeit nichts mehr entgegenzusetzen hatte.

Hannover 96 war bereits 1938 in der Verlängerung des Wiederholungsspiels gegen Schalke 04 überraschend Deutscher Fußballmeister, rettete sich in der vorigen Saison knapp vor dem Abstieg aus der Oberliga Nord und zog in diesem Jahr als Nordmeister nach einer beispiellosen Siegesserie in die Endrundenspiele ein.

Siehe auch im Sportteil

Das ist die siegreiche Elf von Hannover 96, dem neuen Deutschen Fußballmeister. Unser Funkbild aus Hamburg zeigt sie nach dem Sieg über Kaiserslautern mit der Silberschale, dem Wanderpreis der Fußballmeisterschaft. (ap-Funkbild)

Rennwagen rast in Zuschauer

Ein Toter und 50 Verletzte bei Unglück in Nürnberg

WAZ NÜRNBERG, 23. Mai

Nach einem Zusammenstoß raste am Sonntagnachmittag bei einem Kleinwagenrennen auf der Nürnberger Radrennbahn ein Rennwagen in die Zuschauermenge. Dabei wurde ein 15jähriger Schüler getötet, etwa 50 weitere Zuschauer — vorwiegend Kinder — erlitten zum Teil schwere Verletzungen. Das Rennen wurde nach dem Unglück sofort abgebrochen.

Wenige Sekunden nach dem Unglück wurde unser Bild auf der Nürnberger Radrennbahn gemacht. Es zeigt rechts (Kreis 1) den an dem Unfall beteiligten Wagen von Lacroix, der nach innen abgedrängt wurde. Der Wagen von Schoo durchbrach die Barriere und blieb mit den Rädern nach oben mitten zwischen den Zuschauern liegen (Kreis 2). Im Bilde vorn Sanitäter und Zuschauer, die den Verletzten zu Hilfe eilen.
WAZ-Funkbild: Friedel Ulrich

Ursache war eine Kollision in der Ostkurve zwischen dem deutschen Renault-Fahrer Schoo und dem Franzosen Lacroix. Während der französische Fahrer in die Innenbahn abgedrängt wurde, raste Schoo durch die Barriere in die Zuschauer. Obwohl sich der Wagen überschlug, erlitt er selbst nur einen Beinbruch. Von den Verletzten mußten 15 Personen in ein Krankenhaus eingeliefert werden.

Die Rennbahn, die in diesem Jahre 50 Jahre besteht, galt als sehr sicher. Bei den bisherigen Rennen hat es noch nie einen größeren Unfall gegeben.

Churchill will zurücktreten

Memorandum des Premierministers an Königin Elizabeth

Von unserem Korrespondenten
J. F. REYNOLDS
LONDON, 23. Mai

Premierminister Sir Winston Churchill habe Königin Elizabeth kurz vor ihrer Abreise nach dem schottischen Schloß Balmoral ein Memorandum über seine persönliche politische Zukunft überreicht, verlautet aus gut unterrichteten Kreisen in London. Darin habe er die Königin ersucht, ihn so bald wie möglich von seinen Amtspflichten zu entbinden und sein Amt als Premierminister dem gegenwärtigen Außenminister, Anthony Eden, zu übertragen.

Wie aus derselben Quelle ferner verlautet, soll Churchill außerdem darum gebeten haben, ihn nicht in den Grafen- oder Herzogsstand zu erheben. Sonst müsse er seinen Sitz im Unterhaus aufgeben und in das Oberhaus übersiedeln.

Churchill wolle jedoch bis zum Ende der Legislaturperiode des gegenwärtigen Parlaments Unterhausabgeordneter bleiben. Man nimmt aber an, daß er mit dem Ende des gegenwärtigen Parlaments aus der aktiven Politik ausscheiden, die Führung der Konservativen Partei niederlegen und sich für den Rest seiner Tage ins Privatleben zurückziehen wird. Churchill wird im Oktober 80 Jahre.

Bisher 274 Verwundete aus Dien Bien Phu evakuiert

HANOI, 23. Mai

Das Oberkommando des kommunistischen Vietminh erklärte sich am Sonntag über den Rundfunk bereit, die Vereinbarung über die Evakuierung der Verwundeten aus Dien Bien Phu trotz der „Verletzungen" durch die Franzosen einzuhalten. Die Bombardierung der Provinzstraße von Dien Bien Phu zum Tonking-Delta müsse jedoch sofort eingestellt werden. Die Vietminh wollen jetzt 858 Verwundete freigeben. Bis zum Sonntag waren 274 evakuiert. (dpa)

Parlamentarische Kontrolle für Geheimfonds gefordert

KÖLN, 23. Mai

Eine parlamentarische Kontrolle der sog. „Geheimfonds" forderte das Wirtschaftswissenschaftliche Institut des DGB am Sonntag. Die Kontrolle könne dem Bundesschuldenausschuß übertragen werden. Nach Angaben des Instituts enthält der Bundesetat für 1954/55 Ausgaben von rund 17,8 Mill. DM, die der parlamentarischen Kontrolle entzogen seien. (dpa)

Ev. Arbeiter verlangen Gesetz über Zahlung von Kinderbeihilfen

WAZ DORTMUND, 23. Mai

Auf ihrem Verbandstag in Dortmund forderten die Delegierten der Evangelischen Arbeiterbewegung, daß das Gesetz über die Zahlung von Kinderbeihilfen bis zum 1. Oktober 1954 verabschiedet werden soll. Es müsse die Zahlung einer Kinderbeihilfe spätestens vom dritten Kind an gesichert werden. Außerdem sei es an der Zeit, die Altrenten-Angleichung endlich zu regeln. Eine Neufassung der Reichsversicherungsordnung sei unumgänglich notwendig.

Ministerpräsident Arnold forderte in seiner Ansprache die Schaffung von familiengerechten Wohnungen an Stelle der häufig gebauten Wohnkasernen.

Alte Soldaten schlagen sich mit jungen Sozialisten

WAZ KÖLN, 23. Mai

Zu einer schweren Schlägerei zwischen Angehörigen des Verbandes deutscher Soldaten und Jungsozialisten kam es am Wochenende in Köln auf einer Kundgebung des Soldatenverbandes. Mehrere Bereitschaftskommandos der Polizei griffen die Jungsozialisten an und entfernten sie aus dem Zelt des Zirkus Williams. Die Polizei entschuldigte sich später für ihr einseitiges Vorgehen mit den Worten: „Wir glaubten, es wären Angehörige der (kommunistischen) FDJ gewesen." Nach Wiederherstellung der Ruhe erklärte ein Oberstleutnant a. D.: „Es ist an der Zeit, daß diese jungen Leute wieder soldatische Zucht und Ordnung lernen!"

„Vopo-Offiziere zuverlässig"

WASHINGTON, 23. Mai

Das Offizierskorps der sowjetzonalen Volkspolizei sei offenbar zuverlässiger als die Mannschaften und Unteroffiziere, wird in einem Expertenbericht für den außenpolitischen Ausschuß des USA-Senats festgestellt. Das Offizierkorps habe noch keine Anzeichen starker Unzuverlässigkeit erkennen lassen. Dagegen seien von 1949 bis 1953 etwa 76 000 Vopos nach West-Berlin geflüchtet. (ap)

Für Schulen noch 2,5 Md. notwendig

Im gesamten Bundesgebiet

MOELLN, 23. Mai

Allein zur Behebung des dringendsten Mangels benötige man im Bundesgebiet für den Neubau von Schulen aller Art noch rund 2,5 Md. DM, erklärte Ministerialdirektor Kock vom Kultusministerium des Landes Schleswig-Holstein am Wochenende in Moelln. Mit Hilfe dieser Gelder ließen sich so viel Schulen errichten, daß man wenigstens den früher unbekannten Schichtunterricht einstellen könne. (ap)

*

Bundespräsident Heuss wird an der Tagung der Gesellschaft für deutsch-skandinavische Freundschaft teilnehmen, die vom 1. bis 3. Juni in Lübeck stattfindet.

Die schwersten Schneefälle seit 16 Jahren sowie heftige Stürme suchten am Wochenende Südafrika heim. Teilweise fielen bis zu drei Meter Schnee.

70 Namen enthält die Landesliste der SPD zu den Landtagswahlen am 27. Juni, die am Sonntag in Düsseldorf in geheimer Abstimmung aufgestellt wurde.

Die DRUPA in Düsseldorf ist bis zum Sonntagabend von über 260 000 Personen besucht worden, darunter 35 000 Ausländer.

Seine Empfehlungen für die Neugliederung des Bundesgebietes wird der Ausschuß unter Vorsitz des ehemaligen Reichskanzlers Dr. Luther voraussichtlich erst im nächsten Frühjahr vorlegen. (WAZ/dpa/ap)

„ICH HABE MIT DEM MORD NICHTS ZU TUN"

Vor dem Antrag auf Auslieferung des ehemaligen amerikanischen Hauptmanns James L. Leech, der gegenwärtig in den USA lebt, will die amerikanische Staatsanwaltschaft in Frankfurt noch genaue Untersuchungen anstellen. Am Freitag hatte sie erklärt, Leech stehe unter dem dringenden Verdacht, im Januar 1946 in Passau drei amerikanische Offiziere in einer Villa mit einer Axt erschlagen und dann das Haus in Brand gesteckt zu haben. Die Staatsanwaltschaft plant, die Überführung Leechs nach Deutschland zu beantragen, wo er dann vor ein amerikanisches Gericht gestellt wird. Leech selbst bestreitet, daß er für die Morde verantwortlich sei. Unser Bild zeigt ihn am Telefon seiner Wohnung in Lima im US-Staat Ohio. (ap-Funkbild)

PAMELAS KLEINES HERZ SCHLÄGT JETZT WIEDER

Bei der Herzoperation des fünfjährigen Mädchens Pamela Schmidt in der Universitätsklinik von Minneapolis (USA) lag der Vater in Narkose neben seinem Kind und hielt während der Operation mit seinem Herzschlag das Blut des Mädchens in Zirkulation. Dadurch floß das verbrauchte Blut des Kindes durch Körper und Lunge des Vaters, wurde dort mit Sauerstoff angereichert und floß wieder zurück. Unser Bild zeigt Pamela Schmidt, die sich jetzt auf dem Wege der Besserung befindet. Links ihre Mutter, ganz rechts ihr Vater und als zweiter von rechts Dr. Lillehei, der die schwierige Operation, von der die WAZ bereits berichtete, durchführte.

dpa-Funkbild

Jeder dritte Flüchtling wird abgelehnt

Im Notaufnahmeverfahren - Jugendliche weiter anerkannt

Von unserem Bonner Büro **Vo BONN, 3. Mai**

In den letzten Wochen ist rund ein Drittel aller Flüchtlinge aus der Sowjetzone im Notaufnahmeverfahren nicht als Flüchtlinge anerkannt worden. Im März waren es nur 15 v. H., die abgelehnt wurden. Das Bundesvertriebenenministerium, das diese Zahlen am Montag bekanntgab, führt dies nicht auf eine Verschärfung der Notaufnahmebestimmungen zurück, die nicht eingetreten sei, sondern darauf, daß sich die Zusammensetzung der Flüchtlinge geändert habe. Da die abgelehnten Flüchtlinge nicht nach dem Osten zurückgeschickt werden können, ergibt sich aus ihrer wachsenden Zahl ein ernstes politisches und soziales Problem, mit dem sich die Länder und der Bund in den nächsten Wochen auseinanderzusetzen haben werden.

Wie vom Flüchtlingsministerium in einer Pressekonferenz mitgeteilt wurde, komme ein Großteil der Flüchtlinge zunächst als normale Interzonenreisende nach West-Berlin oder Westdeutschland, um sich die Lebensbedingungen im Westen anzusehen. Erst später stellten sie sich dann in den Notaufnahmelagern ein, um formell den Status eines Flüchtlings zu erhalten.

Die Notaufnahmebehörden in West-Berlin, Gießen und Ulzen seien daher angewiesen worden, jeden einzelnen Fall eingehend zu prüfen.

Von den abgewiesenen Flüchtlingen legten etwa 95 v. H. Berufung ein, die in einem Drittel der Fälle zum Erfolg führte. Nur schätzungsweise 3 v. H. aller Sowjetzonenflüchtlinge sind bisher wieder in die Sowjetzone zurückgekehrt, wie die Ermittlungen der Länder ergeben haben. In der Zeit seit dem Juni-Aufstand 1953 waren es rund 10 000. Viele von ihnen sind jedoch inzwischen zum zweitenmal nach dem Westen geflüchtet.

Im April meldeten sich 5 611 Flüchtlinge in den drei Aufnahmelagern, das sind 800 weniger als im März. In Berlin wurden von 10 552 Personen, die das Notaufnahmeverfahren passierten, nur 4649 als Flüchtlinge anerkannt und 3450 abgelehnt. Bei dem Rest handelt es sich entweder um Jugendliche, die weiterhin in allen Fällen sofort angenommen werden, oder um Personen, deren Fall im Augenblick noch geprüft wird.

Eine Verschärfung des Notaufnahmeverfahrens wird bereits seit einiger Zeit von Nordrhein-Westfalen gefordert. Hierbei wurde der Vorschlag gemacht, nichtanerkannte Flüchtlinge zwar aufzunehmen, aber ihnen keine Vergünstigungen zu gewähren.

30 Atom-Kanonen in der Bundesrepublik

HEIDELBERG, 30. April

Die Zahl der amerikanischen 28-cm-Atomkanonen in Westdeutschland ist jetzt auf insgesamt 30 angewachsen. Wo sie stationiert sind, wurde nicht bekanntgegeben. Es hieß nur „irgendwo in Deutschland". (dpa)

Der Inhalt der Lohntüten

Die Bautätigkeit in Nordrhein-Westfalen erhielt auch im Jahre 1953 wieder einen kräftigen Auftrieb. Am meisten profitierte hiervon der Wohnungsbau, der gegenüber 1952 um 39,1 v. H. zunahm. Beim Wiederaufbau betrug der Zuwachs 10,5 v. H. Dagegen wurden um 6,5 v. H. weniger Nichtwohngebäude als 1952 gebaut.

WESTDEUTSCHE ALLGEMEINE
Die unabhängige Zeitung des Ruhrgebiets

In drei Monaten: 587 Verkehrstote in NRW

WAZ DÜSSELDORF, 18. Mai

25 575 Verkehrsunfälle wurden in den ersten drei Monaten dieses Jahres in NRW gezählt. Das sind 680 mehr als in der gleichen Zeit des Vorjahres. Die Zahl der Getöteten stieg um 39 auf 587, die der Verletzten um 1090 auf 13 680. Die Zahl der in Betrieb befindlichen Kraftfahrzeuge erhöhte sich um fast ein Fünftel.

Neues Erdbeben erschüttert Griechenland

ATHEN, 30. April

Von einer schweren Erdbebenkatastrophe ist am Freitagnachmittag die griechische Provinz Thessalien heimgesucht worden. Eine ganze Reihe von Ortschaften etwa 200 Kilometer nordwestlich von Athen wurden von dem Beben zerstört, daß etwa 25 000 Menschen obdachlos machte, und mindestens 150 Tote und Schwerverletzte forderte.

Das griechische Innenministerium verglich die Katastrophe mit dem schweren Beben, das im letzten August die Ionischen Inseln verwüstete. (ap)

Die Babyflasche technisiert

Vielen Vätern, denen die Aufgabe obliegt, des öfteren stellvertretenderweise am Babybett mit der Milchflasche in Vorhalte Mutterstelle zu vertreten, wird dieses Bild Hoffnung geben. Auf einer Ausstellung in Paris wurde ein Halter für Babyflaschen gezeigt. Der Halter kann am Bett festgeschraubt und durch ein Kugelgelenk gedreht werden, je nach Bedarf. Und doch muß einer aufpassen, damit sich das Baby nicht verschluckt. Schirner-Bild

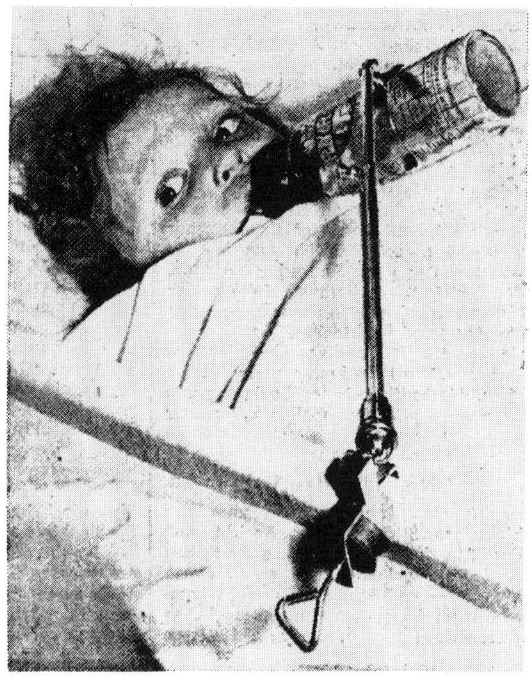

YEHUDI MENUHIN

spielt in einem Sonderkonzert der Konzertdirektion Weber am Montag, 10. Mai, 20 Uhr, im Saalbau das Violin-Konzert in D-Dur, op. 77, von Brahms und das Violin-Konzert in D-Dur, op. 61, von Beethoven.

DGB: Verkürzung der Arbeitszeit ist notwendig und durchführbar

Feierstunde der Gewerkschaften - Mai-Aufruf der Unternehmer

WAZ DÜSSELDORF, 30. April

„Eine Arbeitszeitverkürzung ist die erforderliche Investition der Wirtschaft in die Arbeitskraft, die in den letzten Jahren unterlassen wurde." Dies erklärte der stellv. DGB-Vorsitzende, Reuter, am Vorabend des 1. Mai bei einer im Rundfunk übertragenen Feierstunde der Gewerkschaften in Bremen. Bei dem Tempo des wirtschaftlichen Wiederaufbaus sei die menschliche Arbeitskraft über ihre Leistungsfähigkeit hinaus beansprucht worden.

Der Sonntag allein genüge als Ruhetag nicht mehr. Wissenschaft und Technik könnten durchaus Methoden entwickeln, um trotz kürzerer Arbeitszeit die Produktion auf dem bisherigen Stand zu halten. Der DGB wisse dabei, daß die Einführung eines längeren Wochenendes „Dringlichkeitsstufen" erfordere. Deshalb lehne er jeden Schematismus ebenso ab wie eine Sonderregelung für jeden Betrieb.

In Bonn erklärte Bundesarbeitsminister Storch zum 1. Mai, daß bei der Forderung nach verkürzter Arbeitszeit stets zu berücksichtigen sei, ob dieses Ziel heute ohne Verschlechterung des Lebensstandards erreicht werden könne.

Das Deutsche Industrieinstitut in Köln betont in einem Mai-Aufruf, daß man heute keine Feste mehr gegeneinander feiern sollte. Die im Krieg zerstörten Betriebe seien von Unternehmern und Arbeitern gemeinsam wiederaufgebaut worden. Gegenüber dieser Solidarität der Praxis seien alle Versuche einer Neuerrichtung gegnerischer Fronten unverantwortlich.

Das amerikanische Volk hat die Entscheidung getroffen

Jahrzehntelanger Kampf der Neger jetzt endlich erfolgreich

Von unserem Korrespondenten
GEORGE WRONKOW

NEW YORK, im Mai

Der amerikanische Oberste Gerichtshof hat eins der wichtigsten Blätter der amerikanischen Geschichte geschrieben: Er hat entschieden, daß die Trennung der Schulen und Universitäten nach Rassen gegen die amerikanische Verfassung verstößt. Mit diesem einstimmigen Beschluß der höchsten Richter des Landes kommt ein Streit zum Abschluß, der seit dem Bürgerkrieg auf das erbittertste ausgefochten worden ist.

In ihrem unablässigen Kampf um völlige Gleichberechtigung haben die amerikanischen Neger jetzt einen Sieg errungen, denn die Trennung der öffentlichen Schulen in den Südstaaten war nach ihrer Meinung die größte Hürde zu wahrer, unter der Verfassung garantierter Gleichberechtigung.

In den Ausführungen des Obersten Gerichtes wird betont, daß den Südstaaten eine Zeitspanne von ein bis zwei Jahren gegeben werden soll, um ihre Staatsverfassungen dem jetzigen Bundesrecht anzupassen.

Die Reaktion im Süden ist keinesfalls einmütig. Sie geht von Erklärungen positiver Mitarbeit an der Umgestaltung des Schulwesens bis zu wütenden Angriffen der „Staatsrechtler", die erklären, daß das Bundesgericht unberufenerweise in das Recht der Einzelstaaten eingegriffen habe. Die Radikalsten wollen alle öffentlichen Staatsgelder für das Schulwesen streichen, damit Privatschulen das Erziehungswesen übernehmen können. Auf Privatschulen hat das Urteil natürlich keinen Einfluß.

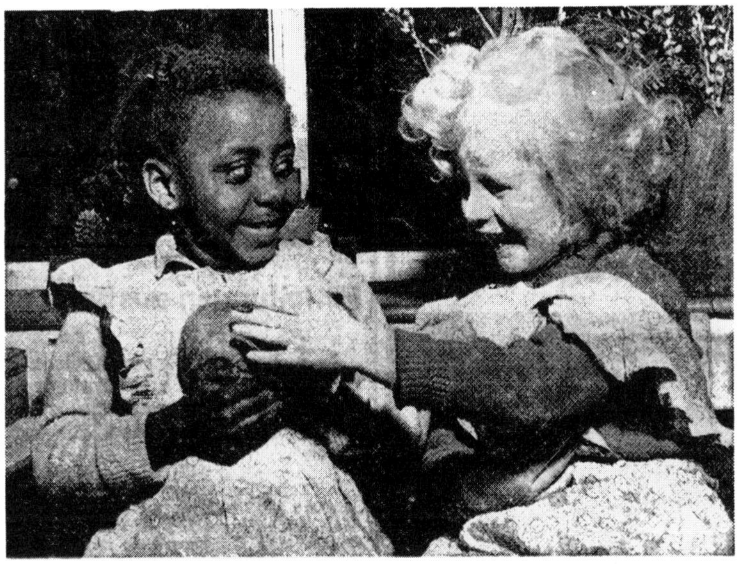

Diese beiden sechsjährigen Mädchen haben jetzt schon Freundschaft geschlossen.
DF-Bild

Der junge Frühling bringt nicht nur Blumen und Müdigkeit, sondern auch immer wieder unlösbare modische Probleme. Wir werden nicht wagen zu behaupten, ein hübsches junges Mädchen, das keß in den blauen Mai radelt, sei an sich ein Problem. Das ist einfach ein schöner Anblick. Und doch gibt es zwei in Fehde liegende Parteien, in die sich die Nachschauenden aufteilen. Die einen sehen den Backfisch lieber in einem langen wehenden Rock, die anderen ziehen eine enge wadenlose Hose auf dem Sattel vor.

Wenn etwas wichtig ist, untersucht zu werden, so ist es (selbstverständlich nur die Frage): Hose oder Rock. Sie ist so wichtig, daß selbst der Chronist, der mutig genug ist, die Diskussion überhaupt aufzunehmen, nicht wagt, für eine Partei Stellung zu nehmen. Er wird auch nie so banal sein und behaupten, die „Nur-Rock-Vertreter" seien restaurativ und rückständig, die anderen etwa fortschrittlich. Auch die Aufteilung der Parteien in Romantiker und Realistiker (rein sachlich gesehen) wäre eine zu einfache Sache. Nein, hier spielen auch Gründe der Tradition eine Rolle.

Dreht sich etwa eine alte vertrocknete Jungfer (solche Beleidigungen kann man ruhig aussprechen, es fühlt sich dabei niemand betroffen) naserümpfend und schokiert nach einem radelnden Hosenmatz um, so lautet unser Urteil über die Betrachterin: rückständig, und zwar aus Neid. Schaut aber ein glatzköpfiger Dicker in mittleren, jedoch guten Jahren etwas enttäuscht eine behoste Radlerin an, so trauert er nicht aus Rückständigkeit dem Rock des Mädchens, sondern aus Naturverbundenheit dem Frühlingswind nach, der durch die enganliegenden Beinkleider seinen Sinn verloren hat. Hier rührt die Mode an Weltanschauungen. Wo die Entwicklung hinführt, ist noch nicht klar abzusehen. Die Fronten sind verwischt. Bei den „Nur-Hosen-Vertretern" gibt es Parteigänger, die dieselben ihrer Enge wegen, andere, die sie ihrer Länge wegen vorziehen. Welch' Abgründe in einem Lager!

Und zu allem gibt es noch eine Splittergruppe. Ihre Anhänger schwanken zwischen den Parteien und sind keineswegs linientreu. Sie halten sich nicht an die Norm, sondern richten sich allein nach der jeweiligen Form.

Wie gesagt, der Chronist kann sich in dieser Sache offen keiner Partei anschließen, er kann nur berichten und die noch brodelnden Streitigkeiten an die Öffentlichkeit zerren und entfachen. Wen er aber nicht an die Öffentlichkeit zerren, sondern im hintersten Winkel des trüben Winterschlafs belassen will, sind die, die von all dem noch nichts bemerkt haben. Sie haben den Frühling wahrlich nicht verdient!

ALFRED STERZEL

WESTDEUTSCHE ALLGEMEINE
Die unabhängige Zeitung des Ruhrgebiets

„Fernsehen ist keine Gefahr für Gesundheit"

KÖLN, 4. Mai

Der Zentralverband der westdeutschen Elektroindustrie in Köln wandte sich am Dienstag gegen die Behauptung, daß die Strahlung der Fernsehröhre gesundheitsschädlich sei und ein längerer Fernsehempfang den Augen und dem Herz schade. Experimente im radiologischen Institut der Universität Freiburg hätten vielmehr die völlige Ungefährlichkeit des Fernsehens bewiesen. Bei einem normalen Betrachtungsabstand von zwei Meter wirke sich die Strahlung praktisch nicht mehr aus. Zudem sei sie am Bildschirm selbst viel geringer als die eines Leuchtzifferblattes bei Armbanduhren. (dpa)

Lebenslänglich für die D-Zug-Mörder

WÜRZBURG, 17. Mai

Zu lebenslänglichem Zuchthaus und dauerndem Ehrverlust verurteilte das Schwurgericht Würzburg am Montagnachmittag den 29 Jahre alten Stefan Matosik und den 41jährigen Ivan Stefulj alias Eles wegen Mordes und besonders schweren Raubes. Beide wurden für schuldig befunden, die Belgierin Simone de Ridder beraubt und aus dem fahrenden Wien-Ostende-Expreß geworfen zu haben

Mirko Bodrusic (29) wurde wegen Beihilfe zum besonders schweren Raub zu sechs Jahren Zuchthaus und Ehrverlust für die gleiche Zeit verurteilt. (ap)

Dien Bien Phu ist gefallen

Nach 57tägiger Belagerung — Schicksal der Besatzung unbekannt
Laniel: Keine Änderung der französischen Haltung in Genf

PARIS, 7. Mai

Die Festung Dien Bien Phu ist am Freitagnachmittag nach 57tägigem Ringen und einem 20stündigen Generalangriff der Vietminh-Truppen einen Tag vor Beginn der Genfer Indochina-Verhandlungen gefallen. Das Schicksal der 14 000 Verteidiger unter dem Befehl des Generals de Castries ist noch unbekannt. Über dem südlichsten Stützpunkt der Festung, dem Fort Isabelle, weht noch die französische Flagge. Ministerpräsident Laniel gab den Fall der Festung sofort der Nationalversammlung bekannt. Die Abgeordneten mit Ausnahme der Kommunisten ehrten die Verteidiger in einer Minute des Schweigens.

Laniel betonte, der Fall von Dien Bien Phu werde die Haltung der französischen Delegation in Genf nicht ändern. Frankreich werde keiner Regelung zustimmen, die nicht eine Sicherung seiner Soldaten und seiner Interessen enthalte. Der Ministerpräsident richtete einen Appell an die Vietminh-Streitkräfte zugunsten der Verwundeten von Dien Bien Phu. Eine günstige Entscheidung über ihr Schicksal werde mehr als alles andere zur Erleichterung der Friedensverhandlungen beitragen.

General de Castries: Schicksal unbekannt

In Bonn erklärte Bundeskanzler Dr. Adenauer, die Nachricht von dem Fall der Festung erfülle ihn mit großem Schmerz. Der heldenhafte Kampf der Verteidiger sei ihm nicht nur ein Kampf für Frankreich gewesen, sondern ein Kampf für die ganze freie Welt. Dr. Dehler, der Fraktionsvorsitzende der FDP, sagte, mit der Festung sei ein Vorposten der Freiheit gefallen und die rote Flut des Kommunismus vorgedrungen. „Wir sind uns bewußt, daß in diesem Kampf viel deutsches Blut vergossen wurde."

Präsident Eisenhower telegrafierte Staatspräsident Coty, die Tapferkeit der Verteidiger sei Symbol für die Entschlossenheit der freien Welt, sich diktatorischer Aggression zu widersetzen. Churchill erklärte in London: „Die lange und tapfere Verteidigung der Garnison, die von dem traditionellen Geist französischen Soldatentums getragen war, ist ein Ansporn für die freie Welt gewesen."

GRUBENLAMPE FÜR PERON

Mit sichtlichem Vergnügen nimmt Argentiniens Staatspräsident Juan Peron (links) das Geschenk von Rot-Weiß Essen, eine Grubenlampe aus Bergeborbeck, entgegen. Wie wir bereits berichteten, wurde die Essener Fußballmannschaft in der „Casa Posada", dem Präsidentenpalast in Buenos Aires, von Peron empfangen. Angeregt unterhielt er sich mit den deutschen Sportlern. „Ich werde versuchen, eines eurer Gastspiele in unserem Land zu besuchen", sagte er zu Rot-Weiß-Delegationsführer Drees (rechts). „Ich werde dann natürlich zu euch halten!" (Siehe auch im Inneren des Blattes.) WAZ-Bild: Joaquin Kinietz

AUF BLEISTIFTDÜNNEN ABSÄTZEN

Die Leute sahen sich nach ihnen um, nach den acht Mannequins aus Italien, die hochgewachsen, rassig und elegant, mit der Grazie der Töchter Roms gestern mittag vor dem Handelshof promenierten. Hinzusehen lohnte schon. Jede war von anderer Art. Ihres Maestro Emilio Schuberths Geschmack ist zu beloben, da er nach dem Temperament seiner Kleider das Temperament ihrer Trägerinnen wählte. Heute abend zeigen sie Schuberths schönste Schöpfungen im Saalbau.

Arzt empfiehlt mehr Hosenträger

KÖLN, 2. Mai

Weil viele Herren auf Hosenträger verzichteten und sich mit einem Gürtel begnügten, litten sie auch in höherem Maße an Magengeschwüren als die Frauen, erklärt der Textil-Pressedienst. Dieser beruft sich dabei auf fachliche Untersuchungen des Arztes Gunnar Alstedt. Die gegensätzliche Entwicklung bei den Frauen, die ihren Leib nicht mehr so einschnürten wie früher, habe sich gesundheitlich günstig ausgewirkt. (dpa)

Fernsehen steigert Bierumsatz

In den Vereinigten Staaten

FRANKFURT, 2. Mai

Durch das Fernsehen habe sich der Bierumsatz in den USA bedeutend gesteigert, erklärte der Präsident des deutschen Brauerbundes, Dr. Lüdtke, in Frankfurt. Weil die Amerikaner mehr zu Hause blieben, werde enorm viel Flaschenbier getrunken. Durchschnittlich trinke jeder Amerikaner jährlich 76 l Bier, jeder Deutsche dagegen nur etwa 60 l. (dpa)

Technik verwöhnt Amerikaner

Auto ist lebensnotwendig - „Golfmobil" neueste Errungenschaft der Motoritis

Von unserem Mitarbeiter
DR. PETER SCHMID

NEW YORK, 6. Mai

Unter den amerikanischen Golfspielern, zu denen bekanntlich auch der Präsident Eisenhower gehört, ist eine neue Erfindung populär geworden: das „Golfmobil". Dieses Fahrzeug gleicht einem Vespa-Roller, mit dem einzigen Unterschied, daß der Motor viel stärker ist und an Stelle des Vorderrades ein zweiräderiges Fahrgestell zwei Personen außer dem Fahrer Sitz bietet, samt Raum für Golfschläger.

Ohne jede Anstrengung

Nun brauchen die beleibten Millionäre nicht mehr ihre Brathähnchenfriedhöfe mühsam in der Hitze herumzutragen. Kaum ist der Ball abgeschossen, setzt man sich aufs Golfmobil und rattert über den Rasen los, als ob nicht eben der Sinn des Golfspieles in der sportlichen Bewegung bestünde. Das ist nur einer der letzten, absurdesten Auswüchse der „Motoritis" in den Vereinigten Staaten; ihre Aufzählung ließe sich beliebig fortsetzen. In den Drive-in-Kinos braucht man, um den Film zu sehen, den Wagen gar nicht mehr zu verlassen, genau so wenig wie in den Drive-in-Banken, den Drive-in-Kaufläden, ja sogar bereits Drive-in-Kirchen und Drive-in-Polizeistationen.

Die Amerikaner haben das Gehen verlernt, und als ihr Korrespondent jüngst bei einer Party erklärte, sein höchster Genuß sei es, zu Fuß über Land zu wandern, war ein allgemeines Gekicher die Antwort. Als kürzlich der Bundesrichter Douglas, um seinen Landsleuten die Freuden der Natur wieder nahe zu bringen, einen demonstrativen Fußmarsch von Baltimore nach Washington unternahm, brachte die Presse das Bild dieses „Sonderlings" auf den Titelseiten. Ein Mann ohne Auto ist in den Vereinigten Staaten nur noch ein haber Mensch. Kürzlich kam der Fall eines Arbeitslosen zur Sprache, der seine Unterstützung im Auto abholte und in der sich entwickelnden Auseinandersetzung mit der Versicherung vom Gericht Recht erhielt, ein Auto sei kein Luxus, sondern eine Lebensnotwendigkeit.

Folge: Muskelschwund

Die Kehrseite dieser Motoritis ist Verweichlichung. Das hat sich auch in einem Test auf Muskelleistungsfähigkeit gezeigt, der vom Universitätsspital Bellevue in New York gleichzeitig in Amerika und Europa unlängst unternommen wurde. Es zeigte sich darin, daß die europäische Jugend der viel besser ernährten amerikanischen an Leistungsfähigkeit weit überlegen ist. Dabei war der Test denkbar einfach: die Kinder hatten sich z. B. flach auf den Rücken zu legen und beide Beine für zehn Sekunden in einem Winkel von 30 Grad in die Höhe zu heben. Von ähnlicher Einfachheit waren fünf weitere Übungen. Von den italienischen und österreichischen Kindern — die zu den Versuchen ausgewählt worden waren — hatten nur 8 v. H. einen Mißerfolg zu verzeichnen, unter den Amerikanern 57 v. H.

Nach ärztlichen Maßstäben hat also mehr als die Hälfte der amerikanischen Jugend ungenügend ausgebildete Muskeln... Dabei war durchaus kein Unterschied festzustellen zwischen Kindern armer oder reicher Familien. Der Großteil der europäischen Versuchskinder (im Alter von 6 bis 19 Jahren) war sogar in den Kriegsjahren geboren oder aufgewachsen. Es ist ganz offensichtlich die Verweichlichung daran schuld, die der wachsende Komfort im amerikanischen Alltag mit sich bringt. Manche Schulen haben jetzt schleunigst vermehrte Turnstunden eingeführt.

1,7 Mill. dienstuntauglich

Sehr besorgt über diesen Zustand zeigen sich selbstverständlich die Militärs. Von 3,6 Millionen im Koreakrieg ausgehobenen jungen Männern unter 26 Jahren erwiesen sich 1,7 Millionen, also beinah die Hälfte, bei der ärztlichen Prüfung als dienstuntauglich. Dieses prekäre Mannschaftsproblem beeinflußt wesentlich das ganze abenteuerliche Hin und Her der amerikanischen Politik und Strategie der letzten Monate. Was anders war der Sinn des bereits zu kläglich wieder fallengelassenen militärischen „New look" als ein Versuch, den Krieg von den Beinen der Infanteristen auf die technischen Wunder der Supervernichtungswaffen zu verlagern?

Selbst Wasserstoffbomben vermögen also das historische Gesetz nicht umzustoßen, daß verweichlichte Zivilisationen durch den Ansturm vitalerer barbarischer Völker aufs tiefste bedroht werden.

WESTDEUTSCHE
ALLGEMEINE
Die unabhängige Zeitung des Ruhrgebiets

NRW plant „Alkohol-Streifen"

Neuartige Methoden zur Bekämpfung der Verkehrsunsicherheit

Im Auftrage des Wiederaufbauministers von NRW haben zwei Mitarbeiter des Düsseldorfer Max-Planck-Instituts für Arbeitsphysiologie ihre Untersuchungen über verkehrsmedizinische Probleme in einer Schrift „Alkohol und Straßenverkehr" zusammengefaßt. Die Verfasser schlagen darin neuartige Verkehrsstreifen zur wirsamen Bekämpfung des Alkohols im Verkehr vor.

Eine solche Alkohol-Verkehrsstreife umfaßt vier Teilnehmer. Neben zwei gut aussehenden und erfahrenen Verkehrspolizisten begleiten den Einsatz ein Verkehrsarzt und ein Verkehrsassessor. Diese Streifen, von denen zunächst sieben innerhalb des Landes eingesetzt werden sollen,

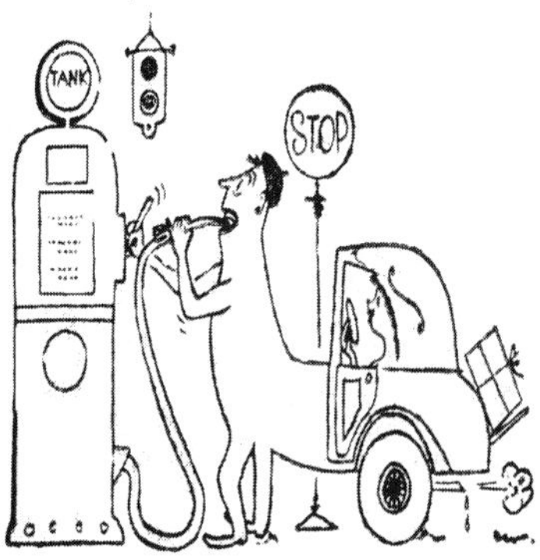

Selbstbedienung
Zeichnung: Obe

kontrollieren an verschiedenen, mittlerweile bekannten Schwerpunkten zu bestimmten Nachtzeiten den Verkehr.

Oberstes Prinzip dieses Streifendienstes muß in Anbetracht der heiklen Aufgabe die Höflichkeit und Sachlichkeit sein. Aus dem stark aufgelockerten Fahrverkehr bei Nacht werden ankommende Fahrzeuge angehalten und die Fahrer in einem ausgearbeiteten Schnellverfahren von zwei bis drei Minuten Dauer durch den Verkehrsarzt auf eine etwaige Alkoholbeeinträchtigung überprüft.

Liegt stärkere Alkoholeinwirkung vor, so wird an Ort und Stelle in Gegenwart des Verkehrsassessors die Blutentnahme vorgenommen und das Zustandsbild protokollarisch festgelegt. Auf einem roten Meldeblock werden die Zeit und die näheren Umstände im Sinne einer Anzeige eingetragen, die, falls der Untersuchte zurechnungsfähig ist, an Ort und Stelle unterzeichnet wird.

Mit dem neuen Verfahren würde eine starke Breitenwirkung erzielt werden. Weiterhin fallen Gestellungszeit, Zeit der Blutentnahme usw. zusammen. Darüber hinaus kann der Beschuldigte bereits nach etwa 14 Tagen vor einem Schnellrichter erscheinen, während er bisher bis zu sechs Monaten warten mußte. Die Verfasser versprechen sich eine bessere Wirkung der Streifen allein schon dadurch, wenn sich ihr Einsatz herumgesprochen hat.

Zatopek hält jetzt sämtliche Langstrecken-Weltrekorde

„Tschechische Lokomotive" läuft 5000 m in 13:57,2

Emil Zatopek: Krach um Visum

PARIS, 30. Mai

Der mehrfache Olympiasieger und Weltrekordler im Langstreckenlauf, Emil Zatopek (Tschechoslowakei) stellte am Sonntagnachmittag im Stadion Colombés einen neuen Weltrekord im 5000-m-Lauf auf. Bei günstiger Witterung lief Zatopek die Strecke in 13:57,2 Minuten und unterbot damit die alte Weltrekordzeit des Schweden Gundar Haegg aus dem Jahre 1942 um eine volle Sekunde. Die „tschechische Lokomotive" legte die 5000 m praktisch im Alleingang zurück.

Mit dieser enormen Leistung hat Emil Zatopek sich nun sämtliche Weltrekorde in den klassischen Langstrecken geholt. Er war bereits Weltrekordler folgender Distanzen: 10 000 m, 15 km, 20 km, 25 km und 30 km. Schon lange war es der Wunsch des tschechischen Offiziers, der mit Recht als der „Welt größter Läufer" gepriesen wird, auch den 5000-m-Rekord zu brechen. Sein Lauf am Sonntagnachmittag ist um so höher zu bewerten, als Zatopek erst in letzter Minute die Einreisegenehmigung nach Paris erhielt und kurz vor dem Start mit dem Flugzeug in Frankreich eintraf.

Anfangs war ihm das französische Einreisevisum verweigert worden, weil er sich angeblich vor einiger Zeit einmal abfällig über Paris geäußert haben soll. Frankreich blieb bis Samstag abend bei einem kategorischen „Nein" zur Einreise des Tschechoslowaken. Daraufhin zog der tschechische Verband die Meldung seiner Leichtathletikmannschaft, die sich mit Zatopek in Brüssel aufhielt, zurück. Erst in letzter Minute konnte eine Einigung erzielt werden. Möglich, daß dieser Zwischenfall den ehrgeizigen Emil zu seiner großen Leistung beflügelt hat. Zatopek meldet damit seine Ansprüche auf die Langstreckentitel bei den Europameisterschaften im August dieses Jahre in Bern an.

(dpa/ap)

Picknick

Saison beginnt - leider - auch für

STAUB und RUSS

Siedlungsverband erstrebt Gesetz zur Reinhaltung der Luft - Selbstverwaltung für Genossenschaft

idr IM REVIER, 11. Mai

Gleichzeitig mit dem Grün der Bäume hat leider auch der Staub wieder seine Saison. Flugasche, chemische und Rauchgase machen sich im Revier stärker bemerkbar. Nicht nur die Hausfrau bei der großen Wäsche ärgert sich darüber. Die öffentliche Hygiene wird immer mehr zu einer Gemeinschaftsaufgabe und deshalb schlägt der Verbandsdirektor des Siedlungsverbandes Ruhrkohlenbezirk, Sturm Kegel, die Bildung einer Genossenschaft vor, wie sie in Angelegenheiten der Wasserwirtschaft seit langem besteht. Ein Gesetzentwurf „zur Reinhaltung der Luft in Industriegebieten" wurde als Diskussionsgrundlage vorgelegt.

Die wachsende Verstaubung der Industriegebiete hat ihren Grund einmal in der Umstellung der Großanlagen von der Rostfeuerung auf Staubfeuerung. Was früher als Schlacke anfiel, wird jetzt als Schornsteinauswurf ausgestoßen. Der Zwang, in zunehmendem Maße auch ballastreiche Kohle zu verwerten, hat diese Entwicklung gefördert. Mehr als früher wird die Kohle auch schon an der Stätte ihrer Förderung verfeuert und als Edelenergie auf weite Entfernungen verschickt. Daraus ergibt sich eine immer stärkere Konzentration der Werke und also auch ihrer „Immissionen" in den Industriegebieten bei der Stahlindustrie hat die fortschreitende Verwendung von Sauerstoff zu einer Vermehrung der Rauchbelästigung geführt, wie sich beispielsweise an den roten Mangandünsten der Konverter ausweist. Bei der Chemie sind es die schwefelhaltigen Abgase, bei der Zementindustrie die feinen kalkigen Niederschläge, die Sorge bereiten.

Ein völlig staub- und rauchfreies Industriegebiet ist eine Utopie. Wem die Industrie Arbeit und Verdienst gibt, der muß sich mit ihren Gesetzlichkeiten abfinden. Andererseits müssen aber die von der Technik angebotenen Möglichkeiten zur Luftreinigung ausgenutzt werden. Die schwer unterzubringenden Abfallmassen könnten nach Ansicht des Verbandsdirektors mehr zu Bausteinen oder zu Bauschlacke umgeformt und zum anderen Teil planvoller als bisher zur Auffüllung von Senkungsmulden verwendet werden.

Der rauchende Schlot ist seit Jahrzenten Symbol für die industrielle Werktätigkeit. Aber wie auch andere Symbole lästig wurden, so auch dieses: Die Hausfrau merkt es am augenfälligsten an ihrer Wäsche.
WAZ-Bild: Marga Busshoff

Bescheidene Finanzen ...

Der Vorschlag des Verbandsdirektors zielt zunächst auf ein Landesgesetz für Nordrhein-Westfalen. Über die Aufgaben sagt der Entwurf: „Die Genossenschaft hat die Maßnahmen durchzuführen, die nach dem jeweiligen Stand der Technik erforderlich und geeignet sind, eine Verunreinigung der Luft bestmöglich zu verhindern." Genossen sollen sein: 1. die Eigentümer der im Genossenschaftsbereich liegenden industriellen und anderen gewerblichen Unternehmungen, Schienenbahnen und sonstige Betriebe, die zur Verunreinigung beitragen, 2. die im Bereich liegenden Gemeinden, 3. die zuständige Landesplanungsgemeinschaft.

Die staatliche Aufsicht soll von den Regierungspräsidenten und vom Minister für Arbeit, Soziales und Wiederaufbau ausgeübt werden, die technische Aufsicht von den zuständigen Technischen Überwachungsvereinen.

Die Genossenschaft soll sich selbst verwalten. Die Mitgliederversammlung würde den Haushaltsplan und die Höhe der Beiträge beschließen. Streitfragen hätte ein unabhängiger Berufungsausschuß zu entscheiden. Nach Überzeugung des Verbandsdirektors käme die Organisation dieser Selbstkontrolle mit wenigem Personal und bescheidenen Finanzen aus.

Einwände

Als das Vorhaben des Siedlungsverbandes vor mehr als Jahresfrist angekündigt wurde, warnten Wirtschaftskreise vor neuen Organisationen, die der Industrie weitere Lasten bringen könnten. Man erwartet aus dem Zwang zur Modernisierung der Betriebe, daß neue technische Anlagen zur Einschränkung der Immissionen ohnehin entstehen und die alten verbessert werden.

Der Fachausschuß für Staubtechnik im Verein Deutscher Ingenieure wendet ein, die Meßverfahren seien noch nicht so verfeinert, daß der Anteil der einzelnen Anlagen an der Verschmutzung (nach denen sich die Beiträge der einzelnen Genossenschafter zu richten hätten) eindeutig festgestellt werden könne.

Prüfungszeit genug

Demgegenüber ist der Initiator des Gesetzentwurfes der Ansicht, daß die Tatsache der zunehmenden Verunreinigung der Luft offenkundig sei und zusammenfassende Maßnahmen verlange. Sie könnten nicht dem guten Willen allein überlassen bleiben und gingen auch vielfach über die Kraft des einzelnen hinaus.

Es ist nicht damit zu rechnen, daß sich der Landtag noch in der auslaufenden Legislaturperiode mit dem Entwurf des Gesetzes zur Reinhaltung der Luft befassen wird. Es bleibt also genügend Zeit, das Problem mit der Gründlichkeit zu prüfen, die ihm zukommt.

G. St.

WESTDEUTSCHE ALLGEMEINE
Die unabhängige Zeitung des Ruhrgebiets

Geschichte der Familie Köster in Bildern

Julia und Eva: DIE BEIDEN SCHWESTERN

Eva, Julias Schwester

Das ist die Geschichte der Julia Köster und die Geschichte ihrer Familie. Für Julia ist beides untrennbar: ihr Leben und das ihrer Angehörigen. Diese ihre saubere Gesinnung und Haltung bestimmt auch ihr Schicksal.

Die Mutter ist tot — seit langem schon. Und ohne es selbst zu wissen, wie es gekommen ist, ist Julia an ihre Stelle getreten. Ihr gutmütiger Vater sorgt sich rührend um das Wohl der Familie. Er ist gewissenhafter Bankangestellter. Nur . . . so richtig kann er die Probleme seiner Kinder nicht mehr verstehen. Julia ist schön und anziehend, und Vater Köster fragt sich manchmal, warum sie eigentlich noch nicht „unter der Haube ist". Aber kann das ein Vater wirklich ganz durchschauen? Schließlich weiß er selbst, daß er seinen geregelten Lebensstil, seinen geordneten Haushalt, der auch nach der Mutter Tod unverändert blieb, dem unermüdlichen Wirken Julias verdankt.

Und auch Julia weiß das. Ohne sich selbst wichtig zu nehmen, fühlt sie unbewußt, daß Vater und Schwester sie brauchen. Und nur so ist auch ihre Liebesgeschichte zu verstehen. Ihr Charme, ihre angenehme Art und ihre Fraulichkeit ließen einen soliden Studienrat in ihr Leben treten. Beide lieben sich und denken an ihre Zukunft. Beide. Und die Gegenwart? Daran muß Julia allein denken. Er müßte kein Mann sein, wenn er dies nicht spürte . . .

Vater Köster

Julias größte Sorge ist ihre Schwester Eva. Noch nicht zwanzig Jahre. Faszinierend hübsch, eigentlich zu hübsch und zu jung, um sich über irgend etwas — außer ihren zahllosen Verehrern — Gedanken zu machen. Aber das sind wirklich keine quälenden Gedanken. Im Gegenteil, ihre Verehrer betrachtet sie lediglich als Mittel für ihre wilden Eskapaden. Sagen läßt sich Eva prinzipiell nichts und am wenigsten paßt ihr — wie sie sich auszudrücken beliebt — die Bevormundung und Bemutterung durch ihre ältere Schwester Julia.

Dr. W. Holley, Studienrat

Wir beginnen heute mit dem Roman dieser Familie, der beiden Schwestern und ihres Lebens. Eines Bilderromans, der täglich in einer Fortsetzung auf der Seite „Buntes Leben" erscheinen wird. Bilderroman deswegen, weil wir glauben, daß der Zeichner wirklich das Leben dieser Menschen eingefangen und sie uns wahrhaft dargestellt hat.

Organisierte Urlaubsreisen für Juli und August sind fast ausverkauft

Bisher 40 v. H. Buchungen mehr als im Vorjahr - Vorsaison ist bereits ein Erfolg

FRANKFURT (M.), 13. Mai

Die Reisetätigkeit im Jahre 1954 habe den Vorkriegsstand wieder erreicht, geht aus einer Umfrage bei führenden deutschen und ausländischen Reisebüros hervor. Mindestens 40 v. H. mehr Buchungen als im Vorjahr seien bisher eingegangen, so daß schon jetzt die Termine für Urlaubsreisen im Juli und August fast ausverkauft seien.

Die Vorsaison ist nach Angaben eines führenden ausländischen Verkehrsbüros bereits so belegt, daß sie das Doppelte an Umsatz des vergangenen Jahres gebracht hat. Auch die Vergnügungsreisen zur See seien in vollem Umfange wieder aufgenommen worden. Als Reiseziele werden die Riviera, Ägypten und die Kanarischen Inseln angegeben.

Die innerdeutschen Reisewünsche richten sich bisher überwiegend auf den Schwarzwald, auf Oberbayern, den Bayrischen Wald und die Nordsee. Die im Vorjahr schon beobachtete Vorliebe für Auslandsreisen hat sich in diesem Jahr noch erheblich verstärkt. Österreich wird am meisten verlangt, Italien, die Schweiz und neuerdings auch Jugoslawien folgen in der Spezifizierung der getätigten Buchungen.

Die Gesellschaftsreisen werden durch ihre Preisgünstigkeit immer noch am meisten bevorzugt, aber auch die einzelnen Pauschalreisen haben in diesem Jahre an Umfang zugenommen. (ap)

Brit. Wissenschaftler erfinden „billige" Wasserstoffbombe

LONDON, 3. Mai

Britischen Wissenschaftlern ist es gelungen, einen neuen Wasserstoffbombentyp zu erfinden, der „weit einfacher und billiger" herzustellen sein soll als die amerikanische H-Bombe. Präsident Eisenhower sei über die außerordentliche Entdeckung informiert worden, doch habe man ihm bisher keine Einzelheiten mitgeteilt, berichtet der wissenschaftliche Mitarbeiter Chapman Pincher des Londoner „Daily Express".

Der britische H-Bombentyp, der bereits im Oktober 1953 in Australien ausprobiert worden war, wurde von Sir William Pennay und anderen Wissenschaftlern in England schnell weiterentwickelt.

Die ersten Großversuche sollen mit der neuentwickelten H-Waffe im nächsten Jahr durchgeführt werden. (ap/dpa)

Mit guter Laune in den Sommer

„Schmutz- und Schund"-Prüfstelle errichtet

Am Dienstag in Bonn

Von unserem Bonner Büro

Vo BONN, 17. Mai

Am Dienstag wird sich die Bundesprüfstelle für jugendgefährdende Schriften in Bonn konstituieren. Bundesinnenminister Schröder wird dabei den Jugendstaatsanwalt Robert Schilling aus Köln in sein Amt als Vorsitzenden der Bundesprüfstelle einführen. Schilling hat bereits einen umfangreichen Kommentar zum Schmutz- und Schundgesetz geschrieben.

Nach dem Gesetz über die Verbreitung jugendgefährdender Schriften vom 9. Juni 1953 müssen Schriften, die geeignet sind, Jugendliche sittlich zu gefährden, in eine Liste eingetragen werden. Sie dürfen Jugendlichen unter 18 Jahren nicht zugänglich gemacht oder feilgeboten werden.

Die Bundesprüfstelle entscheidet mit Zweidrittel-Mehrheit über die Aufnahme einer Veröffentlichung in die Liste.

Amtliche Briefe reden „Fräulein" mit „Frau" an

... wenn die Empfängerinnen mehr als 35 Jahre alt sind

Von unserem Bonner Büro

T BONN, 7. Mai

Unverheiratete Frauen über 35 Jahre sollen im amtlichen Schriftverkehr künftig nicht mehr mit „Fräulein" angeredet werden. Wie Bundesinnenminister Dr. Schröder am Freitag auf eine DP-Anfrage mitteilte, befassen sich die Länderinnenminister in Kürze mit diesem Problem.

„Ich rechne damit, daß sie einen bestimmten Vorschlag ausarbeiten werden", schreibt Schröder. „Bei der Bundesregierung werden voraussichtlich keine Bedenken bestehen, eine entsprechende Regelung für den amtlichen Verkehr der Bundesbehörden zu erlassen." Die Bundesregierung stehe der Angelegenheit jedenfalls positiv gegenüber. Der Minister betont, die Bezeichnung „Frau" sei allerdings weder eine Personenstandsbezeichnung, noch ein Teil des Namens, noch ein Titel, der verliehen werden müßte oder könnte. Es würden daher Verwaltungsvorschriften ausreichen, die in erster Linie von den Ländern zu erlassen wären.

Bedürfnis nach 25-Pf-Münze wird geprüft

Durch Industrie- und Handelstag

WAZ DÜSSELDORF, 12. Mai

Die Einführung einer Geldmünze im Wert von 25 Pf hat der Verband der öffentlichen Verkehrsbetriebe beim Bundesfinanzministerium angeregt. Der Deutsche Industrie- und Handelstag will jetzt durch eine Umfrage klären, ob in der Wirtschaft ein allgemeines Bedürfnis nach einer solchen Münze besteht. Vom Einzelhandel wird dazu erklärt, daß die Lebensmittelgeschäfte noch keine solchen Wünsche vorgebracht hätten. Dagegen bestehe in anderen Branchen ein echtes Bedürfnis für eine 25-Pf-Münze. Sollte sie geprägt werden, dann müsse allerdings für eine deutliche Unterscheidung gegenüber den übrigen Geldstücken gesorgt werden.

DGB soll 40-Stunden-Woche erkämpfen

Forderung der IG Metall

FRANKFURT, 30. Mai

Die IG Metall hat am Wochenende alle Gewerkschaften des DGB aufgefordert, energische Maßnahmen zur Verwirklichung der 40-Stunden-Woche bei vollem Lohnausgleich zu ergreifen. Die Gewerkschaften dürften in dieser Frage nicht mehr lockerlassen. Der DGB solle deshalb die Bevölkerung über die Möglichkeiten und Notwendigkeit der Arbeitszeitverkürzung aufklären. Bei künftigen Tarifverhandlungen müsse die Arbeitszeit Gegenstand gewerkschaftlicher Forderungen sein. (dpa)

Atomtechnik steht vor der Tür

VDI-Tagung in Mannheim

MANNHEIM, 30. Mai

Die Vorträge auf der gegenwärtig in Mannheim stattfindenden Hauptversammlung des Vereins Deutscher Ingenieure (VDI) ließen erkennen, wie sehr das Eindringen der Wissenschaft in das Atom die Lebensbedingungen der Menschheit verändern wird und welche entscheidende Verantwortung dem Ingenieur bei der Neugestaltung zukommt. Der Vorsitzende des VDI, Bundesminister a. D. Dr. Ing. e. h. Schuberth, betonte in seiner Begrüßungsansprache auf dem Festakt am Sonntag, daß die Ingenieure aus dieser Verantwortung nicht mehr entlassen werden könnten. Andererseits müsse man deshalb gerade die Ingenieure in den Verwaltungen, Parlamenten, Regierungen und gegebenenfalls auch in einer künftigen Armee mitsprechen lassen.

Der Vertreter der Bundesregierung, Ministerialdirigent Dipl.-Ing. Hinsch, forderte, daß der künftige Ingenieur nicht nur fachlich ausgebildet, sondern auch schon im Studium mit dem Wesen der Betriebsführung vertraut gemacht werde. Die Betriebsführung ihrerseits müsse neue Wege finden, um den Arbeiter mehr für seine Arbeit zu interessieren.

Dr. Ing. e. h. Jähne erklärte in einem Vortrag, daß sich alle bisherigen Stoffumwandlungen außerhalb der Atomhülle vollzogen hätten. Jetzt könne jedoch durch weitgehend beherrschbare Vorgänge innerhalb der Atomkerne, die sich spalten und neu zusammenfügen ließen, neuer Stoff entstehen. Ein Element könne also in ein anderes verwandelt, Stoff zu Energie und Energie zu Stoff werden. Durch diese Entwicklung habe sich in den letzten 50 Jahren das Bild der Welt mehr verändert als in den 300 Jahren vorher.

‚Deutsche Lufthansa' ersteht wieder

Alliierte sollen Einfuhr von Flugzeugen genehmigen

Von unserem Bonner Büro — Vo BONN, 25. Mai

Der Aufsichtsrat der „Aktiengesellschaft für Luftverkehrsbedarf" in Köln beschloß am Dienstag eine Empfehlung an die Generalversammlung, der Gesellschaft wieder den Namen „Deutsche Lufthansa AG." zu geben. Gleichzeitig hat die Bundesregierung die Westmächte ersucht, eine Sondergenehmigung für die Einfuhr von vier amerikanischen Flugzeugen zu geben, damit die neue Lufthansa zunächst in begrenztem Rahmen den Flugbetrieb aufnehmen kann.

Die Maschinen sollen im innereuropäischen Verkehr auf den Strecken nach London, Paris, der Schweiz und vielleicht auch Spanien eingesetzt werden und damit das Gerippe des künftigen Lufthansanetzes bilden. Die Lufthoheit selbst würde auch bei Erlaß der Sondergenehmigung bis zum Inkrafttreten des Deutschlandvertrages weiterhin bei den Alliierten bleiben, wenn sie nicht vorher die entsprechenden Bestimmungen ausklammern und vorweg in Kraft setzen.

Sollten die Alliierten jedoch nur die Einfuhr der vier Maschinen gestatten, aber nicht erlauben, daß sie auch von der Lufthansa in Betrieb genommen werden dürfen, so besteht die Möglichkeit, daß hier zunächst englische Luftfahrtgesellschaften eintreten. Zwischen ihnen und der Lufthansa sind entsprechende Vereinbarungen getroffen worden.

Die Vorbereitungen für den Start der Lufthansa sind seit langem abgeschlossen. Die im Ausland bestellten Maschinen könnten bald geliefert und eingesetzt werden. Auch die für den modernen Luftverkehr geschulten deutschen Piloten stehen bereit. In England wird gegenwärtig die dritte Gruppe früherer deutscher Verkehrsflieger geschult.

Über 100 Matrosen verbrennen auf USA-Flugzeugträger

. . . vor der amerikanischen Ostküste
Ursache: Explosion im Zünderlager

QUONSET POINT (Rhode Island/USA), 26. Mai

Durch einen Großbrand auf dem amerikanischen Flugzeugträger „Bennington" sind am Mittwoch über 100 Besatzungsmitglieder ums Leben gekommen und 220 verletzt worden. Dies gab das amerikanische Marineministerium amtlich bekannt. Der Flugzeugträger, der eine Besatzung von 2900 Mann hat, befand sich auf einer Übungsfahrt an der amerikanischen Ostküste.

Nach Aussage des Kommandanten Raborn entstand der Brand durch eine Explosion im Zünderlager auf dem dritten Backborddeck. Die Explosion setzte die Benzindämpfe in Brand, die beim Tanken der Flugzeuge der „Bennington" entstanden waren.

Noch brennend lief der Flugzeugträger in den Hafen von Quonset ein. Ein Teil der Verwundeten wurde bereits unterwegs von Hubschraubern an Land gebracht. Unser Bild, das gleich nach dem Einlaufen des Trägers aufgenommen und nach Europa gefunkt wurde, zeigt den Abtransport eines der Verletzten. Seine unverletzt gebliebenen Kameraden schauen oben von der Reling zu.

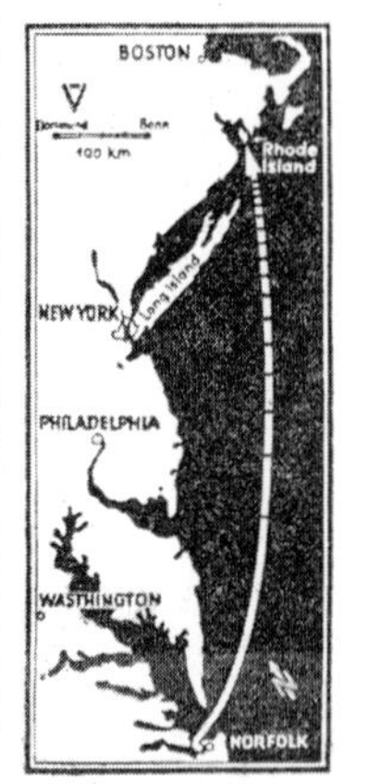

Wie die „Bennington" durch Funkspruch meldet, konnte der Brand inzwischen unter Kontrolle gebracht werden. Die ersten Verletzten wurden mit Hubschraubern des Trägers an Land gebracht. Das Schiff der Essex-Klasse befand sich auf der Fahrt von dem Kriegshafen Norfolk (Virginia) nach dem Marinelufthafen Quonset Point auf Rhode Island. Das Unglück ereignete sich kurz vor dem Einlaufen nach Quonset-Point.

Der Brand ist das zweitgrößte Unglück, das die amerikanische Flotte in Friedenszeiten betroffen hat. Die größte Katastrophe ereignete sich 1952, als der Zerstörer „Hobson" durch den Flugzeugträger „Wasp" im Atlantik gerammt wurde und 178 Matrosen ums Leben kamen. (ap/dpa)

*

Die „Bennington" lief im Februar 1944 in der Werft Navy Yard in New York von Stapel. In den Jahren 1950 bis 1952 wurden Flugdeck und Aufzüge für den Einsatz von Düsen-Atombombern umgebaut und verstärkt und neue Katapulte angebracht. Das Schiff verdrängt voll ausgerüstet 39 600 tons, kann 80 Flugzeuge aufnehmen und hat eine Maschinenleistung von 150 000 PS.

3 U-Bahn-Züge prallen aufeinander

Schreckensschreie in Hamburg - Über hundert Verletzte

Von unserem Korrespondenten VOLKMAR HOFFMANN
HAMBURG, 22. Mai

Drei vollbesetzte U-Bahn-Züge mit über 2000 Fahrgästen sind am Samstagmorgen im Hauptberufsverkehr in Hamburg aufeinandergefahren. In dem fast stockdunklen U-Bahn-Schacht herrschte eine panikartige Stimmung. Wie durch ein Wunder forderte das schwere Unglück kein Todesopfer. 38 Personen mußten mit zum Teil schweren Verletzungen in Krankenhäuser eingeliefert werden. Mehr als 70 Leichtverletzte wurden auf dem Bahnsteig der Station Stephansplatz verbunden und konnten danach entlassen werden.

Der dichtbesetzte Zug U 304 war kurz hinter einer Kurve etwa 300 Meter vor dem Bahnhof Stephansplatz in der Stadtmitte durch Haltesignal abgestoppt worden. In den Morgenstunden fährt die Hamburger U-Bahn im 2½-Minuten-Verkehr. Durch einen technischen Fehler wurde für die auf U 304 folgenden Züge „freie Fahrt" gegeben. Die nächste, ebenfalls stark besetzte U-Bahn verminderte in der Kurve ihr Tempo. In letzter Sekunde erkannte der Fahrer vor sich den haltenden Zug und versuchte zu bremsen. Mit einer Geschwindigkeit von etwa 30 Kilometern in der Stunde stießen die Züge gegeneinander.

Das Licht in den Wagen ging sofort aus. Durch den heftigen Zusammenprall wurden die Fahrgäste durcheinander geworfen und einige Fensterscheiben zertrümmert. Schreie der Verletzten hallten gespenstisch durch den U-Bahn-Schacht. Im Schein einer Notlampe und von Feuerzeugen wurde den Verletzten Erste Hilfe geleistet. Da die U-Bahn-Anlage noch unter Starkstrom stand, durfte niemand die zwölf Wagen verlassen.

150 Sekunden später fuhr die dritte U-Bahn mit einer Geschwindigkeit von 15 km/st gegen die beiden verunglückten Züge. Das Tohuwabohu wurde dadurch noch größer. Einige Frauen erlitten einen Nervenschock. Die Bergungsarbeiten dauerten mehrere Stunden. Verstört kamen die Fahrgäste langsam über die Gleise in den abgesperrten U-Bahnhof.

In den dunklen U-Bahnwagen spielten sich einige erschütternde Szenen ab. Ehepaare hatten sich in dem Wirrwarr verloren, Mütter schrien nach ihren Kindern. Erst als Feuerwehr-Scheinwerfer eintrafen, kam langsam Ordnung in das Chaos an der Unglücksstätte.

Der Abtransport der 38 Verletzten mit Knochenbrüchen, Gehirnerschütterungen usw. dauerte über eine Stunde. Auf Bahren wurden sie durch den langen Schacht getragen. Zwei Frauen waren in der Erregung aus den Fenstern auf die Gleise gesprungen und zogen sich dabei Brüche zu.

Die Schuldfrage an dem Unglück ist noch nicht geklärt. Die drei U-Bahn-Züge sind nur geringfügig beschädigt worden. Erstaunlicherweise kamen die Zugführer ohne Verletzung davon. Nach ihren Angaben standen die Streckensignale auf „freie Fahrt". Von der Hamburger Hochbahn wird die Ursache des Zusammenstoßes noch untersucht.

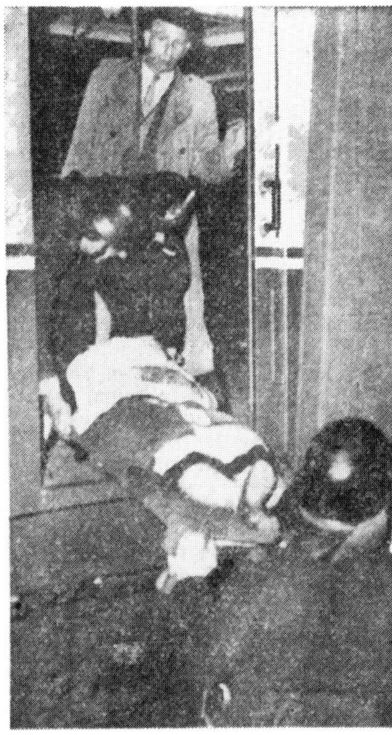

Die Rettungsmannschaften waren schnell zur Stelle. Unser Funkbild zeigt den Abtransport einer Verletzten. dpa-Funkbild

Das Theater liebt Goethe und Schiller

Kultur 1954 – das ist keineswegs ein Trauerspiel, auch wenn dieses Genre in Deutschland besonders gern gesehen ist. Neun Jahre nach Kriegsende spielen die Theater Goethe, Schiller, Shakespeare, rauf und runter, als gebe es keine Moderne – keinen Brecht, keinen Anouilh, keinen Tennessee Williams. Wolfgang Borcherts Antikriegsstück „Draußen vor der Tür" ist in der Versenkung verschwunden, Brecht wird als Kommunist boykottiert und Frankreichs absurdes Theater argwöhnisch beäugt. Ob die Maxime von der „entarteten Kunst" noch in manchem Kopf spukt? Immerhin ist dies die Zeit, in der Jazz als „Negermusik" gilt. Und in der bildenden Kunst verlocken Tachismus und Informel manchen Betrachter zu süffisanten Reden.

Das Jahr 1954, es ist der Kunst wohlgesonnen, in Deutschland aber mehr der erhaltenden, der bewahrenden, der immer schon als gut befundenen Kunst. Das Neue, Innovative bleibt interessierten Zirkeln vorbehalten und erreicht die Öffentlichkeit kaum. Das ist zwar selten anders, in dieser Nachkriegszeit aber tritt es besonders deutlich zutage; schon möglich, dass die Kunstschaffenden dem jungen Wirtschaftswunderglück nicht mit allzu viel kritischem Geist entgegentreten mögen.

Es ist ja nicht so, dass nichts los wäre, kulturell – auch in Deutschland. Heinrich Böll beschreibt in „Haus ohne Hüter" Familien ohne Männer, Wolfgang Koeppen schildert in „Der Tod in Rom" Menschen, die sich mit ihrer faschistischen Vergangenheit konfrontiert sehen. Das wird schon wahrgenommen, ebenso wie die Schweizer Autoren Max Frisch und Friedrich Dürrenmatt. Die finden sogar den Weg auf die Bühne; wohl auch wegen der Sprache.

Außer der Klassik lieben die Menschen vor allem Peter Alexander und Bully Buhlan, und die erste Platte eines jungen LKW-Fahrers namens Elvis Presley; „That's Alright, Mama". Nicht nur in Gelsenkirchen huldigt man der pompösen Vitrine, die selbstbewusst das Beiwort „Barock" trägt, und die Tupperdose wird erfunden – das ist doch auch Kultur, oder? Dass der „Modern Dance" angefangen hat, neben das Klassische Ballett zu treten; dass Luigi Nonos „Der rote Mantel" uraufgeführt wird und Arnold Schönbergs Oper „Moses und Aron" in Deutschland erstmals zu hören ist – es erreicht keinen weiten Kreis.

Aufregend, doch, das sind in jenen Zeiten die Ruhrfestspiele, dieses erstaunliche Festival, das sich aus einem Tauschhandel entwickelt hat: Bergleute aus Recklinghausen hatten dem Hamburger Schauspielhaus mit Kohlen geholfen, das Theater revanchierte sich mit emotionaler Wärme, mit Kunst. 1954 finden die Ruhrfestspiele zum 8. Mal statt, und sie haben allerhand zu bieten. Gustaf Gründgens', des Düsseldorfer Schauspielchefs Inszenierung von T.S. Eliots „Der Privatsekretär" in deutscher Erstaufführung, und Hans Schalla vom Schauspielhaus Bochum zeigt „Hexenjagd" von Arthur Miller. Das ist ein Programm, das sich sehen lassen kann.

Und auch in Oberhausen tut sich Beachtliches in der Kultur – der junge Leiter der Volkhochschule, Hilmar Hoffmann, gründet die Westdeutschen Kurzfilmtage – als Gegenpol zum „qualitativen Niveauverlust" des kommerziellen Unterhaltungsfilms.

Die Romane, die Weltruhm erlangen, kommen eher aus dem Ausland. Böll ist da eine Ausnahme, auch Thomas Mann, dessen „Felix Krull" 1954 erscheint. Zu den bedeutenden Neuerscheinungen des Jahres gehören aber vor allem Simone de Beauvoirs „Die Mandarins von Paris" über die Köpfe der Résistance und Francoise Sagans „Bonjour Tristesse". Beide werden erst zehn Jahre später ins Deutsche übersetzt. Auch die ersten Bände von Tolkiens „Der Herr der Ringe" erscheinen.

Was sonst noch geschieht – Ernest Hemingway bekommt den Literaturnobelpreis, Will Quadflieg spielt in Salzburg den Jedermann, am Ostberliner Theater am Schiffbauerdamm wird Brechts „Kaukasischer Kreidekreis" uraufgeführt, in München wagt Fritz Kortner den Aufbruch und zeigt Becketts „Warten auf Godot" – mit Heinz Rühmann als Estragon. Und Veit Harlan verbrennt öffentlich das einzige verfügbare Negativ seines Hetzfilms „Jud Süß" – er wolle nicht „als Aushängeschild für einen neuen Antisemitismus missbraucht werden", sagt er. Neun Jahre nach dem Krieg ist die Welt noch lange nicht in Ordnung.

Gudrun Norbisrath

EINZELPREIS 20 PF / NR. 137
VERLAGSORT ESSEN

DIENSTAG, 15. JUNI 1954

WESTDEUTSCHE ALLGEMEINE

WAZ-GESAMTAUFLAGE ÜBER 300000

Die unabhängige Zeitung des Ruhrgebiets

„Atomenergie schon jetzt Konkurrent der Kohle"

Prof. Pascual Jordan: Betriebskosten für Atommeiler um 99 v. H. verringert

Von unserem Redaktionsmitglied ERNST NEY ESSEN, 14. Juni

Der Betrieb von Atommeilern sei durch die jüngsten Erfolge der amerikanischen Atomtechnik derartig verbilligt worden, daß die Atomenergie bereits jetzt als ernst zu nehmender Konkurrent von Kohle und Wasserkraft auftrete, erklärte der bekannte Hamburger Physiker Prof. Pascual Jordan auf der Jahrestagung des deutschen Verbandes für Schweißtechnik am Montag in Essen. Nach der Unterzeichnung des Generalvertrages werde der Bundesrepublik erlaubt sein, jährlich neun Tonnen Uran zu produzieren. Daraus lasse sich etwa die gleiche Menge Energie gewinnen, die 24 Mill. t Kohle hergeben, also mehr als zwei durchschnittliche Monatsförderungen des westdeutschen Steinkohlenbergbaus.

Ausgelöst worden sei diese sprunghafte Entwicklung, als es den Amerikanern im vergangenen Jahr gelang, aus dem schweren Uranisotop, daß 99 v. H. des natürlichen Urans ausmacht, durch Zusatz von Plutonium neues Plutonium zu erzeugen. Damit wurde das „Brut-Problem" in der Atomkerntechnik gelöst, die 100prozentige Ausnutzung des Urans möglich gemacht und in der Atomkerntechnik eine Kostensenkung von nahezu 99 v. H. erreicht.

Pascual Jordan: revolutionierend

Noch vor wenigen Jahren seien Wissenschaftler und Techniker sich darin einig gewesen, daß es erst in Jahrzehnten möglich sein werde, technisch zulängliche und wirtschaftlich rentable Atomkraftwerke zu bauen. Jedoch habe die Entwicklung der Atomkerntechnik in den letzten Jahren gelehrt, daß man der Ausnutzung der Atomkraft für die Energieversorgung mit Riesenschritten näherkomme.

Deutschland sei gegenwärtig noch von diesen umwälzenden Entwicklungen in der Technik durch alliierte Verbote nahezu ausgeschlossen. Aber auch bei uns müsse sich die Phantasie mit den neuen Perspektiven beschäftigen, die sich aus der Anwendung der Atomtechnik auf friedlichen Gebieten ergeben.

Allerdings seien noch außerordentlich schwierige finanzielle und technische Probleme zu lösen, bevor in Deutschland der erste Atommeiler gebaut werden könne.

Fortsetzung auf Seite 2

US-Armeearzt operiert Funk

FRANKFURT, 14. Juni

Der amerikanische Stabsarzt James M. Whiseanand vom Frankfurter Armeelazarett bestätigte am Montag, daß er Ende Juli den in Spandau inhaftierten ehem. Reichswirtschaftsminister Dr. Funk operieren werde. Das endgültige Datum der Operation hänge von der Entwicklung des Gesundheitszustandes des Funks ab, der an einer schweren Blasenerkrankung leide. (dpa)

Norddeutsche Länder stimmen Auflösung des NWDR zu

WAZ DÜSSELDORF, 14. Juni

In einem gemeinschaftlichen Schreiben der drei Regierungschefs von Niedersachsen, Schleswig-Holstein und Hamburg erklären sich diese bereit, die Vorschläge des Ministerpräsidenten von NRW, Arnold, auf Einrichtung einer Zentrale für gemeinsame Rundfunkaufgaben nach Auflösung des NWDR zu akzeptieren. Mit dieser Zusage bestätigen die drei Länder die von NRW eingeleitete Auflösung des NWDR. Die Landesregierung von NRW wird als nächsten Schritt den britischen Hohen Kommissar um Aufhebung der Verordnung 118 biten, auf der der NWDR beruht.

ZU GAST BEI DEN RUHRFESTSPIELEN:

Gustav Rudolf Sellner, Intendant des Darmstädter Landestheaters und in Recklinghausen Regisseur von Gogols Lustspiel „Der Revisor", legt mit Julia Costa, der weiblichen Hauptdarstellerin, letzte Hand an die Inszenierung, die am Samstag den Reigen der öffentlichen Aufführungen der diesjährigen Ruhrfestspiele eröffnet. Schirner-Bild

Schauprozeß bemüht sich um Geschichtskorrektur

BERLIN, 14. Juni

Genau dem Antrag des Staatsanwalts entsprechend hat das Gericht im Ost-Berliner Schauprozeß am Montag gegen vier angebliche „Rädelsführer" des Volksaufstandes vom 17. Juni die Urteile gefällt. Dr. Silgradt und Werner Mangelsdorf erhielten je 15 Jahre, Hans Füldner zehn und Horst Gassa fünf Jahre Zuchthaus. Die vier Angeklagten waren sämtlich in der Zeit von Oktober 1953 bis Februar 1954 unter bisher ungeklärten Umständen aus West-Berlin verschwunden. (dpa)

Ende der Korea-Beratungen in Genf steht bevor

GENF, 14. Juni

Am Dienstag tritt wieder die Korea-Konferenz in Genf zu einer Sitzung zusammen, die höchstwahrscheinlich die letzte sein wird. Die westlichen Länder arbeiteten eine gemeinsame Erklärung aus, in der sich der Westen dafür ausspricht, das koreanische Problem an die Vereinten Nationen zurückzuverweisen, da weitere Beratungen in Genf zwecklos erscheinen. (ap)

Volksbewegung für Wiedervereinigung

Alle Parteien beteiligen sich — Appell an die Jugend

Von unserem Bonner Büro Vo. BAD NEUENAHR, 14. Juni Im Kurhaus von Bad Neuenahr wurde am Montag das Kuratorium des „Unteilbaren Deutschland, Volksbewegung für die Wiedervereinigung" gebildet. Bundesminister Jakob Kaiser, einer der Gründer, konnte dabei mit Genugtuung feststellen, daß erstmalig Vertreter aller Parteien, Richtungen und Organisationen sich zusammengefunden haben, um der Wiedervereinigung Deutschlands zu dienen.

In einem Aufruf an die Bevölkerung Westdeutschlands wird um die Mitarbeit aller derer ersucht, denen Wiedervereinigung, Sicherheit und Freiheit unseres Vaterlandes oberstes Ziel ist. Dabei rechne man vor allem auf die Jugend. Eine der Aufgaben der Volksbewegung werde es sein, den Willen zur Wiedervereinigung in allen Kreisen unseres Volkes zu stärken. „Jeder Deutsche muß sich persönlich für das Schicksal der Millionen Deutschen verantwortlich fühlen, denen ein Leben in Recht und Freiheit verwehrt ist."

Der Präsident des Kuratoriums, das aus 126 Mitgliedern besteht, soll auf der nächsten Arbeitstagung in Berlin gewählt werden. Dem fünfköpfigen Vorstand gehören an: der Vorsitzende der FDP, Dr. Dehler, der Vorsitzende der SPD, Erich Ollenhauer, Bundesminister Kaiser, der Vorsitzende des DGB, Walter Freitag, und der Vorsitzende des Gemeinschaftsausschusses der deutschen gewerblichen Wirtschaft, Dr. Spennrath, Berlin.

Munition für Guatemala in Hamburg festgehalten

BONN, 14. Juni

Eine Ladung schweizerischer Flakmunition, die an Bord eines deutschen Schiffes nach Guatemala gebracht werden sollte, ist in Hamburg auf Ersuchen der amerikanischen Hohen Kommission von deutschen Behörden festgehalten worden. Es handelt sich um sechs Tonnen Granaten vom Kaliber zwei Zentimeter. Ein amerikanischer Sprecher erklärte, die US-Regierung betrachte Waffenlierungen von einer kommunistenfreundlichen Regierung nach Guatemala als Bedrohung der Sicherheit des Panamakanals. (dpa/ap)

Mendes-France will „neues" Indochina-Programm vorlegen

Besprechungen mit Bidault über Genfer Konferenz

PARIS, 14. Juni

Der radikalsozialistische Abgeordnete Mendes-France, der es am Montagvormittag übernommen hatte, eine neue französische Regierung zu bilden, wird voraussichtlich am Mittwoch oder Donnerstag die Nationalversammlung um seine Einweisung als Ministerpräsident ersuchen. Nachdem er sich von hohen Offizieren über die militärische Lage in Indochina und von Bidault über die politische Situation in Genf unterrichten ließ, wird in Paris angenommen, daß Mendes-France eine „neue" Indochinapolitik Frankreichs in den Mittelpunkt seiner Kammerrede stellen wird.

In Pariser politischen Kreisen räumt ma Mendes-France nur wenig Chancen ein, die notwendige absolute Mehrheit von 314 Stimmen für seine Bestätigung in der Kammer zu erhalten.

Falls es ihm jedoch gelingen sollte, sowohl bestätigt zu werden als auch anschließend ein Kabinett zu bilden, wird es als wahrscheinlich angesehen, daß er eine engere Zusammenarbeit mit der Sowjetunion anstrebt. (ap)

Siehe auch Seite 2

Adenauers Pläne überraschen Koalitionspartner

WAZ BONN, 14. Juni

Äußerst lebhaft diskutiert wird in Bonn der jüngste Plan des Bundeskanzlers, einen „Koordinierungsausschuß für die Verlautbarungen der Bundesregierung" zu bilden. Dabei stellt es sich heraus, daß selbst führende Mitglieder der CDU von dem Beschluß des Kanzlers völlig überrascht wurden. Die anderen Regierungsparteien wußten gar nichts davon. Ohne seine Koalitionspartner zu verständigen, hatte der Kanzler lediglich den einzelnen Ministerien seinen Beschluß mitgeteilt.

KP-Spitzenfunktionäre in Karlsruhe angeklagt

WAZ KARLSRUHE, 14. Juni

Der bisher größte Hochverratsprozeß der Nachkriegszeit begann am Montag vor dem 6. Strafsenat des Bundesgerichtshofes in Karlsruhe. Zu dem Prozeß sind Sonderkorrespondenten aus vielen europäischen Ländern nach Karlsruhe entsandt worden. Angeklagt sind drei kommunistische Spitzenfunktionäre des „Hauptausschusses für Volksbefragung". Außer der Vorbereitung zum Hochverrat werden sie u. a. der Geheimbündelei beschuldigt. Wie wir bereits berichteten, sieht die Bundesanwaltschaft in dem Hauptausschuß der in Westdeutschland verbotenen Volksbefragung eine von der Sowjetzone gebildete und finanzierte Tarnorganisation, deren Aufgabe die Vorbereitung eines gewaltsamen Umsturzes der verfassungsmäßigen Ordnung der Bundesrepublik sei.

Silikose geht erstmalig zurück

Aber mehr Arbeitsunfälle

WAZ RUHRGEBIET, 14. Juni

Aus den von der Bergbau-Berufsgenossenschaft veröffentlichten Zahlen über die Arbeitsunfälle und Berufskrankheiten im zweiten Halbjahr 1953 geht hervor, daß sich die Silikoseerkrankungen verringert und die Arbeitsunfälle erhöht haben. Die Zahl der Silikosefälle sei von 8303 im vierten Quartal 1952 auf 7598 im vierten Quartal 1953 gesunken. Neben der Zahl der gemeldeten Silikoseerkrankungen sei auch die Zahl der erstmals entschädigten Silikosefälle im vergangenen Jahr zurückgegangen, nämlich von 2363 im ersten Quartal auf 1885 im letzten Quartal 1953. Dagegen habe sich die Zahl der erstmalig entschädigten Arbeitsunfälle von 5802 im Jahre 1952 auf über 6800 im Jahre 1953 erhöht.

*

Die Wahl des Bundespräsidenten solle in Berlin stattfinden, erklärte der Vorsitzende der Zentrumspartei, Brockmann, in Ascheberg.

Das Deutsche Rote Kreuz nimmt jetzt auch Anfragen (bei dem jeweiligen DRK-Kreisverband) nach Deutschen in der französischen Fremdenlegion entgegen.

Auch die amerikanische Hohe Kommission wird nach Mitteilung des US-Hochkommissars den 17 Juni, den „Tag der deutschen Einheit", als Feiertag begehen.

Abgelehnt hat der Kreiswahlausschuß Duisburg die Kandidatur von zwei Vertretern des östlich orientierten BdD. (Bund der Deutschen). Ein Teil der erforderlichen Unterschriften war ungültig.

Nach Moskau reiste eine französische Delegation, um mit den Sowjetbehörden über die Wiederaufnahme der Flugverbindung Moskau—Paris zu verhandeln.

Eine enge militärische Zusammenarbeit zur Abwehr eines Angriffs gegen einen der beiden Staaten haben die Türkei und Pakistan in Ankara beschlossen.

Auf den Herbst verschoben hat der japanische Ministerpräsident Joshida seine geplante Weltreise, da politische Schwierigkeiten in Tokio zur Zeit eine Reise unmöglich machen. (WAZ/dpa/ap)

FUSSBALLSTARS IM BELVEDERE

In diesem Hotel, dem Belvedere, am landschaftlich schön gelegenen Thuner See in der Schweiz wohnen jetzt die deutschen Nationalspieler. Hier wollen sie sich auf die bald beginnenden schweren Kämpfe um die Weltmeisterschaft vorbereiten. Schirner-Bild

Kein Postgeheimnis in der Sowjetzone

WAZ DÜSSELDORF, 14. Juni

Das in der Sowjetzone ausdrücklich garantierte Postgeheimnis werde in der Praxis nicht gewahrt, meldet der Bundesverband der deutschen Industrie. Die Sowjetbehörden hätten zwar im April 1950 ihre Postzensur eingestellt, aber bereits im September 1950 habe die Briefkontrolle durch deutsche Dienststellen begonnen. Diese Kontrolle werde nicht von Postangestellten, sondern von Beauftragten des SSD durchgeführt. Das Öffnen der Briefe erfolge in einer Form und mit technischen Mitteln, die dem Empfänger ein Erkennen der Kontrolle unmöglich machten.

DIE SCHWEREN REGENGÜSSE der letzten Tage haben die Baustelle am neuen Teil des Ruhrschnellweges in Essen-Kray in ein Schlammfeld verwandelt. Trotzdem ist der Unterbau der neuen Umgehungskurve schon gut erkennbar. Rechts die schmale Fahrbahn des alten Ruhrschnellweges. WAZ-Bild: Wulfran Hagemann

Unsichtbare Sterne - durch Gehör entdeckt

Englands Radio„fernrohr" wird neue Himmelskarte zeichnen

waz LONDON, im Juni

Während die ersten Weltraumraketen und künstlichen Trabanten auf den Zeichentischen der Ingenieure bereits Gestalt annehmen, vollzieht sich in der Astronomie eine grundlegende Wandlung, von der man bisher im breiten Publikum wenig weiß.

Seit ein paar Jahren wissen die Astronomen, daß der Weltraum voll von unsichtbaren Sternen ist, die uns ihre Strahlen nicht in Form von sichtbarem Licht, sondern als elektromagnetische Schwingungen mit millionenmal größeren Wellenlängen zusenden.

200 neue Weltkörper

Mit den während des Krieges enstandenen neuen, höchst temperaturempfindlichen Empfangsgeräten hörte man Störgeräusche, die ihren Ursprung nur im Weltraum haben konnten. Dr. A. C. B. Lovell, Professor an der Universität Manchester, machte das Studium dieser Signale zu seinem Spezialgebiet und baute auf einer einsamen Hochebene in Cheshire, Jodrell Bank, aus gebrauchten Heeresgeräten das erste, noch etwas primitive „Radio-Fernrohr", mit dem ihm und seinen Mitarbeitern bereits die Identifizierung von fast 200 unsichtbaren Radiosternen gelang; sie senden meist auf den auch im Fernsehbetrieb benutzten Ultrakurzwellen zwischen 1 und 10 Meter Länge.

Die faszinierende Frage, die sich die Forscher nun vorlegen, lautet: Was sind das für merkwürdige Himmelskörper, die man selbst mit dem besten optischen Fernrohr nicht sehen, wohl aber im Kopfhörer und Lautsprecher hören kann? Welche Rolle spielen sie in der Struktur des Weltraums?

Sternsuche bei Tageslicht

In diesen Tagen wurde in Jodrell Bank das Fundament eines neuen, riesigen Radio-Fernrohres gelegt, eines Geräts von „unbeschränkten Möglichkeiten für die Erforschung des Universums", wie Dr. Lovell erklärt. Mit dem konventionellen Fernrohr hat es überhaupt keine Aehnlichkeit: es besteht aus einem parabolischen Drahtgeflecht von 80 m Durchmesser, das auf Schienen läuft und nach allen Seiten drehbar ist; Elektromotoren, von den Astronomen gesteuert, treiben es an.

Im kommenden Jahr hofft man, mit der Lösung des Rätsels der Radiosterne beginnen zu können. Man hat bereits angefangen, eine ganz neue Himmelskarte auf Grund des Empfanges elektromagnetischer Signale zu zeichnen. Dabei braucht man natürlich nicht, wie in der traditionellen Himmelsforschung, mit der Arbeit zu warten, bis es dunkel wird — deswegen nennt Dr. Lovell sein Forschungsgebiet „Tageslicht-Astronomie". Der Astronom von morgen ist kein Nachtarbeiter mehr.

Das Radiofernrohr kann jedoch mit einem Handgriff auf „Senden" umgeschaltet werden. Dr. Lovell beabsichtigt, durch Ausschickung und Rückempfang kurzer, schnell aufeinanderfolgender Strahlenbündel die höchsten Schichten der Erdatmosphäre, die Meteore und das Nordlicht zu untersuchen. „Und schließlich werden wir mit den anderen Planeten unseres Sonnensystems Radarkontakt aufnehmen, so erklärt Dr. Lovell.

„Fliegende Untertasse" jetzt angeblich über Düsseldorf beobachtet

DÜSSELDORF, 9. Juni

Eine „Fliegende Untertasse" wollen Angestellte verschiedener Fluggesellschaften am Mittwoch auf dem Düsseldorfer Flughafen beobachtet haben. Um 18.50 Uhr, so berichten sie, tauchte am Himmel ein hellglänzender runder Körper auf, der sich aus südlicher Richtung mit großer Geschwindigkeit näherte, dann nach Westen abdrehte und über den 6000 Meter hohen Wolken verschwand. Einer der Augenzeugen meinte, es habe sich keinesfalls um ein Flugzeug, einen Ballon oder ein Meßgerät handeln können. Dafür sei die Geschwindigkeit des Körpers zu groß gewesen. Die Einweiser des Flugplatzes haben von der Erscheinung nichts gemerkt.

500 000 verschleppte Deutsche im Osten gestorben

500 000 von 750 000 Zivilisten, die in die Sowjetunion verschleppt wurden, sind gestorben. Diese Deutschen stammten nach Angaben des Deutschen Roten Kreuzes aus den ostdeutschen Reichsgebieten, den volksdeutschen Siedlungsgebieten, aus dem Donauraum und aus der sowjetischen Besatzungszone. Wie das DRK weiter mitteilt, werden die Überlebenden nach den bisherigen Feststellungen in 33 Zwangsarbeiterlagern und in drei Gefängnissen zurückgehalten. Die Namen der Deportierten seien allerdings nur zu einem ungenügenden Teil bekannt. Die Verschleppten in den Arbeitslagern haben jetzt die Erlaubnis erhalten, ihren Angehörigen in Deutschland zu schreiben. dpa

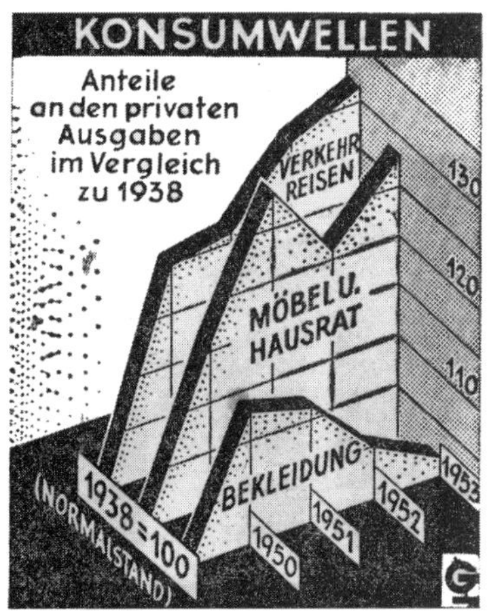

Während der private Verbrauch im Bundesgebiet etwa wieder die Vorkriegshöhe erreicht hat, zeigen sich innerhalb einzelner Gebiete recht erhebliche Verschiebungen. Sie sind bedingt durch die Kaufwellen, die der Nachholbedarf auslöste. Der „Eßwelle" nach Aufhebung der Rationierung folgte die „Kleiderwelle", die gegenwärtig wieder abklingt. Die zunehmende Wohnungsbau begünstigte die „Möbelwelle", die noch einige Zeit anhalten dürfte. Unverändert im Anstieg befindet sich die „Reisewelle", die sich in den Ausgaben für Verkehr ausdrückt. Die Ausgaben für Verkehrsmittel beanspruchten 1936 und 1938 jeweils 3,9 v. H. des privaten Verbrauchs, 1953 aber 5,1 v. H. Hierin drückt sich auch die zunehmende Motorisierung aus. Ein Rückgang der „Verkehrs- und Reisewelle" auf den Vorkriegsstand ist daher nicht mehr zu erwarten. (Globus)

KEIN HARLEKIN-KOSTÜM ... sondern ein moderner Sommerluftanzug. Das Londoner Modell ist aus Baumwolle und soll nach dem Willen seines „Schöpfers" mit Erdbeer-Ohrringen und einem strohgeflochtenen Punchinello-Hut getragen werden. ap-Bild

Vertriebene erneuern Bekenntnis zur Heimat

Pommern treffen sich in Bochum – Fast 500 000 Sudetendeutsche in München

BOCHUM, 7. Juni

Hunderttausende von Vertriebenen fanden sich zu Pfingsten an vielen Orten des Bundesgebietes zusammen, um ein Treuebekenntnis zur alten Heimat abzulegen. In Bochum waren es über 150 000 Pommern, in München fast eine halbe Million Sudetendeutscher, während in Herford 25 000 Flüchtlinge aus Berlin und der Mark Brandenburg und in Werl ebenso viele katholische Schlesier zusammentrafen.

In Bochum appellierte Bundesvertriebenenminister Oberländer an die Pommern, nicht nur mit Wehmut an die alte Heimat zu denken, sondern Kraft für die Zukunft zu sammeln. Er sei überzeugt, daß es über die Wiedervereinigung Deutschlands und die Einheit Europas zur Freiheit Osteuropas und damit zur Freiheit der ganzen Welt kommen werde.

(Ausführlicher Bericht siehe auf der Seite „Aus dem Westen".)

Auf dem größten der Vertriebenentreffen in München wurde in Reden und Resolutionen als Voraussetzung für die Rückgewinnung der Heimat herausgestellt: die Wiedervereinigung Deutschlands, der Zusammenschluß Europas und eine Verständigung mit den Ostvölkern. Die bayrische Staatsregierung hat die Schirmherrschaft über die sudetendeutsche Volksgruppe übernommen, da über die Hälfte der in der Bundesrepublik wohnenden Sudetendeutschen in Bayern eine neue Heimat gefunden hat.

In Werl war der Treuekundgebung der heimatvertriebenen Katholiken aus Schlesien eine Wallfahrt zum Gnadenbild der Muttergottes von Werl vorausgegangen. Sie soll das Gedenken an die frühere traditionellen Schlesierwallfahrt zum Annaberg in Oberschlesien wachhalten.

In Düsseldorf wurde auf einem Bundestreffen der Magdeburger mitgeteilt, daß sich ein Wirtschaftsausschuß des Bundes der Magdeburger damit befasse, wie die zwangsweise Bolschewisierung nach der Wiedervereinigung rückgängig gemacht werden kann. (WAZ/dpa/ap)

Wohnungsbau-Programm für Sowjetzonen-Flüchtlinge

WAZ BONN, 11. Juni

Für Sowjetzonen-Flüchtlinge soll in diesem Jahr ein zusätzliches Sonderprogramm zum Bau von Wohnungen aus amerikanischen Mitteln verwirklicht werden. Die USA-Regierung hat, wie das Bundeswohnungsbau-Ministerium am Freitag mitteilte, für diesen Zweck eine Spende von 15 Mill. Dollar (63 Mill. DM) bereitgestellt. Davon sollen 43 Mill. DM im Bundesgebiet und 20 Mill. DM in West-Berlin eingesetzt werden.

265 000 Ost-Deutsche wollen nach Westen

DRK: Anträge auf Einreise in die Bundesrepublik sind gestellt

Von unserem Bonner Büro — Vo BONN, 11. Juni

Insgesamt 265 000 Deutsche aus den Gebieten östlich der Oder-Neiße-Linie, Polen, Ungarn, Rumänien, der Tschechoslowakei und Jugoslawien wollen nach Westdeutschland umgesiedelt werden. Davon leben allein 175 000 in Polen und den polnisch verwalteten Gebieten. Wie das Deutsche Rote Kreuz am Freitag in Bonn bekanntgab, haben alle diese Deutschen Anträge auf Rückkehr in den Westen gestellt. Es handelt sich um Personen, die durch Kriegs- und Nachkriegsereignisse von ihren in Westdeutschland lebenden Familien getrennt wurden.

Das DRK will sich diesem Problem der Familienzusammenführung in verstärktem Umfang widmen. Während die polnische Regierung 1953 noch 10 000 Deutsche in die Sowjetzone ausreisen ließ, hat sie die Aussiedlungen in die Bundesrepublik bereits seit Ostern 1951 praktisch eingestellt. Aus Jugoslawien kehrten 1953 rund 8000 Deutsche in die Bundesrepublik zurück.

150 000 Pommern kamen Pfingsten zum

TREFFPUNKT BOCHUM

Prof. Oberländer vor der Landsmannschaft: „Wir wollen keinen ‚warmen Krieg', aber wir wollen den ‚kalten Krieg' gewinnen"

WAZ BOCHUM, 7. Juni

Die schweren Regenwolken des ersten Pfingsttages taten dem Pommerntreffen in Bochum kaum Abbruch. Vollbesetzte Reisebusse aus dem ganzen Bundesgebiet trafen in den frühen Morgenstunden ein, immer wieder waren die Bahnhöfe schwarz von Menschen. Als gegen 10.15 Uhr am Sonntag die Kundgebung in der großen Halle des Bochumer Vereins begann, konnte die Landsmannschaft rund 150 000 Teilnehmer am Pommerntreffen melden — etwa 100 000 davon nahmen dichtgedrängt in und vor der Halle an der Kundgebung teil.

Viele Organisationen und Verbände hatten Vertreter entsandt — so der DGB, die Vertriebenen, die Soldatenverbände. Außer Bundeskanzler Dr. Adenauer und anderen Kabinettsmitgliedern hatte auch Ollenhauer Grüße geschickt.

Bundesvertriebenenminister Professor Dr. Oberländer gab, oft von Beifall unterbrochen, einen Querschnitt durch alle für die Landsmannschaften aktuellen Themen. Er wies darauf hin, daß nach neun Jahren erst ein Drittel der Vertriebenen wirklich sozial und wirtschaftlich eingegliedert sei — „glauben wir, für die letzten zwei Drittel noch 18 Jahre Zeit zu haben?"

Es gelte, die Vertriebenenbetriebe auch krisenfest zu machen. Diese Betriebe — 128 000 im Bundesgebiet — wurden sonst aus Mangel an Eigenkapital eine Krise kaum überstehen. Man solle endlich auch aufhören, sagte der Minister weiter, zu behaupten, daß die Wiedereingliederung der vertriebenen Bauern ein unlösbares Problem sei.

Nur von einem sozial befriedeten und gesunden Westdeutschland, betonte Professor Oberländer, könne einmal die Sowjetzone eingegliedert werden, in der es auch Millionen von Vertriebenen und Ausgebombten gebe. Die Wiedervereinigung der vier Zonen nannte der Minister die Voraussetzung für ein einiges und freies Europa, das ohne Mittel- und Osteuropa nicht denkbar sei. Die Vertriebenen als Opfer des Nationalismus lehnten jede Machtpolitik ab — „wir wollen keinen ‚warmen Krieg', aber wir wollen den ‚kalten Krieg' gewinnen."

Ein Blick in die vollbesetzte BV-Halle während der Großkundgebung der pommerschen Landsmannschaft.

„Saturierte" vergessen schnell

Der Minister verlangte von der Landsmannschaft die Wahrung der Tradition — es sei schade, daß gerade die wirtschaftlich saturierten Vertriebenen diese Aufgabe so oft vergäßen —, von den Schulen intensiveren Ostkundeunterricht und schlug vor, mit der Bezeichnung „Ostzone" endlich Schluß zu machen und dafür richtiger „Sowjetzone" oder „Mitteldeutschland" zu setzen.

Zum Preußentum bekannte sich Dr. Eggert (Oberhausen), der Sprecher der Landsmannschaft. Es bedeute, wie er sagte, Pflichterfüllung, Einsatz und Vaterlandsbewußtsein. Er wandte sich gegen eine Kulturautonomie an der Saar und sprach sich gegen „einseitige deutsche Vorleistungen" aus. Man müsse vielmehr von den Westmächten als Vorleistung eine verbindliche Erklärung über die Revision der Oder-Neiße-Linie verlangen. Europa reiche weiter als ein Gebilde nach dem Muster des Karolingerreiches.

Im Rathaus war während des Treffens eine kleine, aber vielfältige Schau mit Zeugnissen über die alte deutsche Vergangenheit Pommerns aufgebaut: vorgeschichtliche Funde, Bilder pommerscher Landschaften und Architektur, Volkskunst, Zeichnungen und Gemälde.

Historischer Wimpel

In einer besonderen Feierstunde wurde der Traditionswimpel der Pommernjugend von der Soester an die Rastätter Gruppe weitergegeben. Es handelt sich um einen Wimpel, der seit 1927 von einer Stolper Jugendgruppe getragen wurde. Dreimal war er den Russen in die Hände gefallen. Einem 13jährigen gelang es, den Wimpel den Russen immer wieder abzunehmen und schließlich nach Westdeutschland zu bringen.

‚Rekordbeschäftigung zu erwarten'

Scheuble: Bereits jetzt empfindlicher Mangel an Arbeitskräften

NÜRNBERG, 11. Juni

Die Bundesanstalt für Arbeitsvermittlung und Arbeitslosenversicherung in Nürnberg rechnet damit, daß in diesem Jahr bereits Ende Juni ein Beschäftigungsrekord in der Bundesrepublik erreicht wird. Man erwartet, daß die Zahl der Beschäftigten Ende September weit über 16 Millionen liegen wird. Der Präsident der Bundesanstalt, Scheuble, erklärte am Freitag, daß damit die Vollbeschäftigung — abgesehen von regionalen Schwankungen — praktisch erreicht sein werde.

Der Tiefstand der Arbeitslosigkeit des vergangenen Jahres, der Ende September bei rund 940 000 Arbeitslosen lag, werde voraussichtlich unterschritten werden. Unter dem Rest würden sich kaum noch Facharbeiter und andere wirklich einsatzfähige Arbeitskräfte befinden. Ein gewisser „Bodensatz" werde allerdings immer vorhanden sein. Die Höchstzahl der Beschäftigten betrug Ende September 1953 rund 16 Millionen.

Der Mangel an Arbeitskräften ist nach Feststellung der Bundesanstalt heute erheblich größer, als durch Zahlen zu belegen ist. In Landwirtschaft und Haushaltungen werde eine Stellenvermittlung vielfach schon als aussichtslos angesehen. Dem Ausland gegenüber zeige man sich ablehnend, wenn Arbeitskräfte im eigenen Land benötigt würden. „Wir sind langsam ausverkauft", sagte Scheuble. (dpa)

Über 9000 Sowjetzonenflüchtlinge im Mai

BERLIN, 1. Juni

Im Mai sind 9377 Menschen aus der Sowjetzone und Ostberlin nach Westberlin geflüchtet. Das sind über 1500 weniger als im Vormonat. Noch immer liegt jedoch die Flüchtlingszahl höher als in den ersten beiden Monaten des Jahres, in die die Berliner Außenministerkonferenz fiel. Im Februar war sie auf unter 6000 zurückgegangen. (dpa)

WESTDEUTSCHE
ALLGEMEINE
Die unabhängige Zeitung des Ruhrgebiets

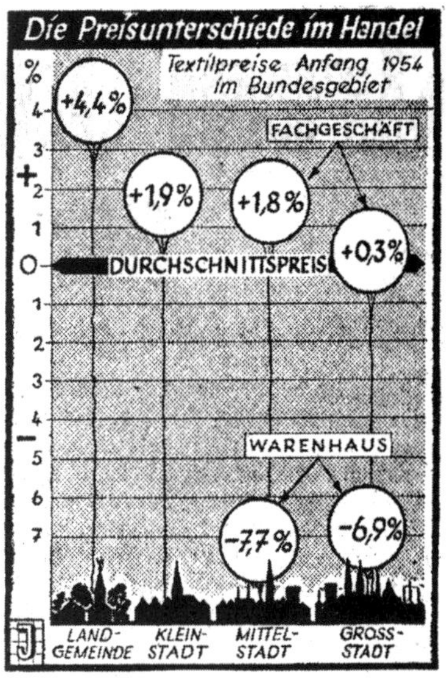

Die Gesellschaft für Konsumforschung in Nürnberg hat Anfang 1954 im Bundesgebiet eine Erhebung über das Preisgefälle zwischen den einzelnen Ortsgrößen und verschiedenen Arten des Einzelhandels durchgeführt. Ermittelt wurden in 1800 Geschäften die Preise von 23 systematisch ausgesuchten und nach ihrer Qualität bestimmten Textilien. Nach dieser Untersuchung sind die Textilien um so teurer, je kleiner der Ort ist, wo sie verkauft werden. Vom Durchschnittspreis aller Gemeindegrößen und Geschäfte zeigten sich folgende Abweichungen: Großstadt 3,3 v. H. weniger, Mittelstadt 3 v. H. weniger, Kleinstadt 1,9 v. H. mehr und Landgemeinde 4,4 v. H. mehr. Noch größer ist die Preisdifferenz bei Berücksichtigung der verschiedenen Vertriebsformen. Die niedrigsten Preise entfallen auf das Warenhaus der Mittelstadt mit einer Abweichung von 7,7 v. H. weniger, während das Fachgeschäft der Landgemeinde mit 4,9 v. H. mehr am teuersten verkauft. (Index)

Auch nach hinten

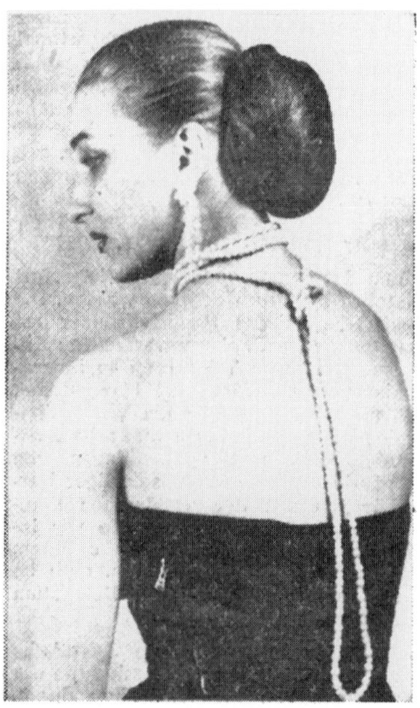

... kann die 2 m lange Halskette elegant getragen werden. Dieser Modeschmuck mit passendem Ohrgehänge läßt sich besonders wirkungsvoll zum sommerlichen Strandkleid und zum eleganten schulterfreien Cocktail-Kleid tragen.

Ruhrfestspiele eröffnet

Für sieben Wochen: Begegnung Arbeitnehmer - Kunstwerk

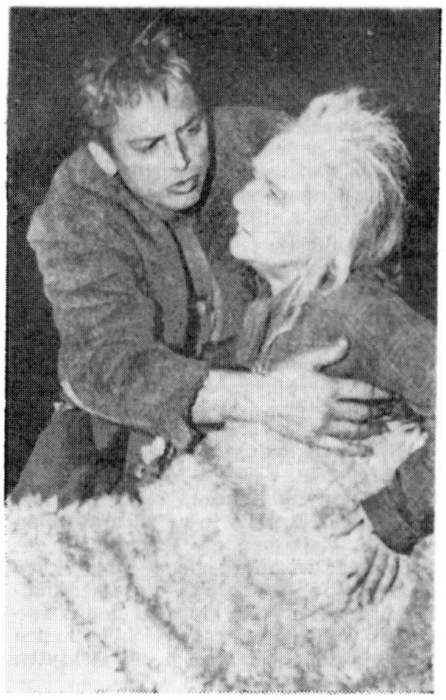

Will Quadflieg (Peer Gynt) und Ellen Waldeck (Aase) in der Eröffnungsvorstellung von Ibsens Schauspiel „Peer Gynt". dpa-Bild

WAZ RECKLINGHAUSEN, 18. Juni

Mit Ibsens „Peer Gynt" begann am Freitagabend in Recklinghausen die Reihe der Bühnenaufführungen der sieben Wochen dauernden Ruhrfestspiele. Das Festspiel-Ensemble wird außerdem Gogols „Revisor" und Lessings „Nathan der Weise" geben. Gustaf Gründgens kommt mit dem Ensemble des Düsseldorfer Schauspielhauses zur deutschen Erstaufführung von Eliots „Der Privatsekretär" nach Recklinghausen, Schalla inszeniert mit seinem Bochumer Ensemble Millers „Hexenjagd".

Feierlich eröffnet wurden die Ruhrfestspiele am Freitagmorgen im Städtischen Saalbau durch den Vorsitzenden des DGB, Walter Freitag.

Die Festrede hielt der Mitherausgeber der „Frankfurter Hefte", Walter Dirks. Er unterstrich, daß es niemand dem DGB bestreiten könne, zu repräsentieren oder als Mäzen aufzutreten. Die Ruhrfestspiele gingen nicht über den standesgemäßen Aufwand des Arbeitnehmers hinaus.

Die Ruhrfestspiele, so betonte Dirks, hätten die Aufgabe, die Arbeitnehmer durch das Kunstwerk herauszufordern und zur Auseinandersetzung zu zwingen. Der Bildende habe nicht die Aufgabe, Krankenpfleger und Schulmeister zu sein, sondern die Begegnung zu fördern zwischen dem aufgeschlossenen Arbeiter und dem Kunstwerk.

Marilyn Monroe empfiehlt:

Vor dem Essen: Fünf Minuten Spiegel

Den Frauen, die ihre Männer an sich fesseln wollen, gab Marilyn Monroe auf den Seiten einer vielgelesenen amerikanischen Frauenzeitschrift folgende Ratschläge (wobei eingeflochten sein soll, daß Marilyn Monroe d i e Frau ist, die gemäß einer Umfrage die meisten amerikanischen Männer bei ihrer Heimkehr zu Hause vorfinden möchten):

1. Bevor Du am Eßtisch Platz nimmst, verweile fünf Minuten vor dem Spiegel.

2. Gehe wöchentlich an zwei Abenden mit „ihm" aus. Aber lasse ihm die Freiheit, über die fünf anderen Abende der Woche nach freiem Ermessen zu verfügen.

3. Verwende jeden Monat eine Summe Deines Haushaltsgeldes zur Verschönerung der Wohnung. Dieser Betrag soll etwas höher liegen als derjenige, den Du für die Ergänzung Deiner Garderobe reservierst.

4. Bitte nie, nie, aber auch wirklich nie Deinen Mann, Dir beim Geschirrspülen zu helfen.

5. Lade niemals Deines Mannes Schwiegermutter ein, ihr Wochenende bei Euch zu verbringen.

6. Wenn Dein Mann es liebt, zu diskutieren, so tue so, als ob Du ihm mit größter Aufmerksamkeit zuhören würdest. Gib ihm immer recht, ohne jedoch nach seiner Ansicht zu handeln.

7. Befrage Deinen Mann immer, bevor Du etwas unternimmst. Du mußt aber nicht unbedingt das tun, was er Dir empfiehlt.

8. Wenn Du ihm eine Krawatte kaufst, so wähle eine ähnliche wie diejenige, die er sich vor einem Jahr selbst gekauft hat. Skn-

17. Juni - Tag der Mahnung und Besinnung

Festakt im Bundestag - Adenauer: Haben wir alles getan?

Von unserem Bonner Büro Vo BONN, 16. Juni

Als „Tag der Mahnung und Besinnung" bezeichnete Bundeskanzler Dr. Adenauer am Mittwoch den „Tag der deutschen Einheit". Mit einem Festakt der Bundesregierung im Bundestag wurden die Gedenkfeierlichkeiten eröffnet, die am Mittwoch und Donnerstag zum ersten Jahrestag des Volksaufstandes am 17. Juni in der gesamten Bundesrepublik und in Berlin stattfinden.

Die Gedenkfeierlichkeiten zum ersten Jahrestag des Volksaufstandes in der Sowjetzone begannen am Mittwoch mit einer Feierstunde der Bundesregierung zum Tag der deutschen Einheit im Bonner Bundeshaus. Unser Bild zeigt einen Überblick über die höchsten Repräsentanten der Bundesrepublik. Von vorn: Die Minister Schröder und Tillmann, Bundeskanzler Dr. Adenauer, Bundespräsident Heuss, Bundestagspräsident Dr. Ehlers, weiter folgen die Bundesminister Preusker, Blücher, Neumeyer, Erhard.

„Wir hoffen", erklärte der Kanzler, „daß dieser Tag der deutschen Einheit bald auch ein Tag der Erfüllung sein wird, an dem Deutschland wiedervereinigt und frei der Sache des Friedens und Rechts innerhalb der Menschheit dienen kann". Dr. Adenauer mahnte, daß die Lebensfragen unseres Volkes das ganze Volk einig finden müßten. In ernster Mahnung sollten wir uns aber auch die Frage vorlegen, ob wir wirklich alles getan haben, was in unseren Kräften steht, um die Wiedervereinigung herbeizuführen. „Die 18 Millionen Deutschen drüben in der Sowjetzone haben ein Recht auf unsere Liebe, unsere Treue und unsere Hilfe", schloß der Bundeskanzler.

Bundestagsabgeordneter Prof. Böhm, der über die Lehren des 17. Juni sprach, hob hervor, daß der Volksaufstand gezeigt habe, welche Macht von dem gewaltlosen Wort der Wahrheit ausgehen kann, wenn dieses Wort von einem auf der Straße versammelten Volk gemeinsam zur gleichen Stunde in Gefahr des Leibes und des Lebens in eine gewaltbeherrschte Welt hineingesprochen werde. Dieser erste volkstümliche Massenaufstand unseres Jahrhunderts im Namen der Freiheit gegen den Terror habe gezeigt, welche Gewalt der Freiheitsgedanke heute wieder über die Herzen der Menschen gewonnen habe.

Die alliierten Hohen Kommissare haben an den Bundeskanzler Grußbotschaften gerichtet, in denen sie das Gedächtnis der Opfer des 17. Juni ehren und, wie der britische Hohe Kommissar, versichern, daß die alliierten Anstrengungen zur Wiedervereinigung Deutschlands nicht nachlassen werden.

17. Juni

Wie es in der Sowjetzone ein Jahr danach aussieht, schildert unser Berliner Bürochef, der den 16. und 16. Juni als Augenzeuge miterlebte, ausführlich in dieser Ausgabe. Was uns in seinem Bericht am stärksten berührt, ist einmal die Hoffnung, die immer noch auf uns, als Teil der freien Welt, gerichtet ist.

Zum anderen ist es der Vorwurf, der kaum ausgesprochen, wieder als unsinnig zurückgenommen wird: daß wir damals, als die Zone aufstand, nichts taten, um ihr zu helfen. Dieser Vorwurf wird auch hier, unter uns, wiederholt. Man spricht von dem Platz in der Loge, den wir uns anmaßten und davon, daß für uns der 17. Juni schon allzu schnell Geschichte geworden ist.

Vielleicht hat das uneingestandene Gefühl, daß diese Vorwürfe teilweise zutreffen, bei den vielen Kundgebungen, Reden und Appellen Pate gestanden, die wir gestern und heute in der Bundesrepublik erleben. Gleich aber, was der Anlaß ist, die aufrüttelnde Wirkung muß erhalten bleiben: daß es nicht genügt, sich allein auf den Erfolg einer „einzig richtigen" Außenpolitik zu verlassen.

Wenn wir den Kontakt mit den Menschen in der Sowjetzone verlieren, wenn wir vor allem die Jugend uns entfremden lassen, wenn wir nicht immer und immer wieder uns und dem Westen das Ziel all unserer Politik einhämmern, die Wiedervereinigung, dann wird der Erfolg, wenn er eines Tages kommt, hohl sein und sich gegen uns wenden. S. M.

Dortmunder sparen am meisten

BONN, 18. Juni

Den relativ höchsten Zuwachs an Spareinlagen im Bundesgebiet verzeichnen die Kreise des Landes Nordrhein-Westfalen. Wie aus einer Statistik des „Institutes für Raumforschung" in Bonn hervorgeht, stand der Stadtkreis Dortmund 1952 mit einem Zuwachs der Spareinlagen um 99,1 v. H. von 29,5 Mill. DM auf 58,7 Mill. DM an der Spitze. Die Einlagen je Konto stiegen hier im Durchschnitt um 170 DM auf 364 DM an. Umgerechnet auf die Einwohnerzahl ergab sich eine Spareinlage von 106 DM je Kopf, die sich im Berichtsjahr um 51 DM erhöhte. Im Bundesdurchschnitt betrug der Zuwachs der Spareinlagen 32 DM je Einwohner. NRW liegt mit einer Zunahme von 37 DM je Einwohner etwas über diesem Schnitt. (dpa)

WEISSE LUXUSJACHT AUF PROBEFAHRT

In der Kieler Bucht machte am Wochenende die Luxusjacht des griechischen Tankerkönigs Onassis ihre erste Probefahrt. Das schnittige, schneeweiße Schiff mit den stromlinienförmigen Aufbauten und den gelben Schornsteinen erregte beim Vorüberfahren an den Badeorten der Kieler Förde großes Aufsehen. Unser Bild zeigt das Schiff im Werfthafen. dpa-Funkbild

MOORBRÄNDE

... die alljährlich im Frühsommer ausbrechen, bilden eine heimtückische Gefahr. Bis zu einem halben Meter unter der Erde schwelen sie über lange Zeiträume und brechen bei starker Erwärmung erneut aus. Die Feuerwehren müssen ständig einsatzbereit bleiben. Unsere Bilder zeigen (oben): ein Warnschild an der Autobahn bei Garbsen (nördlich Hannover), wo kürzlich in den Rauchschwaden eines Moorbrandes zehn Fahrzeuge kollidierten. Unten: Bekämpfung eines Moorbrandes bei Garbsen. ap-Bild

FAST VERGESSEN: „URVATER" DES RADAR

Fast vergessen lebt heute in Düsseldorf der 73 Jahre alte Ingenieur Christian Hülsmeyer, der als der „Urvater" des Radar angesehen wird. Bereits 1904 erhielt er eine Patentschrift über ein Verfahren, um „entfernte metallische Gegenstände mittels elektrischer Wellen einem Beobachter zu melden". Erst 30 Jahre später begann der Engländer Wattson-Watt, der heute allgemein als Erfinder des Radar gilt, mit seiner Arbeit. Unsere Bilder zeigen Christian Hülsmeyer in seinem Keller vor seinem „Telemobiloskop" und die Patentschrift aus dem Jahre 1904. dpa-Bild

126 500 Verkehrssünder in 33 Stunden

Bilanz der Polizei in NRW

WAZ DÜSSELDORF, 15. Juni

Rund 126 500 Verkehrssünder wurden bei acht Einsätzen der Verkehrspolizei in NRW, die insgesamt 33 Stunden dauerten, von Januar bis April festgestellt, wie NRW-Innenminister Dr. Meyers am Dienstag in Düsseldorf mitteilte. Dabei wurden im einzelnen rund 1500 Anzeigen wegen Vergehens und 17 900 Anzeigen wegen Verkehrsübertretung erstattet sowie 66 000 gebührenpflichtige und 25 000 mündliche Verwarnungen ausgesprochen.

An erster Stelle der Beanstandungsursachen stehen Beleuchtungsmängel, gefolgt von technischen Mängeln, Nichtbeachtung der Verkehrszeichen, Anzeigen der falschen Fahrtrichtung, Nichtbeachtung der Vorfahrt, falsches Parken und falsches Überholen. Die Radfahrer stehen an 12., die Fußgänger an 20. Stelle in der Sündenliste der Verkehrspolizei.

... alles für das Fernseher-Auge

Die Fernsehteilnehmer Europas sahen am Samstagabend die erste Sendung des intereuropäischen Fernsehaustausches aus London. Aus diesem Anlaß hatten die einzelnen Fernsehsender ihre Ansagerinnen nach London geschickt, die von dort aus das Programm in ihrer jeweiligen Heimatsprache ansagten. Unser Bild zeigt fünf der acht Fernsehansagerinnen in London. Von links nach rechts sind es: Fulva Colombo (Italien), Jenine Lambotte (Belgien), Paula Sember (Belgien), Eva Häfeli (Schweiz) und Irene Koß (Deutschland). P.-Popper-Bild

ATOMBOMBENSICHER soll dieses Torpedoboot sein, das die schwedische Marine jetzt in den Dienst gestellt hat. Soweit Näheres überhaupt bekanntgegeben wurde, handelt es sich dabei um ein Boot, das speziell für den Zweck erbaut wurde, Atombombenexplosionen zu überstehen. Das Schiff führt die Bezeichnung T 102 „Plejad" und ist das erste einer Fünfer-Serie. Es hat eine Wasserverdrängung von 150 t und erreicht über 70 km/st Höchstgeschwindigkeit. **dpa-Bild**

Großhändler vertrieb 350000 Paar geschmuggelte Nylonstrümpfe

FRANKFURT, 25. Juni

Eine Frankfurter Strafkammer wies einem Großabnehmer für einen internationalen Schmuggelring den Umsatz von 25 Tonnen Kaffee und 350000 Paar Nylonstrümpfen nach. Die Ware war in Kraftwagen über die Grenze gebracht worden, die als britische Militärfahrzeuge getarnt waren. Die Fahrer trugen britische Uniformen. Der Großhändler wurde wegen Steuerhinterziehung zu 15 Monaten Gefängnis und zu 2000 DM Geldstrafe verurteilt. Außerdem muß er 1,1 Mill. DM Wertersatz zahlen. Im Nichteintreibungsfall erhöht sich die Gefängnisstrafe um sieben Monate.

GOLDENER LORBEER SCHMÜCKT AUTOSTAR

Viele Bewunderer fand in diesen Tagen der Porsche-Rennsportwagen Typ 550, mit dem Hans Herrmann bei dem über 1000 Meilen gehenden Rennen in Brescia (Italien) in der Klasse der Wagen bis 1500 ccm den Sieg und in der Gesamtwertung den sechsten Platz herausfuhr. Der Wagen war im Deutschlandhaus im Ausstellungsraum des Autohauses Gottfried Schultz ausgestellt.

Regierungsbezirk Arnsberg: Baden in der Ruhr verboten

WAZ RUHRGEBIET, 20. Juni

Nach den Ergebnissen neuerer Untersuchungen des Hygienischen Instituts in Gelsenkirchen hat die durchweg niedrige Wasserführung der Ruhr zu einer merklichen Verschlechterung der Wasserbeschaffenheit geführt. Bei physikalischen, chemischen und bakteriologischen sowie biologischen Untersuchungen des Ruhrwassers sind bereits Erreger übertragbarer Krankheiten der Paratyphus-Gruppe festgestellt worden. Der Regierungspräsident in Arnsberg hat daher zum Schutze der Bevölkerung ab sofort das Baden in der Ruhr vom Wehr am Kraftwerk Hohenstein in Witten bis zur Grenze des Regierungsbezirks bei Altendorf verboten.

In drei Tagen ertranken 28 Menschen

RUHRGEBIET, 21. Juni

28 Menschen ertranken in den Flüssen, Kanälen und Seen Nordrhein-Westfalens während der letzten drei Tage nach bisher vorliegenden Polizeiberichten. Die meisten Unfälle ereigneten sich am Sonntag. Etwa ein Drittel der Ertrunkenen konnten nicht schwimmen. Zwei Jungen von elf und zwölf Jahren ertranken im Kreis Siegen in einem Weiher. Sie hatten auf einem Luftreifen gesessen. In der Ruhr und im Rhein-Herne-Kanal kamen sieben Personen ums Leben. Auf dem Möhnesee bei Körbecke kenterte das Paddelboot zweier Arbeiter. Beide ertranken als Rettungsschwimmer bis auf 40 Meter an sie herangekommen waren. (dpa)

WESTDEUTSCHE ALLGEMEINE
Die unabhängige Zeitung des Ruhrgebiets

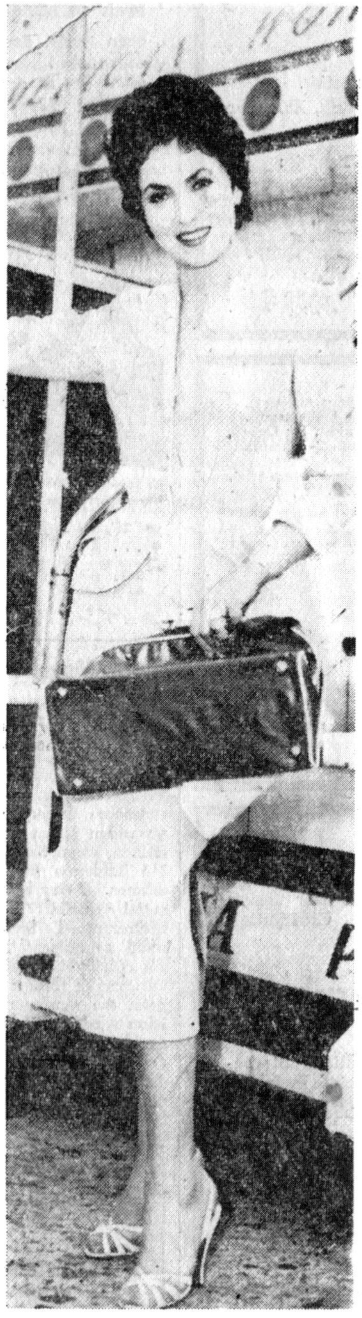

DER ITALIENISCHE FILMSTAR Gina Lollobrigida trifft zu den Internationalen Filmfestspielen in Berlin ein. (Siehe auch unseren Bericht über die Filmfestspiele und das Szenenfoto aus Ginas Film auf unserer Kulturseite.

„Musterbeispiel deutscher Gründlichkeit"

H. G. Winkler, der „Mathematiker" unter den Springreitern, holt in Madrid die Weltmeisterschaft für Deutschland

MADRID, 20. Juni

Die zweite Weltmeisterschaft der Springreiter endete am Samstag in Madrid vor 20 000 Zuschauern mit einem klaren Erfolg des deutschen Champions H. G. Winkler (Warendorf). Die Entscheidung in diesem schweren Wettbewerb, in dem die fünf Finalisten einen Parcours von 14 Hindernissen nicht nur auf ihrem eigenen, sondern auch auf den Pferden ihrer Konkurrenten zu überwinden hatten, fiel erst im letzten Durchgang.

Bis dahin hatte sich der Titelkampf zu einem Duell zwischen Winkler und dem Olympiasieger J. d'Oriola (Frankreich) zugespitzt, die zu diesem Zeitpunkt mit je vier Fehlern an der Spitze lagen. Als letztes Pferd hatte Winkler den Hannoveraner Quoniam des spanischem Majors Garcia Curz zu reiten, den er fehlerfrei über die Strecke brachte. D'Oriola machte mit Winklers Halla am vierten Hindernis einen Fehler. Damit war die Entscheidung gefallen.

ERGEBNISSE DER WELTMEISTERSCHAFT:

1. H. G. Winkler (Deutschland) vier Fehler (vier fehlerfreie Umritte, vier Fehler mit Pagoro); 2. J. d'Oriola (Frankreich) acht Fehler; 3. F. Goyoaga (Spanien) 12 Fehler; 4. Rittmeister Oppes (Italien) 16 Fehler; 5. Major Garcia Cruz (Spanien) 30 Fehler.

Die fünf Endkampfteilnehmer setzten folgende Pferde ein: Halla (Winkler), Arlequin D. (d'Oriola), Baden (Goyoaga), Pagoro (Oppes) und Quoniam (Garcia Cruz).

„MATHEMATISCHER" MEISTER

Mit der Weltmeisterschaft im Springen hat der junge deutsche Turnierreiter H. G. Winkler den Höhepunkt seiner erst kurzen Reiterkarriere erreicht. In internationalen Turnier-Kreisen nennt man den jungen Deutschen den „mathematischen Meister". Man muß Winkler vor dem Rennen beobachten, um zu begreifen, wie ernst er es mit seinem Beruf nimmt. Er marschiert langsam und einsam, ganz gesammelt über den Platz und nimmt dabei genau den Weg, den später sein Pferd abreiten wird. Vor jedem Hindernis bleibt er stehen, macht kehrt und schreitet zehn Meter zurück. Dann schreitet er wieder auf das Hindernis zu und sucht den Punkt, von dem aus er sein Pferd im richtigen Winkel zur Höhe des Hindernisses zum Sprung ansetzen muß. Winkler ist das Musterbeispiel für deutsche Gründlichkeit. Den stolzen Titel Weltmeister hat er ehrlich verdient.

IMPOSANTE WELTMEISTERSCHAFTSEHRUNG

Als Winklers Sieg feststand, wurde er offiziell zum Weltmeister ausgerufen. Eine Schwadron der marokkanischen Garde Francos ritt auf den Platz, gefolgt von einer Schwadron der zivilen Garde und einer Schwadron der Madrider Garde. Ihre bunten Galauniformen, und ihre prächtigen Pferde gaben der Siegerehrung einen besonders festlichen Rahmen. Darauf erschien das Amazonenkorps der Madrider Reitervereine, über 30 junge Damen in Zylinder, schwarzen Röcken und weißen Blusen, um eine Quadrille zu reiten.

Endlich wurde Winkler durch die Lautsprecher angekündigt, dem die übrigen

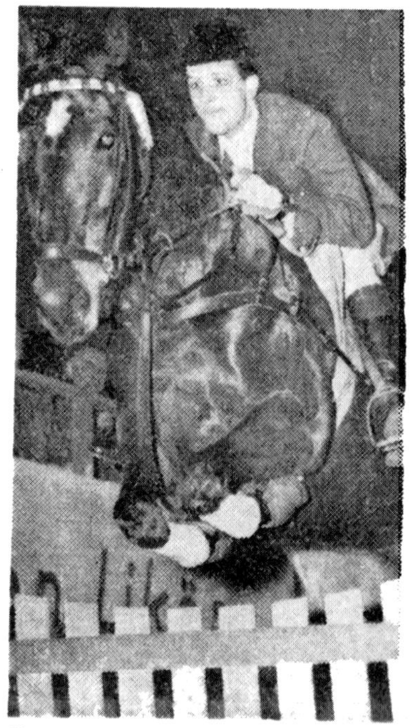

H. G. Winkler — bester Springreiter der Welt Schirner-Bild

vier Teilnehmer an der Weltmeisterschaft Goyoaga, d'Oriola, Oppes und Garcia Cruz folgten. Winkler auf Halla machte vor der Ehrentribüne halt, in der Franco in Begleitung des deutschen Botschafter-Ehepaares, des Prinzen Adalbert von Bayern und mehrerer spanischer Minister saß.

FRANCOS GLÜCKWUNSCH

Der Präsident der internationalen Föderation überreichte Winkler den großen Goldpokal der Weltmeisterschaft. Dann stieg der junge Weltmeister vom Pferde, um auf die Ehrentribüne zu gehen, wo ihn Franco, der Botschafter der Bundesrepublik und die spanischen Minister auf das herzlichste beglückwünschten. (dpa).

Küchenfertiges Gemüse kommt auf den Markt

BONN, 29. Juni

Das erste küchenfertig geputzte Gemüse soll demnächst im Bundesgebiet auf den Markt kommen. Gestützt auf die guten Erfahrungen mit sorgfältig sortierten und gewaschenen „Tüten-Kartoffeln" hat der Forschungsbeirat des Instituts für Lebensmittel-Technologie und -Verpackung hierzu die entsprechenden Vorarbeiten durchgeführt. Mit dem Angebot des küchenfertigen Gemüses, das in ansprechender, durchsichtiger Verpackung zum Verkauf gelangen wird, will man vor allem die Arbeit der berufstätigen Hausfrauen erleichtern. (dpa)

Sonnenbräune trotz Nylonbluse

Ultraviolette Strahlen durchdringen auch Perlon – Warnung für Tbc-Kranke

MÜNSTER, 22. Juni

Nylon- und Perlonfaser lassen die ultravioletten Strahlen des Sonnenlichts, die die beliebte Bräune hervorrufen, fast ungehindert durch. Dies haben Ärzte der Universitätshautklinik in Tübingen wissenschaftlich festgestellt. Falls die Kleidung nur aus diesen Fasern besteht und keine andersartige Unterwäsche getragen wird, so entsteht, wie der Deutsche Medizinische Informationsdienst in Münster mitteilt, bei längerer starker Sonnenbestrahlung, etwa im Hochgebirge, ein ausgesprochener Sonnenbrand, als ob man unbekleidet ein Sonnenbad genommen habe.

Die Universitätsklinik Tübingen macht darauf aufmerksam, daß sich bestimmte Tuberkulosekranke, die keine Reizwirkung durch ultraviolettes Licht vertragen, sehr vorsehen müßten. Nötigenfalls sollten sie ein nicht fettendes Lichtschutzmittel in die Haut einreiben. (dpa)

CinemaScope weitet Blick in die Welt

Universum: erstes Theater mit der breiten gekrümmten Wand und vier Lautsprechern

Ende dieser Woche werden wir in Essen den ersten Film nach dem CinemaScope-Verfahren sehen. Das Universumtheater hat die technischen Anlagen eingebaut: die breite, gebogene Wand, die Geräte für den Stereoton (plastischen Ton) und die Spezialoptik. Das sind die drei technischen Mittel, die uns eine neue Perspektive des filmischen Sehens vermitteln. Wir dürfen sagen, sie führen uns einen weiteren Schritt auf dem Wege voran, die noch verborgenen Geheimnisse des Films zu enthüllen.

Dem Besucher fällt zuerst die übergroße Leinwand auf. Sie mißt mehr als das Doppelte in der Breite als der gewohnte Bildspiegel; sie ist nach hinten gekrümmt. Die Krümmung einer lichttechnisch vollkommenen Spiegelwand ist nötig, damit das Bild nach allen Richtungen hin einwandfrei ausgestrahlt werden kann. Das Verhältnis zwischen Breite und Höhe (die gegen früher unverändert bleibt) beträgt beträgt 1:2.55; die Bildwand ist über zweieinhalbmal so breit wie hoch.

Linse läßt Bilder schrumpfen

Um Bilder zu erzeugen, die eine so breite Fläche füllen, aber normal hoch bleiben müssen; wird eine Speziallinse gebraucht. Da die Bilder auf dem normalen Kinofilm von 24 × 36 mm aufgenommen werden, nicht etwa auf Breitbandfilm, mußte diese Linse eine gewisse Eigenschaft haben: sie muß die bei der Aufnahme mit Weitwinkeloptiken aufgenommenen Bilder auf die normale Breite „zusammenpressen".

Das besorgt eine Speziallinse. Sie wirkt etwa nach dem Prinzip Zerrspiegel, die in Lachkabinetten unsere Figuren so wunderlich verzerren. Auf geschrumpften CinemaScope-Bildern erscheinen die Menschen mit überschmalen Leibern und Köpfen.

Bei der Wiedergabe zieht die normale Optik vorgesetzte anamorphische Linse das Bild wieder auseinander und gibt den Menschen und Dingen ihre natürliche Gestalt zurück.

Ton aus 4 Richtungen

Zum dritten: der stereophonische (plastische) Ton. Bisher kennen wir nur eine einzige Tonquelle im Filmtheater: den Lautsprecher hinter der Bildmitte.

CinemaScope besitzt vier Tonspuren, je zwei neben den beiden Perforationsbahnen. Statt des Lichttons (der Fototonspur) verwendet CinemaScope den Magnetton. Er braucht weniger Platz auf dem Filmband und ist gegen mechanische Einwirkung nicht so empfindlich wie die Tonaufzeichnung in der Fotoschicht.

Die vier Tonspuren münden getrennt in vier Lautsprechern: einer steht links, einer in der Mitte, der dritte rechts hinter der Leinwand, während der vierte den Ton von der Decke des Saales strahlt.

Jeweils jene Tonspur ist aktiv, die dem Ort des Tons entspricht: Reden die Menschen rechts im Bild, so kommt der Ton dorther, ist ein Gewitter im Gang, dann rollt es uns zu Häupten, tobt das Volk, so können alle vier Lautsprecher grollen und des Hauses Grundfesten erbeben machen.

Blick wandert mit

Möglichkeiten von CimnemaScope sind leicht sichtbar: etwa die beträchtliche Erweiterung des Spielraums in der Landschaft, auf Stadtplätzen, in Hallen. Da erscheint uns der Raum unendlich weitläufiger. Das Auge ist nicht mehr starr geradeaus gerichtet, es wandert über das Bild hin und her. Die Bewegungen sind weitläufiger, da ihnen die zweieinhalbfache Strecke bereitsteht. Kulturfilmen weitet sich, wörtlich, das Blickfeld, kurz, die Welt im Film kommt uns größer vor. (Damit ist über die künstlerischen Fragen noch nichts gesagt.)

Um Mißverständnissen vorzubeugen: Es handelt sich nicht um das sogenannte 3-d-Verfahren. Zweifarbige Brillen gibt es nicht. Die Raumvorstellung wird durch die Weite des Bildes erzeugt. Übrigens kann die gekrümmte Wand durch Vorhangblenden beliebig verengt werden, bis auf die Breite für Normalfilme.

Bild aus dem Film „Das Gewand", im CinemaScope Format: 1:2.55, das heißt, es ist zweieinhalbmal so breit wie hoch.

In 90 Minuten um die Erde

Sowjetisches Raketenprojekt — Mit Atomkraft

waz HELSINKI, im Juni

Eine Flugreise von Pol zu Pol in 45 Minuten oder aber eine Tour rund um die Erde herum in eineinhalb Stunden ist nach einer Feststellung des Chefs der sowjetrussischen Akademie für Wissenschaften in Moskau, Professor Nesmejanov, in absehbarer Zeit absolut denkbar. Derartige Flüge würden unter Verwendung von Raketen, die sich außerhalb der Atmosphäre bewegen müßten, durchgeführt werden. In einem Artikel in der Zeitschrift der Roten Armee „Roter Stern" unterstreichen zwei führende russische Physiker die Richtigkeit dieser Behauptung und fügen hinzu, daß es mit Hilfe eines Atomreaktors möglich sei, einer Rakete die erforderliche Geschwindigkeit zu geben, um die Anziehungskraft der Erde zu überwinden und in den Weltenraum einzudringen.

Gleichzeitig wird aus den USA über eine in Neu-Mexiko abgefeuerte Rakete berichtet, die eine Höhe von 253 Kilometer bei einer Stundengeschwindigkeit von 6880 Kilometer erreichte, während in Deutschland dem deutschen Ingenieur Koelle (Stuttgart) die Konstruktion einer 22 Meter langen Rakete auf dem Reisbrett gelang, die sogar mit einer Geschwindigkeit von 27893 Kilometer in der Stunde eine Höhe von 262 Kilometer zu erreichen in der Lage sein soll.

70000 Betten fehlen in Krankenhäusern

STUTTGART, 24. Juni

Die 3400 Krankenhäuser im Bundesgebiet und West-Berlin mit rund 544 000 Krankenbetten hätten gegenwärtig eine außerordentlich schwere Belastungsprobe zu bestehen, erklärte der Vorsitzende der Fachvereinigung der Verwaltungsleiter deutscher Krankenanstalten in Stuttgart. Die Pflegesätze lägen weit unter den Selbstkosten, so daß vor allem die gemeinnützigen Krankenhäuser in ihrer Existenz bedroht seien. Nur 5 bis 8 v. H. aller Kranken seien Privatkassenpatienten, bei denen die Kosten durch die Pflegesätze gerade gedeckt würden. Der Fehlbedarf an Krankenbetten im Bundesgebiet werde auf 70 000 veranschlagt. Ferner bestehe ein Investitionsnachholbedarf von 200 DM je Bett des jetzigen Bestandes, um den Vorkriegsstand wiederherzustellen.

WESTDEUTSCHE
ALLGEMEINE
Die unabhängige Zeitung des Ruhrgebiets

ILLUSTRIERTE bunte BLÄTTER

SONNTAGSBEILAGE »WESTDEUTSCHE ALLGEMEINE«
SAMSTAG, 19. JUNI 1954

Im einteiligen Badeanzug zeigt sich in diesem Jahr die Dame am Strand. Er muß nicht unbedingt aus Wolle sein. Perlongewebe, Taftseiden, Baumwolle, alles wird verarbeitet. Meist bedeckt ein kurzer Rock die Badehose, und das Dekolleté ist weich in Falten gerafft. Vor allem: bunt muß es sein, chic und bequem zugleich, nicht nur für sie, erst recht für ihn.

Ferien

Sonne

Badefreuden

Keine Angst vor kühlen Brisen hat die kühne Schwimmerin, wenn sie über dem Badeanzug eine Strandjacke aus Frotteestoff, Kräuselkrepp oder Strickstoff trägt. Runde Passen auch hier — und viel Mut zur Farbigkeit.

Zeichnungen: Erika Vaupel
Bilder: Thielbeer

Bundespräsident ehrt Bergleute

Bundespräsident Prof. Heuss hat in der Villa Hammerschmidt in Bonn am Mittwoch erstmalig das im Juli 1953 gestiftete Grubenwehr-Ehrenzeichen in Gold dem Leiter der Hauptstelle für das Grubenrettungswesen im Steinkohlenbergbauverein, Carl v. Hoff, Essen, und dem technischen Leiter des Silikose-Forschungsinstituts der Bergbau-Berufsgenossenschaft in Bochum, Dr. Martin Landwehr, verliehen. Acht Wehrführer aus dem Siegerländer Erzbergbau wurden mit dem Silbernen Ehrenzeichen ausgezeichnet.

Das Ehrenzeichen in Gold können nur Mitglieder einer Grubenwehr erhalten, die 25 Jahre lang vorbildlich ihren Dienst leisteten oder nach Erhalt des Silbernen Ehrenzeichens sich durch wiederholten mutigen Einsatz hervorgetan haben. — Unser Bild zeigt den Bundespräsidenten im Kreise einiger der Ausgezeichneten. dpa-Bild

Kanalufer wird Erholungszone

40 Kilometer Wanderweg fast vollendet — Böswillige Beschädigungen der Grünanlagen sind selten

RUHRGEBIET, 29. Juni

Manche Fachkollegen haben den Chef des Wasser- und Schiffahrtsamtes Duisburg-Meiderich als Schwärmer belächelt, als er sich vornahm, neben der Beseitigung der gewaltigen Kriegsschäden am Rhein-Herne-Kanal in wenigen Jahren auch die Schäden zu heilen, die in Jahrzehnten der Landschaft zugefügt worden waren. Der Optimismus des Oberregierungsbaurat Knies hat recht behalten. Die Wasserstraße ist nicht mehr nur technisches Bauwerk, nur Lastträger der Wirtschaft, sondern ein reizvolles Erholungsgebiet für die Bevölkerung des Emschertals.

Im letzten Winter und Frühjahr sind vom Wasser- und Schiffahrtsamt nochmals 40 000 und von den Anliegerstädten 65 000 Pflanzen eingesetzt worden. Seit die Aktion in Gang kam, sind hier rund eine halbe Million Pflanzen angesiedelt und an die 200 Zentner Samen in die Böschungsdecken eingebracht worden. Natur und Technik zeigen sich versöhnt und kommen mit dem Heranwachsen der Pflanzungen zu schönerem Zusammenklang.

Bilderreichste Wanderstrecke

Der 40 km lange Uferwanderweg, der in Zusammenarbeit mit den Anliegerstädten von Herne bis Duisburg ausgebaut wurde, ist sicherlich die interessanteste Wanderstrecke, die das Revier durchquert. Hier sind die charakteristischen Elemente des Industriegebietes zur Schau gestellt. Aber man erlebt sie nicht aus der erregenden Nähe, mit der sie sonst auf uns einstürmen, sondern aus geruhsamem Abstand. Der Verkehr ist hier keine Nervenstrapaze, sondern — mit höchstens 10 km Stundengeschwindigkeit auf der Wasserstraße — ein Schauspiel gelassener Geschäftigkeit.

Der Wanderweg ist ausschließlich dem Fußgänger vorbehalten. Hier wenigstens soll er unbehelligt bleiben. Die Industrie des Einzugsgebietes und die Bürgerschaft werden ermuntert, Sitzbänke zu stiften. Daß sie eine Rückenlehne haben mögen, ist der häufig vorgebrachte Wunsch der Invaliden, die die anhänglichsten Gäste dieser neuen Erholungszone sind und nebenbei auch viel dazu tun, den jungen Pflanzungen Respekt zu verschaffen. Übrigens sind die Ausfälle durch böswillige Beschädigungen überraschend gering. Auf die Dauer soll auch den Radfahrern, die gerade in der Emscherebene Legion sind, Zugang auf besonderen Radwegen verschafft werden.

Mit Wasserbus?

Der Gedanke drängt sich auf, die Wasserstraße selbst dem Erholungsverkehr zu erschließen. Der Anfang ist zwischen Wanne-Eickel und Gelsenkirchen bereits gemacht. Dort sind beispielsweise in den Pfingsttagen 1200 Gäste zum Ruhr-Zoo befördert worden. Ein durchlaufender Personenverkehr scheitert daran, daß sonntags der Schleusenbetrieb ruht und werktags der Lastverkehr den Vorrang haben muß. Wie wäre es aber, wenn sich die Anliegerstädte zusammentäten und einen Wasseromnibus — derart, wie sie in den Amsterdamer Grachten verkehren — beschafften, um ihren Gästen auf diese so genußreiche und geruhsame Art einen Querschnitt durchs Revier zu zeigen?

Die Freude an dem Erfolg der Begrünungs- und Erschließungsaktion ist nicht ungetrübt. Immer größer wird der Zustrom der Badenden. Das beliebte Spiel mit den Böschungssteinen, das früher in einem Jahre bis zu 100 000 Mark zusätzliche Kosten verursacht hat, hält sich nun in Grenzen, seit die Böschungen mit Erde eingedeckt und begrünt worden sind. Aber die 16 tödlichen Badeunfälle des vergangenen Jahres und die 8 Toten, die dieses Frühjahr bereits gekostet hat, sind eine schwere Sorge. Die Hygieniker warnen auch vor den Krankheitskeimen, die im Schlamm des Kanals festgestellt wurden.

Mit Polizeigewalt ist gegen das Kanalbaden nicht viel auszurichten. Es gibt nur eine wirksame Hilfe, die von den Anliegerstädten kommen muß: im Emschertal mehr Freibäder zu bauen. Duisburg plant eine große Anlage im Raum Aakerfähre nördlich der Ruhr, Essen eine bei Karnap. Gelsenkirchen will in einem Mehrjahresplan weitere Freibäder schaffen, Recklinghausen den Suderwicher Ziegelteich ausbauen und in der Nähe des Kanals eine neue Anlage errichten. Mehrere Städte, aus denen große Ströme Erholungsuchender an den Kanal ziehen, erscheinen in dieser Planung mit Fehlanzeige. Sie sollten die Chance nutzen, die ihnen die vom Land in Aussicht gestellten erheblichen Zuschüsse bieten.

Das Beispiel des Uferwanderweges am Rhein-Herne-Kanal hat jetzt einen Plan entstehen lassen, von Duisburg her bis Mülheim auch an der Ruhr einen durchlaufenden Wanderweg zu schaffen, der Anschluß an die bestehenden Uferwege gewinnen soll, die über die Stauseen bis in den Raum Dahlhausen führen. (idr)

Weite Strecken des Kanals liegen heute schon in Grün eingebettet. Bild: Steinhauer

Das „Wunder von Bern“

Sie hätte Kandidatin Nummer eins sein können: Gundi Busch, eine blonde Kölnerin, 18 Jahre jung, die erste deutsche Eiskunstlauf-Weltmeisterin. Sie zirkelt eine überragende Kür aufs glitzernd-glatte Parkett, entthront Tenley Albright, die „Königin“ aus den USA, 1954 bei den Titelkämpfen im Bislett-Stadion zu Oslo.

Die Alternative zu Gundi Busch: Heinz Fütterer aus dem idyllischen Fischerdorf Illingen am Oberrhein, schnellster Mensch auf zwei Beinen. Europameister 1954, mit (handgestoppten) 10,2 Sekunden über 100 Meter neuer Weltrekordler und von einem französischen Journalisten „der weiße Blitz“ genannt. Erst 27 Jahre jung und schon eine „Legende“.

Wie auch Kandidat Nummer drei, der Warendorfer Springreiter Hans Günter Winkler, der mit seiner zickig-genialen Zauberstute Halla bei den Weltmeisterschaften in Madrid sämtliche Hürden meistert und aufs höchste Treppchen springt. Vor dem legendären Franzosen Jean-Pierre d'Oriola, dem Olympiasieger von 1952 in Helsinki.

Doch als Ende 1954 Bilanz gemacht und im Rahmen eines festlichen Rituals die „Sportler des Jahres“ proklamiert und gekürt werden, sind Gundi Busch, Heinz Fütterer und Hans Günter Winkler lediglich zweite Wahl, Randnotizen leider nur. Denn ein Ereignis vom 4. Juli stellt alles andere weit in den Schatten: Deutschland wird Fußball-Weltmeister. Deutschland! Unglaublich.

Es ist der Tag, von dem Historiker Jahre später behaupten werden, dass an diesem Sonntag die „eigentliche Gründung“ der Bundesrepublik stattgefunden habe. Nachmittags gegen fünf, im Wankdorf-Stadion von Bern. Abpfiff des Weltmeisterschafts-Endspiels zwischen Deutschland und der ungarischen Mannschaft, die bis dahin rund um den Globus alles überragt hatte, die dem sogenannten Fußball-Mutterland England die Schmach der ersten Niederlage auf der „Insel“ zufügte und so unverwundbar schien wie die Ferse des Achilles.

Von wegen! Deutschland, ein krasser Außenseiter, noch auf dem Weg ins Finale von diesen Ungarn mit 8:3 geschlagen, ja, gedemütigt, gewinnt mit 3:2. Obwohl es anfänglich wieder auf eine frustrierende Pleite hinausläuft, auf ein Desaster schlimmsten Ausmaßes. Denn die Ungarn, dirigiert und in Szene gesetzt von ihrem begnadeten Regisseur Ferenc Puskas, ziehen hurtig mit 2:0 davon, und der Rundfunk-Reporter Herbert Zimmermann, der sich an diesem Tag gleichfalls „unsterblich“ macht, stöhnt seufzend auf: „Nun ist genau der Fall eingetreten, den wir nicht gewollt haben.“

Doch die Auswahl des Bundestrainers Sepp Herberger, eines listigen Taktikers, scheint magische Kräfte zu entdecken. Sie ergibt sich nicht wehrlos, nicht resignierend, sondern sie bäumt sich auf. Sie bezieht ihren Antrieb aus den beiden Rückschlägen und entwickelt jenen trotzigen Selbstbehauptungswillen, der dann auch für die Aufbaujahre der Nachkriegsrepublik von bedeutsamer Signalwirkung werden sollte.

Gilt das 1:2 durch den Nürnberger Max Morlock noch als ein Pflänzlein zarter Hoffnung, so rankt sich das erste Grün mit dem Ausgleichstreffer. 2:2 durch Helmut Rahn, den Essener, den bullig-kraftvollen „Boss“, der dann wenig später die kühnsten Träume zu voller Blüte reifen lässt. Flanke von Schäfer und ein aufgeregter Rundfunkreporter Herbert Zimmermann, der im gepressten Stakkato kurze Sätze für die Ewigkeit durchsagt: „Rahn müsste schießen. Rahn schießt. Tooor, Tooor, Tooor – Tooor für Deutschland.“

3:2 – der pure Wahn. Das schweizerische Bern wird für einen Tag auch die „heimliche Hauptstadt“ der Deutschen, Geburtsort eines „Wunders“, das weit mehr ist als ein sportlicher Triumph. Aus Spielern werden „Helden“, vergöttert, mystifiziert, angebetet und mit einer endlos langen Prozession in der Heimat empfangen. Der Sonderzug aus Bern hält, überspitzt gesagt, an jeder Trinkhalle. Gestoppt von Millionen begeisterter Fans, die natürlich den großen Strategen Sepp Herberger feiern – aber auch Fritz Walter, den Kapitän, den verlängerten Arm des Bundestrainers, den kongenialen Partner des „Chefs“, und Helmut Rahn, den Schützen, der Geschichte macht und die Aufstellung einer Mannschaft zur Unvergesslichkeit werden lässt: Toni Turek im Tor, Jupp Posipal und Werner Kohlmeyer in der Verteidigung, Karl Mai, Werner Liebrich und Horst Eckel in der Läuferreihe, Helmut Rahn, Max Morlock, Ottmar Walter, Fritz Walter und Hans Schäfer im Sturm.

Namen, die zur prägenden Erinnerung an 1954 werden.

Hans-Josef Justen

EINZELPREIS 20 PF / NR. 153 MONTAG, 5. JULI 1954

WESTDEUTSCHE
ALLGEMEINE

Unabhängige Zeitung • Höchste Auflage in Essen und im Ruhrgebiet

DEUTSCHLAND WELTMEISTER

UNGARN 3:2 GESCHLAGEN

Rahn schießt das Siegtor

ZU TODE ERMATTET, ABER ÜBERGLÜCKLICH: Mannschaftskapitän Fritz Walter mit der Weltmeisterschaftstrophäe im Arm nach der Siegerehrung (links). — Im Siegestaumel umarmen sich hier Helmut Rahn, Schütze des dritten Tores, das für Deutschland die Weltmeisterschaft bedeutete, Torwart Toni Turek, dessen Sicherheit und Ruhe die Ungarn entnervten, und Otmar Walter. Sie können es noch gar nicht fassen, daß sie es geschafft haben.

Alle Funkbilder: ap

So fiel das zweite Tor für Deutschland: Grosits und Schäfer (in der Luft) verpassen die Flanke, im Hintergrund (verdeckt) lauert Rahn und schießt ein (unten links)! — Sekunden später: Verteidiger Budzanski liegt neben dem Ball im Netz. Mit hocherhobenen Armen: Rahn und Schäfer. (unten)

bilder aus bern - funkbilder aus bern - funkbi

Was keiner zu hoffen wagte, ist Tatsache geworden: Deutschland ist Fußball-Weltmeister 1954! Eine bedingungslos kämpfende Mannschaft von elf Kameraden hat es geschafft, den hohen Favoriten Ungarn im Endspiel verdient zu schlagen! Als nach der Siegerehrung durch den greisen FIFA-Ehrenpräsidenten Jules Rimet das Deutschlandlied ertönte, stand die deutsche Mannschaft Hand in Hand vor der Tribüne. Neben seinem Mannschaftskapitän am rechten Flügel stand der Mann, dessen Triumph nicht größer sein konnte: Sepp Herberger. Nach einem spannungsgeladenen und fairen Spiel hatten die Ungarn als erste den Deutschen gratuliert. Ihre sportliche Haltung war bewundernswert.

Fünf Minuten vor dem Abpfiff stellte Rechtsaußen Helmut Rahn mit einem satten Flachschuß in die linke Torecke den Sieg für die deutsche Nationalmannschaft sicher. Mit diesem Sieg hat die deutsche Mannschaft ihren größten Triumph errungen, seit in Deutschland Fußball gespielt wird, und die 3:8-Niederlage im Achtelfinale gegen die favorisierten Ungarn, den Olympiasieger von 1952, vergessen gemacht. Über einen dritten Platz — vor 20 Jahren in Italien durch einen 3:2-Sieg über Österreich errungen — ist Deutschland bisher in der Weltmeisterschaft noch nie hinausgekommen. Der Sieg ist der vollkommene Triumph einer als Außenseiter angesehenen Mannschaft, die Bundestrainer Sepp Herberger zu einer ungeheuer ehrgeizigen Mannschaft zusammengeschweißt, die in Kondition, Können und Kampfmoral überragend war.

Selbst der in sieben Minuten erzielte 2:0-Vorsprung der Ungarn konnte der Elf nicht den Nerv rauben: Sie erzielte bis zum Pausenpfiff den Ausgleich und war nervenstark genug, alle ungarischen Drangperioden zu überstehen, das Siegtor zu schießen und zu halten.

Bundespräsident Prof. Heuss sandte der Elf folgendes Telegramm: „Mit dem heutigen Sieg in der Fußball-Weltmeisterschaft, dessen sich Millionen Deutsche freuen, werden die großartigen Leistungen gekrönt, die Sie in der Schweiz gezeigt haben. Ich spreche Ihnen zu Ihrem Erfolg meine herzlichsten Glückwünsche aus und freue mich, Ihnen das silberne Lorbeerblatt verleihen zu können."

Bundeskanzler Dr. Adenauer: „An Ihrem großartigen Sieg nimmt das ganze deutsche Volk mit größter Freude Anteil. Ich spreche der deutschen Fußball - Nationalmannschaft meine herzlichsten Glückwünsche aus und übersende Ihnen allen meine besten Grüße."

Bundesinnenminister Schröder sandte an Dr. Peco Bauwens, den Präsidenten des Deutschen Fußballbundes, ein Glückwunschtelegramm, in dem er den Sieg als Ergebnis einer „hervorragenden kameradschaftlichen und kämpferischen Einstellung" und als „den größten sportlichen Erfolg seit Kriegsende" bezeichnet.

Der SPD-Vorsitzende Erich Ollenhauer und sein Stellvertreter Wilhelm Mellies sandten folgendes Telegramm: „Die herzlichsten Glückwünsche für den Fußball-Weltmeister 1954. Wir danken Euch für das herrliche Spiel und den schönen Erfolg, den Ihr für Deutschland errungen habt. Nochmals aufrichtige und herzliche Glückwünsche und gutes Wetter für die wohlverdienten Urlaubstage!"

Während der Übertragung des Endspieles waren die Straßen in Deutschland menschenleer. Vor jedem Fernsehgerät stauten sich Menschentrauben. Viele Wirte mußten „Zulassungskarten" ausgeben. Weil die Fernsehempfangsverhältnisse in München ungünstig sind, fuhren viele Münchener nach Stuttgart.

Für die Nationalmannschaft laufen zahllose Glückwünsche und Einladungen ein. (WAZ/dpa/ap)

Ein Sparbuch für Uwe Rahn

WAZ ESSEN, 4. Juli

Für Uwe Rahn, den 15 Wochen alten Sohn unseres Nationalspielers Helmut Rahn aus Essen, legt die WAZ ein Sparbuch mit 3000 DM an. Die Überreichung des Buches erfolgt nach Rückkehr der Eltern in die Heimatstadt.

Linksaußen Hans Schäfer und Ungarns Torwart Grosits steigen einer Flanke entgegen. Der aufmerksame englische Schiedsrichter Ling ist in der Mitte, Rahn im Hintergrund zu sehen.

Ungarns Kapitän Puskas und Toni Turek sind zu Boden gegangen, der Ball ist im Netz: die Ungarn haben ihr drittes Tor erzielt . . . aber es war Abseits, wenige Minuten vor Schluß!

Rahn dribbelt, täuscht, schießt: Deutschland ist Weltmeister!

Meisterleistung Sepp Herbergers

Von unserem in die Schweiz entsandten Sportredakteur WILHELM HERBERT KOCH

BERN, 4. Juli

Wir fallen uns auf der Tribüne in die Arme und können es nicht fassen. Wir können es nicht fassen: uns zittern die Knie, die Hände, uns lacht das Herz – was sind das alles für schwache Ausdrücke für dieses ungeheure Wunder. Nein, es war kein Wunder. Es war der Sieg einer großartigen Mannschaft, der Sieg von elf deutschen Kameraden – der verdiente Sieg der klüger und aufopfernder spielenden Elf –, einer Elf, die bis zum Umfallen kämpfte und nicht das Gewehr ins Korn warf, als sie bereits durch zwei billige Tore der Ungarn zurückgeworfen war.

Deutschland:

Turek

Posipal — Kohlmeyer

Eckel — Liebrich — Mai

Rahn — Morlock — Otmar Walter — Fritz Walter — Schäfer

Toth I — Puskas — Hidegkuti — Kocsis — Czibor

Zakarias — Lorant — Bozsik

Lantos — Budzanski

Grosits

Ungarn:

Deutschland ist Weltmeister geworden — unser viel gelästertes, ohne jede Vorschußlorbeeren bedachtes Deutschland — eine Mannschaft, die man noch nicht für würdig hielt, „gesetzt" zu werden, der man theoretisch mindestens 16 Länder vorzog, Deutschland, Weltmeister gegen die Wundermannschaft Ungarn, die in der letzten Zeit alles geschlagen hat und als haushoher Favorit galt. Diesen Ungarn nützte es nichts, daß sie mit kleinen Tricks sich überlegen fühlten, die deutsche Hintermannschaft zog ihnen die Giftzähne aus. Die Ungarn liefen sich immer wieder in der deutschen Abwehr fest, und der deutsche Sturm wirbelte bei den weiträumigen verwirrenden Angriffen die ungarische Hintermannschaft durcheinander, daß der Sieg mehr als verdient ist.

Was war das für ein Bild, als nach dem Schlußpfiff die deutschen Spieler über den Platz tanzten und sich in die Arme fielen, als sie von den Rängen den ungeheuren Jubel der deutschen Zuschauer entgegennahmen. Das schönste Bild aber war, als die elf Spieler nach der Siegerehrung Herberger auf die Schultern nahmen. Der Seppel lächelte glücklich. Lieber Seppel, wir waren manchmal nicht mit Dir einverstanden, aber dies war eine Meisterleistung, dies war die größte Leistung, die jemals im deutschen Fußball vollbracht wurde.

Aus den elf Männern in wenigen Wochen eine Mannschaft von Kameraden zu machen, in der ein jeder für den andern einstand und keiner eigensinnig den Ruhm haben wollte, sondern vor alles die Mannschaftsleistung stellte. Natürlich gab es auch in der deutschen Mannschaft einige Punkte, an denen man Kritik üben kann. Aber was heißt das alles? Dafür spielen die anderen um so großartiger.

Organisator Liebrich

Es war vor allem Liebrich, dem wieder mal das Verdienst gebührt, die deutsche Abwehr so glänzend aufgezogen zu haben, daß die wegen ihrer Schußkraft berühmten Ungarn kaum zum Torschuß kamen.

Fritz Walter, der Stratege

Unmittelbar neben Liebrich muß wieder einer ganz besonders herausgestellt werden: Fritz Walter, der deutsche Kapitän, organisierte, seinem Bewacher Bozsik aus dem Wege gehend, fast von der Seitenlinie aus den Aufbau des deutschen Sturms, ging bis zum eigenen Strafraum zurück und war stets wieder vorn zu finden, wenn er da gebraucht wurde. So legte sich um das ganze Spiel der Ungarn wie ein dichtes Netz die Kunst der deutschen Zusammenarbeit. Denn von Fritz Walter gingen die weiträumigen Angriffe aus, in denen sich Rahn und Schäfer besonders einsetzten, während Morlock die Läuferreihe verstärkte, aber auch mit schnellem Angriff vorn zu finden war, wenn die herrlichen deutschen Sturmwellen, ohne Aufenthalt von Mann zu Mann laufend und den ganzen Platz zwischen allen Linien ausnutzend, wieder gegen das ungarische Tor lief.

Rahn: mit dem linken Fuß

Nie werden wir die letzten vier Minuten vergessen. Es sah schon fast nach einer Verlängerung aus, und die deutsche Verteidigung hatte alle Hände voll zu tun, die Ungarn abzuwehren. Da kommt Fritz Walter durch, paßt zu Schäfer, dieser gibt einen genauen Ball zu dem in die Mitte gelaufenen Rahn. Der Essener schießt nicht sofort, sondern umspielt Lantos, hat den Ball am linken Fuß — und knallt Grosits mit dem linken Fuß ein Ding in den Laden, daß dieser es nur noch zischen hört. Deutschland führt 3:2.

Es waren noch vier Minuten zu spielen. Nach dem Anstoß ist Puskas auf Linksaußen frei. Aber der Linienrichter hat schon die Abseitsflagge hoch — das Tor von Puskas war klar abseits, und der Jubel bei den Ungarn verhallte schnell. Aber dann kommt noch einmal Bozsik durch, schießt wuchtig aus acht Meter, aber Turek kann diesen Ball halten. Das Herz hat uns gezittert. Die Deutschen spielen jetzt klar auf Zeit, passen sich den Ball zu. Rahn stemmt die Hände in die Seite, wenn er den Ball hat — und wir sehen auf die Uhr. Der Zeiger zeigt die 90. Minute an — und dann kommt der Schlußpfiff des hervorragenden englischen Schiedsrichters Ling. Wir können es nicht fassen: Deutschland ist Weltmeister!

Nach 8 Minuten 0:2

Die erste Torchance haben die Deutschen, aber außer eine Ecke und ein paar brenzligen Situationen vor dem Tor der Ungarn kommt nichts heraus. Dann drängen die Magyaren, Kocsis schießt Liebrich an. Den abspringenden Ball schiebt Puskas ins Tor. 1:0 für Ungarn. Etwas bedrückend bei dem guten deutschen Start. Aber es kommt noch schlimmer. Kocsis spielt den Ball weit in den Strafraum vor. Turek läuft heraus und will den Ball greifen. Da spielt ihm der Unglücksrabe Kohlmeyer den Ball in falscher Richtung zu. Turek hechtet nach dem Ball, bekommt ihn noch, aber der Ball rutscht ihm ab. Den ersten Schuß von Hidegkuti kann er noch halten, den Nachschuß von Puskas muß er passieren lassen — in der 8. Minute. Ungarn führt 2:0, und es sieht wie eine Katastrophe aus.

Dann 2:2

Wie ein Wunder mutet es an, daß sich die Deutschen nicht von der Linie ihres Spieles abbringen lassen. Das deutsche Spiel läuft immer noch. In der 10. Minute gibt Rahn eine Bombenflanke von links. Es sollte eigentlich ein Torschuß sein; aber der Ball rutscht — Gott sei Dank — ab. Jetzt ist der Morlock da, und an Grosits vorbei holt Deutschland das erste Tor. Dennoch hat die deutsche Deckung in dieser Zeit kleine Lücken, und man hat des öfteren starke Bedenken. Aber man erfreut sich auch an der Gefährlichkeit des deutschen Sturmes. Beinahe hat Morlock mit einem saftigen Schuß den Ausgleich geholt; aber Ungarns Torwart wehrt ab zur Ecke. Und dann schießt Fritz Walter diese Ecke, wieder wie gegen Österreich. Sie kommt genau an, der Ball springt auf, Rahn spritzt dazwischen und schießt ein. — Deutschland hat ausgeglichen.

Die Szenen wechseln

Die Ungarn schalten jetzt einen höheren Gang ein. Sie haben die Gefährlichkeit der Deutschen begriffen. Aber sie finden nicht das Mittel, diesen Gegner auszuspielen. Sie laufen zuviel im Mittelfeld herum, spielen zu eng, haben nie Platz für den Torschuß und sind manchmal geradezu hilflos gegen die immer wieder abschirmende deutsche Verteidigung. Die deutsche Hintermannschaft spielt jetzt fehlerfrei. Dazu sind Eckel und Mai als Aufbauläufer hervorragend. Und immer wieder geht der deutsche Sturm ab. Das Spiel ist ungeheuer schnell.

Wir sind uns klar, daß Deutschland jetzt schon eine ganz große Leistung vollbracht hat.

Gleiche Chancen

Aber sie wachsen in den Himmel. Die zweite Halbzeit unterscheidet sich vor der ersten nur dadurch, daß die Gangart etwas langsamer wird. Kein Wunder bei diesen Anforderungen auf dem nassen Boden. Auch jetzt kommen die Ungarn, die Czibor wieder auf seinen Stammplatz als Linksaußen beordern, wo er aber gegen Posipal noch weniger Chancen hat, nicht mehr zum Schuß als wir Deutschen, wenn sie auch sich mehr vor unserem Tor aufhalten. Kohlmeyer muß zwar einmal auf der Linie retten, Turek ist alles andere als arbeitslos.

Die Abseitsfalle

Das Spiel läuft schnell — schon ist eine halbe Stunde gespielt. Die Ungarn, ärgerlich darüber, daß sie sich nicht frei spielen können, werden ruppig und ein paarmal unfair. Aber die deutsche Abwehr hält, während der deutsche Sturm jetzt nicht mehr so großartig ist wie in der ersten Halbzeit. Bozsik schirmt Fritz Walter stärker ab als vorher, und Otmar Walter ist schwach. Das Abspiel läuft auch nicht mehr so flüssig, aber immerhin, die Deutschen sind den Ungarn immer noch ein gefährlicher und unangenehmer Gegner. Die Ungarn stellen jetzt oft die prompt funktionierende Abseitsfalle, und man sieht es unseren Spielern an, daß sie müde werden. Bei einer Parade von Czibor verletzt sich Turek am Kopf, spielt aber weiter.

Sieg durch Rahn

Und gerade in dem Augenblick, als man meint, jetzt könnte der deutsche Sturm seinen letzten Tropfen Benzin verfeuern, da organisiert Fritz Walter einen Angriff über die linke Flanke: Rahn erhält den Ball auf dem Elfmeterpunkt, behält die Nerven und läßt Lantos leerlaufen — und dann schießt der Essener das Weltmeisterschaftstor.

Jetzt, wo man den ganzen Jubel dieser Sensation hinter sich hat und ruhiger geworden ist, beherrscht uns eigentlich nur noch ein Gefühl: das Gefühl eines echten Dankes an diese Mannschaft und ihren Trainer Herberger. Mit Kühnheit, mit List, mit Zähigkeit und Tüchtigkeit hat diese Elf den Sieg geschafft — einen Sieg, der in der ganzen Welt wie ein Wunder wirken wird, auch wenn man den Fußball nicht zu ernst nimmt.

WESTDEUTSCHE ALLGEMEINE
Die unabhängige Zeitung des Ruhrgebiets

Menschenmenge stoppt Sonderzug der Weltmeisterelf

Begrüßungsprogramme gehen im Jubel unter – Bahnsteigsperren durchbrochen

SINGEN/HOHENTWIEL, 5. Juli

Die deutsche Fußballweltmeister-Mannschaft traf am Montagnachmittag mit einem Sondertriebwagen der Bundesbahn unter unbeschreiblichem Jubel in Singen, der ersten Station auf deutschem Boden, ein.

Auf dem mit Fahnen und Blumen geschmückten Bahnhof rollte der aus Schaffhausen kommende Triebwagen unter den Klängen einer Blaskapelle ein. Die Begrüßungsansprache des Singener Oberbürgermeisters ging im Jubel unter. Unzählige Blumensträuße und Geschenke wurden in den Zug gereicht, darunter eine ein Meter hohe pyramidenförmige Torte.

Ähnliche Szenen spielten sich auf der Fahrt des Triebwagens in Radolfzell ab. Der Zug verlangsamte die Fahrt an kleineren Stationen, die ebenfalls mit Menschen überfüllt waren. In Jestetten, dem deutschen Zollausschlußgebiet westlich von Schaffhausen, mußte er sogar unfahrplanmäßig halten, weil die Menschen die Gleise nicht verlassen wollten.

Als der Zug pünktlich in Konstanz einfuhr, kannte die Begeisterung keine Grenzen. Eine jubelnde Menschenmenge durchbrach die Bahnsteigsperren, umringte den Zug, erkletterte die Dächer der an den Nachbargleisen abgestellten Waggons, um durch die Fenster Geschenke und Blumen gegen Autogramme einzutauschen. Auch hier wurde das vorgesehene offizielle Begrüßungsprogramm über den Haufen geworfen.

Herberger: Ehrenbürger

Das bayrische Kultusministerium ordnete an, daß am Dienstag der Nachmittagsunterricht an allen Münchener Schulen während des Empfangs der Fußballer ausfällt. Die SPD-Fraktion im Bayrischen Landtag hat ihre Vertreter im Ältestenrat beauftragt, darauf hinzuwirken, daß sich am Empfang auch der bayrische Landtag beteiligt. Die Gemeinde Hohensachsen an der Bergstraße hat Bundestrainer Herberger zum Ehrenbürger ernannt. Herberger wohnt in Hohensachsen. Eine Bamberger Maschinenfabrik stiftete für Trainer und Spieler je einen Hundertliter-Kühlschrank.

Im Singener Bahnhof jubeln die Menschen, als der Sonderzug einläuft. Am Fenster winken von links nach rechts: Mai, Posipal und Eckel.
ap-Funkbild

FERNSEH-SENDUNGEN DES NWDR

SAMSTAG, 3. Juli

- **17.00** Fußball-Weltmeisterschaft Übertragung des Spiels um den 3. und 4. Platz
- **20.00** Kleinkunst — eisgekühlt Eine hochsommerliche Schlagerparade

SONNTAG, 4. Juli

- **12.00** Der internationale Frühschoppen
- **17.00** Endspiel um die Fußball-Weltmeisterschaft
- **20.20** Versiegelt Komische Oper
- **21.25** Vom Wildpferd zum Vollblut
- **21.40** Deutsches Derby 1954 Ein Fernseh-Sonderbericht von Roderich Dietze.

MONTAG, 5. Juli

- **20.30** Die letzte Runde Ein Spielfilm

DIENSTAG, 6. Juli

- **20.00** Zeitgeschehen — ferngesehen
- **20.50** Gefährtin Von Arthur Schnitzler Regie: Alfred Braun

MITTWOCH, 7. Juli

- **20.15** Im sechsten Stock Komödie von Alfred Gehri
- **21.40** Besuch in Südafrika

DONNERSTAG, 8. Juli

- **20.25** Bitte, Fräulein, schreiben Sie Ein heiteres Fernsehspiel
- **21.00** Frankfurter — heiß importiert
- **21.15** Zu Gast bei anderen Völkern
- **21.35** Frankie und Johnny Eine Jazz-Ballade

FREITAG, 9. Juli

- **20.15** Film-Sonderbericht von den Weltmeisterschaften im Kunstturnen in Rom.
- **20.30** Sommerabend zwischen Blumen und Beeten
- **21.35** Kakteen, Hirten und Nuraghen Ein Reisebericht über Sardinien

Rekord-Nachfrage nach Fernsehgeräten

Übertragungen der Fußballweltmeisterschaft löst Kaufwelle aus

HAMBURG, 7. Juli

Die „Europäischen Fernsehwochen", vor allem die Übertragungen der Fußball-Weltmeisterschaftsspiele, haben eine Nachfrage nach Fernsehgeräten im Bundesgebiet ausgelöst, die alle Erwartungen der Industrie und des Handels weit übertrifft. Mehrere Herstellerfirmen melden einen völligen Ausverkauf.

Fast alle Fabriken sprechen von Umsatzrekorden. So erklärte die Deutsche Philips GmbH, daß der Absatz von Fernsehgeräten im Juni fast viermal so groß gewesen sei wie im bisher besten Verkaufsmonat überhaupt. Schwerpunkte des Absatzes waren die Gebiete Rhein-Ruhr vor Frankfurt, Mannheim und Norddeutschland. Dabei verteilte sich die Nachfrage gleichmäßig auf Stadt und Land. Das Gerät mit dem größeren 43-cm-Bildschirm wurde gegenüber dem 36-cm-Empfänger bevorzugt. Allgemein wurde festgestellt, daß die Preisfrage nicht entscheidend war.

Die Industrie rechnet auf Grund der bevorstehenden weiteren großen Sportereignisse in diesem Jahr mit einem Anhalten der starken Nachfrage. Nach den Verkaufsergebnissen im ersten Halbjahr 1954 wird erwartet, daß das Produktionsziel dieses Jahres von 150 000 bis 200 000 Fernsehgeräten erreicht wird. (dpa)

Jedem Spieler eine Schweizer Uhr

BERN, 4. Juli

Das Organisationskomitee der Fußball-Weltmeisterschaft hat beschlossen, allen teilnehmenden Spielern der Fußball-Weltmeisterschaft und den Mannschaftsleitern zum Andenken an ihren Aufenthalt in der Schweiz je eine Schweizer Uhr zu überreichen. Die gute Einnahme, die bei rund 900 000 Zuschauern in den 26 Spielen auf Schweizer Boden zu einem klaren Überschuß führte, ermöglichte diese nette Geste. (sid)

Siegeszug der Chemiefasern

„Rohstoffe aus der Retorte" bestreiten bereits ein Drittel unserer Textilversorgung

WAZ DÜSSELDORF, 1. Juli

Die chemischen Fasern haben einen erstaunlichen Aufstieg genommen. Ein Drittel unserer Textilversorgung wird bereits von diesen „Rohstoffen aus der Retorte" bestritten. Dabei ist die Wissenschaft noch lange nicht am Ende angelangt. Durch intensive Forschung und technische Weiterentwicklung soll im Laufe der Zeit die Idealfaser mit noch besseren Eigenschaften, als die Natur sie bietet, geschaffen werden.

In der Welt wurden 1953 insgesamt 6,6 Mill. t Baumwolle, 1,1 Mill. t Wolle und 2,1 Mill. t Chemiefasern produziert. Gegenüber 1938 ist der Anteil der Baumwolle von 77 v. H. auf 66 v. H. und der Wolle von 14 v. H. auf 12 v. H. gesunken. In derselben Zeit stieg er bei den chemischen Fasern von 9 v. H. auf 22. v. H. Die westdeutsche Produktion erreichte 1953 mit 187 000 t 9 v. H. der Weltzahlen.

Nach Auffassung der Fachleute wird die Kurve noch steigen, weil der Bedarf an Textilrohstoffen bei wachsender Bevölkerung immer größer wird und die natürlichen Fasern diesen Bedarf nicht mehr decken können. Hinzu kommt, daß die Chemiefasern von Witterung oder anderen Rückschlägen unabhängig sind. Ihre Preise bleiben daher verhältnismäßig stabil. Darüber hinaus kann die Chemiefaser auf bestimmte Anwendungszwecke hin „gezüchtet" werden.

Die Familie der Chemiefaser gliedert sich in halbsynthetische und vollsynthetische Fasern. Die erste Gruppe ist kein reines chemisches Produkt, sondern noch mit den Naturfasern verbunden. In der Vollsynthese, die auf den Steinkohlenteer zurückgeht, haben uns die USA nicht eine Zeitlang den Rang abgelaufen. Inzwischen ist dem amerikanischen Nylon die deutsche Schwester Perlon zumindest ebenbürtig an die Seite getreten.

Dabei muß man wissen, daß die erste Perlonseide-Fabrik der Welt in Landsberg an der Warthe von den IG-Farben betrieben wurde. Die Anlage ist 1945 demontiert und in die Sowjetunion gebracht worden. Die IG konnte lange Zeit die Entwicklung von Perlon nicht weiterführen. Die erzwungene Verzögerung benutzten der Leiter des Landsberg-Werkes, Dr. Hofmann, und seine Mitarbeiter, die heute im Werk Dormagen der Farbenfabriken Bayer tätig sind, dazu, um technisch neue Wege zu gehen.

Perlon ist der Oberbegriff für drei größere Produktionsgruppen. Dazu gehören Perlonborsten zur Herstellung von Angelleinen, Tennissaiten und Fischnetzen. Das zweite Produkt ist die Perlonfaser, die entweder rein, mit Wolle und Baumwolle oder anderen Chemiefasern verarbeitet wird. Die Perlonfaser gibt allen verspinnbaren Fasern eine erhöhte Verschleißfestigkeit. Neuerdings kann sie schon beim Spinnen gefärbt werden, wodurch die Farbechtheit verbessert wird. Zumal für den Export ergeben sich gute Aussichten, da bisher noch niemand spinngefärbtes Perlon oder Nylon liefert.

Dazu kommt der mit 300 km Länge praktisch endlose Perlonfaden oder die Perlonseide, die in Dormagen zu einer besonderen Elastizität entwickelt wurde. Hauptanwendungsgebiet ist der Damenstrumpf. Das Neueste auf diesem Gebiet ist ein Strumpf von 10 Denier aus Bayer-Perlon.

Als jüngstes Kind der Vollsynthese stellt sich die Bayer-Acryl-Faser vor. Das Patent dafür stammt bereits aus dem Jahre 1942. Die Weiterentwicklung mußte damals abgebrochen werden. Die Amerikaner konnten die Lücke ausnutzen und haben mit dem Orlon ein gleichartiges Produkt auf den Markt gebracht. Inzwischen konnten wir mit dem Acryl eine wollähnliche Faser entwickeln, die für Bekleidung, Heimtextilien, im technischen Bereich, in Weberei, Wirkerei und Strikkerei verwendbar und licht-, fäulnis- und mottenbeständig sowie leicht waschbar, scheuerfest, wärmehaltend und formecht ist. Ein weiterer Vorzug liegt darin, daß sich diese Faser mit Wolle, Zellwolle und Kunstseide gut verträgt.

Freie Fahrt auf Vorfahrtstraßen

WAZ KARLSRUHE, 16. Juli

Der Bundesgerichtshof hat jetzt endgültig die strittige Frage entschieden, ob Kraftfahrer auf bevorrechtigten Straßen verpflichtet sind, an Kreuzungen so langsam zu fahren, das sie rechtzeitig halten können, wenn ein anderes Fahrzeug die Vorfahrt nicht beachtet. Nach dem Bundesgerichtsurteil darf der Kraftfahrer auf einer Vorfahrtstraße damit rechnen, daß sein Vorfahrtsrecht beachtet wird. In dem Urteil heißt es, der auf einer Vorfahrtstraße fahrende Kraftfahrer müsse bei seiner Geschwindigkeit den Anforderungen der Verkehrslage Rechnung tragen. „Doch kann er grundsätzlich darauf vertrauen, daß nicht sichtbare, wartepflichtige Verkehrsteilnehmer auf Seitenstraßen sein Vorfahrtsrecht beachten".

WESTDEUTSCHE
ALLGEMEINE
Die unabhängige Zeitung des Ruhrgebiets

Erstes Atomkraftwerk in der Sowjetunion

LONDON, 30. Juni

Das erste mit Atomenergie betriebene Kraftwerk wurde in der Sowjetunion am 27. Juni in Gang gesetzt, gab die sowjetische Regierung nach Mitteilung des Senders Moskau am Mittwoch bekannt.

In den USA wird gegenwärtig ein Atomkraftwerk in Pittsburg gebaut, das in drei bis fünf Jahren vollendet und mindestens 60 000 Kilowatt produzieren soll. (ap/dpa)

Die Streikentwicklung im Bundesgebiet weist Höhepunkte in den Jahren 1951 und 1953 auf. Allerdings waren im Vorjahr am wenigsten Arbeitnehmer seit der Währungsreform an Streiks beteiligt. Sie streikten jedoch wesentlich länger als in den vorangegangenen Jahren. So entfielen auf einen streikenden Arbeitnehmer 1953 durchschnittlich 29 Streiktage, 1952 dagegen nur fünf, 1951 neun und 1950 wiederum fünf. 1953 stand das Textilgewerbe mit 661 000 Streiktagen an der Spitze. Es folgten der Maschinen-, Stahl-, Eisen- und Fahrzeugbau mit 607 000 und das Bau- und Baunebengewerbe mit 190 000 Streiktagen. (Gobus)

Nicht für heiße Tage

Dieser elektrisch beheizte Speisetisch für Leute, die trotz kühler Witterung warm im Freien sitzen wollen, wurde von dem Stuttgarter Ingenieur Lesser entworfen. Wer 10 Pf in den automatischen Zähler wirft (rechts oben), wird für eine Stunde von oben durch zwei Infrarot-Strahler mit Warmluft berieselt. Der „elektrische Stuhl" sorgt im Rücken für angenehme Wärme und damit die Beine nicht kalt werden, ström' auch unter dem Tisch Warmluft hervor. Ferner bleiben die Speisen auf der im Tisch eingelassenen Heizplatte wohltemperiert. ap-Bild

Eisenhower lehnt Aufnahme Pekings in die UNO ab

WASHINGTON, 7. Juli

Eine Aufnahme der Chinesischen Volksrepublik in die UNO lehne er unter den gegenwärtigen Voraussetzungen nach wie vor ab, erklärte Präsident Eisenhower am Mittwoch vor der Presse. Er sei der Ansicht, daß 95 v. H. der amerikanischen Bevölkerung seine Auffassung teile. Mit der Auffassung des republikanischen Fraktionsführers im Senat, Knowland, die USA sollten aus der UNO austreten, falls Rot-China gegen den amerikanischen Protest in die UNO aufgenommen werde, stimme er nicht überein. Falls der Fall eintrete, könne die Haltung der USA dann noch bestimmt werden.

Die UNO-Vollversammlung, fuhr Eisenhower fort, habe China zum Aggressor erklärt, und diese Lage habe sich bisher nicht geändert. Anstatt in Genf eine versöhnliche Haltung einzunehmen, fodere Peking, daß die UNO ihre bisherige Einstellung aufgibt. (dpa)

Fünfzig Jahre Schalker Kreisel

Der sechsfache Deutsche Meister Schalke 04 feiert das neuntägige Fest seines goldenen Jubiläums

GELSENKIRCHEN, 30. Juli
Von HERMANN THIEN

Seit einem Vierteljahrhundert hält der FC Schalke 04 neben vielen anderen einen heute wie damals gleichermaßen in die Augen springenden Rekord: den der höchsten Zuschauerzahlen. Bedarf es eines besseren Beweises für die Einmaligkeit des Schalker Fußballspiels, für den berühmten Kreisel, der jahrzehntelang die Massen bezauberte? Die Treue der Anhänger aus dem ganzen Ruhrrevier hielt sogar, als es den „Knappen" vorübergehend (kurz nach dem letzten Kriege) schlecht ging. Die Zahlen aber überschlugen sich geradezu, als Jung-Schalke wieder erstarkte, Westdeutscher Meister wurde und so den noch immer in herrlichstem Königsblau strahlenden Ruhm der unvergessenen Mannschaft um Szepan und Kuzorra mehrte.

1937. Die dritte deutsche Meisterschaft ist erkämpft. Der 1. FC Nürnberg wurde im Berliner Olympia-Stadion 0:2 geschlagen — durch die beste Mannschaft, die Schalke je auf den Beinen hatte. Von links: Trainer „Bumbas" Schmidt, Kalwitzki, Szepan, Bornemann, Schweisfurth, Kuzorra (mit Meisterschaftskranz), Hans Klodt, Pörtgen, Berg, Tibulski, Urban und Gellesch. Bild: Müller (Gelsenkirchen)

Sie sind bald so alt wie der goldene Jubilar Schalke 04: Fritz Szepan (der „Blonde Fritz", links) und sein Schwager Kuzorra. Ohne sie kein Kreisel. Die Namen dieses berühmten Schwägerpaares bleiben für immer mit dem Schalker Fußballruhm verknüpft. Bild: Müller (Gelsenkirchen)

Alle Regionen Deutschlands besitzen ihr Idol in einer Mannschaft: Der Norden im Hamburger SV (mit den Großtaten in den zwanziger Jahren), Berlin in der Hertha BSC (Höhepunkt 1930/31), der Südwesten im 1. FC Kaiserslautern (die Walter-Elf der Nachkriegsjahre), der Süden im 1. FC Nürnberg (nun, das reicht von 1920 bis 1948 mit sieben Deutschen Meisterschaften!), der Westen aber hat seinen FC Schalke 04 (mit „nur" sechs Deutschmeistertiteln).

Das „Schalker Jahrzehnt"

Der Schalker Höhenflug zog sich länger denn ein Jahrzehnt in beinahe gerader Linie dahin, und es war in den dreißiger Jahren so, daß Schalke 04 in jedes Spiel gegen eine deutsche Mannschaft als Favorit zog. Gelegentliche Niederlagen — auch in entscheidenden Spielen — ändern daran gar nichts. Denn diese Virtuosen von der Schalker Glückauf-Kampfbahn spielten so bezaubernd schön, sie beherrschten nach der Devise „Laßt den Ball und den Gegner laufen!" alles, was mit dem Fußball nur zusammenhängen kann, daß sie gerade wegen dieser Schönspielerei, wegen der Verliebtheit in ihr Kreiselspiel mitunter verloren.

So möchte man denn die dreißiger Jahre das Schalker Jahrzehnt des deutschen Fußballs nennen. In Wirklichkeit aber reichen die Wurzeln bis in die zwanziger Jahre, und sie reichen in langer Kette bis 1942. Man muß sie sich einmal ansehen: Deutscher Meister 1934, 1935, 1937, 1939, 1940, 1942. Pokalmeister 1937. Westdeutscher Meister 1929, 1932, 1951. Westfalenmeister von 1934 bis 1944, Ruhrbezirksmeister von 1926 bis 1933. Das ist die „wertmäßige" Reihenfolge. Wer es chronologisch wissen will, der fange von unten an.

Berühmte Fußballgäste

Wir sagten es schon, auch heute noch ist der Jubilar Schalke 04, der am 31. Juli aus Anlaß seines 50jährigen Bestehens eine neuntägige, mit fußballerischen Leckerbissen nur so gespickte Jubiläumsfeier beginnt, Kassenmagnet Nr. 1. An den Tagen vom 31. Juli bis zum 8. August werden die Fußballfreunde aus dem ganzen Revier nach Schalke strömen, denn es werden erwartet: der 1. FC Nürnberg (mit den Alten und Jungen), Deutscher Meister Hannover 96, Frankreichs Meister Stade Reims, Österreichs Meister Rapid Wien und Jugoslawiens Spitzenreiter Hajduk Split.

Ihnen allen wird die Schalker Mannschaft ein guter Gegner sein, denn sie hat sich — wenn auch noch nicht zu der traumhaften Höhe der Männer um Fritz Szepan und Ernst Kuzorra — so doch seit Jahren wieder zur westdeutschen Spitzenklasse emporgearbeitet. Aus der alten Mannschaft sind noch dabei: Nationalspieler Eppenhoff und Zwickhofer. Um sie beide hat Fritz Szepan, der bis zum Ende der abgelaufenen Spielzeit den Trainerposten bekleidete, die Jungen so gruppiert, daß man von einer echten Wiedergeburt sprechen kann.

Konsumverkauf an Nichtmitglieder

WAZ BONN, 2. Juli

Konsumvereine und Genossenschaften dürfen nunmehr endgültig auch an Nichtmitglieder verkaufen. Ein entsprechendes Gesetz, das mit Wirkung vom 1. Juli 1954 in Kraft treten soll, wurde am Freitag vom Bundesrat gebilligt. Den Mitgliedern von Konsumgenossenschaften dürfen danach Warenrückvergütungen bis zu 3 v. H. jährlich gewährt werden. Nichtmitglieder können solche Rückvergütungen nicht erhalten.

Hausfrauen lehnen 25-Pfennig-Münze ab

Ergebnis einer Umfrage

WUPPERTAL, 2. Juli

Die Einführung einer von den öffentlichen Verkehrsbetrieben angeregten 25-Pf-Geldmünze sei bei einer Umfrage des Landesverbandes Rheinland im deutschen Hausfrauenbund von allen Hausfrauen abgelehnt worden, teilte die Handelskammer Wuppertal am Freitag mit. Auch die Kammer vertrete die Auffassung, daß dafür kein Bedürfnis bestehe. Eine solche Münze füge sich nicht in das geläufige Dezimalsystem ein. Hinzu komme, daß technische Hilfsmittel wie Registrierkassen, Münzbretter usw. für die neue Münze besonders eingerichtet werden müßten. (dpa)

„Wer ist der populärste Mann in Deutschland?"
„. . .?! . . . "
„Ich will euch mal helfen: er repräsentiert Deutschland gegenüber dem Auslande . . ."
„. . .?! . . ."
„Immer noch nicht? Sein Name fängt mit ‚H' an."
„HERBERGER!" Zeichnung: Berenbrock

Dior läßt Taille auf die Hüfte rutschen

PARIS, 29. Juli

Christian Dior, Schrittmacher der Damenmode, hat bei seinen Herbst- und Winterentwürfen wieder einen unerschöpflichen Einfallsreichtum bewiesen. Wie im Vorjahr, als seine radikale Kürzung der Röcke lebhafte Diskussionen auslöste, so ließ er auch diesmal eine „Modebombe" detonieren.

Die erste Reaktion: „Genau wie in den zwanziger Jahren!" Die Taille verläuft in Hüfthöhe, die Büste wird getarnt, und das Ganze, flach, schlank und knabenhaft wie es ist, nennt sich „H-Linie". Ob dieser Stil neben der betont weiblichen Note anderer Modeschöpfer bestehen kann, scheint noch fraglich. Aber das Prestige Diors vermag viel. (ap)

Wahrsager dürfen Polizei nicht helfen

„Übersinnliche Experimente mit Vorsicht prüfen" - Erlaß des Innenministers

WAZ DÜSSELDORF, 15. Juli

Es sei unzulässig, zur Aufklärung strafbarer Handlungen oder bei sonstigen polizeilichen Maßnahmen übersinnliche Mittel anzuwenden, stellte der amtierende Innenminister von Nordrhein-Westfalen, Dr. Franz Meyers, in einem Erlaß an alle Polizeibehörden des Landes fest. Die Polizei dürfe sich nicht solcher Menschen bedienen, die angeblich im Besitz übersinnlicher Fähigkeiten sind, wie Hellseher oder Wahrsager.

Es dürften grundsätzlich nur Mittel angewandt werden, die auch objektiv nachprüfbar wären. Die Gefahr, daß sonst Unschuldige schwer betroffen werden könnten, sei zu groß. Werde aber ein polizeiliches Einschreiten unter Berufung auf übersinnliche Wahrnehmungen oder Experimente gewünscht, so sei der Sachverhalt mit der gebotenen Vorsicht nachzuprüfen. Die Polizei dürfe auf keinen Fall aber Bescheinigungen über angeblich gelungene übersinnliche Experimente oder Nachweise über übersinnliche Fähigkeiten ausstellen.

Kabinett verabschiedet Gesetz zur Bekämpfung von Schwarzarbeit

WAZ BONN, 21. Juli

Der Entwurf eines Gesetzes zur Bekämpfung der Schwarzarbeit wurde am Mittwoch vom Bundeskabinett verabschiedet. Danach sollen künftig sowohl der Auftraggeber wie auch derjenige, der die Schwarzarbeit ausführt, mit Gefängnis oder mit Geldstrafe bestraft werden können. Voraussetzung ist jedoch, daß diese Schwarzarbeit in erheblichem Umfange und in gewinnsüchtiger Absicht ausgeführt wurde. Nach Schätzungen des Zentralverbandes des deutschen Handwerks gingen bisher durch Schwarzarbeit über 100 000 Arbeitsplätze verloren.

PRINZESSIN MARGARET BEIM BUNDESPRÄSIDENTEN

Prinzessin Margaret Rose traf am Montag mit dem Flugzeug zu einem viertägigen Besuch in der Bundesrepublik ein. Sie landete auf dem Flughafen Wahn bei Köln, von wo sie zunächst nach Bonn weiterfuhr. Bei einem Empfang, den Bundespräsident Heuss zu Ehren der Prinzessin gab, erklärte er: „Wir empfinden es als eine liebenswürdige Fügung, gerade Sie als eine Trägerin der Botschaft eines guten Willens betrachten zu dürfen". Der Bundespräsident unterstrich die Notwendigkeit, die zerstörten Beziehungen zwischen den Staaten durch wechselseitiges Vertrauen neu zu ordnen.

In ihrer Antwortrede sagte Prinzessin Margaret: „Dies ist mein erster Besuch in Deutschland, und es freut mich ganz besonders, daß ich zu einer Zeit komme, da Beziehungen neuer Art sich stetig zwischen unseren beiden Ländern herausbilden". Abschließend sprach sie ihr tiefes Mitgefühl für die Opfer der Überschwemmungskatastrophe in Süddeutschland aus. Unser Bild zeigt Prinzessin Margaret während des Empfangs in Bonn im Gespräch mit Bundespräsident Heuss (rechts) und Bundeskanzler Adenauer. Schirner-Bild

Zuchthausstrafe soll bleiben

„Tendenz zur Milde bedenklich"

KÖLN, 14. Juli

Gegen die Einführung einer einheitlichen Haftart bei der kommenden großen Strafrechtsreform sprach sich am Mittwoch Bundesjustizminister Neumayer aus. Er setzte sich nachdrücklich für die Beibehaltung der Zuchthaus- neben der Gefängnisstrafe ein. Der Minister meinte, die Reform dürfe nicht dazu führen, die „bedenkliche Tendenz der Strafrechtspflege zur Milde" weiter zu unterstützen. (ap)

Viel Wohlfahrt im Ruhrgebiet

Fast alle Städte verzeichnen überdurchschnittlich viele Unterstützungsempfänger

WAZ RUHRGEBIET, 1. Juli

Nach den neuesten Erhebungen des Statistischen Landesamtes entfallen in Nordrhein-Westfalen auf 1000 Personen 20,1 Unterstützungsempfänger. Dieser Landesdurchschnitt wird in den meisten Städten des Ruhrgebietes überschritten. An der Spitze steht Hamm mit 33,8 Unterstützten. In Gelsenkirchen sind es 27,8, Essen 27,5, Bottrop 27,3, Duisburg 26,1, Wattenscheid 24,2, Wanne-Eickel und Herne 23,5, Witten 22,9, Oberhausen 22,8, Dortmund 21,1, Lünen 21, Mülheim 20,8, und Gladbeck 20,6. Auch die Landkreise Dinslaken, Recklinghausen und Moers liegen mit 23,5, 22,1 bzw. 21,5 Unterstützten auf 1000 Einwohner über dem Landesdurchschnitt.

Nur die Städte Bochum (18,1), Unna (16,6) und Hagen (13,5) erreichen den Landesdurchschnitt nicht. Am günstigsten steht Castrop-Rauxel da. Es hat 10,6 Unterstützungsempfänger auf 1000 Einwohner.

WESTDEUTSCHE ALLGEMEINE
Die unabhängige Zeitung des Ruhrgebiets

Heuss wieder Bundespräsident

Mit großer Mehrheit bestätigt - Bekenntnis zu Berlin und zur deutschen Einheit

„Ja, ich bin bereit, die Wahl anzunehmen". Dies antwortete Theodor Heuss (stehend links), auf eine entsprechende Frage des Bundestagspräsidenten Dr. Ehlers (stehend hinter dem Tisch des Präsidiums). Damit war die Wahl des Bundespräsidenten abgeschlossen.

ap-Funkbilder

Von unserem Berliner Büro

BERLIN, 17. Juli

Das geistige Einheitsbewußtsein der Nation dürfe nicht in der Verschiedenheit des politischen Klimas notleiden, erklärte Bundespräsident Prof. Heuss am Samstagnachmittag vor der Bundesversammlung in Berlin, nachdem die Versammlung ihn mit großer Mehrheit für die nächsten fünf Jahre zum Bundespräsidenten gewählt hatte. In seiner Ansprache legte Prof. Heuss ein Bekenntnis zu Berlin, zur Wiedervereinigung und zur deutschen Einheit ab.

Zu seiner Stellung sagte der Bundespräsident, ihr dürfe man zwar die Begriffe neutral und überparteilich, nicht aber den Anspruch auf Meinungslosigkeit beiordnen. Er forderte die Deutschen in der Bundesrepublik auf, den Hilfswillen für die Landsleute in Mittel- und Ostdeutschland zu erhalten. Für das deutsche Volk sprach er den Wunsch aus, Partner einer breiteren, freien Völkerordnung zu sein. Im Innern müsse es eines unserer Hauptziele sein, den sozialen Frieden weiter zu festigen.

Seine Rede hatte Heuss mit einem Dank für seine Wiederwahl begonnen, in der er eine Bestätigung des Vertrauens sah, die seine Amtsführung in den vergangenen Jahren begleitet hat. Zu den Potsdamer Beschlüssen von 1945 sagte der Bundespräsident, diese seien durch die geschichtliche Entwicklung sinnentleert worden, wenn sie je einen Sinn gehabt hätten.

Zum Schluß sagte der Bundespräsident: wir haben in der rückliegenden Epoche die Verstaatlichung des Menschen erlebt,

Trotz strömenden Regens lächelnd, betrat Bundespräsident Heuss gegen Ende der Stimmauszählung die Ostpreußen-Halle. Er wird geleitet von Vizepräsidenten des Bundestages, Prof. Carlo Schmid.

wir wollen zur Vermenschlichung des Staates zurückfinden. Die gemeinsame Aufgabe sei es, die Hybris und den Übermut durch das Maß zu ersetzen. Der Sinn der gemeinsamen Arbeit aller sei der, daß das Recht zwischen den Bürgern und zwischen den Völkern herrsche, um die Freiheit zu sichern und zu krönen.

Von den 1018 Mitgliedern der Bundesversammlung nahmen 987 am Wahlakt teil. Auf Prof. Heuss entfielen 871 Stimmen, 95 Wahlmänner gaben leere Zettel ab und enthielten sich damit der Stimme, für den von den Kommunisten aufgestellten Kandidaten, Prof. Weber (Heidelberg), stimmten 12 Abgeordnete. Wie Prof Weber hierzu erklärte, habe er mit den Kommunisten niemals Verhandlungen irgendwelcher Art geführt. Mit der Kandidatur sei er nicht einverstanden.

Von den weiteren abgegebenen Stimmen entfielen je eine auf Bundeskanzler Adenauer, Großadmiral Dönitz, Prinz Louis Ferdinand von Preußen, den Namen Lüders, den Herzog Ernst August von Braunschweig und den Bundesfamilienminister Franz Josef Würmeling.

Anschließend an die Wahl sprach Bundestagspräsident Dr. Ehlers dem Bundespräsidenten die herzlichsten Glückwünsche für die zweite Amtsperiode aus.

Die Bundesversammlung war in der großen Ostpreußen-Halle auf dem Berliner Messegelände zusammengetreten, die aus diesem Anlaß mit schlichten hellgrauen Dekorationen ausgestattet worden war. Als einziger Schmuck war hinter dem zentralen Podium ein riesiger Bundesadler zu sehen, vor dem ein Mast mit der schwarzrotgoldenen Fahne stand. Im Halbrund saßen vor dem Podium die Wahlmänner, hinter ihnen auf ansteigenden Tribünen über tausend in- und ausländische Ehrengäste und Pressevertreter.

Bei strömendem Dauerregen warteten Hunderte von Menschen stundenlang geduldig vor den Messehallen auf das Ende des Wahlaktes. In den Abendstunden waren die Straßen, durch die der Bundespräsident zu verschiedenen Veranstaltungen fuhr, von Tausenden umsäumt, die den Gast Berlins trotz Regen und Nässe begrüßen wollten.

Unmittelbar nach der Wiederwahl des Bundespräsidenten trafen aus allen Teilen der Bundesrepublik Glückwunschadressen an Theodor Heuss ein. In einem Telegramm des britischen Hohen Kommissars heißt es, die Wiederwahl des Bundespräsidenten werde auch von den Freunden Deutschlands in anderen Ländern warm begrüßt.

Genf: Einig über Indochina

Waffenstillstand am 27. Juli - Überwachung durch Indien, Kanada und Polen - Vietnam am 17. Breitengrad geteilt

Von unserem nach Genf entsandten Korrespondenten
DR. ERNST WEISENFELD GENF, 20. Juli

Bei den Verhandlungen in Genf am Dienstag ist eine grundsätzliche Einigung über alle noch offenstehenden Fragen für den Waffenstillstand in Indochina erzielt worden. Die Waffenstillstandsabkommen werden in Genf von Vertretern der Oberkommandos Frankreichs und des Vietminh unterzeichnet. In den umstrittenen Punkten: Demarkationslinie, Wahltermin und Garantie kam es zu einem Kompromiß. Die Demarkationslinie, an der Vietnam geteilt werden soll, wird etwa am 17. Breitengrad gezogen, die Wahlen sollen im Juni 1956 stattfinden, der Ostblock hat seine Forderung fallengelassen, daß die USA das Waffenstillstandsabkommen gemeinsam mit den anderen in Genf vertretenen Mächten garantieren.

Dem Waffenstillstands-Kontrollausschuß werden angehören: Indien, Kanada und Polen, den Vorsitz führt Indien. Der Waffenstillstand soll eine Woche nach Unterzeichnung des Abkommens in Kraft treten. Innerhalb der beiden Nord- und Südzonen Vietnams wird es keine Enklaven geben. Doch werden zur Sammlung der in diesen Zonen stehenden gegnerischen Truppen bestimmte Fristen und Sammlungsräume genau festgesetzt. Eine Evakuierung des Hafens Haiphong ist innerhalb von vier Monaten nach dem Waffenstillstand vorgesehen. Im Kontrollausschuß ist Einstimmigkeit nur in ganz wenigen Fällen erforderlich, wie z. B. bei einem Bruch des Waffenstillstandes.

Die Demarkationslinie zwischen Nord- und Südvietnam verläuft etwa 20 km nördl. der Kolonialstraße 9 von Quangtri an der Küste nach Savannakhet in Laos.

Flucht nach Süden erwartet

Die Regelung für Laos und Kambodscha sieht vor, daß sofort nach Unterzeichnung des Waffenstillstandsabkommens diese Staaten eine Erklärung abgeben, daß sie sich keinen Militärbündnissen anschließen und die Errichtung ausländischer Militärstützpunkte auf ihren Gebieten nicht zulassen werden. In Laos werden Sammelzonen eingerichtet, die etwa 10 000 Mann der Vietminh-Truppen sollen in den Räumen von Sam Neua und Phong Saly zusammengezogen werden und innerhalb von 60 Tagen das Land verlassen. Die Franzosen sammeln ihre Truppen in Xieng Khouang und Seno.

Bei der Unterzeichnung des Abkommens will die vietnamesische Delegation unter Führung von Außenminister Tran van Do den Konferenzort unter Protest verlassen, da die Großmächte die Wünsche und Interessen des vietnamesischen Volkes völlig übergangen hätten.

In der Stadt Hanoi herrscht Ruhe. Nach den letztägigen Demonstrationen gegen die Spaltung fahren Panzerwagen durch die Straßen, um Unruhen schon im Keim ersticken zu können. In Kreisen der Vietnam-Regierung rechnet man mit einer Massenbewegung der Bevölkerung nach dem Süden. Allein 100 000 Bewohner Hanois von etwa 300 000 wollen Nordvietnam verlassen.

Durch die Teilung Indochinas etwa am 17. Breitengrad wird das Land fast genau halbiert. 165 000 qkm sind nördlich, 164 000 qkm südlich der Demarkationslinie. Von den 21 Millionen Einwohnern kommen etwa 13 Millionen unter die Herrschaft des Vietminh. Dem Süden fallen die riesigen Kautschukplantagen zu, dem Norden Kohle, Eisen und Phosphate. WAZ-Karte: Voßnacke

Das seltsamste Bild der Woche

Bei diesem seltsamen Bild handelt es sich weder um eine Szene aus einem Kriminalfilm noch um die Untat eines Wüstlings. Die Tatsache, daß hier das neue Abendkleid eines reizenden Mannequins mit Rasierwasser überschüttet wird, geschieht sozusagen aus Reklamegründen und ist ganz in der Ordnung.

Das Abendkleid — eine Neuerung auf modischem Gebiet — ist nämlich aus wasserdichtem Plastikstoff, mit andern Worten: ein festlicher „Tropfenfänger", der jede kalte Dusche verträgt. Welche Aussichten für die Zukunft! Man kann nun mit ruhigem Gewissen einmal eine Sprudelflasche über seine Tischdame entleeren, ohne daß es gleich Szenen gibt. Das Mädchen steht auf, schüttelt sich, und das Leben geht weiter. Ja, ja, die Technik!

Windstoß-Stil

Bei der neuen Herbst- und Wintermode müssen die Frauen auch an ihr Haar denken. Das Neueste aus Paris ist die „Dandy"-Frisur. Das gescheitelte Haar hat einen Windstoß-Stil.

WESTDEUTSCHE ALLGEMEINE
Die unabhängige Zeitung des Ruhrgebiets

Rennwagen-Meisterschaft wird spannend

Ferrari gewinnt Englands Grand Prix - Fangio nur Vierter - Demnächst neuer Mercedes-Typ

Von ERNST ROSEMANN SILVERSTONE, 18. Juli

Die große internationale Auseinandersetzung im Rennwagensport hat mit dem am Samstag ausgetragenen Britischen Grand Prix jene Situation erreicht, in der es hart auf hart geht. Der Ferrari-Sieg von Gonzales vor Hawthorn, gefolgt von Marimon auf Maserati und Fangio auf Mercedes-Benz, zeigt eindeutig, daß die Entwicklung nicht etwa abgeschlossen ist, sondern erst beginnt. Deutschland kam trotzdem mit einem Sieg über den Kanal zurück, denn Huschke v. Hanstein führte seinen Porsche in der 1100-ccm-Sportwagen-Klasse zu einem überzeugenden Erfolg.

Trenchcoat und Regenschirm beherrschten die Situation vom viel zu knapp bemessenen Training bis zum Schluß des Rennens. Der Flach-Kurs auf den Rollbahnen eines ehemaligen Militär-Flugplatzes ist für Felder von mehr als 25 Wagen zu kurz, mit acht teuflischen, meist sehr schnellen Kurven versehen und weist nicht eine einzige längere Gerade auf, auf der die Endleistung der Motoren zur Geltung kommen kann. Die Fahrlinie ist seitlich von bojenartigen, niedrigen Tonnen begrenzt, die aus tiefer Sitz-Position kaum zu erkennen sind, und diese Bojen wurden Fangio im Training und im Rennen mehrfach zum Verhängnis.

der sogenannte „Monoposto", den wir zum ersten Male am 1. August auf dem Nürburgring sehen werden, für Silverstone noch nicht fertig geworden. Künftig werden je nach Streckenart der „Monoposto" oder die „Aerodynamik" eingesetzt werden. — Fangio hatte in den letzten Runden zusätzliche Schaltschwierigkeiten, die sich nach einigen tausend Kilometern Training und Rennen zum ersten Male zeigten.

54. Runde: Fangio fällt ab

Mit der schnellsten Trainingsrunde (161,56 km/h) und Rekordzeit sicherte sich Fangio auf Mercedes-Benz den besten Startplatz. Mit 31 lag von vornherein im Handicap. So blieb es über 54 Runden der 90-Runden-Distanz, obgleich Fangio schon in der ersten Halbzeit einmal links und einmal rechts eine Begrenzungstonne angefahren und seine Karosserie beschädigt hatte. Nun traten noch die erwähnten Schaltstörungen auf, die ihn zurückwarfen und aussichtslos machten.

Während Gonzales sicher führte, tobte um den zweiten Platz der Kampf zwischen Hawthorn und Stirling Moss (Maserati), der in der 80. Runde wegen Hinterachs-Schadens ausfiel. Gonzales siegte mit 143,5 km/h, Hawthorn wurde mit 50 Sekunden Abstand Zweiter, mit Rundenabstand stritten Marimon (Maserati) und Fangio, die beiden Argentinier, um den dritten Platz, aber Marimon ging 27 Sekunden vor dem Mercedes-Fahrer durchs Ziel.

Gonzales und Fangio fuhren gleichzeitig die beste Runde des Tages mit 154,22 km/h. Fangio hat in der Weltmeisterschafts-Wertung mit 18 Punkten Vorsprung vor Gonzales eine interessante Position. Kling wurde Siebenter, so daß trotz des Massensterbens der Maschinen beide Mercedes-Benz-Wagen durchhielten.

Noch liegt Fangio (links) mit seinem Mercedes knapp hinter dem späteren Sieger Gonzales (Ferrari). Vorn drei der Markierungstonnen, mit denen Fangio nicht fertig wurde. up-Bild

„Aerodynamik" hinderte

Die Stromform des neuen Mercedes-Benz — die „Aerodynamik" — die sich in Reims so hervorragend bewährte, wirkte hier hindernd. Das war keine Überraschung, nur ist das jüngste Rennwagen-Modell von Mercedes, Fahrzeugen war die 4,8 km lange Strecke viel zu dicht besetzt, so daß die Spitzenfahrer stets behindert wurden. — Gonzales (Ferrari) übernahm sofort die Führung, und sein Landsmann Fangio (Mercedes-Benz) überholte nach vier Runden Hawthorn, um in kluger Taktik Gonzales stets auf den Fersen zu bleiben. Kling

Vorher Porsche-Sieg

Beim voraufgegangenen Sportwagen-Rennen starteten zwei Porsche-Wagen. In der 1100-ccm-Klasse siegte Huschke v. Hanstein bei ständiger Führung unbestritten, in der 1500-ccm-Klasse kam Hans Herrmann infolge schlechten Starts auf den dritten Platz.

Beschäftigung erreicht neuen Rekordstand

NÜRNBERG, 13. Juli

Die Beschäftigungslage im Bundesgebiet erreichte im Juni einen neuen Nachkriegsrekord. Am 30. Juni waren 16 500 236 Arbeiter, Angestellte und Beamte beschäftigt, also über 3 Mill. mehr als Ende Juni 1948. Der jetzige Beschäftigungsstand liegt um 455 803 über dem bisherigen Höchststand von September 1953. Gegenüber März 1954 erhöhte sich die Zahl der Beschäftigten um 742 091. Die Bundesanstalt für Arbeitsvermittlung in Nürnberg führt diesen Anstieg vor allem auf die Eingliederung der Schulentlassenen in das Erwerbsleben und den in diesem Jahr besonders schnellen Rückgang der saisonalbedingten Arbeitslosigkeit zurück. Am stärksten sei die Zahl der Beschäftigten im zweiten Quartal 1954 in Nordrhein-Westfalen mit 213 880 gestiegen. (dpa)

Engländer räumen Suez-Zone

Binnen 20 Monaten - Kompromiß in Kairo erzielt

KAIRO, 27. Juli

Alle britischen Soldaten, die noch in der Suezkanalzone stehen, werden den ägyptischen Boden binnen 20 Monaten verlassen. Das britische Oberkommando Mittelost wird nach Cypern verlegt. Ein am Dienstagabend in Kairo paraphiertes britisch-ägyptisches Abkommen beendet den Suezkanal-Konflikt und die 72jährige Besetzung Ägyptens durch Großbritannien. Das Abkommen wurde nach acht Jahren harter Verhandlungen erreicht, bei denen es oft zu schweren Auseinandersetzungen, zum Abbruch der Gespräche und zu blutigen Aufständen kam.

Eine Wiedereröffnung des Stützpunktes ist vorgesehen im Falle eines Angriffs auf die arabischen Staaten oder die Türkei. Das Abkommen wird auf sieben Jahre befristet. Die Instandhaltung des Stützpunktes übernimmt eine zivile britische Gesellschaft. In London hat das Abkommen eine zwiespältige Aufnahme gefunden. Es wird in politischen Kreisen unter militärisch-strategischen Gesichtspunkten begrüßt, weil der Nahe Osten mit dem Unruheherd Ägypten als schwacher Punkt im Sicherheitssystem des Westens galt. Gleichzeitig wird die Räumung jedoch von einer starken, konservativen Gruppe als politischer Rückzug empfunden und heftig kritisiert.

Der ägyptische Ministerpräsident, Oberst Nasser, erklärte: „Wir wollen den Haß in unseren Herzen vergessen und unsere Beziehungen zu Großbritannien auf eine solide Grundlage stellen."

Bonns Abwehrchef Dr. John aus West-Berlin verschwunden

Polizei: Ermittlungen sprechen gegen Entführung des Leiters des Verfassungsschutzamtes – Bundeshauptstadt ist stark bestürzt

Von unseren Korrespondenten Vo/D BONN/BERLIN, 22. Juli

Wie eine Bombe schlug am Donnerstagmittag in Bonn die Nachricht ein, daß der Präsident des Bundesverfassungsschutzamtes, der 44 Jahre alte Dr. Otto John, seit Dienstag abend aus West-Berlin verschwunden ist. Während das Bundesinnenministerium in Bonn am Donnerstagabend noch an der Auffassung festhielt, daß John in die Sowjetzone entführt worden ist, erklärte der West-Berliner Polizei-Vizepräsident Dr. Urban, die Vermutung der Entführung Dr. Johns sei inzwischen durch die Ermittlungen der Polizei in Berlin überholt.

Das Verschwinden Johns hat in Bonn kaum vorstellbare Bestürzung hervorgerufen. Was sich auch zuletzt als Tatsache herausstellen sollte — die Entführung oder das Überlaufen — so ist es zweifellos ein einmaliges Ereignis, daß der Chef der politischen Abwehrorganisation eines Landes im Machtbereich des Gegners verschwindet.

Mit John zusammen ist der West-Berliner Arzt Dr. Wolfgang Wohlgemuth untergetaucht. Aus einem Brief, den der Arzt in seiner Praxis zurückgelassen hat, geht hervor, daß er mit John in den Ostsektor gegangen ist. Nach den Ermittlungen der West-Berliner Polizei hat sich John am Dienstagnachmittag von seinem Hotel aus mit einem Taxi zu der Wohnung Dr. Wohlgemuths begeben.

DR. OTTO JOHN

Wie dazu bekannt wird, hat der Arzt sowohl berufliche als auch politische Beziehungen zum Osten unterhalten. Vor Freunden äußerte er in der letzten Zeit mehrmals, er warte nur auf die Gelegenheit, nach dem Osten zu gehen. Er soll sich an der Charité in Ost-Berlin beworben haben und weiterhin beabsichtigen, an der Humboldt-Universität im Ostsektor einen Lehrauftrag anzunehmen.

Vom Bundesministerium in Bonn wird Dr. Wohlgemuth als „notorischer Kommunist" bezeichnet. Die Frau Dr. Johns hält sich zur Zeit noch — von Kriminalbeamten bewacht — in dem West-Berliner Hotel auf, aus dem ihr Mann verschwand. Von sowjetischer Seite in Ost-Berlin wird zu dem Vorfall mitgeteilt, man wisse nichts darüber, werde sich jedoch „dafür interessieren".

Bundeskanzler Dr. Adenauer war offenbar bereits am Mittwoch über das Verschwinden Johns unterrichtet. Bei einer Feier des Auswärtigen Amtes fiel das auffallend schlechte Aussehen des Bundeskanzlers auf.

Die Ermittlungen laufen inzwischen auf Hochtouren, um die wahren Tatbestände zu klären. Was sie auch bringen werden, **das Verschwinden Johns ist von noch unabsehbaren Folgen,** zumal es sich in einem Augenblick großer politischer Schwierigkeiten und Spannungen ereignete.

Hermines Küchenzettel für diese Woche

Frühstück

Brot und Brötchen 1,—; ½ l Milch (Kakao) 0,24, Konfitüre und Brotbelag 0,85, ¼ Pfd. Butter 0,78 = 2,87; mal 7 Tage = **20,09 DM.**

Mittagessen

Samstag

Gemischtes Fleischragout mit Erbsen und Möhren. Vanillecreme mit sauren Kirschen. ½ Pfd. Rinderragout 1,20, ½ Pfd. magerer Schweinebauch 1,10, Erbsen 0,40, Möhren 0,30 = 0,70, Kirschen 0,60 = **3,60 DM.**

Sonntag

Frühstücksplatte 2,— DM.

Kalbsragout mit Erbsen und Spaghetti am Tage vorher zubereitet. Gezuckerte Johannisbeeren. 1 Pfd. Kalbsragout 2,60, ½ Pfd. Spaghetti 0,40, Erbsen 0,40, 1 Pfd. Johannisbeeren 0,45 = **3,85 DM.**

Montag

Wirsingeintopf. 2 Pfd. Wirsing 0,80, Hammelragout 1,60, 1 Pfd. Obst 0,60 = **3,— DM.**

Dienstag

Tomatensuppe. Gefüllte Kahlrabi. ½ Pfd. Tomaten 0,35, Kohlrabi 0,60, ½ Pfd. Hackfleisch 1,25 = **2,20 DM.**

Mittwoch

Dicke Bohnen mit geräucherter Schweinebacke. Stachelbeeren. 6 Pfd. dicke Bohnen 1,20, ½ Pfd. Schweinebacke 0,90, 1 Pfd. Stachelbeeren 0,40 = **2,50 DM.**

Donnerstag

Suppe von frischen Gemüsen mit ausgelassenem Speck. Gemüse 1,— DM, Speck 0,50 DM; **1,50 DM.**

Freitag

Fischragout mit Tomatensalat. 2 Pfd. Fisch 1,60 DM, ½ Pfd. Tomaten 0,35 DM; **1,95 DM.**

Abendessen

Samstag

Selbsteingelegte Heringe, warme Käsebrote. Heringe 1,— DM, Käse 0,60 DM; **1,60 DM.**

Sonntag

Verlorene Eier in Tomaten, Kartoffelsalat. 4 Eier 1,— DM, ½ Pfd. Tomaten 0,25 DM; **1,25 DM.**

Montag

Waldbeerpfannkuchen. 2 Eier 0,50 DM, 1 Pfd. Waldbeeren 0,70 DM; **1,20 DM.**

Dienstag

Bratkartoffeln, Salat und gekochte Eier. Eier 0,80 DM, Salat 0,20 DM; **1,00 DM.**

Mittwoch

Makkaroniauflauf mit Schinken. Makkaroni 0,45 DM, 1 Ei 0,20 DM, ¼ gek. Schinken 0,80 DM; **1,45 DM.**

Donnerstag

Rührei mit Pfifferlingen und Bratkartoffeln. 4 Eier 1,— DM, Pilze 0,60 DM; **1,60 DM.**

Freitag

Sülze mit Bratkartoffeln. 1 Pfd. Schweinekopf 1,20 DM, 1 Pfötchen 0,25 DM; **1,45 DM.**

Allgemeine Zutaten

Fett und Öl 3,15 DM, Mehl, Zwiebeln, Gewürz, Essig, Salz 0,20 DM, Zucker 2,86 DM, Kaffee, Tee, Kakao 3,— DM, 25 Pfd. Kartoffeln 2,50 DM, ½ l Milch täglich extra 1,68 DM: **13,39 DM.**

Zusammen

Frühstück 20,09 DM, Mittagessen 21,30 DM, Abendessen 9,95 DM, Allgemeine Zutaten 13,39 DM; **64,73 DM.**

Rezept zu verschiedenen kaltgerührten Obstcrems. Als Beispiel

Pfirsich- oder Aprikosencreme

6 sehr reife Pfirsiche oder Aprikosen, schälen, durchs Haarsieb drücken, mit 150 g Zukker und 15 g aufgelöster Gelatine verrühren bis es sich verdickt. Dann ¼—½ l Schlagsahne darunter. Dasselbe von Johannisbeeren, 200 g rote Johannisbeeren und 50 g Himbeeren.

HERMINE

„Miß Universum 1954"

Zur schönsten Frau der Welt wurde in Long Beach (Kalifornien) beim Wettbewerb um den Titel „Miß Universum" die 21 Jahre alte blonde „Miß USA", Miriam Stevenson aus Süd-Karolina, gewählt. „Miß Deutschland", die 19jährige Regina Ernst aus Bremen, kam auf den vierten Platz. Zweitschönste wurde die blauäugige Vertreterin Brasiliens, gefolgt auf dem dritten Platz von „Miß Hongkong".

Technik macht den Haushalt leichter

Noch ist er weit verbreitet, der Horror der Hausfrauen vor der „Großen Wäsche". In Millionen Haushalten wird sie noch in der „Waschküche" im Keller oder auf dem Hof „gemacht". Das ist kein Vergnügen. Erst will der Ofen angeheizt und Wasser erhitzt sein, damit die Kochwäsche im Bottich weiß und fleckenfrei wird. Sodann wollen Betttücher und Leibwäsche mit bloßer Muskelkraft ausgewrungen oder durch die Walzen einer mechanischen Mangel gedreht sein, bevor sie zum Trocknen auf Leinen gehängt wird.

Doch die Technik ist dabei, auch den Alltag der Hausfrauen zu erleichtern. Noch können sie nur staunend auf automatisierte amerikanische Küchen blicken, aber auch im eigenen Land geht es voran. Bei der „Haushalt- und Eisenwarenausstellung" der Internationalen Kölner Frühjahrsmesse präsentieren mehr als 1.100 Firmen das Neueste vom Neuen: „Waschmaschinen mit einer Gangschaltung wie beim Auto, in denen die Wäsche in einem Arbeitsprozess gewaschen und sofort getrocknet wird. Einfachste Handhabung." Und man findet Kühlschränke, die „vollautomatisch, lautlos, vibrations- und radio-störfrei" sind. Sogar der praktische „Kühlschrank für Camping" ist jetzt zu haben.

Das Zelten in freier Natur gewinnt immer mehr Anhänger. Auch sonst reist man wieder gern. Wer es sich leisten kann, auch etwas weiter. Österreich ist das gefragteste Urlaubsziel. Die heimliche Liebe der Deutschen aber ist das Sonnenland Italien. Es liegt bei den Buchungen schon jetzt auf Rang zwei. Überhaupt „bevorzugen Urlauber den Süden", zieht die Branche Bilanz, wobei organisierte Reisen fast ausverkauft sind. Nun wird auch Jugoslawien für Urlauber attraktiv. Innerdeutsche Lieblingsziele sind: Schwarzwald, Oberbayern, Bayerischer Wald und Nordsee.

Fleiß ist gefragt. Und Arbeit gibt es genug, wie der Blick in Kleinanzeigen und in den Stellenmarkt lehrt. Gesucht werden alle nur denkbaren Kräfte, Tankwarte, Vertreter, „Büfett-Fräuleins" oder „Stützen". So manche besser gestellten Häuser könnten noch mehr „Helferinnen" gebrauchen, worauf eine Erkenntnis von Lebensmittel-Experten hindeuten könnte: „Der Mangel an Haushaltsgehilfinnen steigert den Konservenverbrauch." Weit von einem Wirtschaftswunder entfernt leben die Menschen in Deutschland-Ost. Lebensmittelpakete von Verwandten und Freunden aus dem Westen sind dort begehrt. Politiker und Verbände in der Bundesrepublik werden nicht müde, daran zu erinnern. Auch in Anzeigen wird dafür geworben, dass die deutsch-deutsche Paketbrücke erhalten bleibt.

Wer es sich leisten kann – und diese Schicht wird allmählich breiter – kauft nicht von der Stange; er orientiert sich nach internationalen Mode-Entwürfen. Namen wie Coco Chanel, Christian Dior oder Yves Saint Laurent werden jedoch auch für die vielen ein Begriff, die sich die Kreationen der Mode-Künstler nie werden leisten können. Sie müssen sich mit dem Wissen begnügen: In diesem Sommer sind leicht oder stärker taillierte, aber damenhafte Modelle in Paris, Rom und Florenz der „letzte Schrei". Jüngere bevorzugen farbenfrohe Stoffe. Ärmellos, mit schwingenden Röcken und in Schuhen mit bleistiftdünnen Absätzen schreiten sie in den Städten daher.

Überhaupt zeigt sich die moderne Frau selbstbewusst, wird ihre aktive Rolle doch nicht nur im Hause, sondern in der aufblühenden Wirtschaft gebraucht. Sogar selbstbewusster, als manchem lieb ist und so werden gelegentlich Themen erörtert wie: „Ich verdiene mehr als mein Mann", und „Studierte Frauen sind gar nicht so..." Auch die Bürokratie bemüht sich, mit der neuen Zeit Schritt zu halten. Jetzt sind amtliche Unterschriften mit dem Kugelschreiber erlaubt und reden amtliche Briefe das „Fräulein" mit „Frau" an – wenn die Empfängerinnen älter als 35 Jahre sind.

Ohnehin wirken gesellschaftliche Traditionen nach, legt man Wert auf den Erhalt von Ordnung, Sitte und Moral. Was sich in vielfältiger Weise ausdrückt. Hier sollen Klebestreifen die Reize einer jungen Dame auf Plakaten verhüllen, dort erwägt Bayerns Landtag, das Damen-Catchen zu verbieten. In Bonn wird eine neue Behörde gegründet, die man zuweilen auch „Schmutz- und Schund-Prüfstelle" nennt. Es handelt sich um eine Instanz, die „Schriften, die geeignet sind, Jugendliche sittlich zu gefährden", auszusortieren und auf eine besondere Liste zu setzen. Nur, wer mindestens 18 ist, bekommt sittlich gefährdende Schriften in die Hand. Die Gesellschaft gibt sich – zumindest an der Oberfläche – eher bieder und brav.

Rolf Potthoff

EINZELPREIS 20 PF / NR. 182 SAMSTAG, 7. AUGUST 1954

WESTDEUTSCHE ALLGEMEINE

Unabhängige Zeitung • Höchste Auflage in Essen und im Ruhrgebiet

Verfassungsschutz wird streng überprüft

Kanzler will auch Aufsicht über Dr. John klären

Von unserem Bonner Büro T BONN, 6. August

Eine sehr ernsthafte und gründliche Prüfung des Falles John und des gesamten Verfassungsschutzes durch unabhängige Persönlichkeiten kündigte Bundeskanzler Dr. Adenauer am Freitagabend in einer Rundfunkansprache über alle deutschen Sender an. Gleichzeitig versicherte der Kanzler, daß der Schaden, den John anrichten könne, nicht so groß sei, wie mancher es sich zunächst gedacht habe. „Der Fall John ist zwar eine ernste Veranlassung, sehr genau diesen ganzen Teil der staatlichen Arbeit nachzuprüfen", sagte Dr. Adenauer. „Der Fall John gefährdet unsere Sicherheit aber nicht."

„*Wie John auf diese Stelle* gekommen ist, ist bekannt", führte der Kanzler in seiner ersten ausführlichen Stellungnahme nach Verschwinden des ehemaligen deutschen Abwehrchefs weiter aus. „Daß er nicht dazu geeignet war, ist klar. Zu prüfen wird jetzt sein, ob die von ihm aufgebaute Organisation so bleiben kann." Es müsse untersucht werden, ob vielleicht durch ihn Persönlichkeiten in das Amt eingebaut oder mit ihm in Verbindung gebracht wurden, die ungeeignet seien. „Zu prüfen wird auch sein, ob die Aufsicht über das Amt und ihre Organisation richtig war", sagte der Kanzler. (Die Aufsicht liegt beim Innenminister.) „Ich bemühe mich zur Zeit im Einvernehmen mit dem Bundesinnenminister, einige Persönlichkeiten zu finden, die weder dem Kabinett angehören noch aus Kreisen der Bundesregierung stammen und die auch politisch unabhängig sind, damit sie diese sehr ernsthaften und notwendigen Nachprüfungen vornehmen."

Der Kanzler, der nicht von einer Entführung oder Überlistung Johns, sondern vom „Übergang" des Verfassungsschutzpräsidenten in die Sowjetzone sprach, betonte mit Nachdruck, Johns Wissen beschränke sich auf die Beobachtung von linksradikalen und rechtsradikalen Elementen. Mit militärischen Angelegenheiten habe er überhaupt nichts zu tun gehabt. Alle Äußerungen Johns trügen „ganz augenscheinlich den Stempel der Unwahrhaftigkeit an der Stirn".

Fortsetzung auf Seite 2

Bonn verlangt Freilassung Johns

BONN, 6. August

In einer Note hat die Bundesregierung am Freitag die alliierte Hohe Kommission gebeten, bei den Sowjetbehörden um die Freilassung Dr. Johns zu ersuchen, da anzunehmen sei, daß John gegen seinen Willen zurückgehalten werde. Die Alliierten wollen die Note sorgfältig prüfen. (ap)

Die heutige Doppel-Ausgabe (Samstag u. Sonntag) umfaßt 44 Seiten

Nächste Zeitung Montag zur gewohnten Stunde

EVG-Debatte in Paris am 24. August

PARIS, 6. August

Die Nationalversammlung beschloß am Freitag, in die Ratifizierungsdebatte über den EVG-Vertrag am 24. August einzutreten. Die Debatte, für die drei Tage vorgesehen sind, erhält ihr besonderes Gewicht durch die Tatsache, daß sie nur wenige Tage nach der Brüsseler Konferenz stattfindet. Auf dieser Konferenz wird Ministerpräsident Mendes-France aller Voraussicht nach eine Reihe von Abänderungen vorschlagen, die an dem EVG-Vertrag nach seinem Inkrafttreten vorgenommen werden sollen.

Mendes-France wird in Brüssel um Zustimmung der anderen Außenminister zu den Abänderungen nach der Ratifizierung nachsuchen und anschließend die Nationalversammlung auffordern, dem EVG-Vertrag in seiner gegenwärtigen Form mit dem Vorbehalt zuzustimmen, daß die Abänderungen später vorgenommen würden. Hierbei handelt es sich wie verlautet, um eine Kürzung der ursprünglich auf 50 Jahre geplanten Vertragsdauer und eine Verschiebung des Inkrafttretens der auf eine übernationale Kontrolle abzielenden Bestimmungen des Vertrages von 18 Monaten auf drei Jahre. (ap/dpa)

500000 DM Belohnung

für „restlose Aufklärung" des Falles John ausgesetzt

BONN, 6. August

Bundesinnenminister Dr. Schröder hat am Freitag eine Belohnung von 500 000 DM für die restlose Aufklärung des Falles John ausgesetzt. Dadurch sollen die Ermittlungen in jeder Weise gefördert werden. Zweckdienliche Angaben sind an den Oberbundesanwalt beim Bundesgerichtshof in Karlsruhe zu richten. Die Belohnung soll bis zum 31. Oktober unter Ausschluß des Rechtsweges verteilt werden. Dienstlich mit der Aufklärung des Falles John befaßte Personen sind von der Belohnung ausgeschlossen. (ap)

MIT STRAHLENDEM LÄCHELN ließ sich der nach Ost-Berlin geflüchtete Otto John im Café „Warschau" in der Stalinallee fotografieren. Links neben ihm der Ost-Berliner Architekt Professor Henselmann, rechts der Präsident des sowjetzonalen Nationalrates, Prof. Correns. Als erste Aufnahme Johns erschien dieses Bild am Freitag in vielen sowjetzonalen Zeitungen. In einer Reportage des Ost-Berliner Rundfunks fand John begeisterte Worte für die Stalinallee. ap-Funkbild

Sowjetzone nimmt USA-Hilfe an

WAZ BONN, 6. August

Zum erstenmal hat die Sowjetzone ein amerikanisches Hilfeangebot angenommen. Sowjetzonenministerpräsident Grotewohl hat dem amerikanischen Hohen Kommissar Conant über den sowjetischen Hohen Kommissar Puschkin mitgeteilt, daß seine Regierung dankbar das Angebot Präsident Eisenhowers annehmen wolle, den Überschwemmungsgeschädigten in der Sowjetzone zu helfen. Conant hat daraufhin seinem sowjetischen Kollegen mitgeteilt, daß die amerikanische Lebensmittelspende durch die Liga der Rotkreuzgesellschaften verteilt werden soll.

Noch am 31. Juli hatte das SED-Zentralorgan „Neues Deutschland" Eisenhowers Angebot als „anrüchig" abgelehnt.

Freitag: Keine Absprachen im DGB über Kündigung von Lohntarifen

DGB zu weiteren Gesprächen mit Arbeitgebern bereit

DÜSSELDORF, 6. August

Bei den Gewerkschaften seien keine Absprachen über Kündigungen von Lohntarifen und die Entfesselung einer großen Lohnbewegung getroffen worden, erklärte der Vorsitzende des DGB, Walter Freitag, am Freitag vor der Presse in Düsseldorf. Die gegenwärtigen Streiks seien vielmehr darauf zurückzuführen, daß man innerhalb des Arbeitgeberlagers vereinbart habe, keine höheren Löhne zuzulassen. Man könne vermuten, daß die Bundesregierung den Arbeitgebern entsprechende Anweisungen gegeben habe.

Ihm, so sagte Freitag, liege nichts daran, Spannungen hervorzurufen. Zur Regelung von Lohnfragen müßten sich vernünftige Leute zusammensetzen. In der Praxis werde jedoch von den Arbeitgebern zunächst stets behauptet, daß sie die Löhne nicht erhöhen könnten. Erst in schwierigen Verhandlungen würden sie „Pfennig um Pfennig zugeben".

Wenn die Arbeitgeber immer nur unter Zwang nachgäben, dürften sie sich nicht wundern, daß die Arbeiter streiken. Die Arbeiter seien nicht bereit, auf bloße Anweisungen einer Gewerkschaft die mit einem Streik verbundenen Opfer auf sich zu nehmen.

Die Gewerkschaften seien durchaus geneigt, mit den Arbeitgebern eine vernünftige Regelung der Schlichtung und Schiedsgerichtsbarkeit in Tarifangelegenheiten zu suchen. Auch die begonnenen Gespräche mit den Gewerkschaften wolle er fortsetzen, wenn die Arbeitgeberseite darauf Wert lege.

Zu den Erklärungen des FDP-Vorsitzenden Dr. Dehler über die Lohnstreiks meinte Freitag: „Herr Dehler ist nicht so schlecht, wie man nach gewissen Äußerungen annehmen könnte." Man dürfe zugespitzte Formulierungen nicht allzu tragisch nehmen. (dpa)

Arbeitgeber warnen vor gefahrvoller Entwicklung

KÖLN, 6. August

Die neuen Lohnforderungen der Gewerkschaften wurden am Freitag von der Bundesvereinigung der Deutschen Arbeitgeberverbände scharf verurteilt. Während sich die Vertreter der Spitzenverbände der Arbeitgeber und Arbeitnehmer ernstlich um Vereinbarungen zur Vermeidung von Arbeitskämpfen bemühten, „treiben Lohnbewegungen und Streikparolen einzelner Gewerkschaften einer gefahrvollen Entwicklung zu". Der Streik in Hamburg richte sich gegen alle Grundsätze einer sinnvollen staatlichen Ordnung. Wenn die bayrische Metallindustrie bestreikt werden sollte, werde ihr die gesamte Unternehmerschaft des Bundesgebietes helfen. Die Arbeitgeber wollten sich volkswirtschaftlich vertretbaren Lohnforderungen in einzelnen Betrieben und Wirtschaftszweigen nicht widersitzen. Sie könnten sich jedoch nicht mit ihren Sozialpartnern „durch Annahme volkswirtschaftlich nicht vertretbarer Forderungen einigen. (dpa)

Bonn bestreitet Eingriffe in Lohnkonflikte

BONN, 6. August

Die Bundesregierung habe in die gegenwärtigen Lohnkonflikte nicht einseitig eingegriffen, erklärte das Bundesarbeitsministerium am Freitag in Bonn. Derartige Behauptungen des DGB-Vorsitzenden Walter Freitag entbehrten jeder Grundlage. Die Bundesregierung habe sich jeder Einflußnahme auf die Parteien im Lohnkonflikt enthalten. (dpa)

Fremdenlegions-Film wird abgesetzt

Jugendring protestierte

KOBLENZ, 6. August

Der französisch-italienische Gemeinschaftsfilm „Fremdenlegion", der am Freitag in Koblenz anlaufen sollte, wurde kurzfristig vom Spielplan abgesetzt. Die im Stadtjugendring vertretenen Jugendverbände hatten bei der Direktion des Lichtspieltheaters protestiert, weil der Film ein wahrheitswidriges Bild der Fremdenlegion gebe. (dpa)

*

Erneut protestiert hat Ministerpräsident Kopf von Niedersachsen gegen britische Panzerübungen, die Ende August auf Ackerland im Gebiet von Hameln und Bad Pyrmont stattfinden sollen.

Bundeskanzler Dr. Adenauer hat sich mit dem französischen Vorschlag einverstanden erklärt, die Konferenz der sechs EVG-Staaten für den 19. August nach Brüssel einzuberufen.

Rund 20 000 „Zeugen Jehovas" trafen sich in Berlin. Fast zwei Drittel kamen aus der Sowjetzone, obwohl die „Zeugen Jehovas" dort verboten sind und über 1000 ihrer Anhänger inhaftiert sind.

Gegen zwölf Offiziere der guatemaltekischen Armee, die für die Revolte verantwortlich gemacht werden und sich in Haft befinden, ist Anklage erhoben worden.

Das Waffenstillstandsabkommen für Laos trat am Freitag in Kraft.

Der Konferenzausschuß beider Häuser des USA-Kongresses stimmte einem Vorschlag zu, die Auslandshilfe am 30. Juni 1955 einzustellen. Zur Abwicklung des Programms ist ein weiteres Jahr vorgesehen.

Die drei Westmächte haben Österreich am Freitag mitgeteilt, daß sie zu Verhandlungen mit der Sowjetunion und der österreichischen Regierung über eine Erleichterung der Besatzungslasten bereit sind, wird in London bekanntgegeben. (WAZ/dpa/ap)

Letzte Sportmeldung:

Schade in Weltklassezeit 10 000-m-Meister

HAMBURG, 6. August

Mit der hervorragenden Zeit von 29:30,0 Minuten für die 10 000-Meter-Strecke verteidigte Herbert Schade (Solingen) seinen Vorjahrestitel am ersten Tag der Deutschen Leichtathletik-Meisterschaften in Hamburg. Er überrundete, stürmisch angefeuert, die meisten seiner 18 Konkurrenten. Schades Zeit liegt nur 5,2 Sek. über seinem eigenen Deutschen Rekord. Marianne Werner (Greven) konnte mit 46,02 m im Diskuswurf ebenfalls ihren Titel verteidigen.

•

Für die Endspiele bei den Internationalen Deutschen Tennismeisterschaften in Hamburg qualifizierten sich am Freitag folgende Teilnehmer: Herren-Einzel: Patty (USA) und Davidson (Schweden), Herren-Doppel: Von Cramm/Patty (Deutschland/USA) und Bergelin/Davidson (beide Schweden), Damen-Doppel: Curry/Ward (beide England) und Motram/Vollmer (England/Deutschland). (ap/dpa)

Das Wochenende wird heiß

Temperaturen übersteigen 30 Grad — Jedoch drohen Gewitter

WAZ RUHRGEBIET, 6. August

Hochsommerliche Temperaturen von über 30 Grad erwarten die Meteorologen für das Wochenende im Bundesgebiet. Dabei soll es im Süden noch wärmer werden als in Nord- und Westdeutschland. Jedoch wird mit zunehmender Gewitterneigung gerechnet.

Die Witterung wird gegenwärtig von höherem Druck auf dem Festland aus dem Osten bestimmt. Schwache Störungen vom Atlantik führten bereits vereinzelt zu Gewittern.

Ähnlich hohe Temperaturen wie im Bundesgebiet herrschen gegenwärtig nur im Mittelmeerraum, während im Norden Europas das Quecksilber 20 Grad kaum übersteigt.

Ruhe am „Großen Blink"

WAZ BREMERHAVEN, 6. August

Am Freitag sperrten 250 Polizisten das Gelände am „Großen Blink" in Bremerhaven ab und verwehrten allen Nichtbewohnern den Zutritt. Die Polizei war durch zwei Züge Bereitschaftspolizei aus Bremen verstärkt worden. Zu neuen Zusammenstößen ist es nicht gekommen.

Im Einvernehmen mit den beteiligten Bundes- und Landesbehörden wurde die Bearbeitung aller Entschädigungsfragen beim Magistrat zusammengefaßt. Die Entschädigung soll großzügig und schnell gehandhabt werden.

120000 sahen die Ruhrfestspiele 1954

Bilanz in Recklinghausen - Man vermißt das Musiktheater - Festspielhaus in weiter Ferne

Von unserem Redaktionsmitglied WERNER TAMMS

Auf der Ruhrfestspiel-Bühne in Recklinghausen ist der Vorhang für diesen Sommer zum letztenmal gefallen. In den Büros der Festspielleitung gleitet der Rechenstift über das Papier. DGB-Kulturchef Otto Burrmeister, der sich mit der Presse zu einer Schlußbetrachtung zusammensetzte, schätzt die Gesamt-Besucherzahl auf 120 000. Die hier sichtbar werdende angestiegene Tendenz drückt sich auch im Erfolg der Kunstausstellung „Zeugnisse europäischer Gemeinsamkeit" aus, die mehr als 17 000 Menschen sahen.

Thomas Grochowiak, rühriger und kenntnisreicher Initiator dieser großartigen Schau im Recklinghäuser „Kunstbunker", hat sich an einem Donnerstagnachmittag die Mühe gemacht, Herkunft und Berufe der Besucher exakt zu notieren. Es kamen u. a. 27 jugendliche Bildungsobleute der Eisenbahnergewerkschaft, 70 rheinische Weißnäherinnen, der Rotary-Club Recklinghausen, eine Metallarbeitergruppe aus Oeynhausen, eine Klasse der Gladbecker Polizeischule, eine Kruppsche Arbeitergruppe aus Essen, ein Kunsthändler aus New York, eine englische Studentengesellschaft, ein Zigarettenfabrikant aus Köln, 20 Berglehrlinge aus Scherlebeck, 40 Volkshochschulleiter aus Westfalen. Diese vielfältige Besucherliste weniger Stunden widerlegt die verbreitete Meinung, daß nur „exclusive" Interessentengruppen den Weg zu einer so anspruchsvollen Kunstausstellung fänden.

Gerngesehene Besucher auf den Zechengeländen des Reviers waren die „Stars" der Ruhrfestspiele. Hier unterhält sich Will Quadflieg mit einem Jungbergmann
WAZ-Bild: Cramer

Auf diese grundsätzliche Frage nach der Fortführung der Spiele gibt es nur eine Antwort, ein überzeugtes Ja. Wir hörten es aus dem Munde eines Jungbergmannes, eines Prokuristen, einer Hausfrau und eines Volksschulrektors, die wir um ihre Meinung fragten. Freilich gehen die Ansichten über das Programm der Spiele auseinander. Prokurist K., Rektor Dr. G., Jungbergarbeiter K. sind vom „Peer Gynt", den sich die Festspielleitung als „Zugstück" ausgedacht hatte, sehr beeindruckt; Hausfrau H. lehnt ihn energisch ab („ist mir zu phantastisch"), lobt aber Gogols „Revisor" („ein richtiges Volksstück"). Dem Urteil von Frau H. über die Gogol-Komödie schließt sich auch der Prokurist an. Der Rektor und der junge Kumpel denken anders darüber — diesem ist sie „zu schwankhaft", jenem „nicht lebensecht genug". Lessings „Nathan" wird allgemein gepriesen. Gut ist auch Millers „Hexenjagd" angekommen. Die Vorliebe für Eliots nur zweimal gespielten „Privatsekretär" dürfte eher der attraktiven Wirkung der Gründgens-Bühne als dem schwer durchschaubaren Stück zuzuschreiben sein.

HOLLÄNDER WAREN BEGEISTERT

Allgemein ist das Fehlen des Musiktheaters gerügt worden. Otto Burrmeister verteidigt die diesjährige Alleinherrschaft des Schauspiels mit dem Hinweis auf die hohen Kosten einer Opernaufführung von Rang. Das leuchtet uns nicht ein. Man muß ja kein teures festspieleigenes Opernensemble bilden — es gibt im Revier mehrere hervorragende Opernbühnen, die in Recklinghausen spielen könnten.

Er hat übrigens aus Rotterdam, wo das Festspielensemble mit dem „Nathan" gastierte einen Stoß begeisterter Kritiken mitgebracht. Die Ruhrfestspiele sind in diesem Jahre erstmalig auf die Reise gegangen. Man besuchte außer Holland 16 westdeutsche Städte, in denen 21400 Menschen Lessings dramatisches Gedicht sahen.

KEIN „ZUFÄLLIGER" SPIELPLAN

Chefdramaturg Dr. Skopnik verwahrte sich energisch gegen Vorwürfe, die Spielplan-Zusammensetzung sei „zufällig" und „restaurativ". „Mit der Zeitbezogenheit allein ist es nicht getan — mindestens so wichtig ist die Heranführung unseres Publikums an die dichterische Qualität."

„Ein wesentlicher Bestandteil des Festspiel-Rahmenprogramms ist 1954 etwas stiefmütterlich behandelt worden: das Gespräch. Man setzte das Thema „Toleranz" auf das Programm von vier Diskussionen (in Marl, Bochum, Köln und Düsseldorf) erreichte aber kein überzeugendes Ergebnis.

Die Planung eines repräsentativen Festspielhauses, über die der DGB-Kulturchef auch befragt wurde, hat noch immer keine konkreten Chancen. Leider, denn für die Zukunft der Recklinghäuser „Kulturtage der Arbeit" bietet der Saalbau, dessen räumliche und bühnentechnische Unzulänglichkeiten sich auch in diesem Jahre wieder zeigten, keine Garantie . . .

Patientin lebte 24 Stunden mit künstlichem Herz

Operation erfolgreich verlaufen - Schwedischer Apparat bewährt sich

STOCKHOLM, 5. August

Als eine medizinische Sensation kann eine Herzoperation bezeichnet werden, die der Stockholmer Chirurg John Graaford kürzlich ausführte. Graaford wandte zum erstenmal ein in Schweden konstruiertes sogenanntes künstliches Herz an. Durch diesen Apparat, der aus einem System von Pumpen besteht, wird die Trennung des Herzens vom Blutkreislauf und damit die Vornahme komplizierter chirurgischer Eingriffe ermöglicht.

Bei der erfolgreich verlaufenen Stockholmer Operation wurden Blutkreislauf und Sauerstoffwechsel 24 Stunden hindurch mit dem künstlichen Herzen aufrechterhalten. Die Bluttemperatur der Patientin, einer Frau von 40 Jahren, wurde vor der Operation künstlich auf 25 Grad gesenkt. Dadurch wurden Herztätigkeit und Stoffwechsel erheblich vermindert.

Heute, zwei Wochen nach der Operation, befindet die Patientin sich auf dem Wege der Besserung. Die Narben sind geheilt, und das operierte Herz arbeitet normal. Zur Wiederherstellung ihrer Kräfte ist selbstverständlich eine längere Rekonvaleszenz erforderlich. Das von dem Stockholmer Dozenten Aake Senning entwickelte künstliche Herz war bisher nur bei Tierversuchen angewandt worden. (dpa)

Die „Göttliche" tritt ab

Ohne Schlapphut und Sonnenbrille trat die „Göttliche", Greta Garbo, nach einjähriger Abwesenheit wieder in Hollywood ein. In einem formlosen, hochgeschlossenen Kleid, das Haar locker ins Gesicht gekämmt, so stieg sie aus dem Flugzeug und überraschte die Reporter mit der Mitteilung, daß sie nie mehr filmen wird.
(UP-Bild)

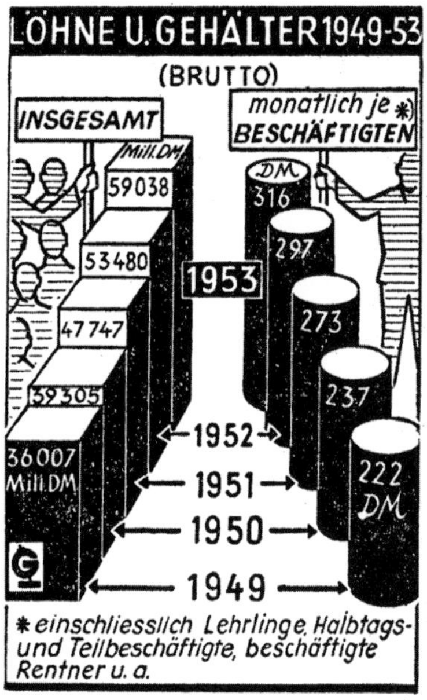

Die Brutto-Lohn- und -Gehaltssumme je Beschäftigten im Bundesgebiet erhöhte sich von 1949 bis 1953 von 222 DM auf 316 DM. Diese Zunahme um 42 v. H. bedeutet, daß durchschnittlich in jedem der letzten vier Jahre ein Zehntel mehr an Löhnen und Gehältern gezahlt wurde. Das Netto-Einkommen stieg seit 1949 von 191 DM auf 269 DM. Diese Durchschnittszahlen sind verhältnismäßig niedrig, weil sie sich auf alle Arbeitnehmer beziehen. Sie schließen z. B. den Lehrling im ersten Lehrjahr ein, ebenso den Rentner, der neben seiner Rente eine stundenweise Tätigkeit bezahlt erhält. (Globus)

Für den jungenhaften Typ: Dandy-Schnitt

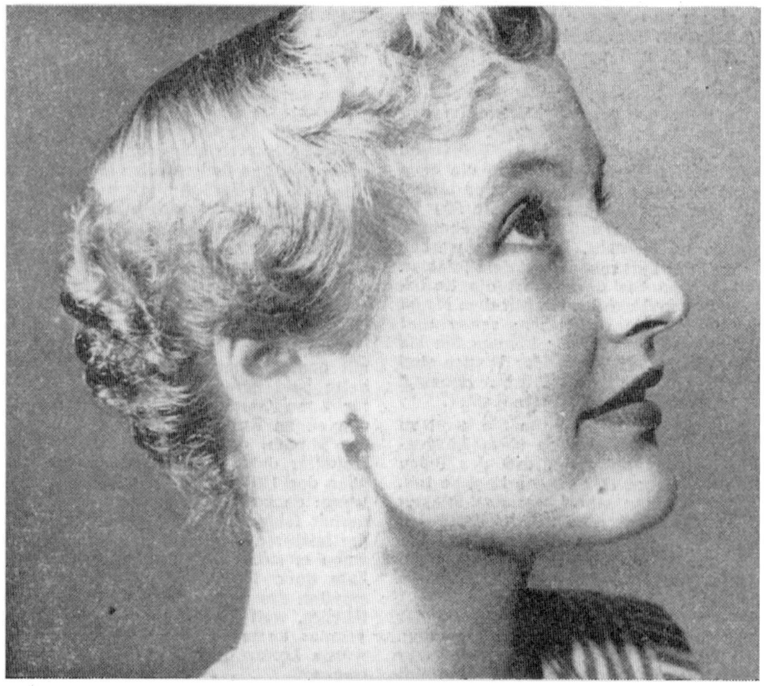

„Dandy" nannte man im viktorianischen England einen vornehmen jungen Mann, der Geld und Geschmack genug besaß, um sich nach letzter Mode elegant zu kleiden. Die Frisur der Dandys hat jetzt die europäischen Damenfriseure inspiriert: Zur jungenhaft-schlanken H-Linie der Modeschöpfer gehört der kurze Dandy-Haarschnitt. Hier die Gebrauchsanweisung: Haarsträhnen zwei bis drei Zentimeter lang, von der Mitte des Kopfes nach vorn bürsten, so daß sie in „Komma-Löckchen" ins Gesicht fallen. Von den Schläfen aus streicht man das Haar in leichten Wellen nach hinten.

Zwischen Luft- und Weltraumfahrt

Deutsche Raketenforscher wieder aktiv - Erstes Institut in Stuttgart

Das Wiederaufleben der deutschen Raketenforschung hat nunmehr konkrete Form angenommen. Die kürzlich angekündigte Gründung eines „Institutes für die Physik der Strahlantriebe" ist jetzt vorerst in Gestalt eines „Eingetragenen Vereins" mit Sitz in Stuttgart vollzogen worden. Das Institut, das zunächst auf dem Stuttgarter Flugplatz Echterdingen Unterkommen gefunden hat, wird voraussichtlich 1956 der Technischen Hochschule Stuttgart angegliedert werden. Bis zu diesem Zeitpunkt soll die Hochschule dann auch einen Lehrstuhl für Verbrennungs- und Raketenforschung erhalten, der gemeinsam mit dem Institut ein Zentrum für die selbständige deutsche Entwicklung moderner Turbinen- und Raketentriebswerke sein wird.

Die Gewähr für eine erfolgreiche Arbeit des neuen deutschen Institutes ist vor allem dadurch gegeben, daß es gelang, den international anerkannten Pionier der Strahltriebforschung und langjährigen Präsidenten der Internationalen Austronautischen Föderation, Dr. Eugen Sänger, zu seinem Leiter zu gewinnen. Dr. Sänger, der zur Zeit in Courcelle (Frankreich) weilt und erst im Oktober endgültig nach Stuttgart übersiedeln wird, äußerte zu unserem Stuttgarter Korrespondenten, daß er sehr glücklich sei, seine Arbeiten nunmehr wieder in der Heimat fortsetzen zu können, nachdem er dank der großzügigen Gastfreundschaft der französischen Luftfahrtbehörden während eines Jahrzehnts Gelegenheit hatte, der Entwicklung der Forschung zwischen Luftfahrt und Raumfahrt unmittelbar beizuwohnen und an ihr mitzuarbeiten.

Dr. Sänger hatte als führender Wissenschaftler der Grundlagenforschung dieses Bereiches während des Krieges in der Lüneburger Heide mit Raketen und sogenannten Staustrahltriebwerken experimentiert und war seit Kriegsende für die französische Luftfahrt tätig. Ein vorteilhaftes Angebot aus den USA hat er kürzlich zugunsten des deutschen Instituts abgelehnt.

Über seine künftige Arbeit in Stuttgart erklärte Dr. Sänger, das neue deutsche Institut habe satzungsgemäß die Aufgabe, wissenschaftliche Forschung auf dem Zwischengebiet von Luft- und Weltraumfahrt zu betreiben. „Diese Forschung wird in einigen Ländern der Erde gegenwärtig mit ganz außerordentlichem Aufwand betrieben; wir werden uns in Deutschland natürlich auf einen ganz kleinen Sektor sehr sorgfältig ausgegewählter Einzelaufgaben beschränken müssen und im übrigen versuchen, den Mangel an materiellen Mitteln durch die sprichwörtliche deutsche Erfindungskraft auszugleichen, um allmählich wieder ehrenvoll neben den Leistungen der übrigen Welt auch auf diesem Gebiet bestehen zu können".

Demgemäß soll sich dieses erste deutsche Nachkriegsinstitut nach den Angaben Dr. Sängers auch auf einige physikalische Probleme der Strahlantriebsforschung beschränken, insbesondere auf die relativistischen und quantenphysikalischen Grundlagen der Strahlantriebsmechanik, auf Verbrennungsphysik, Wärmeübergangsprobleme bei sehr hohen Strömungsgeschwindigkeiten, Gasstrahlung, Zustandsgrößen der Materie bei extremen Temperaturen, Thermodynamik und anderes mehr.

In erster Linie handelt es sich also um Fragen, deren Lösung auch für eine große Zahl deutscher Industrien von wesentlicher Bedeutung werden kann. Nicht nur für eine neue Flugzeugindustrie, sondern ebenso bespielsweise jede Motoren-, Feuerungs-, Beleuchtungs-, Gasverflüssigungs-, Kohle-, Eisen-, Werkstoff-, oder chemische Industrie müssen an Ergebnissen interessiert sein, und nicht zuletzt auch die sich anbahnende industrielle Verwertung der Kernenergie.

Die Arbeitsweise des Stuttgarter Instituts wird nach Dr. Sänger jedoch zunächst nur rein theoretischer Natur sein müssen und sich erst allmählich und nach Maßgabe der zum Aufbau von Laboratorien verfügbaren Mittel experimentellen Arbeiten zuwenden können. Für den Anfang seiner Tätigkeit wird das Stuttgarter Institut jährlich rund 150 000 DM benötigen, die etwa zur Hälfte aus Mitteln des Bundes für Luftfahrt, zur anderen von den als Rechtsträger beteiligten Instanzen — Bundes- und Landesbehörden, Technische Hochschule Stuttgart, Gesellschaft für Weltraumforschung und einige südwestdeutsche Industriebetriebe — getragen werden.

WOLF D. ZÖLLNER

Erholungsgebiete ohne Kraftwagen ...

... wurden den Landesplanern vorgeschlagen

NEUSS, 2. August

Um für die Bevölkerung an Rhein und Ruhr lärmfreie Erholungsgebiete zu schaffen, hat der Geschäftsführer des Rheinischen Heimatbundes, Dr. Kornfeld, auf einer Sitzung des Ausschusses Landschaft und Erholung innerhalb der nordrhein-westfälischen Landesplanung vorgeschlagen, Landschaftsgebiete ganz oder zeitweise für den Fahrzeugverkehr zu sperren.

Damit sollen die zum Teil schon bestehenden Natur- und Landschaftsschutzgebiete zu Erholungs- und Wandergebieten gemacht werden. Geeignete vom Durchgangsverkehr nicht berührte Gebiete in der Eifel, im Sauerland und im Bergischen Land müßten auf ihre Verwendbarkeit und Sperrmöglichkeit überprüft werden.

Dr. Kornfeld befürchtet, wie er am Montag sagte, daß diese Maßnahmen auf starken Widerstand, vor allem der Gasthäuser und Ausflugslokale, stoßen werden. Jedoch müsse man bald etwas unternehmen, da es kaum noch einen ruhigen Erholungsort in Nordrhein-Westfalen gebe.

In dem Ausschuß sind Vertreter der Wirtschaft, der Industrie, der Forstwirtschaft, der Landwirtschaft, der Schutzgemeinschaft deutscher Wald, der Heimat- und Verkehrsverbände und der Regierungs- und Kommunalbehörden tätig. (dpa)

„Nicht so streng, Herr Wachtmeister"

... möchte man dem Polizeibeamten zurufen, der hier drei Hamburger notiert, die wegen des Verkehrsstreiks gemeinsam ein Fahrrad benutzen. dpa-Funkbild

Die halbe Menschheit kann nicht schreiben

PARIS, 9. August

Zwischen 45 und 55 v. H. der Weltbevölkerung über zehn Jahre sind Analphabeten, stellte die neueste Statistik der UNESCO fest. Den höchsten Prozentsatz an Schreib- und Leseunkundigen hat Afrika mit rund 80 v. H. In Europa sind 5 bis 10 v. H. Menschen über zehn Jahre Analphabeten. Aus dem jetzt veröffentlichten Handbuch geht weiter hervor, daß die Bundesrepublik Deutschland hinter Großbritannien an zweiter Stelle in der Weltbuchproduktion steht. 10 536 neue Titel wurden 1952 herausgebracht. (dpa)

Korb stürzt durch Seilbruch ab: Zwei Bergleute getötet

WAZ BOCHUM, 8. August

Am Freitag verunglückten zwei Bergleute, 38 und 56 Jahre alt, auf der Kleinzeche Flora in Bochum-Weitmar tödlich. Infolge Seilbruchs stürzte der Korb, auf dem sich die Knappen befanden, ab. Beide erlitten Knochenbrüche und innere Verletzungen und waren sofort tot.

Kartoffeln künftig gereinigt, sortiert, verpackt

BONN, 1. August

Kartoffeln in Mengen von fünf und zehn Pfund, werden künftig vom Kartoffelhandel gereinigt, sortiert und verpackt auf den Markt gebracht, teilt das Bundeswirtschaftsministerium mit. Der durch die Auslese, Reinigung und Verpackung bedingte Mehrpreis von etwa einem Pfennig je Pfund Kartoffeln, werde durch die größere Bequemlichkeit beim Einkaufen und den geringeren Abfall wettgemacht. Die Kartoffelwirtschaft erhofft sich von dieser Neuerung eine Absatzsteigerung. (dpa)

USA bauen Atomkraftwerk

WASHINGTON, 20. August

Ein Atomkraftwerk zur Wärme- und Stromerzeugung wird in Fort Belvoir bei Washington errichtet. Es soll in zwei bis drei Jahren fertiggestellt sein, wird amtlich bekanntgegeben. Das Kraftwerk wird eine Siedlung von 17 000 Menschen versorgen. Es kann schnell in Einzelteile zerlegt und an andere Orte „versetzt" werden. Die Kosten werden auf rund acht Md. Dollar geschätzt. (dpa)

Hausfrauen mechanisieren „große Wäsche"

Absatz von elektrischen Waschmaschinen auf Rekordhöhe

FRANKFURT, 10. August

Ende 1954 werden von den rund 16,5 Mill. Haushalten im Bundesgebiet mehr als eine Million über eine elektrische Waschmaschine verfügen. Zu Jahresbeginn waren nur in etwa 800 000 westdeutschen Haushalten elektrische Waschmaschinen vorhanden. Nach Mitteilung der Industrie wurden im ersten Halbjahr 1954 bereits 180 000 Waschmaschinen produziert. Das bedeutet gegenüber der gleichen Vorjahrszeit eine Verdoppelung. Eine Sättigung des Marktes für Waschmaschinen ist bisher nicht zu verspüren. (dpa)

2,3 Mill. Ehefrauen sind berufstätig

Davon 1,5 Mill. im Betrieb des Ehemannes

WAZ BONN, 2. August

Von 10 Mill. verheirateten Frauen sind in Westdeutschland 2,3 Mill. erwerbstätig. 1,5 Mill. Ehefrauen arbeiten im Betrieb ihres Mannes. 740 000 sind anderweitig berufstätig. Die Hälfte von ihnen hat noch Kinder unter 15 Jahren zu betreuen. Insgesamt sind von den 20 Mill. Frauen in Westdeutschland 10 Mill. verheiratet. Wie das Statistische Bundesamt am Montag in Bonn mitteilt, müssen sich von den 1,6 Mill. verwitweten und geschiedenen Frauen 291 000 in Haushaltsführung, Beruf und Kindererziehung teilen. 1,7 Mill. Frauen leben in Einzelhaushalten.

WESTDEUTSCHE ALLGEMEINE
Die unabhängige Zeitung des Ruhrgebiets

ILLUSTRIERTE bunte BLÄTTER

SONNTAGSBEILAGE »WESTDEUTSCHE ALLGEMEINE«

SAMSTAG, 21. AUGUST

WAZ-Bilder: Marga Busshoff

gefährlich

trostlos

gelangweilt

SO SPIELEN UNSERE KINDER

ES FEHLT DER PLATZ FÜR DIE JUGEND — LESEN SIE DAZU HEUTE AUF DER SEITE „DIE FRAU": BALLSPIELEN VERBOTEN!

„Industrieform" auf Villa Hügel:

Ein Anfang ist gemacht

Krupps Stammsitz kann Sammelpunkt kultureller Bemühungen werden

Durch das schreckliche Ende des Krieges war die Villa Hügel, der einstige Wohnsitz der Familie Krupp, ein hallendes Gehäuse ohne Inhalt und ohne Sinn geworden. An einer Stätte sehr bewußt gepflegter Tradition gaben sich jetzt die Meister der Improvisation die Türklinke in die Hand, die Quartiermacher alliierter Arbeitsstäbe wie die Vorreiter des Modekönigs Christian Dior: sie alle kamen in dem sicheren Gefühl, wieder zu gehen.

Jene, die das Anrecht haben, in dem Hause zu wohnen, richteten sich anderweitig moderner ein. Frau Bertha Krupp schrieb der Stadt Essen schon vor Jahr und Tag, sie sei bereit, Villa Hügel in eine Stiftung einzubringen. Aber auch dieses Projekt ist noch nicht unter Dach und Fach; vor allem vermutlich, weil die Instandhaltung eines solchen Hauses viel Geld kostet und es deshalb darum geht, es auch rentabel zu nutzen. So kamen zwar Wissenschaftler, Philosophen, Dichter, Diplomaten und auch Meister der Musik, aber zwischen den Ereignissen lagen immer wieder Wochen und Monate, in denen das strenge Haus und der romantische Park im Dornröschenschlaf lagen.

Jetzt endlich ist der erste Schritt vom Improvisierten zum Konstanten, vom Flüchtigen zum Beständigen getan. Am 30. Juli hat der Kulturkreis des Bundesverbandes der Deutschen Industrie gemeinsam mit anderen Gremien — wir haben darüber bereits kurz berichtet — ein neues Institut mit dem Ziel der Verbesserung der Formen industrieller Erzeugnisse in Essen ins Leben gerufen und noch in diesem Jahre wird in Villa Hügel eine ständige Ausstellung formvollendeter Erzeugnisse der verschiedensten Industriezweige eröffnet.

Das war bereits im Mai anläßlich der Eröffnung der Ausstellung „gewebt — geformt", angekündigt worden. Doch was wird nicht alles angekündigt in dieser zweiten Gründerzeit! Jetzt aber, da der Verein „Industrieform" gegründet ist, gibt es keinen Zweifel mehr daran, daß die Dinge um Villa Hügel von starken Kräften vorangetrieben werden.

Die ständige Ausstellung der „Industrieform" soll im sogenannten „Kleinen Haus", dem rückwärtigen Teil des Hauses unterkommen. In welchem Umfange hier auch die internationale Fachbibliothek, die vornehmlich für Schulen bestimmte Leihgaben, ferner die Sammlung vorbildlich gestalteter Werbedrucke und die für den Vortragsdienst zu schaffenden Filmbänder und Diapositive untergebracht werden, bleibt abzuwarten. Jedoch dürfte dem Verein an der räumlichen Zusammenfassung aller Arbeitsgebiete gelegen sein.

In diesem Zusammenhang sei daran erinnert, daß die Folkwang-Werkkunstschule der Stadt Essen bereits im Jahre 1938 mit der Ausbildung von Formgestaltern für industrielle Erzeugnisse begonnen hat. „Wenn die Entwicklung dahin weitergeht, daß jedes industrielle Erzeugnis, gleich welcher Art, vor seiner Herstellung auch vom künstlerischen Gesichtspunkt überprüft wird, selbst mittlere Betriebe eigene Fachkräfte anstellen, wird der Mangel an Formgestaltern noch spürbarer werden, als er heute bereits ist", schrieb Prof. Hermann Schardt, der Leiter der Folkwangschule, vor einiger Zeit.

Zwischen der Folkwangschule und der „Industrieform" dürfte es zu enger Zusammenarbeit kommen, wie überhaupt

Tradition und Neubeginn: Die Auffahrt von Villa Hügel

die Tatsache, daß Essen die Folkwangschule und das Folkwangmuseum hat, in der weiteren Entwicklung der Dinge eine beträchtliche Rolle spielen wird. Der Bau des Museums ist nur noch ein Torso, die Kunstschätze daher zum größten Teil heimatlos, die Folkwangschule leidet seit Jahren unter Raumnot. Das „Große Haus" der Villa Hügel indessen steht noch leer und die Parklandschaft ringsum bietet Baumöglichkeiten, ohne daß der Charakter des Parks dadurch angetastet, die Stimmung dort oben, auf den Höhen über Ruhr und Baldeneysee gestört werden würde. So könnte denn manche kulturelle Bemühung in Villa Hügel eine natürliche Heimat finden. ERNST NEY

Italiener bezwingen den zweithöchsten Berg der Erde

Den 8603 Meter hohen K 2 im Himalaja bestiegen

KARATCHI, 3. Aug. Eine italienische Expedition hat den zweithöchsten Berg der Erde, den K 2 oder Chogori, bezwungen. Der Berg liegt in der Zentralkette des Karakorum nördlich Kaschmir, dem riesigen Gebirgszug im Nordwesten des Himalaja und ist 8603 Meter hoch.

Von den nebenstehend erwähnten Bergen sind der Dhaulagiri und der Kantsch noch unbezwungen. Der Mount Everest, der höchste aller Gipfel, wurde 1953 von den Engländern, der Nanga Parbat 1953 von den Deutschen und der Anapurna 1950 von den Franzosen bezwungen.

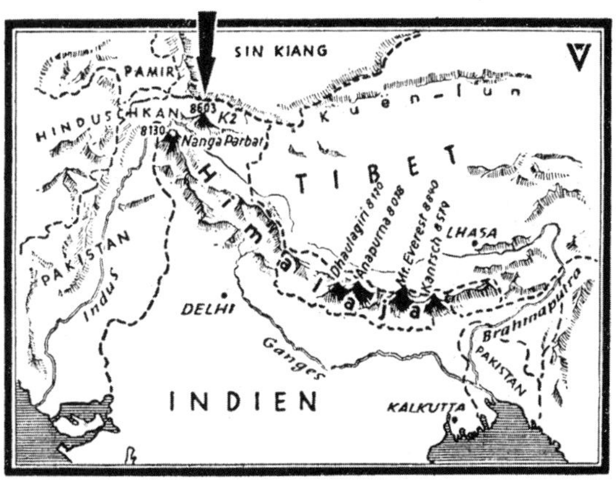

WAZ-Karte: Voßnacke

Der Leiter der erfolgreichen britischen Mount-Everest-Expedition, Sir John Hunt, sandte der italienischen Expedition herzliche Glückwünsche zu ihrem Sieg. Hunt betont, daß der K 2 bergsteigerisch besonders schwer sei. (dpa/ap)

101jähriger überquert Atlantik

OSLO, 6. August

Der populärste Passagier des norwegischen Schiffes „Stavangerfjord", das am Freitag den Hafen von Oslo in Richtung Amerika verließ, und gleichzeitig der älteste Reisende, der bisher den Atlantik zu Schiff überquert hat, ist der 101jährige Johannes Selliaas aus Snaasa in Mittelnorwegen.

Sein größter Wunsch ist es, vor seinem Tode Amerika zu sehen und — Präsident Eisenhower die Hand zu drücken. Der unternehmungslustige alte Herr hat nur eine Sorge: daß der Präsident Anstoß an seinem riesigen Bart nehmen könnte.

Selliaas wird sich drei Tage in den Vereinigten Staaten aufhalten und dann in das norwegische Altersheim zurückkehren, in dem es ihm jetzt zu langweilig geworden war. (ap)

WESTDEUTSCHE ALLGEMEINE
Die unabhängige Zeitung des Ruhrgebiets

Zersplitterter Verkehr im Norden erfordert

Ausbau des Emscherweges

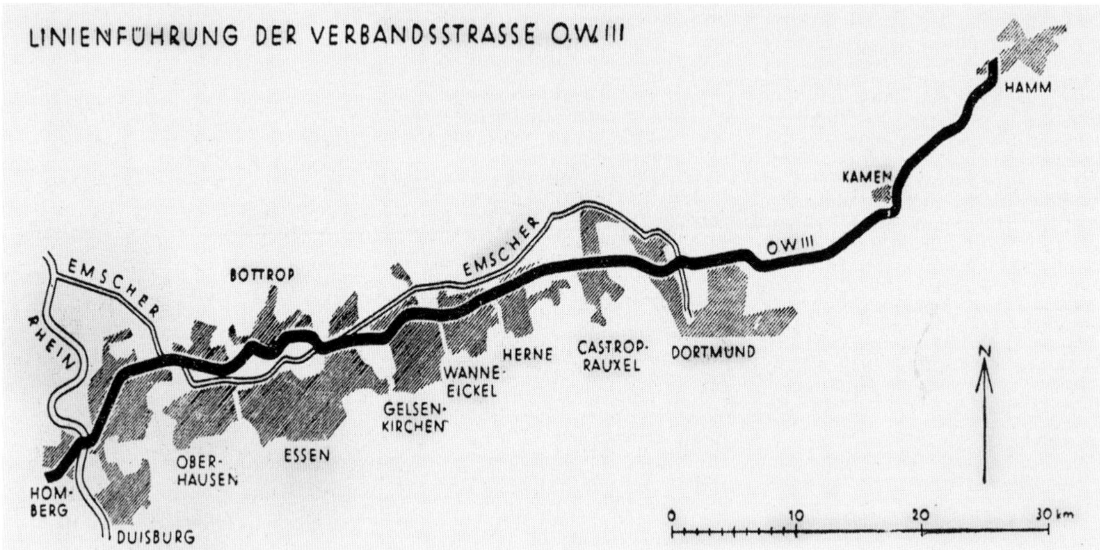

Die wie eine Kette im Norden des Reviers gelegenen Städte, die jahrzehntelang als „Randgemeinden" vernachlässigt worden sind, haben industriell und wirtschaftlich derart an Schwergewicht gewonnen, daß ihr Verkehr durch die üblichen Stadtstraßen und „Durchgangsstraßen" allein nicht mehr zu bewältigen ist. Die Verbindung durch den Emscherweg muß daher bald hergestellt werden. Nach den vorliegenden Plänen wären 19 Kilometer vorhandener Straßen auszunutzen, während 48 Kilometer neu zu bauen wären.

IM REVIER, 3. August

Der Ausbau des Ruhrschnellweges macht den des Emscherweges nicht überflüssig und mindert auch nicht die Dringlichkeit dieses Projektes. Der Siedlungsverband überarbeitet gegenwärtig die Planung der OW III mit dem Ziel zu klären, in welcher Form der Ausbau erfolgen soll. Die Lösung muß wirtschaftlich vertretbar und der voraussichtlichen Verkehrsentwicklung auf weite Sicht gewachsen sein.

Daß eine zügige Verbindung der Städte in der Emscherzone zwischen Oberhausen und Dortmund mit Verlängerung zum Niederrhein und in den Landkreis Unna unerläßlich ist, steht außer Zweifel. Die Emscherstädte wachsen schneller als die älteren Ruhrstädte, die Motorisierung schreitet fort. Die Verkehrsströme werden sich daher noch wesentlich verdichten. Das Straßennetz ist völlig ungeregelt und zersplittert, der Verkehr muß sich mühsam seine Wege suchen und weite Umfahrten in Kauf nehmen.

Schwieriges Gelände

Die Verbandsstraße OW III findet unvergleichlich größere Schwierigkeiten vor als etwa der Ruhrschnellweg bei seinem ersten Ausbau. Die Emscherzone ist außerordentlich dicht besiedelt, sie wird von dem feinmaschigen Eisenbahnnetz Deutschlands überlagert, und überall geht der Bergbau um.

Der Ruhrsiedlungsverband hat, als er 1925 sein Verbandsstraßenprogramm aufstellte, die OW III an die Spitze der zweiten Ausbaustufe gestellt. Ab 1933 förderte der Staat zunächst die Autobahnen, andere Vorhaben mußten zurückgestellt werden. Als endlich mit dem Bau des Emscherweges begonnen werden sollte, kam der Krieg.

Durch Zerrungszonen

Die Trasse der OW III ist zu wesentlichen Teilen seit langem durch rechtsverbindliche Fluchtlinien festgelegt. Das Niveau des Emscherweges und seiner Übergänge hängt vom Grundwasserstand ab, der bergbaulichen Einwirkungen unterliegt. Die Trasse geht durch zahlreiche Zerrungszonen, die Senkungen zwischen 8 und 20 Meter erwarten lassen. Einzelne Abschnitte sind darauf zu überprüfen, ob sie dem Abbauprogramm des Bergbaus nach dem neuesten Stande nicht besser angepaßt werden können. Auch die neuen Leitpläne der Städte sind zu berücksichtigen. Sorgfältige Voruntersuchungen sind daher erforderlich, um den Plan baureif zu machen.

Zweifellos wird der Emscherweg weniger dem Verkehr auf weiten Strecken, sondern vorwiegend dem von Stadt zu Stadt zu dienen haben. Durch Stichproben und Befragungen will man das Bild, das die Verkehrszählung ergeben hat, ergänzen und verfeinern. Für welche Profilierung man sich auch entscheiden wird, in jedem Falle halten die Fluchtlinien einen Geländestreifen von 50 Meter Breite anbaufrei, so daß ausreichende Reserve für eine spätere Verbreitung gesichert bleibt.

Kosten etwa 50 Millionen DM

Von der insgesamt 67 km langen Strecke des Emscherweges zwischen Duisburg und Kamen sind 19 km bereits vorhandene Straßen, die umzubauen wären, 48 km sind völlig neu zu bauen. Die Kosten werden durch die Brückenbauten beeinflußt, die notwendig sind, um die zahlreichen Plankreuzungen mit Bundes- und Industriebahnen zu beseitigen. Nach überschlägiger Berechnung erfordert der Ausbau des Emscherweges mit einer zunächst nur zweispurigen Fahrbahn 50 bis 60 Millionen DM, ein autobahnähnlicher Ausbau mit zwei zweispurigen Richtungsfahrbahnen und Mittelstreifen 90 bis 95 Millionen DM. Dabei ist eine niveaufreie Kreuzung mit den wichtigsten Nord-Süd-Straßen berücksichtigt.

Die Baulast liegt ganz auf den Schultern der Gemeinden, die zum großen Teil infolge ihrer einseitig bergbaulichen Struktur ausgesprochen steuerschwach sind.

Im Falle des Ruhrschnellweges wurde der Siedlungsverband von seinen Mitgliedsgemeinden ermächtigt, ihn durch Darlehnsaufnahme zu finanzieren. Ob für den Emscherweg ein ähnlicher Weg gangbar ist, würden die im Verbandsausschuß vertretenen Gemeinden selbst zu entscheiden haben.

Gerechtigkeit gefordert

In einem Falle wird bei der großzügigen Ordnung des vernachlässigten Straßenetzes im Emscherraum, der heute Schwerpunkt der Grundstoffindustrie und Kohlechemie ist, die Mithilfe von Bund und Land unerläßlich sein. Die Forderung, an dem Aufkommen aus Verkehrsabgaben endlich auch die Stadstraßen zu beteiligen, ist hier in besonders augenfälliger Weise eine Forderung nach Gerechtigkeit. Der Emscherweg ist überdies das Schulbeispiel für die Fragwürdigkeit der heutigen Klassifizierung der Straßen, die endlich den wirklichen Verkehrsverhältnissen angepaßt werden muß. (idr)

Straßen im Revier unter Wasser

Folgen der Regennacht: Emscherdamm bewegte sich – Häuser wurden geräumt – Todesopfer in Duisburg

ESSEN, 15. August

Im Ruhrgebiet und im Rheinland ging in der Nacht zum Sonntag ein ungewöhnlich heftiges Unwetter nieder, von dem besonders der Düsseldorfer Raum betroffen wurde. Die Felder in der Umgebung waren weithin überschwemmt, Straßenverbindungen waren unterbrochen und Ortschaften standen teilweise bis zu drei Meter unter Wasser.

Essen: Überschwemmung im Südwesten der Stadt

Lintorf (bei Düsseldorf): Hochwasser auf dem Kirmesplatz. Bilder: WAZ/dpa

In der Nähe von Essen war die Autobahn Köln—Hannover auf einer Strecke von 100 Meter überflutet; der Verkehr mußte umgeleitet werden. In Wanne-Eickel mußte eine Emscher-Brücke gesperrt werden, weil das Wasser über zwei Meter gestiegen war und die Fahrbahn erreichte.

In einigen Dörfern im Rheinland und im Revier mußten Bewohner von Häusern, die in Talsenken liegen und die bei dem sich stauenden Wasser bis zum ersten Geschoß überflutet wurden, mit Kähnen gerettet werden. Viele Häuser wurden geräumt, da Einsturzgefahr bestand.

Wie groß der Schaden ist, der durch die Überflutungen angerichtet wurde, läßt sich noch nicht überblicken. Zum Teil wurden gerade abgeerntete Felder betroffen und die aufgestellten Garben vom Wasser weggetragen. Im Grenzgebiet von Gelsenkirchen und Essen schwoll die Emscher so stark an, daß der Damm in Bewegung geriet und an vier Stellen Wasser durchließ. Der Städtischen Feuerwehr Gelsenkirchen gelang es jedoch, die Einbruchstellen abzudichten. In Duisburg waren die Überschwemmungen schuld am Tode eines 18jährigen Mädchens, das einen Bahndamm überschritt, um nicht durch das 1 Meter hohe Wasser in eine Unterführung geraten zu müssen. Dabei wurde es von einem D-Zug erfaßt und tödlich verletzt.

Die Meteorologen erklären die Regennacht mit einem kleinen Tiefdruckgebiet, das in der Nacht zum Sonntag Nordrhein-Westfalen überquerte. Ein echter Umschwung in diesem hoffnungslos verregneten Sommer wird erst um die Septembermitte, frühestens aber für Ende August prophezeit. (WAZ/dpa)

Dr. Hugo Eckener †

Wenige Tage nach seinem 86. Geburtstag ist der Luftschiffpionier Dr. Hugo Eckener, der letzte lebende Mitarbeiter des Grafen Zeppelin, am Samstagfrüh in Friedrichshafen an Herzschwäche gestorben. Eckeners Leben war der Entwicklung der Luftschiffahrt gewidmet, an der er mit ganzem Herzen hing. Aus dem zufälligen Zusammentreffen mit dem Grafen Zeppelin wurde bald nach der Jahrhundertwende eine enge Zusammenarbeit im Dienst der noch jungen Luftfahrt. Eckeners große Zeit, in der er der ganzen Welt bekannt

werden sollte, kam aber erst nach dem ersten Weltkrieg. Die Luftschiffahrten unter seiner Leitung waren internationale Ereignisse. Besonders bewundert wurden von der Weltöffentlichkeit die Ozeanüberquerungen mit dem Luftschiff „ZR III" im Jahre 1924 und mit dem „Graf Zeppelin" 1928 nach Lakehurst. Als am 5. Mai 1937 das neue Großluftschiff „Hindenburg" bei der Landung in Lakehurst explodierte — es kamen dabei 36 Passagiere ums Leben — wurden die Zeppeline außer Dienst gestellt, die Deutsche Luftschiffahrt war am Ende.

Mit dem Tode Eckeners ist endgültig eine Ära abgeschlossen, die in der Geschichte der Luftschiffahrt in erster Linie als ein Kapitel idealistischer Pionierarbeit und nationaler Begeisterung und Sensation dargestellt werden dürfte.

Nur 250 Gramm Kaffee für Geschenkpäckchen in die Sowjetzone

WAZ BERLIN, 25. August

Zur Beseitigung von Unklarheiten im Geschenkpaket- und Päckchenverkehr zwischen der Sowjetzone und dem Bundesgebiet veröffentlicht die Sowjetzonenregierung eine Verordnung, die an die Stelle der bisherigen Regelung tritt.

Sendungen von einem privaten Absender an einen privaten Empfänger in der Sowjetzone, die zum persönlichen Verbrauch oder Gebrauch bestimmt sind, werden nach dieser Verordnung als Geschenksendungen anerkannt. Allerdings sind Genußmittel nur bis zu gewissen Höchstmengen zugelassen, bei Kaffee und Kakao je 250 Gramm, bei Schokolade 300 Gramm und bei Tabak oder Tabakerzeugnissen 50 Gramm.

WESTDEUTSCHE ALLGEMEINE
Die unabhängige Zeitung des Ruhrgebiets

Fritz Walter filmt mit Sonja Ziemann

Fritz Walter: jetzt auch Filmstar

MÜNCHEN, 25. August

Nachdem vor einigen Tagen Fritz Walters Betätigung als Buch-Autor gemeldet wurde, liegt jetzt eine Nachricht aus München vor, daß der Mannschaftskapitän der deutschen Weltmeisterschafts-Fußballelf von der dortigen „Sportfilm-Produktion" für einen Fußball-Spielfilm unter Kontrakt genommen wurde. Nach einem Drehbuch, das der Wiener Sportjournalist Heribert Meisel schreiben wird, soll Fritz Walter mit Sonja Ziemann als Partnerin voraussichtlich unter der Regie des Fußball-Amateurs Franz Antel vor der Kamera erscheinen. Die Probeaufnahmen mit dem Nationalspieler verliefen zur Zufriedenheit der Produktionsgesellschaft. Diese bemüht sich nun auch noch den Bundestrainer Sepp Herberger für das Projekt zu gewinnen. (dpa)

Deutsche Ami-Braut ist „Zollausland"

Gericht: Sie darf US-Zigaretten immer rauchen

SELIGENSTADT, 30. August

Deutsche Bräute von Amerikanern dürfen vor ihrer Hochzeit die Zigaretten ihrer künftigen Ehemänner rauchen, auch wenn diese nicht anwesend sind. Mit diesem Urteil sprach am Montag das Amtsgericht Seligenstadt im Kreis Offenbach eine 26 Jahre alte Deutsche, bei der die Zollfahndung 160 amerikanische Zigaretten gefunden hatte, von der Anklage der Zollhinterziehung frei. Der Staatsanwalt hatte drei Monate Gefängnis beantragt.

Das Zollamt hatte sich auf den Standpunkt gestellt, daß die Mädchen die unverzollten Zigaretten ihrer Verlobten nur in deren Beisein rauchen dürfen. Wenn die Soldaten weggingen, müßten sie die Zigaretten wieder mitnehmen. (dpa)

35 Bergleute atmeten giftige Gase ein

Aber nur vier sind noch im Krankenhaus - Unglücksfall auf Prinzregent

WAZ BOCHUM, 2. August

Durch Brandgase vergiftet wurden am Montagmorgen gegen 8.30 Uhr 35 Belegschaftsmitglieder der Bochumer Bergbau-AG., Schachtanlage „Prinzregent" in Bochum-Wiemelhausen. Im Bereich des Flözes Sonnenschein auf Sohle 5—7 im Revier 9 entwickelten sich vermutlich infolge Selbstentzündung der Kohle Giftgase.

Die 35 Bergleute im Revier 9 bemerkten erst die große Gefahr, als ein Kumpel bewußtlos zusammenbrach. Die sofort alarmierte Grubenwehr leitete Rettungsmannschaften ein, barg die schwerer Vergifteten und ließ das Revier räumen. Drei Krankenwagen der Feuerwehr fuhren die 35 Bergleute im Pendelverkehr ins Bochumer Bergmannsheil.

Vor den Toren der Schachtanlagen „Prinzregent" und „Julius Philipp" drängte sich eine große Menschenmenge. Den Angehörigen konnte bald die erste Nachricht über den Gesundheitszustand der Verunglückten übermittelt werden. 31 Bergleute wurden um 17 Uhr wieder aus dem Krankenhaus entlassen. Die restlichen vier, darunter zwei Steiger, die bei der Bergung ihrer Kameraden halfen, bleiben noch im Krankenhaus.

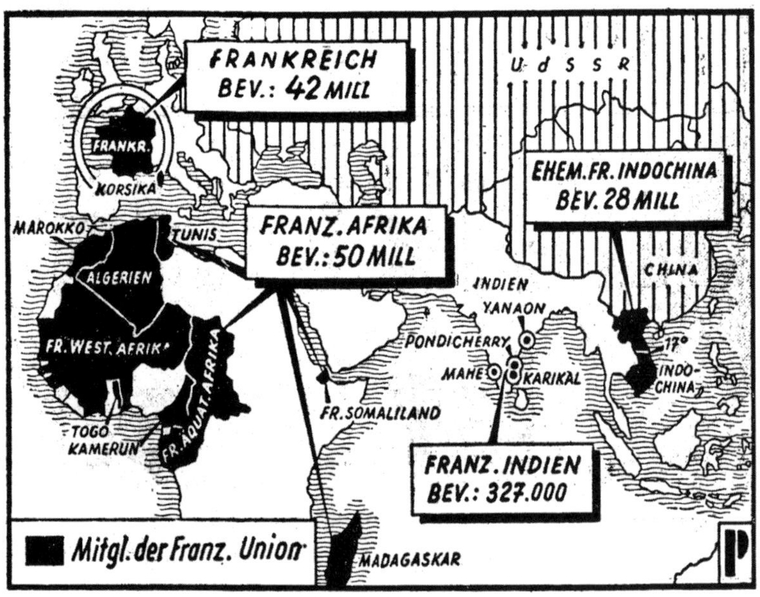

Frankreich löst sich vom Kolonialismus

Die große Epoche der französischen Kolonialgeschichte, die mit der Erstürmung Algiers im Jahre 1830 eingeleitet wurde und zu der Errichtung des zweitgrößten Kolonialreichs der Welt führte, das ein Zwölftel der Erdoberfläche und mehr als ein Drittel des afrikanischen Kontinents umfaßte, geht ihrem Ende zu.

In letzter Stunde ist es Ministerpräsident Mendes-France gelungen, zu verhindern, daß aus Tunis ein zweites Indochina wird. Das Protektorat erhält die innere Autonomie. Eine ähnliche Aufgabe wird Frankreich in Marokko zu lösen haben. Das französische Kolonialreich erlebt heute denselben Prozeß, den das britische Empire durchstehen mußte. Frankreich sieht sich gezwungen, seine Überseegebiete im Rahmen einer wirklichen Union neu zu organisieren. Die „Union" besteht zwar schon seit 1946, stellte aber keinen Staatenbund dar, sondern lediglich eine dezentralisierte Form des kolonialen Einheitsstaates. Nun beginnt Frankreich ernsthaft mit der Liquidierung des überlebten Kolonialismus.

Durch die Genfer Vereinbarungen wurde das koloniale Regime in Indochina beendet. Laos, Kambodscha und — vorläufig wenigstens — Süd-Vietnam werden unabhängige Staaten. Die vier französischen Enklaven in Indien sollen aufgegeben werden, vorausgesetzt, daß gewisse Rechte der dort lebenden französischen Staatsbürger gewahrt bleiben.

Gefährdet Camping die MORAL?

Man braucht nicht Schnüffler zu sein, um sich zu sorgen - „Vorbild" der Erwachsenen für Jugendliche oft unpassend

Von unserem Redaktionsmitglied ROLF BUTTLER IM REVIER, 20. August

Selbst in diesem verregneten Sommer strömten Tausende hinaus: Campingfahrer. Unter ihnen junge Menschen zwischen 14 und 18 Jahren. Statt der Großstadt wollten sie die Natur erleben, statt des Alltags Romantik... Was manche von ihnen aber wirklich erlebten, war etwas anderes. „Unsere Jugend ist beim wilden Camping in einem Maße sittlich gefährdet, wie sich das der normale Bürger nicht vorstellen kann", stellte Innenminister Dr. Meyers fest. „Mir wurde ein Polizeibericht vorgelegt, der geradezu erschütternde Einzelheiten über das Leben und Treiben draußen enthält..."

Camping — das ist eine Bewegung, die wie eine Lawine seit zwei Jahren über das Bundesgebiet rollt. Ein „Deutscher Camping Club" hat sich gebildet, der sich bemüht, diese für uns neue Form der Wochenend- und Feriengestaltung großen Ausmaßes in geordnete Bahnen zu lenken.

Es gibt gegenwärtig im Bundesgebiet mehr als 400 vom DCC betreute Campingplätze. Sie sind zu einem großen Teil mit den notwendigen hygienischen, technischen und organisatorischen Einrichtungen versehen, manchmal sogar „mit allem Komfort". Wo sie sorgsam und verantwortungsbewußt geleitet werden, hat man mit ihnen gute Erfahrungen gemacht

Trotz des regnerischen Sommers: Betrieb auf den Zeltplätzen. WAZ-Bild

und damit dieser neuen Freizeitbewegung im Sinne der Volksgesundheit gute Dienste erweisen. Das muß anerkannt werden.

Noch nicht gebändigt

Aber — die Campingbewegung ist zu schnell angeschwollen, als daß dieser Strom schon gebändigt wäre. Er tritt an manchen Stellen noch über die Ufer.

Das sind die Hauptprobleme: Auf den meisten Zeltplätzen lagern Erwachsene und Jugendliche beiderlei Geschlechts. Nicht überall gibt es eine Ausweis- und Meldepflicht wie im Hotelgewerbe. Dagegen aber gibt es private Zeltplätze, deren Pächter sich den Werbeslogan „Ungestörtes Camping für Sie und Ihn" oder ähnliches ausgedacht haben und finanziell nicht schlecht dabei fahren. Die meisten jugendlichen Campingfahrer reisen allein. Die geschlossenen Jugendgruppen sind in der Minderheit. Mit anderen Worten: der größte Teil ist ohne Aufsicht und ohne Schutz gegen die Dinge, die auf sie einstürzen.

Nicht nur Sonnenaufgang lockt

Wer hinauszieht in die Natur, entflieht dem Zwang der Konventionen in der Stadt, den zwangsläufigen und notwendigen Verpflichtungen, die das gesellschaftliche Zusammenleben auferlegt. Er macht sich — in mehrfachem Sinne — frei. Das schafft eine bestimmte Atmosphäre. In ihr zu leben, verlangt ein hohes Maß innerer Disziplin, besonders, da man heute auch draußen massiert mit anderen zusammenlebt. Und diese anderen sind zumeist junge Menschen.

Unter ihnen — genau wie unter den älteren — ist ein nicht geringer Teil, den weniger das Erlebnis eines Sonnenaufgangs als vielmehr ein anderes Abenteuer lockt. Man braucht nicht, wie der Camping-Club schreibt, „wie Moralschnüffler zusammenzusitzen und seine nicht gerade saubere Phantasie in rührige Bewegung zu setzen", um die Gefahr zu erkennen, die von diesem Teil der Camper ausgeht. Man braucht nur die Berichte weiblicher Kriminalbeamtinnen zu lesen, die an landschaftlich bevorzugten Stellen des Landes, an den Seen und Talsperren, ihren Dienst tun. „Die von ihnen festgestellten Begebenheiten spotten jeder Beschreibung", sagt der Innenminister.

„Kein Mensch fragt"

Auch jene Briefe, die junge Menschen schrieben und die der Hauptarbeitsstelle Aktion Jugendschutz vorliegen, zeigen die Gefahr. So schreibt ein 15 Jahre altes Mädchen aus einer Volksschulabschlußklasse: „Wir haben uns nicht einmal voreinander geschämt . . .", und weiter: „Es hat uns aber auch kein Mensch nach Alter oder Ausweis gefragt . . ."

Ein 15 Jahre alter Pfadfinder: „Wir mußten sogar Angst haben, daß unsere Jüngsten von dem unanständigen Treiben auf manchem Zeltplatz ein bißchen zuviel abbekämen."

Aus der Eingabe des Jugendringes Heessen an den Innenminister: „Wir haben an vielen Zeltplätzen festgestellt, daß von dieser Jugend (gemeint sind die Gruppen von drei bis vier Jungen oder Mädchen, die allein und ohne Aufsicht unterwegs sind) Freiheit mit Zucht- und Zügellosigkeit verwechselt wird. Wir führen es darauf zurück, daß gerade die älteren Campingteilnehmer oft durch ihr allzu freies Benehmen ein sehr schlechtes Beispiel geben."

Bessere Aufsicht wird gefordert

Es ist nur zu verständlich, wenn unter solchen Umständen auch die Kirchen Stellung nahmen. Am katholischen Bischofssitz in Münster wird erklärt: „Der Gedanke des sogenannten Camping wird grundsätzlich bejaht, da hier besonders der Familie Gelegenheit zur gemeinsamen Entspannung in der Natur und damit ein neuer Zugang zu den Schönheiten der Schöpfung Gottes gegeben zu sein scheint . . . Vor allem die Campingplätze sind an vielen Stellen Westdeutschlands zu Tummelplätzen öffentlicher Unsittlichkeit geworden. Man muß es schon als ein öffentliches Ärgernis bezeichnen, wenn dort unverheiratete Paare gemeinsam zelten und durch ihr herausforderndes Treiben in unzureichender Kleidung die umliegende Bevölkerung zu scharfen Protesten zwingen. Geradezu verantwortungslos ist diese Situation, wenn man hört, daß die zuständigen Behörden es in vielen Fällen an der notwendigen Aufsicht mangeln lassen und dadurch in erster Linie der Jugend gegenüber eine schwere Schuld auf sich laden."

Vielleicht braucht es noch eine lange Zeit, bis aus der Masse der modernen Camper wieder echte Zeltwanderer werden. Nach Lage der Dinge aber scheint es unzweifelhaft, daß solches nicht ohne eine festgefügte — und leider auch verfügte — Ordnung möglich sein wird. Die Hoffnung auf eine „selbstgewählte Ordnung in Freiheit" ist unrealistisch.

Besser als Sumpfblüten

Zwei Forderungen stehen voran: Sorgfältige Anwendung der Übernachtungsbestimmungen, wie sie in jeder Jugendherberge üblich sind und vor allem: eigene Plätze für Jugendliche getrennt nach Geschlechtern. Vielleicht wird eines Tages dann auch bei uns einmal das Camping nichts weiter sein als ein gutbürgerlicher Familienausflug ins Grüne vor aller Augen. Wie beispielsweise in den USA. Die „Blaue Blume" der Romantik wird dann freilich noch weniger auf Campingplätzen blühen als heute. Das ist unausbleiblich. Aber immer noch besser, als daß dort Sumpfblüten üppig wuchern.

WESTDEUTSCHE ALLGEMEINE
Die unabhängige Zeitung des Ruhrgebiets

Atomenergie-Speicher für den Haushalt entwickelt

In der britischen Atomforschungszentrale Harwell

*

Miniaturanlage erzeugt Strom für 40 Jahre

Von PETER PRIESTLEY — LONDON, Mitte August

Wissenschaftler der englischen Atomforschungszentrale von Harwell haben ein Gerät entwickelt, das jeden Haushalt mit elektrischem Strom versorgen kann, der von einer Miniatur-Atomanlage erzeugt wird. Darüber hinaus wird an Versuchen gearbeitet, in Autos, Flugzeugen und kleineren Schiffen diese Atomeinheiten einzubauen, um auch Transportmittel mit der neuen Energie zu betreiben. Der neu entwickelte „Atomspeicher" ist nicht größer als ein kleiner Eisschrank und enthält Strontium, das bei der Verwandlung von Uranium in Plutonium gewissermaßen als Abfallprodukt auftritt.

Als man bei Versuchen „Strontium 90" mit Quarz in Verbindung brachte, beobachtete man starke elektrische Ströme, die sich allerdings schon nach kurzer Zeit verbrauchten. Es wurde daraufhin ein künstlicher Kristall hergestellt, dem man den Namen „Germanium" gab und dieses bewahrte die Energie, die das Atomprodukt abgab. Obwohl die Versuche noch nicht abgeschlossen sind, glaubt man schon jetzt, daß der Kristall die angesammelte Atomenergie bis zu 40 Jahren aufzuspeichern vermag.

Wenn die endgültigen Versuche zufriedenstellend ausfallen, ist eine Massenproduktion von Strontium vorgesehen, das dann in ein absolut unfallsicheres Gehäuse eingelagert werden soll, um von da in den Handel zu gelangen. Die so erhaltbare Atomenergie würde in einem normalen Haushalt durchaus genügen, um Licht, Kochanlage und Heizung zu versorgen, und zwar in einer gleichmäßigen Spannung. Zur Zeit wird geprüft, ob die Atomkerne in Blei eingebettet werden müssen oder ob ein Zementblock ausreicht, der aber so stabil sein müßte, daß auch im Laufe der Jahre keine Undichtigkeiten entstehen können, durch die radioaktive Strahlen dringen.

Regierung entscheidet

Die ersten Unterlagen über diese Miniatur-„Kraftwerke", die die englische Forschungszentrale für Atomwirtschaft ausgearbeitet hat, liegen bereits der staatlichen Untersuchungskommission vor, die über die weiteren Verwendungsmöglichkeiten ihr Urteil zu fällen hat. Nach Begutachtung entscheidet die britische Regierung in letzter Instanz über die zivile Ausnutzung der Erfindung.

Die Kostenfrage

Da sich die britischen Wissenschaftler bisher nur mit der Frage der Nutzbarmachung von Atomenergie beschäftigt haben, wurden Kostenfragen noch nicht in Erwägung gezogen. Die Preisgestaltung wird natürlich in erster Linie davon abhängig sein, in welcher Zahl diese „Elektrizitätswerke für den kleinen Mann" angefertigt würden. Den größten Vorteil würden die Benutzer haben, die in abgelegenen Gegenden wohnen und sich wegen der Kostenfrage bisher nicht an ein elektrisches Stromnetz anschließen konnten. Auf die vielseitigen militärischen Verwendungszwecke des Atomspeichers soll hier nicht eingegangen werden.

Fleischverbrauch steigt weiter an

Bald Vorkriegsstand erreicht

MÜNSTER, 29. August

Der Fleischverbrauch in der Bundesrepublik ist im Wirtschaftsjahr 1953/54 gegenüber dem Vorjahr von 41 auf 43,4 Kilogramm pro Kopf der Bevölkerung angestiegen. Wie der westfälisch-lippische Landwirtschaftsverband ergänzend mitteilt, könne bei anhaltender Wirtschaftskonjunktur damit gerechnet werden, daß der Fleischverbrauch 1954/55 auf über 45 Kilogramm ansteigen und damit dem Vorkriegsverbrauch von 52,8 Kilogramm nahekommen werde. (dpa)

Kugelschreiber-Unterschriften zulässig

... im Behördenverkehr

DÜSSELDORF, 27. August

Mit Kugelschreibern ausgeführte Unterschriften im Geschäfts- und Behördenverkehr seien jetzt amtlich anerkannt worden, teilte der Verband der chemischen Industrie am Freitag in Düsseldorf mit. Neuerdings würden alle guten Kugelschreiber mit hochwertigen, kopierfesten Farbpasten gefüllt. Diese hätten gegenüber den bisherigen Urkundentinten sogar den Vorzug, daß die Schriftzüge nur eine kurze Entwicklungszeit bis zur Echtheit brauchten. (dpa)

Fütterer Europameister

Heinz Fütterer aus Karlsruhe (Nr. 432), der deutsche Doppelmeister in den Sprintstrecken, rechtfertigte bei den Europameisterschaften der Leichtathleten die Erwartungen vollauf. Er siegte über 100 m in 10,5 Sekunden. Das Foto zeigt den Sieger im Ziel. Rechts im Bild der Zweite, Bonino (Frankreich), ganz links der Pfungstädter Pohl, der nach schlechtem Start sich nach vorn kämpfte, aber laut Zielgerichtsentscheidung nur Vierter wurde. ap-Funkbild

Paris lehnt Ratifizierung der EVG ab

Mehrheit beschließt Ende der Debatte nach leidenschaftlichem Appell Herriots — Marseillaise angestimmt

Von unserem Korrespondenten DR. ERNST WEISENFELD

PARIS, 30. August

Mit 319 gegen 264 Stimmen hat die französische Nationalversammlung am Montag in einer dramatischen Sitzung es abgelehnt, den EVG-Vertrag zu ratifizieren. Die Abgeordneten stimmten dem Antrag des rechtsstehenden Abgeordneten Aumeran zu, die Debatte zu beenden. Über einen Antrag der EVG-Anhänger, die Debatte nur bis zum 21. September zu vertagen, und inzwischen neu zu verhandeln, wurde nicht mehr abgestimmt. Die Debatte erreichte ihren Höhepunkt, als der greise Ehrenpräsident der Versammlung, Herriot, sich in leidenschaftlichen Worten gegen den EVG-Vertrag wandte, den er „eine Mißgeburt und lächerlich" nannte.

Herriot meinte, der EVG-Vertrag werde zwar der Bundesrepublik zur Souveränität verhelfen, für Frankreich jedoch einen Rückschritt bedeuten. Eine deutsch-französische Annäherung sei unbedingt erforderlich, was jedoch nicht bedeute, daß man „das Abenteuer de EVG billigen" müsse. Zu einer Wiederaufnahme des Sechsergespräches von Brüssel gebe es keinen Anlaß. Ministerpräsident Mendes-France hatte zuvor erklärt, er sei bereit, neue Verhandlungen mit den EVG-Ländern aufzunehmen, falls die Nationalversammlung ihn damit beauftrage.

Nach der Abstimmung stimmten die Gegner der EVG die Marseillaise an. In der allgemeinen Unruhe konnte man nur noch die scharfe Stimme von Paul Reynaud verstehen, der erklärte: „Zum erstenmal in der Geschichte hat Frankreich einen Vertrag zurückgewiesen, ohne daß sein Schöpfer und Unterzeichner — Robert Schuman — überhaupt gehört worden ist."

Mißtrauensantrag geplant

EVG-Anhänger bereiten jetzt eine Zensurentschließung vor, die die Regierung, die hauptsächlich für diesen Mißerfolg von ihnen verantwortlich gemacht wird, zwingen soll, die zukünftige Außenpolitik Frankreichs klarzulegen.

Mendes-France erklärte dazu in den Wandelgängen der Kammer, daß er sofort bereit sei, eine außenpolitische Debatte noch vor den Ferien zu beginnen. Er wies außerdem darauf hin, daß der Deutschland-Vertrag durch diese Zurückweisung des EVG-Vertrages nicht berührt sei. In Frankreich, in den anderen fünf EVG-Ländern, in Großbritannien und den USA werde jetzt sicher der Wunsch bestehen, eine neue Lösung zu finden. Diese Lösung könnte während der Herbstferien der verschiedenen Parlamente erzielt werden.

2 Hauptgegner der EVG

...sitzen im vertrauten Gespräch im Palais Bourbon in Paris: Jules Moch (links), der Berichterstatter des Ausschusses für auswärtige Angelegenheiten, der den EVG-Vertrag abgelehnt hatte. Daneben Edouard Herriot, mehrfacher Ministerpräsident und langjähriger Präsident der Nationalversammlung,

Bundesbürger können 100 DM West in Sowjetzone mitnehmen

Aber nur zur Bezahlung von Leistungen in Interzonenzügen

WAZ FRANKFURT (M.), 16. August

Infolge der Verbesserung des Interzonenverkehrs seit 15. Juli, vor allem der Aufnahme des Verkehrs von Schlaf- und Speisewagen, wurden die sowjetzonalen Bestimmungen über die Mitnahme von Zahlungsmitteln neu gefaßt, wie die Hauptverwaltung der Bundesbahn mitteilt. Danach können Bewohner der Bundesrepublik und West-Berlins bei einer Einreise in die Sowjetzone bis zu 100 DM West mit sich führen.

Dieser Betrag wird von den sowjetzonalen Kontrollorganen an der Zonengrenze in die Reisepapiere (Aufenthaltsgenehmigung) eingetragen. Innerhalb der Sowjetzone darf er jedoch nur zur Bezahlung von Leistungen der Schlaf- und Speisewagen-Gesellschaften in den Interzonenzügen verwendet oder bei sowjetzonalen Banken umgetauscht werden. Der Verbrauch der Zahlungsmittel in Interzonenzügen müsse den sowjetzonalen Kontrollorganen auf Verlangen durch Vorlage von Quittungen nachgewiesen werden. Werden die Zahlungsmittel in der Sowjetzone verbraucht, dann muß die Umtauschbescheinigung einer sowjetzonalen Bank vorgelegt werden.

Bei direkten Reisen zwischen dem Bundesgebiet und West-Berlin können DM-Beträge in unbeschränkter Höhe mitgenommen werden.

Das „Wirtschaftswunder“ wird hart erarbeitet

Der Fußball gewinnt im Laufe des Jahres 1954 eine ungeahnte Bedeutung. Doch von einer Freizeitgesellschaft, in der Spiel, Sport und Spaß im Mittelpunkt stehen, ist man in Deutschland noch jahrzehnteweit entfernt.
Es wird hier zu Lande vielmehr gearbeitet, gerackert, geschuftet. In der Industrie sind die Menschen im Schnitt knapp 50 Stunden pro Woche im Einsatz. In einzelnen Branchen wird sogar noch länger gearbeitet. Bergleute verfahren im Monat bis zu 34 Schichten. Überstunden sind an der Tagesordnung – oft unbezahlt. Viele erhoffen sich dadurch Beförderungen und außerplanmäßige Lohnerhöhungen. Oft klappt das auch. Leistung lohnt sich in dieser Aufbauzeit, die im Ausland schon bald mit dem deutschen Wort „Wirtschaftswunder“ beschrieben wird.
Es erscheint wirklich wie ein Wunder: Nur sechs Jahre nach der Währungsreform hat die deutsche Wirtschaft in vielen Bereichen den Vorkriegsstand bereits überflügelt.
Das zeigt sich auch bei der Zahl der Beschäftigten. Mitte 1954 erreicht sie mit 16,5 Millionen einen neuen Rekordstand. Gegenüber 1948 haben jetzt drei Millionen mehr Menschen Arbeit.
Die Gewerkschaften sind dennoch nicht zufrieden. Sie beklagen, dass bei dem rasanten Tempo des Wiederaufbaus die Leistungsfähigkeit der Beschäftigten über Gebühr beansprucht worden sei. Der Sonntag als einziger Ruhetag in der Woche reiche nicht mehr aus. Das DGB-Plakat zum Tag der Arbeit am 1. Mai 1954 zeigt denn auch einen Jungen, der fordert: „Samstags gehört Vati mir!“ Der Kampf um die Fünf-Tage-Woche mit 40 Stunden Arbeitszeit beginnt.
Besonders umstritten ist dabei die Frage des Lohnausgleichs. Denn auf Geld verzichten will kein Beschäftigter. Dafür ist das Einkommen, das wöchentlich bar per Lohntüte ausgezahlt wird, viel zu gering. Im Durchschnitt stecken in der Tüte – umgerechnet – 40 Euro pro Woche. Dafür kann man 1954 genau vier Kilo Kaffee kaufen. Das Kilo Butter kostet 3 Euro, die gleiche Menge Schweinefleisch 2,50 Euro. Den Liter Milch gibt es für 20 Cent, ein Ei für 11 Cent.
Doch das Einkaufen in der neuen Marktwirtschaft will gelernt sein. So fordert die Bezirksregierung Arnsberg im Sommer 1954 die Hausfrauen auf, besonders vorsichtig einzukaufen und nicht „marktschreierischer Werbung“ zum Opfer zu fallen. Denn nach der Abschaffung des Wirtschaftsstrafgesetzes hätten die staatlichen Preisüberwachungsstellen jetzt keine Möglichkeit mehr, gegen die Preistreiberei einzelner Händler vorzugehen. In der Marktwirtschaft, so der Hinweis der Bezirksregierung, könne der Verbraucher nur dann bestehen, wenn er fortan selbst prüfe, wo er in bester Qualität zum günstigsten Preis einkaufen könne.
Das „Wirtschaftswunder“ hält sich für „Otto Normalverbraucher“, wie der Durchschnittsmensch jetzt gern tituliert wird, zunächst noch in Grenzen. Besonders in Familien mit Kindern versuchen fast alle, etwas mitzuverdienen. Zumal die Ansprüche – in bescheidenem Rahmen – auch steigen. Nach der Ess-Welle und der Bekleidungs-Welle Anfang der fünfziger Jahre freuen sich jetzt besonders die Möbel-Händler über steigende Umsätze.
Aber auch die Warenhäuser stehen auf der Sonnenseite. So berichtet die Kaufhof AG von einem Umsatz-Plus binnen eines Jahres von 23 Prozent. Davon profitieren auch die Aktionäre des Kaufhaus-Konzerns: Die Dividende steigt von 6 auf 8 Prozent.
Und der Staat heizt die Konjunktur zusätzlich an. Zum Beispiel durch die Steuersenkung von 1952 für Tabak. Der Erfolg ist überwältigend: 1954 lässt jeder Einwohner 780 Zigaretten in blauem Dunst aufgehen – das sind 80 mehr als im Vorjahr.
Doch es zeichnen sich auch dunkle Wolken ab. Und das ausgerechnet über der Boom-Branche der frühen Nachkriegszeit, über dem Steinkohlen-Bergbau. Konnten die Ruhr-Kumpel den Energie-Hunger Europas in der ersten Aufbau-Phase kaum stillen, so müssen viele von ihnen jetzt wegen einer plötzlichen Absatzkrise erstmals seit 22 Jahren Feierschichten einlegen.
Als die Nachfrage Ende des Jahres wieder anzieht, wird auf den Zechen wieder voll gearbeitet. Doch die Feierschichten von 1954 sind mitten im „Wirtschaftswunder“ ein frühes Warnsignal für das, was schon bald auf den Bergbau und das Ruhrgebiet zukommen sollte.

Wilfried Beiersdorf

EINZELPREIS 20 PF / NR. 211 FREITAG, 10. SEPT. 1954

WESTDEUTSCHE ALLGEMEINE

Erdbeben in Algerien fordert 1000 Todesopfer

Stadt Orleansville fast vollständig zerstört – Hilfsangebote aus aller Welt

Berichte unserer Nachrichtendienste ALGIER, 9. September

Rund 1000 Todesopfer und mehr als 2000 Verletzte hat nach bisher vorliegenden Meldungen eine schwere Erdbebenkatastrophe gefordert, die in der Nacht zum Donnerstag Französisch-Algerien heimsuchte. Schwerpunkt des nur 12 Sekunden andauernden Erdbebens war die 32 000 Einwohner große, an der Bahnlinie Algier—Oran liegende, Küstenstadt Orleansville. Sie wurde zum größten Teil zerstört. Die Zahl der Obdachlosen in Orleansville und Umgebung geht in die Zehntausende.

Der Hauptstoß des schweren Erdbebens, der von zahlreichen seismographischen Stationen in aller Welt registriert wurde, erfolgte kurz nach Mitternacht. Schwächere Erdbewegungen hielten bis in die frühen Morgenstunden an. Sie brachten u. a. einen in der Nähe von Orleansville gelegenen Staudamm zum Einsturz. Die Fluten ergossen sich über das Land. Im Laufe des Tages wurde die gesamte Bevölkerung der schwerbetroffenen Stadt evakuiert.

Tausende von Soldaten und Helfern aus ganz Algerien sind im Katastrophengebiet eingetroffen. Auf der Straße von Orleansville nach Algier bewegt sich ein langer Zug von Kranken- und Militärlastwagen, der die Verletzten in die Krankenhäuser und schnell errichteten Lazarette bringt. Alle Ärzte des Landes stehen unter Militärbefehl.

Zuletzt wurde Algerien 1946 von einem Erdbeben betroffen, dem 300 Menschen zum Opfer fielen. Fachleute bezeichnen die Katastrophe von Algerien als das sechste schwere Erdbeben seit Ende des 2. Weltkrieges in der Welt.

Bei der algerischen Regierung sind bereits Beileidsgrüße und Hilfsangebote aus aller Welt eingegangen. Die französische Regierung hat zum Gedenken der Opfer des Erdbebens in Algerien den Freitag zum nationalen Trauertag erklärt und angeordnet, daß auf allen öffentlichen Gebäuden und auf den im Ausland befindlichen diplomatischen Missionen die Trikolore auf halbmast gesetzt wird.

So sah Orleansville noch am Mittwoch aus, eine blühende Mittelstadt an der Küste, Zentrum eines reichen Getreide- und Baumwollgebietes. Inzwischen sind die meisten Häuser eingestürzt. up-Funkbild

Bonn will jetzt abwarten

WAZ BONN, 9. September

Nach der Vertagung der Londoner Neunmächtekonferenz auf unbestimmte Zeit hat die Bundesregierung eine abwartende Stellung bezogen. Von ihr ist, wie sich am Donnerstag aus Erklärungen des Bundeskanzlers vor dem Auswärtigen Ausschuß des Bundestages ergab, vorläufig keine Initiative in der Deutschlandfrage geplant. Auch die Ausarbeitung des Memorandums, das den deutschen Standpunkt klar umreißen und der Neunmächtekonferenz in London als Basis dienen sollte, ist zurückgestellt worden. Man wartet nun zunächst ab, was Frankreich vorzuschlagen hat, und was die Sitzung der NATO-Mächte bringt, und vor allem, welches Resultat die diplomatische Informationsreise des britischen Außenministers Eden hat. Der Bundeskanzler und die Regierungsparteien schlossen sich der Auffassung der SPD an, alle Möglichkeiten der europäischen Zusammenarbeit stärker als bisher auf der Basis des Europarates und des europäischen Wirtschaftsrates wahrzunehmen.

SPD-Erler: Muß nicht morgen sein

Wenn die SPD eine Viererkonferenz fordere, so brauche diese nicht morgen zusammenzutreten, erklärte der SPD-Bundestagsabgeordnete Erler am Donnerstag im Pressedienst seiner Partei. Die deutsche Politik müsse aber alles unternehmen, um eine solche Konferenz ernsthaft vorzubereiten.

Eden fährt nach Brüssel, Bonn, Rom und Paris

Verhandlungen über Deutschland zur Vorbereitung der Konferenz

Berichte unserer Nachrichtendienste LONDON, 9. September

Der britische Außenminister Eden wird über das Wochenende den Hauptstädten der EVG-Länder Besuche abstatten, um dort über die Wiederbewaffnung Deutschlands zu verhandeln, gibt das Foreign Office am Donnerstag bekannt. Eden fliegt am Samstag zunächst nach Brüssel, um dort die Außenminister Belgiens, Hollands und Luxemburgs zu treffen. Am Sonntag wird er die Reise nach Bonn fortsetzen, wo Besprechungen mit Bundeskanzler Dr. Adenauer vorgesehen sind.

Am Dienstag wird Eden in Rom mit Außenminister Piccioni verhandeln, um am Mittwoch seine Rundreise in Paris mit einer Besprechung mit Ministerpräsident Mendes-France abzuschließen. Der britische Außenminister wird von Unterstaatssekretär Sir Frank Roberts, dem Deutschlandsachverständigen des Foreign Office und seinem Privatsekretär Sir Anthony Rumbold begleitet.

In London wird erklärt, die Reise Edens sei kein Ersatz für eine spätere Neunmächtekonferenz. Sie soll vielmehr dazu dienen, einen schnelleren Fortschritt in der Ausarbeitung von Plänen zu erzielen, die später, wenn Entscheidungen zusammen mit anderen Regierungen getroffen werden müssen, vorgelegt werden können. Eden wird auch die Außenminister der EVG-Länder mit den britischen Ansichten über die Wiederbewaffnung Deutschlands vertraut machen.

Salah Salem wurde beurlaubt

KAIRO, 9. September

Der ägyptische Ministerrat hat am Donnerstag Informationsminister Salah Salem beurlaubt, und den Minister für soziale Angelegenheiten, Schaffei, mit der Vertretung beauftragt.

In politischen Kreisen Kairos nimmt man an, daß neue Differenzen zwischen Ministerpräsident Nasser und dem auch in außenpolitischen Dingen aktiven Major Salem zu dem Beschluß des Ministerrats geführt haben. Salem hatte kürzlich einige Reisen in die arabischen Länder unternommen und dort politische Verhandlungen geführt, ohne von Nasser autorisiert zu sein. (dpa)

Siehe auch Seite 2

SSD inszeniert tränenreiches Wiedersehen

Sowjetzone: jugendliche Agenten an Mütter zurückgegeben

Von unserem Berliner Büro BERLIN, 9. September

Auf einer Ost-Berliner Pressekonferenz des sowjetzonalen Staatssicherheitsdienstes feierten am Donnerstag sieben Jugendliche ein tränenreiches Wiedersehen mit ihren Müttern und Vätern. Die Jugendlichen waren wegen sogenannter Agententätigkeit verhaftet worden. Die Freilassung der Jungen weicht von der bisherigen Gewohnheit der Sowjetzonenbehörden ab, selbst die geringsten politischen Vergehen mit hohen Zuchthausstrafen zu belegen.

Oberst Bormann vom Staatssekretariat für die Staatssicherheit behauptete in der Konferenz, die 16- bis 20jährigen hätten im Auftrag der West-Berliner „Vereinigung politischer Ostflüchtlinge" in der Sowjetzone regierungsfeindliche Flugblätter verteilt, Flugblattraketen abgeschossen und Kurierverbindungen zu anderen Mitarbeitern der Organisation hergestellt. Einige Jugendliche bestätigten diese Darstellung.

Die Pressekonferenz diente in der Hauptsache dem Zweck, die von West-Berlin aus in der Sowjetzone tätigen Wiederstandsorganisationen verbrecherischer Spionage- und Sabotageakte zu beschuldigen. Ein Sowjetzonenvertreter erklärte, man wolle demonstrieren, „mit welcher Skrupellosigkeit und Menschenverachtung junge Menschen von West-Berliner Zentralen geködert und auf den Weg des Verbrechens gebracht werden". Sechs der Jugendlichen stammen aus der Sowjetzone, einer aus West-Berlin.

Düsseldorfer Schulstreik verschärft sich

DÜSSELDORF, 9. September

Nur noch 75 von 548 Schülern der Gemeinschaftsschule von Düsseldorf-Grafenberg erschienen am zweiten Tage des von den Eltern beschlossenen Schulstreiks zum Unterricht. Wie wir meldeten, hatten die Eltern den Streik begonnen, weil eine im gleichen Gebäude neugegründete katholische Bekenntnisschule den Schulbetrieb störte. (dpa)

IG Metall distanziert sich von Schlichtungsvereinbarung

FRANKFURT, 9. September

Er habe keine Vereinbarung dieser Art getroffen, erklärte der Vorstand der IG Metall zu der am Mittwoch von Vertretern des DGB-Bundesvorstandes und der Bundesvereinigung der deutschen Arbeitgeberverbände vereinbarten freiwilligen Schlichtung von Lohn- und Arbeitsstreitigkeiten. Nur die zuständigen Gremien der IG Metall hätten das Recht, für die Gewerkschaft solche Verpflichtungen einzugehen. (dpa)

Luft-Vopos besuchen Leipziger Messe

Weit über 250 000 Mann beträgt nach den letzten bekanntgewordenen Zahlen die Stärke der sowjetzonalen Volkspolizei. Sie ist in Spezialgruppen aufgeteilt, die etwa den früheren Wehrmachtstruppenteilen entsprechen. Unserem Fotografen gelang auf der Leipziger Messe ein Bild von zwei Offizieren der Volks-Luftpolizei, die bisher weniger in der Öffentlichkeit auftraten. Die beiden Zivilisten auf dem Bild wurden nicht identifiziert. up-Bild

Ausschuß lehnt SPD-Antrag auf höhere Steuerfreibeträge ab

WAZ BONN, 9. September

Ein SPD-Antrag, wonach die Freibeträge für den Steuerpflichtigen und dessen Ehefrau von 900 DM auf 1000 DM erhöht werden sollen, wurde am Donnerstag vom Bundestagsausschuß für Finanz- und Steuerfragen abgelehnt. Die SPD will diesen Antrag bei der zweiten Lesung der Steuerreform im Bundestag erneut einbringen.

Frankreich für stärkeren politischen Zusammenhalt der NATO

PARIS, 9. September

Die Wiederbewaffnung Deutschlands müsse mit einer noch engeren Gestaltung der NATO Hand in Hand gehen, erklärte Mendes-France am Donnerstag vor dem Atlantikrat. Frankreich sei nicht gewillt, als einziger NATO-Staat wesentliche Souveränitätsrechte aufzugeben. Dagegen sei die französische Regierung bereit, zu einer Verstärkung der atlantischen Allianz und vor allem ihrer militärischen Kraft beizutragen. Dies sei jedoch nur möglich, wenn gleichzeitig der politische Zusammenhalt der NATO verstärkt wird. (ap/dpa)

Mendes-France kommt zur UNO-Vollversammlung nach New York

WAZ NEW YORK, 9. September

Der französische Ministerpräsident Mendes-France wird, wie hier verlautet, als Leiter der französischen Delegation zur UNO-Vollversammlung am 21. September nach New York kommen. Seit seinem Amtsantritt ist das die erste UNO-Konferenz-Teilnahme Mendes-Frances. Auch Außenminister Dulles und sein britischer Kollege Eden sowie der sowjetische Delegationsführer Wyschinski werden zugegen sein.

Ab Oktober ohne Visum nach England

Fast alle Grenzen jetzt offen

LONDON, 9. September

Mit Wirkung vom 1. Oktober hat die britische Regierung den Visumzwang für deutsche Besuchsreisende aufgehoben. Jeder Deutsche, Österreicher und Saarländer braucht demnach ab Oktober nur einen gültigen Reisepaß, um nach England einreisen zu können. Damit haben jetzt alle westeuropäischen Länder mit Ausnahme von Spanien und Portugal den Visumzwang für Deutsche aufgehoben. (dpa)

*

Bundespräsident Heuss beginnt am Sonntag seine zweite fünfjährige Amtsperiode, für die er bereits am 17. Juli in Berlin von der Bundesversammlung gewählt worden war.

Eine „Arbeitsgemeinschaft zur Pflege Deutscher Tradition" ist, wie der Erlanger Universitätsprofessor Schöps mitteilte, jetzt gebildet worden. Sie soll die Gründung eines „Volksbundes für Krone und Reich" vorbereiten, dessen Hauptziel die Wiederherstellung der Monarchie ist.

Bundeskanzler Dr. Adenauer wird am Montag den SPD-Vorsitzenden Ollenhauer zu einer Aussprache empfangen.

Etwa 100 Besucher des Katholikentages aus der Sowjetzone baten in Fulda um Asyl.

Ungewöhnlich viele Fälle von Kinderlähmung sind jetzt nach Mitteilung der Gesundheitsbehörden in mehreren Städten Niederösterreichs aufgetreten. Zwei Kinder sind bisher gestorben und 21 mußten in Krankenhäuser eingeliefert werden.

Der chilenische Wirtschaftsminister Silva Guerra und der Minister für Land- und Siedlungsfragen, Montero Schmidt, trafen am Donnerstag in Bonn ein. Sie werden während ihres sechstägigen Aufenthalts in der Bundesrepublik vor allem wirtschaftliche Probleme erörtern.

Vermißt werden seit Dienstag zwei amerikanische Touristen, die mit einem Auto von Berlin nach der Bundesrepublik fahren wollten. (waz/dpa/ap)

NRW-Bevölkerung: 14,36 Mill.

BONN, 9. September

Die Bevölkerung in Nordrhein-Westfalen betrug am 30. April 14 361 000 Personen. Zur gleichen Zeit des Vorjahres lebten in NRW 13 993 000 Einwohner. Die Zahl der Vertriebenen betrug am Stichtag 2 926 000. (dpa)

Bonn strebt NATO-Lösung an

Memorandum für Londoner Konferenz wird vorbereitet

Von unserem Bonner Büro Vo BONN, 7. September

Die Bundesregierung ist bestrebt, mit möglichst klaren Vorstellungen in die Neunmächtekonferenz zu gehen, auf der nach den Vorschlägen der britischen Regierung ausschließlich das Thema der Wiederaufrüstung der Bundesrepublik behandelt werden soll. Das Auswärtige Amt arbeitet gegenwärtig mit Hochdruck an einem Memorandum, das Grundlage der Beratungen bilden soll. Wie in Bonn verlautet, zielt die Bundesregierung auf eine Kompromißlösung ab, um ein französisches Veto gegen die Aufnahme der Bundesrepublik in die Atlantikpaktorganisation (NATO) zu vermeiden.

Nach Ansicht von Sachverständigen kommen folgende Lösungsmöglichkeiten in Betracht:

1. Die Aufnahme der Bundesrepublik in die NATO mit Zusatzverträgen, in denen das Ausmaß des deutschen militärischen Beitrages durch die NATO festgesetzt wird.
2. Ein Vertrag der europäischen NATO-Staaten mit der Bundesrepublik über die Schaffung eines kleinen europäischen NATO-Kreises, der als solcher der Nordatlantikpakt-Organisation angeschlossen würde.
3. Ein Vertrag, der zwischen den Partnern der gescheiterten EVG, den Vereinigten Staaten und Großbritannien abgeschlossen werden könnte.

In den beiden letzten Fällen würde es sich um eine Art Koalitions-Armee mit gemeinsamem Generalstab und gegenseitiger Rüstungskontrolle handeln. In diese Richtung scheinen auch die deutschen Absichten zu zielen. Ein unabdingbarer Grundsatz der Bundesregierung bei all diesen Lösungen ist die Gleichberechtigung der Bundesrepublik. Das deutsche Verteidigungskontingent dürfte also in keiner Weise schlechter gestellt werden als das eines anderen Partnerlandes.

Autoboiler fürs Camping

Eine praktische Neuheit für Camping-Freunde ist der Autoboiler, der auf den Auspufftopf des VW-Motors montiert wird. Der Aluminiumbehälter faßt drei Liter Wasser, das schon nach kurzer Laufzeit des Motors erwärmt ist. Ein Sicherheitsventil sorgt für den Dampfablaß. Normalerweise wird das heiße Wasser neben dem Auspuffrohr abgezapft, also unter der Karosserie. Um den Boiler besser zeigen zu können, ist auf unserem Bild der Auspufftopf erhöht. Preis 35 DM.

Fußgänger sollen Rückstrahler tragen

Fünf Vorschläge aus Bonn zur Erhöhung der Verkehrssicherheit

Von unserem Bonner Büro

Vo BONN, 3. September

Fünf Vorschläge zur Erhöhung der Sicherheit im Straßenverkehr hat der vom Bundesverkehrsministerium ins Leben gerufene Arbeitskreis zur Prüfung von Unfallverhütungsmitteln ausgearbeitet:

1. Allen Fußgängern wird empfohlen, auf Landstraßen Rückstrahler oder andere rückstrahlende Mittel zu verwenden.

2. Die Industrie soll durch Einbau von Kippsitzen und verstellbaren Rücklehnen dem Kraftfahrzeugführer bei Ermüdung eine Entspannung ermöglichen.

3. Noch mehr als bisher sollen Kraftradfahrer geeignete Schutzhelme verwenden.

4. Wird auf die Notwendigkeit verwiesen, an den Kraftfahrzeugen zusätzlich Rückspiegel anzubringen, um eine vollständige Übersicht über die Vorgänge auf der rückwärtigen Fahrbahn zu bekommen.

5. Alle Radfahrer sollen nochmals aufgefordert werden, vorschriftsmäßige Schlußleuchten, Rückstrahler und Pedalrückstrahler anzubringen, um ihr Leben und das der anderen Verkehrsteilnehmer zu schützen.

Bayern wollen ihre Wolken nicht ankratzen lassen

Häuser dürfen nicht höher sein als Reichweite der Feuerwehrleitern

FÜRTH (Bayern), 1. September

Das städtische Hochbauamt in Fürth (Bayern) hat, wie ap meldet, die Baupläne für ein elfstöckiges Hochhaus mit der Begründung zurückgewiesen, daß die vorgesehene Höhe des Hauses von 30 Metern zu hoch für die Feuerwehr sei, deren längste Leiter nur bis auf 27 m ausgefahren werden könne.

Den Bauherren einer privaten Finanzierungsgesellschaft wurde anheimgestellt, entweder das Haus niedriger zu bauen, oder sich an der Finanzierung eines neuen Feuerwehrwagens mit einer Leiterlänge von 30 Metern zu beteiligen. Wie der Leiter des Hochbauamtes, Oberbaurat Max Hirsch, am Mittwoch mitteilte, habe die oberste Baubehörde beim bayrischen Innenministerium die Entscheidung seiner Dienststelle gutgeheißen. Die Baubehörde arbeite gegenwärtig Richtlinien für ganz Bayern aus, wonach Gebäude nur so hoch gebaut werden könnten, wie in der betreffenden Gemeinde die Feuerwehrleitern lang seien. (ap)

WESTDEUTSCHE ALLGEMEINE
Die unabhängige Zeitung des Ruhrgebiets

Der Sohn war nicht zu retten

KOBLENZ, 7. September

In acht Stunden jagte ein Bankprokurist aus Hof von seinem Urlaubsort am Chiemsee mit einem Wagen nach Koblenz, um seinen 19 Jahre alten Sohn vor der Fremdenlegion zu retten. Die Staatsanwaltschaft Hof hatte ihm mitgeteilt, daß sein Sohn Legionswerbern in die Hände gefallen sei und wahrscheinlich in wenigen Stunden über die Grenze geschafft werde.

Alle Verhandlungen mit deutschen und französischen Stellen waren vergeblich. Der Junge kam nicht frei. (dpa)

Drei Amerikaner verkaufen den Mars

„Man lebt doppelt solange"

LITTLE ROCK (Arkansas), 9. Sept.

Drei „weitsichtige" Amerikaner haben in Little Rock (Arkansas) eine „Gesellschaft zur Entwicklung des Planeten Mars" gegründet, deren Zweck es ist, die Marsgebiete aufzuteilen und an interessierte Personen zu verkaufen. Die Gesellschaft weist Interessenten auf folgende Vorteile hin:

1. Keine Schwierigkeiten beim Straßenbau (weil es keine Berge gibt).
2. Man lebt doppelt solange (weil das Marsjahr 687 Tage hat).
3. Es ist nicht zu heiß und nicht zu kalt (da die mittlere Temperatur auf dem Mars neun Grad beträgt).
4. Man kennt kein Kanalisations- oder Bewässerungsproblem (weil es auf dem Mars kein Wasser gibt). (ap)

Justizsekretär als Kz-Beamter verhaftet

Seine Dienststelle bearbeitet den Fall seines Lagerkommandanten

WAZ BOCHUM, 9. September

Der Bochumer Untersuchungsrichter nahm Donnerstag den Bochumer Justizsekretär Alfons Glass in Haft, weil er in dem Verdacht steht, als ehemaliger Leiter der Rechtsabteilung im Konzentrationslager Stutthof bei Danzig wissentlich Beihilfen zu Tötungen und in einem Falle Aussageerpressungen vorgenommen zu haben. Glass, der als tüchtiger Beamter gilt, hatte es verstanden, als Flüchtling von der Justizbehörde eingestellt zu werden, ohne daß Personalakten über seine Vergangenheit eingesehen werden konnten. Er hatte verschwiegen, daß er als gebürtiger Danziger 1942 in die Totenkopfverbände der SS aufgenommen worden und in den Rechtsabteilungen der Konzentrationslager Stutthof, Mauthausen und Natzweiler tätig gewesen war. Ausgerechnet seine Behörde bearbeitete den Fall des Lagerkommandanten Hoppe, und fahndete beständig nach weiteren Mitschuldigen. Schon vor Wochen hatte Hoppe Glass als Mittäter bezichtigt, die Sammlung ausreichenden Belastungsmaterials hatte jedoch längere Zeit beansprucht.

Silberlorbeer für Ursula Happe

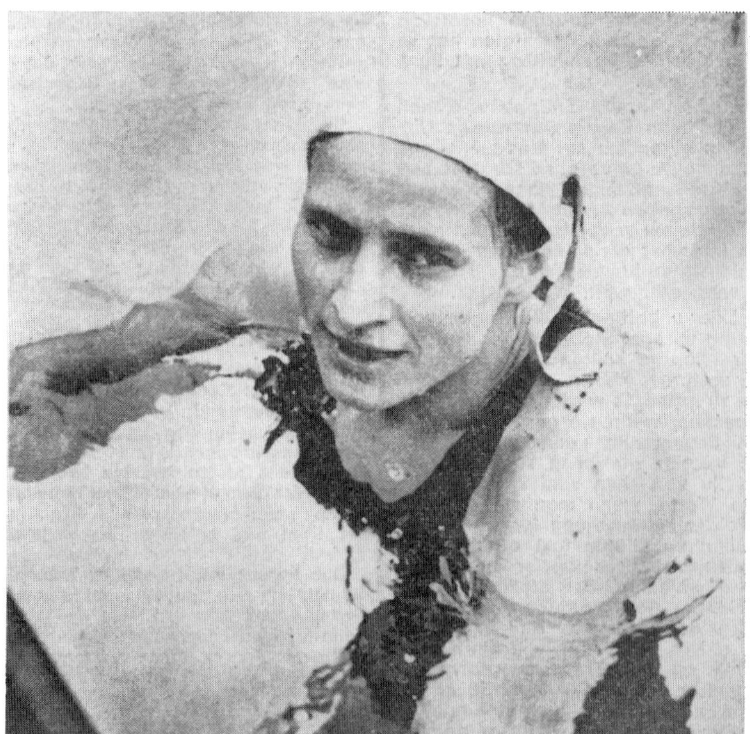

Ursula Happe (Dortmund), die am Samstag in Turin Europameisterin im 200-m-Brustschwimmen wurde, erhält für ihre hervorragende Leistung die höchste Auszeichnung des deutschen Sports, den Silberlorbeer, gab der Präsident des Deutschen Sportbundes, Willi Daume, am Sonntag bekannt.
Schirner-Bild

Zur Zeit wird in westdeutschen Lichtspielhäusern eines der reizendsten Filmlustspiele der letzten Jahre gezeigt, der italienische Streifen „Brot, Liebe und Fantasie". Der Erfolg dieses Films ließ die Produzenten nicht schlafen, schon wird die Fortsetzung fabriziert, diesmal unter dem Titel „Brot, Liebe und Eifersucht". Gina Lollobrigida ist wiederum die Hauptdarstellerin — macht auf unserem Bild ein recht zufriedenes Gesicht. Hoffentlich sind es die Kinobesucher auch.

Skala der Beliebtheit der Berufe

NÜRNBERG, 2. September

Die stärkste Anziehungskraft auf die Schulentlassenen haben die Berufe der Dreher und Werkzeugmacher ausgeübt, wie aus einer Statistik der Berufsberatung für das Berichtsjahr 1952/53 hervorgeht. In der Reihenfolge der Beliebtheit folgen dann Fliesenleger, Bergmann, Brauer, Mälzer, Koch, Landmaschinenhandwerker und Maschinenschlosser. Begehrte Berufe sind ferner Bauschlosser, Kraftfahrzeughandwerker und der größte Teil der kaufmännischen Berufe. Ein Überangebot an Berufsanwärtern gab es auch bei Maurern, Tischlern, Zimmerleuten und Friseuren. Bei Bäckern, Fleischern, Herrenschneidern und Schuhmachern blieb ein großer Teil der gemeldeten Lehrstellen unbesetzt. (dpa)

Moskau: Remilitarisierung Westdeutschlands - Wiedervereinigung unmöglich

MOSKAU, 9. September

„Eine Remilitarisierung Westdeutschlands und seine Einbeziehung in ein militärisches Paktsystem schaffen unübersteigbare Hindernisse für die Wiedervereinigung Deutschlands und machen infolgedessen eine Vereinbarung über die deutsche Frage unmöglich." Dies ist der Hauptpunkt einer langen Erklärung über die Verteidigung Europas, die in der Nacht zum Freitag vom sowjetischen Außenministerium in Moskau herausgegeben wurde. Es heißt darin weiter, die Behauptung, daß die Einbeziehung eines wiederaufgerüsteten Westdeutschlands in einen militärischen Block der Westmächte deren Stellung bei Verhandlungen mit der Sowjetunion über die deutsche Frage stärke, entbehre jeder Grundlage. „In Wirklichkeit ist gerade das Gegenteil der Fall."

In der Erklärung wird die Ablehnung der EVG durch die französische Nationalversammlung begrüßt. Die „patriotischen Franzosen" hätten mit Recht in der EVG eine „tödliche Bedrohung der Sicherheit und Unabhängigkeit Frankreichs" gesehen. Im Falle einer Annahme der EVG wäre Frankreich seines nationalen Heeres mit allen Folgen für eine Großmacht beraubt worden. Die Annahme hätte weiter eine ernste Gefahr für die europäischen Völker und vor allem für die Nachbarstaaten Deutschlands bedeutet, „gegenüber denen die deutschen Militaristen nie vor einem Überfall zurückschreckten".

Die Wiederherstellung des deutschen Militarismus und die Einbeziehung eines wiederbewaffneten Westdeutschlands in ein militärisches Bündnissystem würden weiterhin die Gefahr eines neuen Krieges in Europa und somit die Gefahr eines neuen Weltkrieges „ins unermeßliche" vergrößern.

Wenn man jetzt versuche, durch Aufnahme der Bundesrepublik in die NATO den Weg zur Remilitarisierung Westdeutschlands zu bahnen, so habe man damit nur vor, die Franzosen durch das neue Etikett zu täuschen, mit dem man diese Gruppierung tarnen möchte.

In der Erklärung wird weiter festgestellt, die Verwirklichung des deutschen Militarismus würde „unumgänglich die Verwandlung Westdeutschlands in einen neuen Kriegsherd und die weitere Vertiefung der bestehenden Spaltung Deutschlands" zur Folge haben.

Abschließend heißt es in der sowjetischen Erklärung, die Interessen der gesamteuropäischen Sicherheit erforderten ein System der kollektiven Sicherheit unter Beteiligung aller europäischen Staaten. Gerade diesen Zielen entspreche der von der Sowjetunion vorgeschlagene kollektive Sicherheitsvertrag. „Nur eine friedliche Entwicklung Europas bei Schaffung eines geeinten und friedliebenden Deutschlands sichert Frankreich den gebührenden Platz einer Großmacht unter den Großmächten." (dpa)

Patrona spazierte im Leopardenfell

Verkehrsstauung in Miami Beach

MIAMI BEACH (Florida), 7. September

Anderthalb Kilometer lang war die Schlange wartender Autos in Miami, als die südamerikanische Tänzerin Patrona Bugg am Morgen während der Hauptverkehrszeit in einem Bikini aus Leopardenfell zum Baden ging und dadurch eine Verkehrsstauung verursachte. Die Polizei sagte, der Badeanzug müsse aus dem Fell eines sehr kleinen Leoparden hergestellt worden sein. Die Tänzerin wurde wegen ungebührlichen Benehmens zu 10 Tagen Gefängnis verurteilt. (dpa)

ILLUSTRIERTE *bunte* BLÄTTER

SONNTAGSBEILAGE »WESTDEUTSCHE ALLGEMEINE«

SAMSTAG, 4. SEPTEMBER

„PARISER LUFT"

„SENSO" (GEFÜHL)

Venedig — Cannes — Berlin — Locarno, so müßte eine Wertungsskala der Filmfestspiele der Welt beginnen, aufgestellt von der internationalen Filmprominenz. An der Spitze liegt seit 15 Jahren nach wie vor die „Biennale" von Venedig.

Ein „Tabellenführer" hat stets die vorzüglichsten Angebote und den besten Besuch. So auch hier! 30 Länder sind vertreten, um den großen Preis, den „Löwen von St. Marco", bewerben sich 13 Nationen.

Wir zeigen auf dieser Seite einige prominente Besucher der Biennale im Paßbildformat. Es sind der französische Gerichtsregisseur Henri Cayatte („Schwurgericht"), der deutsche Regisseur Harald Braun („Königliche Hoheit"), die große Hollywood-Diva Gloria Swanson und der Tausendsasa Orson Welles. Und wir zeigen einige Szenen aus Filmen, die sich an dem großen Wettbewerb um den „Löwen" beteiligen.

Henri Cayatte

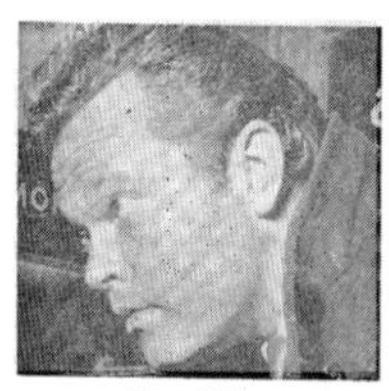

Orson Welles

Gloria Swanson

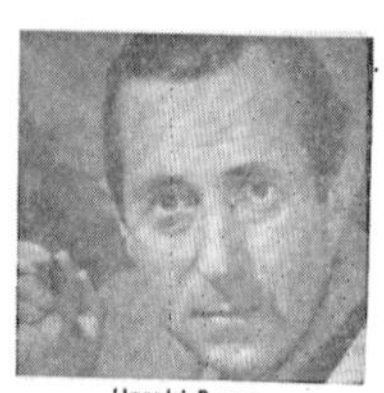

Harald Braun

„LA ROMANA"

„DIE CAINE WAR IHR SCHICKSAL"

Todesstrafe: TATSACHEN und MEINUNGEN

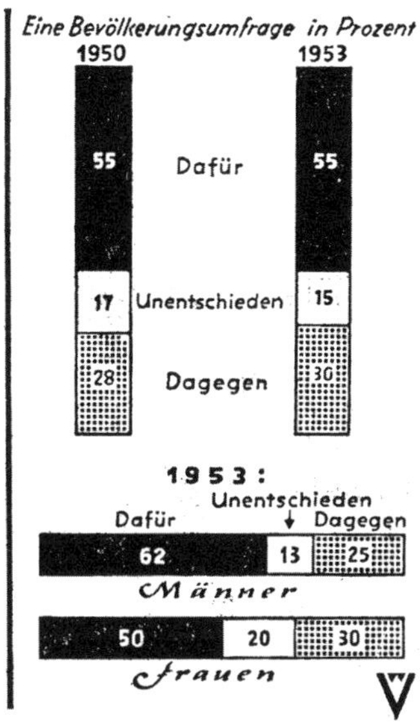

Abschreckende Wirkung des Fallbeils ist nicht nachweisbar
Die Todesstrafe ist eine Frage des öffentlichen Gewissens

Wie im alten, wurde auch im neuen Bundestag ein Antrag auf Wiedereinführung der Todesstrafe eingebracht. Befürworter und Gegner der Todesstrafe kämpfen häufig mit Argumenten, die längst widerlegt sind. Man muß daher unterscheiden zwischen den erweisbaren Tatsachen und den nicht erweisbaren Fragen der Moral und Religion. Auf beide Komplexe wird im folgenden getrennt eingegangen.

Todesstrafe abgeschafft bzw. nicht mehr angewendet	Todesstrafe beibehalten
Schweden	Frankreich
Norwegen	England
Finnland (letzte Hinrichtung 1826)	Rußland
Dänemark	Bulgarien
Holland	Polen
Belgien (Todesstrafe nur noch im Militärstrafrecht)	Tschechoslowakei
	Rumänien
Spanien	Jugoslawien
Portugal	Griechenland
Italien	43 Staaten der U.S.A.
Schweiz	
Türkei	

Mit dem Grundgesetz, das die Todesstrafe abgeschafft hat, ist erstmals auch in Deutschland der Versuch unternommen worden, ohne diese schwerste und dabei umstrittenste Strafmaßnahme der Kriminalität Herr zu werden. Dieser Sieg der Gegner des Fallbeils fand damals in der Öffentlichkeit kaum Beachtung oder gar Widerspruch. Die Deutschen hatten sich mit anderen Sorgen — drohende Arbeitslosigkeit, Ernährungsschwierigkeiten und Berliner Blockade — herumzuschlagen, und viele empfanden es dankbar, daß nunmehr die Zeitungen nicht mehr von Todesurteilen und Hinrichtungen berichten würden, die es im Dritten Reich und auch noch nach dem Zusammenbruch in den Kriegsverbrecherprozessen nur so gehagelt hatte.

Neuerdings hat sich jedoch eine rückläufige Bewegung gezeigt. Zwar sind bisher alle Versuche gescheitert, im Bundestag die erforderliche Zweidrittelmehrheit für die Wiedereinführung der Todesstrafe zu gewinnen, aber angesichts der letzten Gewalttaten — Giftmorde in Worms, Bankraub bei Nürnberg, dem ebenfalls zwei Menschenleben zum Opfer fielen — haben sich auch mehrere Abgeordnete der Christlichen-Sozialen Parteien, die bisher geschlossen gegen eine solche Änderung des Grundgesetzes gestimmt hatten, bereit gefunden, für die Wiedereinführung der Todesstrafe einzutreten.

Anhänger und Gegner der Todesstrafe haben in den vergangenen Jahrzehnten ausreichend Gelegenheit gehabt, ihren Standpunkt zu begründen. Dabei werden immer wieder Argumente vorgebracht, die längst widerlegt sind. Der Hauptgesichtspunkt, der Befürworter ist, daß nur durch die Todesstrafe Mörder und sonstige Gewaltverbrecher von der Tat abgehalten werden könnten. Sind denn die Zeiten des „Tausendjährigen Reiches" schon vergessen? Die Mordjustiz des Volksgerichtshofes hat uns doch zur Genüge gezeigt, daß die Drohung mit Strick und Fallbeil nicht viel auszurichten vermag. Die täglichen roten Plakate an den Anschlagsäulen in der Zeit vor dem Zusammenbruch, die die soeben erfolgte Hinrichtung von „Volksschädlingen" mitteilten, machten alsbald auf die Bevölkerung keinen Eindruck mehr und konnten insbesondere gegen Ende des Krieges niemand mehr davon abhalten, z. B. ausländische Sender zu hören. Die überaus harten Urteile der Sondergerichte in der damaligen Zeit — es sei nur daran erinnert, daß in München ein Mann, der einer Altmetallsammlung einen Kochlöffel im Werte von 75 Pfennig gestohlen hatte, zum Tode verurteilt und hingerichtet wurde — hinderten die wirklichen Verbrecher nicht daran, in zahlreichen Fällen unter Ausnutzung der Verdunkelung Diebstähle zu begehen.

Die Kriminalstatistik der Bundesrepublik zeigt seit der Abschaffung der Todesstrafe einen laufenden Rückgang der Kapitalverbrechen, insbesondere der Morde und Raubüberfälle, und andere Länder, wie Schweden, Norwegen und Dänemark, sind nun schon Jahrzehnte lang ohne die Todesstrafe ausgekommen und denken gar nicht daran, sie wieder einzuführen.

Das entscheidende Problem liegt also in der Frage: Ist der Staat berechtigt, das Leben eines seiner „Untertanen" zu vernichten, wenn sich dieser gegen die Gemeinschaft vergangen hat? Mit anderen Worten, darf der Staat nach dem Grundsatz handeln „Aug um Aug und Zahn um Zahn"? Die einen sagen nein. In den Händen Gottes allein liege die Verfügung über das Menschenleben, der Mensch dürfe sich weder sein eigenes noch das Leben anderer nehmen. Eine lebenslängliche Zuchthausstrafe sei angemessen, um den Mord eines Menschen zu sühnen. Sie weisen auf eine Statistik hin, die unlängst von einem amerikanischen Gutachter veröffentlicht wurde, der feststellt, daß 30 Prozent aller Lebenslänglichen nach ihrer Entlassung aus der Strafanstalt geisteskrank sind, daß also eine langjährige Zuchthausstrafe einem Menschen ohnehin genug zusetzt.

Die Befürworter der Todesstrafe erklären hingegen, daß der Tod eines Menschen nur durch den Tod des Mörders gesühnt werden könne. Ein Argument der Gegenseite können sie allerdings nicht so recht widerlegen: Eine auf Grund eines Fehlurteils erfolgte Hinrichtung kann nie wieder rückgängig gemacht werden, und ihre Feststellung, daß seit dem Jahre 1870, also seit Einführung des Strafgesetzbuches in Deutschland, bis zu Hitlers Zeiten nachweisbar niemand zu Unrecht hingerichtet worden ist, kann dieses Argument nicht aus dem Wege räumen.

So prallen die Meinungen über die Todesstrafe, wie vor hundert Jahren auch heute noch hart aufeinander. Niemand kann sagen, wer das Recht auf seiner Seite hat. Der Satz unserer Verfassung, daß die Abgeordneten nur ihrem Gewissen verantwortlich sind, wird bei den bevorstehenden Abstimmungen über die Wiedereinführung der Todesstrafe ein besonderes Gewicht bekommen.

DR. OTTO GRITSCHNEIDER

NEUE Filme IN KÜRZE

Zusammen mit Germaine Damar spielt Deutschlands Tenor Nr. 1, Rudolf Schock, ein Artistenpaar in dem Herzog-Film „König der Manege". Der attraktive Tenor legt Wert auf die Feststellung, daß er fast alle Ubungen in schwindelnder Höhe am Trapez selbst ausführte, nur für den dreifachen Salto benötigte er ein Double. Ein seltener Fall: ein Tenor, der nicht dick ist, ein guter Schauspieler ist und beinahe noch ein Artist. Herzog-Bild

9000 Deutsche schreiben noch aus Rußland

WAZ BONN, 8. September

Rund 9000 deutsche Kriegsgefangene in der Sowjetunion stehen nach Feststellungen des Bundesvertriebenenministeriums gegenwärtig mit ihren Angehörigen in der Heimat in Verbindung. Über das Schicksal von weiteren 92 000 Gefangenen, die nach dem Kriege zu irgendeiner Zeit aus der Sowjetunion geschrieben haben oder dort gesehen worden sind, ist zur Zeit nichts bekannt. Die Bundesregierung versucht, bei der gegenwärtigen Konferenz der Kriegsgefangenenkommision der UNO in Genf das Schicksal dieser Gefangenen zu klären. Insgesamt legte sie zehn riesige Bände mit Material vor.

Keine Atom- und Raketenwaffen Streitkräfte unter NATO-Kontrollen

Eden überreicht Zusatzprotokoll zum NATO-Vertrag, um Deutschlands Aufnahme zu ebnen

Von unserem Korrespondenten JOHN F. REYNOLDS LONDON, 10. Sept.

Außenminister Eden wird auf seiner Rundreise durch die europäischen Hauptstädte einen britischen Vorschlag vorlegen, dessen Entwurf das Foreign Office erst am Tage vor dem Abflug Edens fertiggestellt hat. Dieser „Eden-Plan" ist ein Zusatzprotokoll zum Nordatlantik-Vertrag zu dem Zweck, die Aufnahme der Bundesrepublik in die NATO zu beschleunigen und gleichzeitig französische Befürchtungen zu zerstreuen.

Das Protokoll besteht aus zwei Teilen. Im ersten kommen die Mitgliedsstaaten überein, daß schwere Waffen, insbesondere Atomwaffen und Raketengeschosse, im Interesse der gemeinsamen Sicherheit nicht in Ländern hergestellt werden sollen, die infolge ihrer geographischen Lage besonderen Gefahren ausgesetzt sind. Der zweite Teil sieht vor, daß alle bewaffneten Streitkräfte der NATO-Mitglieder ausnahmslos der NATO selbst unterstellt werden sollen, soweit der NATO-Rat nicht in Sonderfällen, etwa zur Erfüllung anderweitiger Verpflichtungen, insbesondere in Übersee, Befreiung von dieser Bestimmung gewährt.

Mit dem Zusatzprotokoll soll erreicht werden, daß Deutschland im Falle seiner Aufnahme in die NATO gewisse Beschränkungen auf sich nimmt, die nicht als diskriminierend betrachtet werden können, da sie sich auf alle Mitgliedsstaaten beziehen. Offensichtlich ist es Deutschland, das infolge seiner geographischen Lage besonderen Gefahren ausgesetzt ist und daher „im Interesse der gemeinsamen Sicherheit" keine schweren Waffen herstellen würde, und ebenso offensichtlich ist es Deutschland, das keine Befreiung von der Bestimmung über die Unterstellung aller Streitkräfte unter das NATO-Oberkommando beantragen kann, da Deutschland keine anderweitigen, insbesondere keine überseeischen Verpflichtungen hat.

Wie aus London hierzu verlautet. liegen Anzeichen dafür vor, daß Frankreich sich mit dem Eden-Plan im Prinzip einverstanden erklären wird, obwohl Ministerpräsident Mendes-France noch immer eine lose europäische Gemeinschaft innerhalb der NATO als die bessere Lösung betrachtet und an entsprechenden Vorschlägen arbeitet.

Nur ein kurzes Programm ist für den „Blitzbesuch" des britischen Außenministers Eden geplant, der am Sonntagmittag von Brüssel kommend in Bonn eintreffen wird. Nach einer mehrstündigen Unterredung mit Bundeskanzler Adenauer über die Lösung des Deutschlandproblems wird er am Abend Gast beim britischen Hohen Kommissar Hoyer Millar sein und am Montag nach Rom weiterfliegen.

Volkspolizei öffnet Grenzübergänge

Drei seit Anfang vergangenen Jahres gesperrte Grenzübergänge zwischen der Sowjetzone und West-Berlin hat die Volkspolizei am Freitag freigegeben. Sie befinden sich in der Berliner Straße in Lichterfelde (unser Bild), in Zehlendorf und in Frohnau. Hier wurden Gräben zugeschüttet und Stacheldrahtzäune niedergerissen. West-Berliner Polizei (im Vordergrund) und Volkspolizei (hinten) kontrollieren die Personalausweise der Grenzgänger. Außer den genannten sollen drei weitere Übergänge geöffnet werden. dp-Funkbild

25 KILOMETER LANG

25 Kilometer lang erstreckt sich diese Brücke über die Tampa-Bucht in Florida (USA). Die direkte Verbindung zwischen den Städten St. Petersburg und Bradenton wurde jetzt eingeweiht. Die „Sunshine Skyway" (Sonnenschein-Himmelsstraße) kostete 945 Millionen DM und wurde in vier Jahren erbaut. In der Mitte ist sie so stark erhöht, das selbst größere Ozeandampfer darunter durchfahren können. up-Bild

Sonnenenergie bleibt Kraftquelle der Zukunft

ROM, 7. September

Auf dem Internationalen Kongreß für Bevölkerungsfragen in Rom haben amerikanische Wissenschaftler darauf hingewiesen, daß die Sonne die einzige Energiequelle ist, die den Menschen in fernerer Zukunft noch zur Verfügung stehen wird. Die optimistische Prophezeiung, daß schon etwa 1975 ein großer Teil unseres Energiebedarfs durch Atomkraft zu decken sein werde, ist nach ihrer Meinung wenig glaubhaft.

Es stimmt, so sagen sie, daß die Ausgangsstoffe Uran und Thorium ziemlich gleichmäßig über die Erde verteilt vorkommen und reichlicher vorhanden sind als Erdöl und Kohle. Die in absehbarer Zeit aufgebraucht sein werden. Aber erstens hat die Entwicklung der friedlichen Atomtechnik noch viele Hindernisse zu überwinden, zweitens wird die Energie aus dem Atom immer wesentlich teurer sein als die aus Öl oder Kohle und drittens müssen sich auch die Rohstoffe der Atomkraft einmal erschöpfen.

Die Sonne dagegen ist die einzige unerschöpfliche Kraftquelle. Deshalb — so meinen die amerikanischen Wissenschaftler — sollte sich die Forschung vorzugsweise auf die Nutzung der Sonnenenergie an Stelle anderer Kraftquellen konzentrieren. (ap)

„Marsmensch" küßte französischen Bauern

„Fliegende Untertasse" soll auf Eisenbahnschienen gelandet sein

PARIS, 15. September

Französische Behörden sind gegenwärtig mit der Prüfung der Aussagen von „Augenzeugen" beschäftigt, die „Marsmenschen" beobachtet haben wollen. Die eigenartigen Wesen, die teils als sehr kleine, menschenähnliche und scheue, teils als freundliche Geschöpfe von normaler menschlicher Größe beschrieben werden, sollen eigentümlichen Flugkörpern wie „Fliegenden Untertassen" oder „Zigarren" entstiegen sein.

Bei Limoges hat der sechzigjährige Bauer Antoine Mazaud nach seinen Bekundungen den Piloten einer „Zigarre" von Angesicht zu Angesicht gesehen. Als der Fremde den Bauern erblickte, streckte er nach dessen Aussage die Hände aus und küßte ihn. Dann ging er in seine „Zigarre" zurück und erhob sich mit ihr in die Lüfte.

Marius Dewilde aus Quarouble bei Valenciennes erklärte, eine „Untertasse" sei in der Nähe seines Hauses auf Eisenbahnschienen gelandet. Zwei sehr kleine Personen stiegen aus; aber als sie ihn sahen, ergriffen sie die Flucht und versprühten Feuchtigkeit in einem grünen Strahl, der den Augenzeugen für einige Minuten lähmte. Bei der Untersuchung des eigenartigen Landeplatzes stellte man einige leichte Schrammen fest.

In der vergangenen Woche hatten bereits zwei Maurer berichtet, auf einem Feld bei Amiens sei vor ihren Augen eine „Untertasse" gelandet. Als sie herbeieilten, habe sie sich jedoch mit großer Geschwindigkeit vom Boden erhoben. Keiner der Zeugen konnte sagen, warum er die seltsamen Wesen ausgerechnet als „Marsbewohner" bezeichnete. (ap)

Die leuchtende Schulter

werden Motorradfahrer künftig anderen Verkehrsteilnehmern zeigen. Wilhelm Gluck aus Nürnberg (unser Bild) führt die von ihm erfundene Richtungsblinklichter auf einem Schulterumhang und dem Rückspiegel am Arm auf der Erfinder- und Neuheitenmesse in Nürnberg vor. Die Ausrüstung soll 30 DM kosten. ap-Bild

Handelskammern gegen 25-Pf-Münzen

WAZ BONN, 7. September

Gegen die Einführung einer 25-Pf-Münze, die vom Verband der öffentlichen Verkehrsbetriebe gefordert wird, hat sich die überwiegende Mehrzahl der Industrie- und Handelskammern des Bundesgebietes ausgesprochen. Man erklärt, die gegenwärtige Münzeinteilung reiche für das Wechselgeschäft völlig aus. Außerdem müßten bei Einführung einer 25-Pf-Münze alle vorhandenen Zähleinrichtungen und Geldkästen in Kaufhäusern, Ladengeschäften und bei den Banken geändert werden. Verschiedene Kammern regen dagegen an, die bei den 1-DM-Stücken und 2-DM-Stücken bestehende Verwechslungsmöglichkeit, die im wirtschaftlichen Leben oft zu unangenehmen Auseinandersetzungen führt, durch Prägung neuer 2-DM-Münzen möglichst bald zu beseitigen.

WESTDEUTSCHE
ALLGEMEINE
Die unabhängige Zeitung des Ruhrgebiets

Aus den jetzt der Öffentlichkeit übergebenen Daten des NWDR-Haushaltsplanes 1953/54 entnehmen wir die Zahlen über die Verteilung der Sendezeiten des Mittelwellenprogramms nach Art der Darbietung. Musik- und Wortsendungen halten sich etwa die Waage, die rein unterhaltenden Sendungen überwiegen dagegen in der Musik bedeutend mehr als beim Wort.

Das künstliche Gedächtnis kommt

Wissenschaft braucht „denkende" Hilfsmittel zur Sichtung ihres Materials

Trotz ihrer verhältnismäßig kurzen Geschichte ist die Existenz der Elektronengehirne, jener überdimensionalen Rechenmaschinen, bereits ins allgemeine Bewußtsein eingegangen. Man weiß, daß sie in Sekunden-Bruchteilen unwahrscheinlich komplizierte Rechenoperationen durchführen und daß Atomphysiker, Astronomen, Statistiker usw. nicht mehr ohne sie auskommen. Inzwischen hat sich auch auf einem anderen Gebiet ein Notstand eingestellt, der ebenso gebieterisch nach neuen technischen Hilfsmitteln verlangt. Es handelt sich um die Bewältigung des von Jahr zu Jahr gewaltiger anwachsenden wissenschaftlichen Grund- und Spezialmaterials durch den einzelnen Forscher.

Wer heute über einer wissenschaftlichen Arbeit sitzt, gleich ob Chemiker, Mediziner, Psychologe, Soziologe oder Jurist, sieht sich zunächst vor die Aufgabe gestellt, ein Material zu beschaffen, zu sichten und zu verarbeiten, das ein Vielfaches dessen ausmacht, womit sein Vorgänger vor einem halben oder gar vor einem ganzen Jahrhundert zu tun hatte.

Auf der am Massachusetts Institute of Technology in Cambridge (USA) durchgeführten Konferenz über den Einsatz von Maschinen zum Zwecke der mechanischen Bereitstellung wissenschaftlichen Materials charakterisierte einer der maßgebenden Fachleute auf dem Gebiet der „Dokumentation" (dies ist der Fachausdruck) die Sachlage etwa so: Der Wissenschaftler von morgen wird zur Auffindung von Unterlagen in der Literatur so viel Zeit benötigen, daß für neue Arbeiten keine Zeit mehr übrig bleibt; von den Kosten zur Beschaffung dieser Unterlagen ganz zu schweigen.

Es geht ja heute nicht mehr an, daß er sich nur auf das Material seines Landes und seiner Sprache beschränkt. In Schweden wird bereits jetzt vom gesamten staatlichen Forschungsbudget ein Drittel ausschließlich für Dokumentations- und Publikationsaufgaben verwendet. Besonders betroffen sind die Juristen, die sich einem nicht mehr überschaubaren Berg von richterlichen Entscheidungen gegenübersehen.

Ganz abgesehen von der Zeit fehlt dem Menschen aber vor allem die Gedächtniskraft, um die Fülle der Einzelerkenntnisse behalten zu können, vor allem dann, wenn er auch die wissenschaftlichen Nachbargebiete berücksichtigen muß — eine Forderung, die angesichts der Spezialisierungstendenzen immer dringender wird. Gebraucht werden also Maschinen, die das menschliche Gedächtnis entlasten, indem sie wissenschaftliches Einzelmaterial speichern, ordnen und im gewünschten Moment von sich geben.

Auf diesem Gebiet liegen vornehmlich in Amerika bereits die ersten Erfahrungen vor. Es handelt sich um Weiterentwicklungen der bekannten elektro-mechanischen, fotoelektrischen und elektronischen Verfahren, die man bei den Rechenmaschinen ausprobiert hat. Das Hauptproblem scheint die eindeutige Festlegung von Begriffen zu sein, denn bisher hatten es die Maschinen lediglich mit abstrakten Zahlen zu tun. Hier muß also erst eine gewaltige wissenschaftliche Vorarbeit geleistet werden. Selbst wenn es gelänge, die benötigten Maschinen von heute auf morgen zu konstruieren, wird es noch Jahre dauern, ehe man die wissenschaftlichen Begriffe entsprechend verschlüsselt und „aufbereitet" hat.

Im Massachusetts Institute of Technology arbeitet ein ganzer Stab von Spezialisten seit Jahren daran, eine eigene „Maschinensprache" zu entwickeln, in die die wissenschaftlichen Ausdrücke übersetzt werden. Man hofft, mit dieser Methode Zehntausende von Ausdrücken speichern, kombinieren und auf Anforderung abnehmen zu können. Das Arbeitsprinzip der Maschinen ist im Grunde das gleiche wie das der Rechenmaschinen. Gearbeitet wird mit Lochkarten, allerdings sehr viel komplizierteren, mit Fotozellen und Mikrofilmen. Die technischen Einzelheiten jedoch übersteigen das normale Vorstellungs- und Begriffsvermögen.

Sowjetzonen-Post befördert „Sabotage"-Marke

Brief erreicht ungehindert den Westen

Ein einmaliger Versuch glückte vor einigen Tagen einem Flüchtling aus der Sowjetzone. Er hatte als Druckfachmann vor seiner Flucht täuschend ähnliche Briefmarken hergestellt, auf denen der Sowjetzonenpräsident Pieck statt einer Krawatte einen Strick um den Hals trägt. Die Beschriftung der normalen Marke änderte er in „Undeutsche Undemokratische Diktatur" ab. Eine dieser Marken wurde auf einen Brief geklebt und in Magdeburg (Sowjetzone) in den Postkasten geworfen. Dieser Brief erreichte ungehindert den Westen. — Unsere Montage zeigt oben rechts die in Magdeburg gestempelte Marke. Die Bezeichnung des Postamtes auf dem Stempel haben wir unkenntlich gemacht, um nicht evtl. Angestellte des dortigen Amtes zu gefährden. Deutlich zu erkennen ist das Datum vom 6. September 1954. Darunter ein ungestempeltes Exemplar der „Strick-Marke", links eine der offiziellen 24-Pf-Marken der Pieck-Serie. WAZ

Ruhrschnellweg wird keine Autobahn

Volle Kreuzungsfreiheit wird nicht erreicht — Straßenbautagung in Köln

Von unserem Korrespondenten GOTTFRIED REULEN KÖLN, 16. September

Die Sorge um die Straßen und um die Verkehrssicherheit steht im Vordergrund auf dem Kongreß der Forschungsgesellschaft für das Straßenwesen in Köln. Gerade im Ruhrgebiet kennt man die Probleme. Hier liegt einer der Schwerpunkte der kommenden Arbeit für die Straßenbauer. Ein Arbeitskreis der Kölner Tagung befaßte sich mit dem Ausbau des Ruhrschnellweges, durch den mit einem Kostenaufwand von etwa 90 Mill. DM möglichst schnell eine vierspurige, leistungsfähige und verkehrssichere Straßenverbindung zwischen Mülheim und Dortmund geschaffen werden soll.

Die Tatsachen sind bekannt: Es fehlt die zügige Straßenverbindung zwischen den Hauptstädten des Ruhrgebietes, die zwar 1935 gebaut wurde, aber den Erfordernissen des modernen Verkehrs nicht mehr entspricht. Das Befahren des Ruhrschnellweges ist so zeitraubend und gefahrvoll geworden, daß viele Verkehrsteilnehmer auf andere Straßen ausweichen. Der Ruhrschnellweg wurde zum Ruhrschleichweg.

Inzwischen ist endlich die Planung so weit gediehen, daß auf Teilstücken der Ausbau in Gang gekommen ist. Nach den Ausführungen von Baudirektor Engelking (Bochum) wird der Ruhrschnellweg zwar eine Schnellverkehrsstraße, aber keine Autobahn mit voller Kreuzungsfreiheit.

Noch keine dritte Fahrbahn

Er erhält zwei Fahrbahnen von je 7 m Breite und einen Mittelstreifen von 4 m. Im Dortmunder Raum wird dieser Mittelstreifen auf 6 m verbreitert. An beiden

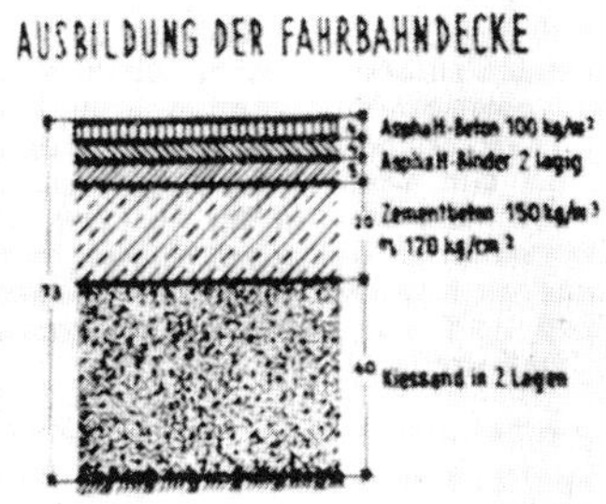

Nach diesem Verfahren soll die Decke der neuen Ruhrschnellweg-Strecken hergestellt werden. Zeichnung: WAZ-Archiv

Seiten laufen Radwege von je 1,80 m, die ebenfalls durch einen Grünstreifen von der Fahrbahn getrennt sind.

Die dritte Fahrbahn wird vorläufig wegen der Mehrkosten noch nicht gebaut. Lediglich im Abschnitt Bochum soll auf einer Teilstrecke eine dritte Fahrspur angelegt werden. Baudirektor Engelking erklärte, daß die dichte Bebauung des Industriegebietes ein Festhalten an der alten Linienführung notwendig mache. Es werden hier lediglich einige kleine Schönheitsfehler korrigiert.

Für die Fahrbahn ist eine elastische Decke vorgesehen. Als Unterbau auf der Frostschutzschicht wird ein 20 cm starker Unterbeton gelegt. Baudirektor Engelking: „Inwieweit der in Essen entwickelte neuartige Straßenteer ‚VT' beim Ausbau des Ruhrschnellweges eine Rolle spielt, kann noch nicht übersehen werden."

Umleitung ist schwierig

Die Bauplanung sieht vor, die Arbeiten am ersten Abschnitt bis auf die Herstellung der Straßendecke noch bis zum Ende des Jahres fertigzustellen. Im Frühjahr 1955 soll die Schwarzdecke aufgelegt werden. Und spätestens Mai 1955 hofft man, den ersten Abschnitt dem Verkehr übergeben zu können. Eines der wesentlichsten Probleme ist die Umleitung des Verkehrs während der Bauarbeit. Die Stadt Bochum hat hier in vorausschauender Weise bereits begonnen, im Stadtgebiet Straßenzüge auszubauen, die den Verkehr im zweiten Bauabschnitt im nächsten Jahre aufnehmen müssen.

Das interessiert die Männer

WARUM IMMER nur modernes Haushaltgerät und modische Neuheiten für die Frauen zeigen? Was man hier sieht, interessiert die Männer. Das obere Bild stellt den größten Biertankanhänger der Bundesrepublik dar, der — wie gemeldet — in Köln in Betrieb genommen wurde. Das Fahrzeug ist 8 m lang und faßt 15 000 Liter Bier — Das Ungewöhnlichste an dem Straßenanzug (rechtes Bild) ist die zweireihige Weste mit den breiten Revers und bezogenen Knöpfen. Aber man beachte auch die engen Hosen und betont schmalen Ärmel.

„Goldener Löwe von San Marco" für englische „Romeo und Julia"

VENEDIG, 8. September

Der englische Film „Romea und Julia" erhielt den Großen Preis der Internationalen Filmfestspiele in Venedig, den „Goldenen Löwen von San Marco". Vier „Silberne Löwen" verlieh die internationale Jury unter dem Vorsitz von Ignazio Silone an den amerikanischen Film „On the Waterfront" mit Marlon Brando, den italienischen Film „Die Straße" sowie die beiden japanischen Filme „Die sieben Samurai" und „Der Präfekt Sansho".

Als bester Darsteller wurde der französische Schauspieler Jean Gabin ausgezeichnet; der Pokal für die beste weibliche Darstellerin wurde nicht vergeben. (dpa)

Sechs Atomkanonen rollten durchs Revier

WAZ *RUHRGEBIET, 19. September*

Sechs Atomkanonen der US-Armee, jede 98 Tonnen schwer, rollten im Zuge des großen Manöveraufmarsches zur „Battle Royal", dem größten Nachkriegsmanöver auf westdeutschen Boden, aus ihren süddeutschen Standorten über die Autobahn in ihre Bereitstellungen in Nordwestdeutschland. Die 28 Meter langen Kanonen vom Kaliber 28 Zentimeter bereiteten der Autobahnverwaltung beträchtliche Sorgen um die zu passierenden Brückenbauwerke. Am Samstag rollten schwerste amerikanische Einheiten, unter ihnen auch Kettenfahrzeuge, über die Autobahn Köln—Dortmund.

WESTDEUTSCHE ALLGEMEINE
Die unabhängige Zeitung des Ruhrgebiets

EINEN NEUEN WELTREKORD über die fliegende Meile stellte der englische Konstrukteur Donald Healy mit 308,160 km/st mit diesem Rennwagen der D-Klasse in Utah (USA) auf. BBF-Bild

Notopfer Berlin soll erhöht werden

Bundesfinanzminister Schäffer fordert Aufschlag um 10. v. H.

Von unserem Bonner Büro
Vo BONN, 21. September

Mit einer weiteren Erhöhung der Abgabe für das Notopfer Berlin um 10 v. H. muß gerechnet werden. Wie in Bonn verlautet, hat Bundesfinanzminister Schäffer bereits einen entsprechenden Gesetzentwurf vorbereitet.

Zur Begründung für diese Maßnahme wird im Finanzministerium auf die bereits vor mehreren Monaten im Bundestag erhobene Forderung hingewiesen, zur Förderung der Berliner Wirtschaft die Einkommen-, Lohn- und Körperschaftsteuer in West-Berlin um insgesamt 20 v. H. zu senken. Auftragsgemäß hat Schäffer dafür einen Gesetzentwurf ausgea.beitet. Er weist jedoch darauf hin, daß die vom Bundestag befürworteten Sondervergünstigungen für die Bundeskasse einen Steuerausfall von etwa 120 Mill. DM bedeuten. Solange das Parlament nicht von sich aus eine Deckungsmöglichkeit für diesen Fehlbetrag aufzeigen könne, müsse er selbst für einen Ausgleich sorgen. Der einzige Ausweg sei eine Erhöhung des Notopfers, das im übrigen jährlich rund eine Md. DM erbringt.

In Parlamentskreisen wurde dem Vertreter der WAZ erklärt, daß der von Schäffer genannte Steuerausfall nur zu 40 v. H. auf den Bund und zu 60 v. H. auf Berlin zurückfalle. Im Finanzministerium erwidert man dazu, daß in der Praxis der Bund den Ausfall zu 100 v. H. tragen müsse. Wenn man schon Berlin helfen wolle, dürfe man seinen Anteil am Steueraufkommen nicht verringern.

2,8 pro mille: Trunkenheit nicht erkennbar

Schöffengericht spricht Fahrer frei – Fahruntüchtigkeit nicht nachzuweisen

HERFORD, 22. September

„Wir sind letzten Endes keine kleinen Mädchen, die nach zwei Kakao mit Nuß jedem um den Hals fallen", sagte ein Mann aus Sprenge, der mit 2,8 pro mille Blutalkoholgehalt Auto gefahren hatte und deswegen vor dem Schöffengericht stand.

Der Mann hatte eine 0,7-Liter-Flasche Wacholder innerhalb einer halben Stunde ausgetrunken und sich dann noch einige kräftige Schlücke aus der Jagdflasche genehmigt, ehe er sich ans Steuer setzte. Ein Arzt konnte keine wesentlichen Merkmale von Trunkenheit bei ihm feststellen.

Das Gericht sprach den Angeklagten frei, weil ihm Fahruntüchtigkeit nicht mit Sicherhei: nachgewiesen werden konnte. (dpa)

Erhard scharf gegen jede Sozialisierung

Zur Eröffnung der Bergbau-Ausstellung - „Expansive Lohnpolitik muß verschwinden"

Von unserem Redaktionsmitglied ERNST NEY ESSEN, 19. Sept.

In einer auffallend scharf formulierten Rede wandte sich Bundeswirtschaftsminister Prof. Erhard am Samstag anläßlich der Eröffnung der Deutschen Bergbau-Ausstellung 1954 in Essen gegen die von einigen Gewerkschaften betriebene expansive Lohnpolitik und gegen die gewerkschaftliche Forderung auf Sozialisierung der Grundstoffindustrien.

Erhard, der vor einer Versammlung fast aller maßgebenden Persönlichkeiten des westdeutschen Steinkohlenbergbaues sprach, sagte, er sei davon überzeugt, der Bergbau werde mit dem schwierigen Problem der nicht mehr rentablen Zechen fertig werden, „ohne das Kind mit dem Bade auszuschütten und ohne uns in politische Abenteuer zu verstricken". Offenbar auf zurückliegende Entwicklungen insbesondere in England anspielend, stellte Erhard die Frage: „Müssen wir denn immer jeden Unfug in aller Welt kopieren wollen?" Jede Form der Sozialisierung müsse der eigentlichen Zielsetzung einer vernünftigen Wirtschaftspolitik entgegenstehen: durch Mehrung des allgemeinen Wohlstandes dafür zu sorgen, daß sich „höchstpersönliches, individuelles Eigentum" bilden kann. Er, der Bundeswirtschaftsminister, ziehe der Sozialisierung von Privateigentum eine Wirtschaftspolitik vor, die zum Beispiel die Zechen vor die Notwendigkeit stelle, Parkplätze für die Fahrzeuge ihrer Belegschaft anzulegen.

Den Verfechtern einer expansiven Lohnpolitik warf der Bundeswirtschaftsminister vor, daß sie in letzter Konsequenz Lohnsteigerungen verlangten, die über den jeweiligen Produktivitätsgrad der Wirtschaft hinausgehen. „Angeblich sogar zu meiner Unterstützung", fügte Erhard hinzu, „um meine expansive Wirtschaftspolitik fortsetzen zu können." Und mit erhobener Stimme fügte er hinzu: „Die expansive Lohnpolitik muß wieder verschwinden. Diese Spottgeburt falscher Ideologien muß totgeschlagen werden, wenn wir wieder zu gesunden Grundlagen kommen wollen."

NATO-Treibstofflager in der Eifel explodiert

Mindestens 28 Tote und 50 Verletzte

BITBURG (Eifel), 23. September

Wenigstens 28 Personen verloren ihr Leben und etwa 50 wurden zum Teil schwer verletzt, als am Donnerstag um 16 Uhr ein unterirdischer Großtank mit 50 000 l Düsenjägertreibstoff in der Nähe eines NATO-Flugplatzes bei Bitburg in die Luft flog. Unter den Toten und Verwundeten befinden sich Mitglieder einer gemischten deutsch-amerikanisch-französischen Kommission, die das Treibstofflager besichtigte.

Zahllose amerikanische, französische und deutsche Feuerwehren kämpften stundenlang erbittert gegen den Großbrand an. Stundenlang noch stand eine etwa 3 km hohe dicke, schwarze Qualmwolke über dem Explosionsort, die einer 300 m hohen Stichflamme gefolgt war. Die Rettungsarbeiten gestalteten sich angesichts der ungeheuren Rauchentwicklung sehr schwierig.

Auf Anweisung von höchster amerikanischer Stelle wurde am Donnerstagabend mitgeteilt, daß ab sofort keine Auskünfte mehr über das Unglück gegeben würden. Das gesamte Gebiet wurde hermetisch abgeriegelt. Auf die Frage, ob Verdacht auf Sabotage vorliege, wurde keine Antwort gegeben.

Die Explosionsursache ist noch ungeklärt. Am späten Abend geriet auch die Zuleitung zu einem vollgefüllten zweiten Tank in Brand. Der Behälter wurde sofort geöffnet und sein Inhalt in einen in der Nähe vorbeifließenden Fluß abgeleitet, um so nach Möglichkeit eine neue Explosion zu verhüten. Wie bekannt wurde, saßen die meisten der bisher geborgenen 28 Toten auf einem Lastwagen, der zum Zeitpunkt der Explosion gerade über den Tank fuhr.

Von den bisher identifizierten Toten waren 22 Deutsche und vier Franzosen. Zwei Leichen konnten noch nicht identifiziert werden. Wenigstens vier weitere Personen werden noch vermißt. Das unterirdische Benzinlager, das teilweise in alten Westwallbunkern angelegt ist, liegt am Ende einer aus Frankreich kommenden Pipeline, durch die der Brennstoff in die Nähe der Fliegerhorste gepumpt wird. (dpa/ap)

Ein bärbeißiger Kuß

... ist der Abschluß einer Bärendressur-Nummer, die von einer Dompteuse in einem kleinen Wanderzirkus in Duisburg vorgeführt wird. Charlie, syrischer Braunbär, sechs Jahre alt und Star der Truppe, verwechselte einmal Zärtlichkeit mit Bärenhunger. Seit der Zeit sind die Lippen der Dompteuse zernarbt. WAZ-Bild

Rampenlicht

Charlie Chaplins Meisterwerk jetzt in der Bundesrepublik

Produzent, Regisseur, Komponist und Hauptdarsteller ist Charlie Chaplin zugleich bei seinem letzten Film „Rampenlicht", der an diesem Wochenende in einigen Filmtheatern des Reviers erstaufgeführt wird. Chaplin spielt einen alternden Clown, der eine junge Tänzerin vor dem Selbstmord rettet, sie liebt, aber verzichten muß. Chaplins Filmmusik zu „Rampenlicht" ist ein weltbekannter Schlager geworden. Den Zauber dieser Melodie werden wir wiederfinden in Chaplins Film, der vielfach als sein bestes Werk angesehen wird.

Atomkraft – Schrecken und Chance

Der Kalte Krieg hält die Welt umklammert. Sein Symbol ist der in den Himmel steigende Atompilz. Die Supermächte rüsten auf und belauern sich in einem fragilen Gleichgewicht des Schreckens.
Die militärische Kraft der Sowjetunion sieht der Westen gigantisch. Obwohl das riesige Land technisch unterlegen ist und auch die Produktivität seiner Industrie mit Amerika nicht Schritt halten kann, kommen Militärstrategen zu dem Ergebnis, dass die sowjetische Armee in der Lage sei, einen langen konventionellen Krieg durchzustehen. Moskau dehnt seinen politischen und militärischen Einfluss aus. Der Reichtum des Landes an Bodenschätzen ist unabsehbar, die Soldaten sind gut ausgebildet und das Heer millionenstark. Der Westen ist in Sorge.
So richten Industrie, Technik und Wissenschaft, ausgestattet mit riesigen Budgets, ihren Fokus auf die Entwicklung neuer Waffensysteme. Am 7. Februar steigt in den USA der „Starfighter", die Lockheed XF-104, zu seinem Jungfernflug auf. Das Kampfflugzeug, das ab 1955 in Serie gefertigt wird, ist über 2.300 km/h schnell. Zu Wasser sorgt die „Nautilus", das erste Unterseeboot der Welt mit Atomantrieb, für Aufsehen. Das US-amerikanische U-Boot läuft am 21. Januar vom Stapel.
Und am 1. März zünden die USA auf dem Eniwetok-Atoll in der Region der pazifischen Marshallinseln die bisher stärkste Wasserstoffbombe. Die Gewalt ihrer Explosion überrascht sogar die bei dem Test anwesenden Wissenschaftler; sie ist 600mal stärker als die der Bombe, die Hiroshima verwüste. 287 Menschen in einem Umkreis von 255 Kilometern werden bei dem Test verletzt. Am schlimmsten trifft es 23 japanische Fischer, auf die nur 60 Kilometer vom Explosionsort entfernt ein Ascheregen niedergeht. Einer der Männer stirbt nach wenigen Tagen. Die anderen sind todkrank.
US-Präsident Dwight D. Eisenhower muss zugeben, dass der Versuch außer Kontrolle geraten ist. In der Bevölkerung wächst die Besorgnis, ob durch die andauernden Versuche mit atomaren Waffen auch die Gesundheit der Menschen in weit entfernt liegenden Gebieten bedroht sein könnte. So wurden radioaktive Niederschläge auch in Deutschland, in der Nähe von Heidelberg gemessen. Doch die USA sehen keinen Anlass, ihre Testserie einzustellen.
Kritik an diesem Kurs wird hart bekämpft. Der US-Senator Joseph McCarthy macht die Jagd auf Kommunisten und solche, die er dafür hält, weil sie ihm zu liberal, zu „unamerikanisch" erscheinen, zu seiner Sache. Auch Robert Oppenheimer, unter dessen Verantwortung die Atombombe entwickelt wurde, gerät ins Visier des Senators. McCarthy bereitet 1954 Oppenheimers Karriere ein abruptes Ende.
Der Physiker ist über die damals unvorstellbaren Verwüstungen, hervorgerufen durch „seine" Bomben in Hiroshima und Nagasaki, so erschrocken, dass er sich weigert, die noch stärkere Wasserstoffbombe entwickeln zu helfen. Überdies plädiert er öffentlich für eine Kontrolle der Rüstung. Das reicht, ihn zu den „Kommunisten" zu zählen und zu diffamieren. Er wird von McCarthys berüchtigtem Ausschuss verhört. Dort lässt ihn sein ehemaliger Mitarbeiter und „Vater der Wasserstoffbombe", Edward Teller, hängen und sagt nicht für ihn aus. Erst 1963 wird Oppenheimer durch Präsident John F. Kennedy rehabilitiert.
Ein merkwürdige „Schizophrenie" beherrscht die Bevölkerung beim Thema Atomenergie. Sie weckt Ängste und Hoffnungen zugleich. Die Welt hatte die grausame Gewalt der Bomben 1945 erlebt. Dennoch glauben viele, dass die Zukunft der Zivilisation, Wohlstand und Fortschritt von der Atomkraft abhängen. In Deutschland wird der Bau des ersten Atommeilers geplant. Zu gleicher Zeit werden atombombensichere Luftschutzkeller aus Stahl konstruiert. Denn nach Berechnungen würden nach einem Angriff mit einer Wasserstoffbombe auf eine deutsche Stadt mit 500.000 Einwohnern neun Zehntel der Bevölkerung sterben.
Davon unbeirrt arbeiten Wissenschaftler optimistisch an einer Mini-Atomanlage für jeden Haushalt. Knapp so groß wie ein Kühlschrank könne das „Elektrizitätswerk des kleinen Mannes" auch Autos, Schiffe und Flugzeuge antreiben. Es müsse nur noch geprüft werden, so die Forscher, ob die Atomkerne in Blei eingebettet werden müssen oder ob ein Zementblock ausreicht.

Christopher Onkelbach

EINZELPREIS 20 PF / NR. 229
VERLAGSORT ESSEN

FREITAG, 1. OKT. 1954

WESTDEUTSCHE
ALLGEMEINE
Die unabhängige Zeitung des Ruhrgebiets

Deutschland ist im Brüsseler Pakt
Einigkeit über Aufnahme

Weitere Fortschritte auf der Neunmächtekonferenz
Verteidigungsbeitrag: wie im EVG-Vertrag vorgesehen

Von unserem Korrespondenten JOHN F. REYNOLDS
LONDON, 30. September

Auch am Donnerstag machte die Londoner Neunmächtekonferenz weitere rasche Fortschritte, obwohl sich die optimistische Erwartung der deutschen Delegation, die Konferenz noch am selben Tage zum Abschluß zu bringen, nicht erfüllt hat. Immerhin bestehen nach Auffassung aller Konferenzteilnehmer keine Zweifel daran, daß die Konferenz in den nächsten 24 oder 48 Stunden ihr Ende erreichen wird. Die Konferenz einigte sich endgültig auf die Aufnahme der Bundesrepublik und Italiens in den Brüsseler Pakt und beschloß, die notwendigen Änderungen im Wortlaut des Brüsseler Paktes nicht erst abzuwarten.

Einigung wurde ferner erzielt über die Höhe des deutschen Verteidigungsbeitrages. Auf Grund eines von dem belgischen Außenminister Spaak vorgelegten Planes wurde beschlossen, daß sich der deutsche Verteidigungsbeitrag in den ursprünglich auch im EVG-Vertrag vorgesehenen Grenzen halten soll. Es wurde ferner beschlossen, daß Überschreitungen der Höchstgrenzen nur bei einstimmiger Zustimmung aller Mitglieder des Brüsseler Paktes erfolgen sollen. Der Plan Spaaks sieht außerdem die Schaffung eines Rüstungsamtes vor, um die Standardisierung von Waffen und ihre verbilligte Serienproduktion zu fördern. Dieses Amt soll einer parlamentarischen Kontrolle unterstellt werden. Die Konferenz beschloß, alle diese Fragen einem Sonderausschuß zu überweisen, der auch nach dem Ende der Konferenz seine Arbeiten fortsetzen soll.

Souveränitäts-Besprechungen am Freitag

Einige Schwierigkeiten bereitet dagegen noch immer die Frage der Überwachung der Rüstungsproduktion — und der Verteilung von Waffen. Von deutscher Seite ist zugestanden worden, daß sogenannte ABC-Waffen (also Waffen der atomischen, biologischen und chemischen Kriegführung) nicht in geographisch exponierten Gebieten hergestellt werden, d. h. im konkreten Falle: nicht in Deutschland. Etwas anderes ist es jedoch mit anderen schweren und mittleren Waffen.

Der französische Vorschlag (siehe Seite 2) hat naturgemäß Widerspruch auf deutscher Seite hervorgerufen. Bei den Nachmittagsverhandlungen ging es daher hauptsächlich um die Grenzen der in dem französischen Plan vorgesehenen Sicherheitszonen, und ferner um die Klassifizierung von Waffen, die als schwer, mittel oder leicht gelten können. Es kann mit Sicherheit angenommen werden, daß zumindest mittelschwere Waffen, aber auch gewisse Kategorien schwerer Waffen in Deutschland selbst hergestellt werden sollen.

Eine für Donnerstag abend angesetzte Besprechung der vier Außenminister Großbritanniens, der USA, Frankreichs und der Bundesrepublik, die zur Frage der Aufhebung des Besatzungsstatuts Stellung nehmen sollte, wurde überraschenderweise im letzten Augenblick abgesagt. Am Donnerstagabend ist Bundeskanzler Dr. Adenauer Gast bei Außenminister Eden, der einen Empfang für insgesamt 42 Diplomaten gibt.

Siehe auch Kommentar auf Seite 2

MEHR WAGEN ALS ZUSCHAUER

... sieht man während der Neunmächtekonferenz in London vor dem Lancaster Haus. Londons Bevölkerung geht nach der Eröffnungskonferenz schnell zum üblichen Tagesablauf zurück.
up-Bild

Adenauer will Dienstag im Bundestag sprechen

WAZ BONN, 30. September

In der nächsten Woche soll endlich die große außenpolitische Debatte im Bundestag stattfinden. Die zweimalige Verschiebung der Termins hat bekanntlich zu schweren Auseinandersetzungen zwischen den Regierungsparteien und der Opposition geführt. Telefonisch hat Bundeskanzler Dr. Adenauer am Donnerstag dem Präsidenten des Bundestages, Dr. Ehlers, aus London mitteilen lassen, daß er am kommenden Dienstag eine Regierungserklärung zur außenpolitischen Lage abgeben wolle. Präsident Ehlers hat als Beginn dieser Sitzung 14 Uhr festgelegt. Die außenpolitische Debatte wird wahrscheinlich an einem der folgenden Tage stattfinden.

Wyschinski vor der UNO: „Gefahr eines neuen Krieges"

NEW YORK, 30. September

Die Wiederaufrüstung Westdeutschlands würde die deutschen Militaristen wieder an die Macht bringen und die Gefahr eines neuen Weltkrieges heraufbeschwören, erklärte der sowjetische Chefdelegierte bei den Vereinten Nationen, Wyschinski, am Donnerstagabend in der politischen Debatte der UNO-Vollversammlung. Die Einbeziehung der Bundesrepublik in eine westliche Militärallianz könne nur die gegenwärtige Teilung Deutschlands verewigen und neue Spannungen und Kriegsgefahr erzeugen. (ap)

Ausfallunterstützung für Außenarbeiter

... im Bundestag beantragt

BONN, 30. September

Einen Gesetzentwurf über Ausfallunterstützungen für Außenarbeiter haben Abgeordnete der SPD, CDU und FDP im Bundestag eingebracht. Danach sollen Ausgleichsgelder gezahlt werden, wenn die Arbeiten durch Schneefall oder Frost unterbrochen werden. Von dieser Regelung würden vor allem Arbeitnehmer im Hoch- und Tiefbau, im Gipsereigewerbe, in Landschaftsgärtnereien, in Steinbrüchen und beim Gerüstbau berührt.

Die Ausfallunterstützung soll gewährt werden, wenn in 14 Tagen nicht mehr als 60 Stunden gearbeitet werden konnte. Für Angehörige der Steuerklasse I soll sie 55 v. H., der Steuerklasse II 65 v. H. und der Steuerklasse III 75 v. H. des Unterschiedsbetrages zwischen dem tatsächlich gezahlten und dem bei einer 80-Stunden-Doppelwoche erzielbaren Arbeitsentgelt betragen. (dpa)

*

Der SPD-Vorsitzende Erich Ollenhauer ist am Donnerstag nach England geflogen. Er nimmt dort an der Sitzung des Büros der Sozialistischen Internationale teil.

Das italienische Abgeordnetenhaus sprach Ministerpräsident Scelba mit 294 gegen 264 Stimmen im Zusammenhang mit dem Montesi-Skandal das Vertrauen aus.

Im Befinden des Papstes, bei dem sich erneut Symptome eines Erschöpfungszustandes gezeigt hatten, ist eine Besserung eingetreten.

Für zwölf wegen Spionage für die Sowjetunion in Teheran verhaftete Offiziere forderte der Hauptankläger der iranischen Armee die Todesstrafe. (WAZ/dpa/ap)

Gruenther: Westen hat jetzt „verläßliche Chance"

NEW YORK, 30. September

Die Wiederbewaffnung Deutschlands und die Möglichkeit des taktischen Einsatzes der Atombombe würden dem Westen in drei bis vier Jahren eine „einigermaßen verläßliche Chance" bieten, die Sowjetunion am Überrennen Europas zu hindern, erklärte General Gruenther, der NATO-Oberkommandierende in Europa, der zur Zeit in New York weilt. Schon jetzt hätten die Westmächte eine so überwältigende Luftüberlegenheit, daß ein sowjetischer Angriff auf Westeuropa trotz möglicher anfänglicher Erfolge am Ende doch zurückgeschlagen werden würde. (dpa/ap)

„Schwarzer Peter"

heißt dieser Eskimo-Skianzug aus schwarzem Samt. Er gehört zu den 75 Modellen, die der Pariser Modeschöpfer Jacques Fath auf einer Wohltätigkeitsmodenschau in London vorführen ließ. Das Gesicht ist bei diesem Modell durch eine Plastikscheibe vor der Witterung geschützt.
ap-Bild

Führerschein der Klasse I soll für Motorräder bis 50 ccm verlangt werden

Antrag der Verkehrssachverständigen – Bundesrat dürfte zustimmen

Von unserem Bonner Büro
Vo BONN, 30. September

Für alle Krafträder soll künftig der Führerschein der Klasse I notwendig sein. Die Verkehrssachverständigen der Länder haben beantragt, daß die Grenze dieser Führerscheinklasse von bisher 250 ccm auf 50 ccm herabgesetzt wird. Für Krafträder unter 50 ccm soll der Führerschein der Klasse IV verlangt werden, soweit es sich nicht um Fahrräder mit Hilfsmotoren und Mopeds handelt, die, wie bisher, führerscheinfrei bleiben sollen. Nach einer Regierungsvorlage war vorgesehen, den Geltungsbereich der Führerscheinklasse I von 250 ccm auf nur 100 ccm herabzusetzen.

Nach den vorliegenden Informationen ist damit zu rechnen, daß sich der Bundesrat auf seiner Sitzung am Freitag den Forderungen der Verkehrssachverständigen anschließen wird. Auch die Bundesregierung steht diesen Wünschen der Länder keineswegs ablehnend gegenüber. Im Bundesverkehrsministerium wurde bereits früher mehrfach erwogen, die Begrenzung auf 50 ccm festzulegen.

Die Sachverständigen der Länder begründen ihre Forderung mit der schnellen technischen Entwicklung. Wenn man jetzt die Begrenzung auf 100 ccm festlege, wäre man in spätestens zwei Jahren gezwungen, weitere Einschränkungen vorzunehmen. Der Industrie, die ihre Produktionen langfristig planen müßte, wäre damit kein Gefallen getan. Außerdem wolle man vermeiden, daß bei einer Herabsetzung auf nur 100 ccm etwa Leichtmotorräder mit 98 ccm hergestellt würden, die bis zu 90 km/st fahren könnten.

Weihnachtsrummel soll verhindert werden

MANNHEIM, 30. September

Der Deutsche Städtetag will, wie am Donnerstag in Mannheim bekannt wurde, dafür eintreten, daß die diesjährige Weihnachtswerbung des Einzelhandels nicht reißerisch aufgemacht wird. Nach Ansicht vieler Kommunal-Politiker ist der Weihnachtsrummel in den letzten Jahren geradezu unerträglich geworden. Er habe das Mißfallen weiter Kreise der Bevölkerung erregt. Aufdringliche Werbemethoden in der Weihnachtszeit seien geeignet, alle Gemütswerte auszurotten. (dpa)

Erster Schnee fällt auf ungemähtes Korn

... im Hochsauerland und anderen Mittelgebirgen - Reviertemperatur 10 Grad

RUHRGEBIET, 30. September

Ungewöhnlich früh halten Vorboten des Winters in diesem Jahr in den Gebirgslandschaften West- und Süddeutschlands ihren Einzug. Am vorletzten Septembertag schon wurde es in diesem Jahr im Hochsauerland zum erstenmal weiß. Der Schnee ist in einer Zeit gekommen, da auf den Höhen um den Kahlen Asten das Korn zum großen Teil noch nicht gemäht ist. Die Luft- und Bodentemperaturen im Sauerland ließen die weiße Pracht bereits in kurzer Zeit zu Matsch werden.

In der Nacht zum Donnerstag sind in den Alpen durchschnittlich 50 cm Neuschnee gefallen und die Temperaturen bis auf minus 14,5 Grad abgesunken. Das Zugspitzgebiet hatten den zweitkältesten Septembertag der letzten 50 Jahre. Die Gesamtschneehöhe auf der Zugspitze beträgt 1,20 m. Sogar in München war der Regen teilweise mit Schnee vermischt. Auch in anderen Gebirgsgegenden der Bundesrepublik, wie im Taunus, der Schwäbischen Alb und im Harz, fiel der erste Schnee. In der Nacht zum Donnerstag bildete sich im Feldberggebiet im Schwarzwald eine dünne, geschlossene Schneedecke bis hinab in Höhen von 550 m. Der Schwarzwald bot durch diesen ersten Schnee, der noch auf belaubte Bäume und zum Teil nicht abgeerntete Felder fiel, ein ungewöhnliches Bild. Das Wetteramt Freiburg erklärte, daß in dieser Jahreszeit ein Schneefall in diesem Umfang in den letzten Jahrzehnten noch nicht registriert worden ist.

Aus dem Westen vom Atlantik her vordringende Warmluft beginnt aber, die von Schottland her vorgestoßenen Kaltluftmassen zu verdrängen. Nach dem starken Wettersturz, der die Temperaturen im Ruhrgebiet auf einen für diese Jahrezeit ungewöhnlichen Tiefstand von 10 Grad über Null sinken und die Menschen schleunigst zu den Wintersachen greifen ließ, kündigt sich bereits wieder eine leichte Erwärmung an. (WAZ/dpa/ap)

Landwirtschaftsminister: Ernährung gesichert

MÜNCHEN, 30. September

Die Ernährung der Bundesrepublik ist trotz der starken Ernteschäden gesichert. Diese Auffassung vertreten die Landwirtschaftsminister der Bundesländer, die am Donnerstag in München tagten. In einem Kommuniqué wird erklärt, daß die Ernte zusammen mit den Vorräten und den ohnehin vorgesehenen Einfuhren ausreiche. (ap)

Türken am Montag in Bonn

BONN, 30. September

Am Montag werden der türkische Ministerpräsident Menderes und Außenminister Köprülü mit ihrer Begleitung in Bonn eintreffen. Die türkischen Gäste, die ihren Staatsbesuch in der Bundesrepublik am Samstag in München beginnen, werden sich in der Bundeshauptstadt vier Tage aufhalten. Wie berichtet, werden sie am Dienstag Industrieanlagen im Ruhrgebiet besichtigen. (dpa)

Deutschland ist im Brüsseler Pakt

Weitere Fortschritte auf der Neunmächtekonferenz
Verteidigungsbeitrag: wie im EVG-Vertrag vorgesehen

Von unserem Korrespondenten JOHN F. REYNOLDS

LONDON, 30. September

Auch am Donnerstag machte die Londoner Neunmächtekonferenz weitere rasche Fortschritte, obwohl sich die optimistische Erwartung der deutschen Delegation, die Konferenz noch am selben Tage zum Abschluß zu bringen, nicht erfüllt hat. Immerhin bestehen nach Auffassung aller Konferenzteilnehmer keine Zweifel daran, daß die Konferenz in den nächsten 24 oder 48 Stunden ihr Ende erreichen wird. Die Konferenz einigte sich endgültig auf die Aufnahme der Bundesrepublik und Italiens in den Brüsseler Pakt und beschloß, die notwendigen Änderungen im Wortlaut des Brüsseler Paktes nicht erst abzuwarten.

Einigung wurde ferner erzielt über die Höhe des deutschen Verteidigungsbeitrages. Auf Grund eines von dem belgischen Außenminister Spaak vorgelegten Planes wurde beschlossen, daß sich der deutsche Verteidigungsbeitrag in den ursprünglich auch im EVG-Vertrag vorgesehenen Grenzen halten soll. Es wurde ferner beschlossen, daß Überschreitungen der Höchstgrenzen nur bei einstimmiger Zustimmung aller Mitglieder des Brüsseler Paktes erfolgen sollen. Der Plan Spaaks sieht außerdem die Schaffung eines Rüstungsamtes vor, um die Standardisierung von Waffen und ihre verbilligte Serienproduktion zu fördern. Dieses Amt soll einer parlamentarischen Kontrolle unterstellt werden. Die Konferenz beschloß, alle diese Fragen einem Sonderausschuß zu überweisen, der auch nach dem Ende der Konferenz seine Arbeiten fortsetzen soll.

BRÜCKEN WIE SCHIFFE

„Die Perlenkette am Halse der neuen westfälischen Schönen", heißt es, wenn abends die Lichter auf der Fahrbahn der neuen, aus dem Sonderstahl HSB 50 der Rheinischen Röhrenwerke AG. (Mülheim-Ruhr) von Prof. Dr. Dörnen (Dortmund) erbauten ersten total geschweißten Straßenbrücke Europas bei Minden aufleuchten und sich in den blitzenden Wellen der Weser spiegeln.
In einer Konferenz des Deutschen Verbandes für Schweißtechnik erläuterte der Erbauer der Brücke die revolutionäre Bedeutung dieser Weserbrücke auf dem neuen Wege, Straßenbrücken wie Schiffe als geschweißte Hohlkästen zu bauen.

Aufstellung deutscher Armee kostet 50 bis 60 Md. DM

BONN, 12. Oktober

Auf 50 bis 60 Md. DM werden in Bonn die Kosten für die Aufstellung von 500 000 Soldaten veranschlagt. Bei einer Aufstellungszeit von drei Jahren würde das jährlich 20 Md. DM ausmachen. Im Haushaltsplan für 1955 soll aber einschließlich der Stationierungskosten für die alliierten Truppen ein Verteidigungsbeitrag von nur 9 Md. DM eingesetzt werden. Die verbleibende Differenz müßte eventuell durch Auslandshilfe gedeckt werden. (ap)

Optimismus

Eine optimistische Meldung aus London jagt die andere. Das englische Angebot, sich stärker als bisher an den Kontinent zu binden, scheint den Bann gebrochen zu haben.

Der Erfolg der Konferenz scheint gesichert. Dabei darf man allerdings nicht vergessen, daß die Londoner Neunmächtekonferenz nur als Vorbereitung einer später stattfindenden NATO-Tagung gedacht ist. Auf ihr werden keine Verträge ausgearbeitet, sondern nur die Grundlinien festgelegt. Die Einzelheiten werden jetzt den Sachverständigen überlassen.

Diese Einzelheiten werden nicht unwichtig sein. So dürfen wir z. B. darauf gespannt sein, wie im Brüsseler Pakt-System die Gewichte verteilt werden. Bisher hatte der Brüsseler Pakt zwei Aufgaben: er war ein automatischer Beistandspakt gegen jeden Angreifer, und ein Instrument möglicher Vorbeugungsmaßnahmen gegen ein aggressionslüsternes Deutschland. Der zweite Teil ist ohnehin inaktuell geworden. Auch in seiner neuen Form — als Kontrollorgan der deutschen Aufrüstung — sollte der Geist des Mißtrauens, dem mit dem englischen Schritt eine Absage erteilt wurde, nicht wieder auferstehen.

Das gleiche gilt für die Einzelheiten der Rüstungsbeschränkungen, denen hauptsächlich die Bundesrepublik unterworfen werden soll. Was die Sachverständigen hier festlegen, sollte weder von politischen noch wirtschaftlichen Erwägungen belastet sein, sondern allein unter militärisch-sachlichen Gesichtspunkten gesehen werden. Es wäre verfehlt, hierbei nur die Staaten des Brüsseler Paktes als Vergleichsmaßstab zu nehmen, wenn einige NATO-Mitglieder, wie z. B. Dänemark, Griechenland oder die Türkei strategisch ebenso exponiert sind wie die Bundesrepublik.

Wie aus London zu hören ist, möchten die Westmächte an ihrem Recht festhalten, nach eigenem Ermessen im Bundesgebiet den Notstand ausrufen und damit wieder die oberste Macht übernehmen zu können. Von einer Einigung hierüber wird es abhängen, ob die alliierten Streitkräfte in der Bundesrepublik im Kern Besatzungstruppen bleiben oder ob sie wirklich zu Verbündeten werden.

All dies wird auch darüber entscheiden, ob jener schon fast in Vergessenheit geratene Zweck des Brüsseler Paktes mit neuem Leben erfüllt wird: die Einigung Europas auf allen Gebieten zu fördern. Ohne dieses Ziel bliebe auch der Brüsseler Pakt nur ein fragwürdiger Ersatz mit dem einzigen Zweck, das deutsche Menschenpotential nutzbar zu machen. Noch sind nicht alle Ungewißheiten beseitigt, aber der Geist von London läßt uns hoffen. em

Japans Regierungschef besucht das Ruhrgebiet

Ministerpräsident Yoshida: auf Weltreise

BONN, 10. Okt.

Der japanische Ministerpräsident Yoshida, der gegenwärtig um die Welt reist, trifft am Dienstag zu einem dreitägigen offiziellen Besuch in der Bundesrepublik ein. Yoshida wird am Mittwoch mit Bundeskanzler Dr. Adenauer zusammentreffen, vom Bundespräsidenten empfangen werden und selbst einen Empfang für das Diplomatische Korps geben. Für Donnerstag ist eine Fahrt ins Ruhrgebiet vorgesehen, bei der Yoshida die Gutehoffnungshütte und die Demag besichtigen wird. (dpa)

WESTDEUTSCHE ALLGEMEINE
Die unabhängige Zeitung des Ruhrgebiets

Wilfried Seyferth tödlich verunglückt

WAZ FRANKFURT, 10. Oktober

Wilfried Seyferth, einer der besten und meistbeschäftigten deutschen Filmschauspieler, ist am Samstagmorgen bei einem Autounfall ums Leben gekommen. Seyferth prallte auf der Straße von Frankfurt nach Wiesbaden mit seinem Porsche gegen einen Baum. Schwerverletzt zog man ihn aus den Trümmern seines Wagens, er starb auf dem Wege zum Krankenhaus. Man vermutet, daß der Schauspieler übermüdet war und die Gewalt über das Steuer verlor. Er war allein im Wagen.

Wilfried Seyferth wurde am 21. April 1908 in Darmstadt geboren. Er spielte sich während des Krieges im komischen Fach in Schauspiel und Operette an Berliner Theatern in den Vordergrund; besonders bekannt war seine Darstellung heiterer Shakespeare-Rollen. Nach dem Kriege war er zunächst in Zürich und seit 1949 bei den Münchener Kammerspielen engagiert. Mehr und mehr nahm ihn jedoch der Film in Anspruch. Die bekannteste seiner letzten Rollen war die des Majors Luschke in dem Kasernenhoffilm „08/15", in dem auch seine Frau, die Filmschauspielerin Eva Ingeborg Scholz, mitspielt.

Kindergeldgesetz tritt in Kraft

Bundesrat hat Vorlage trotz schwerster Bedenken gebilligt

Von unserem Bonner Büro — VO BONN, 29. Oktober

Vom 1. Januar 1955 an erhalten Familien mit mindestens drei Kindern ein monatliches Kindergeld von 25 DM. Der Bundesrat hat am Freitag trotz schwerster Bedenken das so umstrittene Kindergeld-Gesetz gebilligt. Das Gesetz kann damit in Kraft treten. In den Genuß der Beihilfen kommen etwa 1,3 Mill. von insgesamt 12,8 Mill. Kindern im Bundesgebiet. Gegen die allgemein als ungenügend bezeichnete Gesetzesvorlage stimmten die Länder Niedersachsen, Hessen und Bremen.

Nicht unter das Gesetz fallen die Beschäftigten der öffentlichen Dienste, die bereits Kinderzulagen erhalten. Das gleiche gilt für den Kreis der sozial Bedürftigen, also für die Empfänger von Renten, Fürsorgeleistungen, Arbeitslosenunterstützung usw. Für diesen Kreis sollen durch besondere Gesetze die Kinderbeihilfen ebenfalls auf 25 DM erhöht werden.

In einer Entschließung stellte der Bundesrat fest, daß er seine schwerwiegenden Bedenken gegen die Regierungsvorlage nur deshalb zurückgestellt habe, um nicht die Verantwortung für eine weitere Verzögerung der Auszahlung der Kinderbeihilfen übernehmen zu müssen. Er erwarte jedoch, daß die schon angekündigten „Anpassungsgesetze" die Mängel der jetzigen Vorlage weitgehend ausräumen. Nach dem Gesetz können Kinderbeihilfen beanspruchen Arbeitnehmer, Selbstän dige und mithelfende Familienangehö rige, wenn sie bei einer Berufsgenosser schaft versichert sind oder sich dort ve sichern können. Als Kinder im Sinne de Gesetzes gelten eheliche Kinder, Stie kinder, für ehelich erklärte Kinder, ado tierte Kinder, uneheliche Kinder u Pflegekinder bis zur Vollendung des 1 Lebensjahres. Befindet sich ein Kind noch in der Ausbildung, dann kann die Beihilfe bis zum 25. Lebensjahr gewährt werden.

Anträge auf die steuerfreie Kinderbeihilfe müssen bei der „Familienausgleichskasse" eingereicht werden, die bei der zuständigen Berufsgenossenschaft errichtet werden muß. Die Auszahlung der Beihilfen erfolgt bei Arbeitnehmern durch den Arbeitgeber, bei den übrigen Berechtigten durch die Familienausgleichskassen.

Vom Bodensee nach Tanger gepaddelt

TANGER, 6. Oktober

Der deutsche Wassersportler Hellmuth Sallaba traf mit seinem Kajak in Tanger ein. Er hatte eine 3250 km lange Reise zurückgelegt, die ihn vom Bodensee über den Rhein, die Saône und die Rhône bis zum Mittelmeer führte. Dann war Sallada die spanische Küste entlang gepaddelt und hatte die Straße von Gibraltar nach Afrika überquert.

Der neunte Doktorhut

WAZ-Zeichnung: Otto Berenbrock

Tabakwaren an der Spitze der Genußmittel

BONN, 1. Oktober

Die Verbrauchsausgaben für Genußmittel in Westdeutschland haben sich gegenüber der Vorkriegszeit wesentlich verlagert, teilt das Institut für Wirtschaftsforschung in Bonn mit. Während vor dem Krieg für Bier am meisten ausgegeben wurde, stehen heute Tabakwaren an der Spitze. Nach jetzt vorliegenden statistischen Erhebungen wurden 1953 für Tabakwaren 37,8 v. H. der Gesamtausgaben für Genußmittel verwendet. Es folgen Bier mit 29,3 v. H., Kaffee mit 13,4 v. H., Spirituosen mit 10 v. H., Wein und Sekt mit 8,5 v. H. und Tee mit 1 v. H.

Der Anteil der einzelnen Genußmittel am Gesamtverbrauch betrug dagegen 1938 für Bier 38,6 v. H., Tabakwaren 31,7 v. H., Spirituosen 10,4 v. H., Kaffee 9,3 v. H., Wein und Sekt 8,9 v. H. und Tee 1,1 v. H. (ap)

Der Lloyd - jetzt ein echtes Automobil

Ganzstahl-Karosserie, mehr Fahrkomfort und technische Verbesserungen

Die Entwicklung des Lloyd, des einzigen deutschen Personenkraftwagens der Nachkriegszeit, dessen Produktion bis zur Großserie mit fünfstelliger Jahres-Stückzahl vorangetrieben werden konnte, ist jetzt nach fünf Jahren abgeschlossen: Der 1950 mit einem 300-ccm-Motor und einerSperrholz-Kunstleder-Karosserie als eine Art rollender Untersatz herausgekommene und damals spaßhaft „Leukoplast-Bomber" genannte Lloyd ist jetzt zu einem viersitzigen Auto mit Ganzstahlkarosserie und 400-ccm-Motor gediehen.

Die jetzt von den Lloyd-Motoren-Werken vorgestellten Modelle 1955 des Pkw.-Typs LP 400 S und des Kombi-Wagentyps LS 400 S sind vollwertige Automobile. Der Motor wurde durch eine neu durchkonstruierte Ventilatorkühlung und durch Wahl eines größeren Luftfilters (zur Dämpfung der Ansauggeräusche) entscheidend leiser, so daß der Wagen heute nicht mehr mit dem früher für ihn charakteristischen Singen über die Straßen rollt.

Das breite Heckfenster und das Stahldach bestimmen das neue Gesicht des Lloyd. Bild: Lückel

Für die Bequemlichkeit der Mitfahrenden wurde durch Verbeiterung des Hinterachsradstandes und damit der hinteren Sitzbank gesorgt, die außerdem nun ebenso wie die Vorderseite mit einer weichen Kernfederpolsterung eingebaut wird. Außerdem wurden die Türen mit in Offen-Stellung einrastenden Scharnieren ausgestattet. Das äußere Bild wird jetzt außer von dem Stahldach von dem über die ganze Wagenbreite gehenden Panorama-Heckfenster bestimmt. Der Preis blieb unverändert.

H. F. Sch.

WESTDEUTSCHE ALLGEMEINE
Die unabhängige Zeitung des Ruhrgebiets

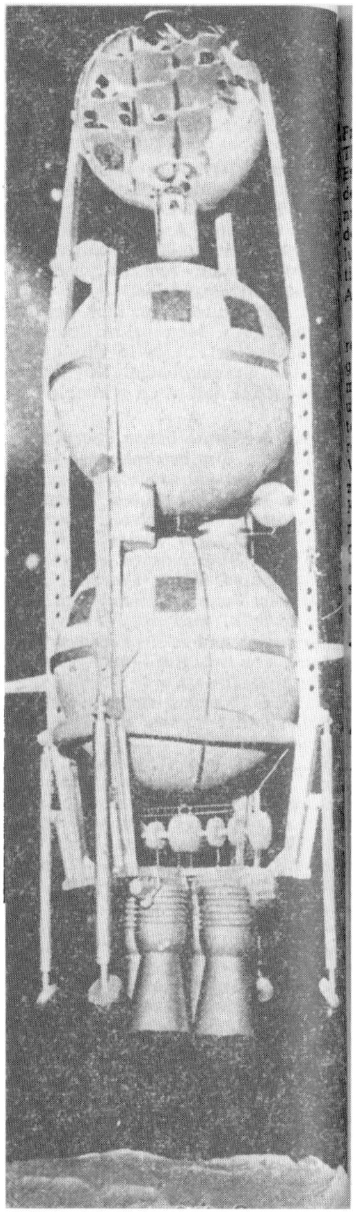

EINE TRANSPORTRAKETE zwischen der Erde und einem (noch nicht vorhandenen) künstlichen Satelliten soll demnächst so aussehen. Dieses Modell einer Rakete erregt zur Zeit auf der technischen Ausstellung in Turin beträchtliches Aufsehen. Fünfzehn Nationen sind auf der „Schau zukünftiger technischer Geräte" vertreten. ap-Bild

Marilyn Monroe weinte

Joe verließ das Haus

HOLLYWOOD, 7. Oktober

Der Mann der Filmschauspielerin Marilyn Monroe, Baseballspieler Joe Dimaggio, hat das Heim der Schauspielerin in Hollywood verlassen und ist nach San Franzisko abgereist. Seine Frau hat „wegen seelischer Grausamkeit" die Scheidung eingereicht.

Als Marilyn Monroe sich etwa eine Stunde später am Arm ihres Rechtsanwaltes einen Weg durch die das Haus umlagernden Reporter und Fotografen bahnte, hatte sie Tränen in den Augen und schien einem Nervenzusammenbruch nahe zu sein. Ihr Rechtsanwalt erklärte den Zeitungsvertretern, die Ehescheidung habe ihren Grund in einem „Konflikt der Karrieren". Die Angelegenheit werde „zur rechten Zeit am rechten Ort" zur Sprache gebracht werden. (ap)

***ECHTE TRÄNEN** weinte Amerikas Pin-up-Girl Nr. 1, Marilyn Monroe, wie bereits mitgeteilt, als sie dieser Tage das Haus ihres bisherigen Mannes Joe Dimaggio an der Seite ihres Rechtsanwaltes verließ. Sie habe gar nichts zum traurigen Ende ihrer Ehe zu sagen, erklärte sie den Reportern. Marilyn trug einen schlichten Pullover mit hochgeschlagenem Rollkragen!* up-Bild

Masseneinsatz von Polizei

Unter diesem Motto lief eine große Verkehrsaktion, die, wie in anderen Städten des Ruhrgebietes, am Freitag in Essen abrollte. 800 Polizisten starteten schlagartig eine Großaktion gegen die Verkehrsunfälle. An 119 Kontrollpunkten wurden Fußgänger und motorisierte Verkehrsteilnehmer überprüft. Der Einsatz wird von der Polizei als „voller Erfolg" bezeichnet. Unser Bild vermittelt einen guten Eindruck von dem massierten Aufgebot der Polizeikräfte: es zeigt die Front der 500 Bereitschaftspolizisten kurz vor Beginn der Aktion. WAZ-Bild: Hagemann

Volle Einigung in London erzielt

Rückgabe der Souveränität bis zum Frühjahr - Kompromiß in der Rüstungskontrolle - Deutschland verzichtet auf Herstellung schwerer Waffen

Von unserem Korrespondenten JOHN F. REYNOLDS LONDON, 3. Okt.

Die Londoner Neunmächtekonferenz ist am Sonntagmittag mit einer vollen Einigung über die Rückgabe der Souveränität an die Bundesrepublik und ihre Aufnahme in die Verteidigungsfront der freien Völker des Westens beendet worden.

Die wesentlichen Ergebnisse der Konferenz sind:

1. Das Ende des Besatzungsregimes. Die drei Besatzungsmächte verzichten sofort auf ihre Befugnisse in der Bundesrepublik und verpflichten sich zur baldigen Herstellung (in etwa sechs Monaten) der vollen Souveränität.

2. Die Aufnahme der Bundesrepublik in den Brüsseler Pakt und in die NATO.

3. Einigung über Umfang des Verteidigungsbeitrages.

4. Die Verpflichtung Großbritanniens, für die Dauer des Brüsseler Vertrages, der noch weitere 44 Jahre läuft, seine Truppen und Luftstreitkräfte auf dem europäischen Festland zu belassen.

Der Unterzeichnung ging eine fast ununterbrochene Reihe von Plenar- und Geheimsitzungen voraus, um die Schwierigkeiten, die mit der plötzlichen Krise am Freitagabend aufgetreten waren, zu beseitigen. Nach der historischen Entscheidung Edens am vergangenen Mittwoch, als Außenminister Eden anbot, die britischen Armee- und Luftwaffeneinheiten auf dem europäischen Festland der Verfügungsgewalt der Brüsseler Paktmächte zu unterstellen, glaubte die deutsche Delegation, insbesondere der Bundeskanzler, daß die Konferenz innerhalb von 24 Stunden zum Abschluß gebracht werden könnte.

Was den französischen Ministerpräsidenten bewog, diese völlig unerwartete Krise heraufzubeschwören, ist unbekannt. Gutunterrichtete Kreise in London wollen wissen, daß Mendes-France am Freitagmittag ein langes Telegramm des französischen UNO-Vertreters Jules Moch erhalten habe. Darin habe Moch auf das Angebot Wyschinskis in New York hingewiesen, den anglo-amerikanischen Abrüstungsvorschlag anzunehmen. Er habe ferner Mendes-France beschworen, unter diesen Umständen die Entscheidung über den deutschen Verteidigungsbeitrag hinauszuzögern, um erst Klarheit über das neue sowjetische Angebot zu gewinnen.

Die Schwierigkeiten ergaben sich, als der französische Ministerpräsident Mendes-France in der Frage der Rüstungskontrolle eine unnachgiebige Haltung einnahm. Nach seinen Vorschlägen sollten die Produktion und Verteilung von Waffen einem europäischen Rüstungsamt unterstellt werden. In sogenannten exponierten Gebieten, also insbesondere in Deutschland, sollte die Herstellung von Waffen unterbleiben. Diese Forderung war für alle Konferenzteilnehmer unannehmbar.

Man einigte sich schließlich auf einen Kompromißvorschlag des belgischen Außenministers Spaak. Der deutsche Verteidigungsbeitrag hält sich im Rahmen der EVG-Bestimmungen, d. h., er ist auf 12 Divisionen und eine taktische Luftwaffe festgesetzt.

Die Atmosphäre auf der Londoner Konferenz war oft gewitterschwül. Insbesondere die Haltung Mendes-France' rief wiederholt Verwirrung und Mißtrauen hervor. Dieses Mißtrauen ist auch trotz des erfolgreichen Abschlusses keineswegs völlig überwunden.

Der historische Augenblick

der Unterzeichnung der „Londoner Akte" durch Dr. Adenauer und die übrigen acht Außenminister am Sonntag im Musiksaal des Lancaster-Hauses. Eine Stunde vor Unterzeichnung hatten die Minister ihre letzte Vollsitzung beendet. Um 14.45 Uhr mitteleuropäischer Zeit lief der belgische Außenminister Spaak den Journalisten mit dem Ruf entgegen: „Fini, fini, alles erledigt — wir werden um 15.30 Uhr unterzeichnen." Die Unterzeichnung, ein völlig unfeierlicher, fast geschäftsmäßiger Vorgang von zehn Minuten Dauer, war so kurzfristig angesetzt worden, weil die meisten Konferenzteilnehmer so schnell wie möglich nach Hause wollten. Auf unserem Bild der Bundeskanzler bei der Unterzeichnung, zu seiner Rechten Eden, links von ihm Mendes-France.

WESTDEUTSCHE ALLGEMEINE
Die unabhängige Zeitung des Ruhrgebiets

Franz-Josef Strauß

Bayerns streitbarer Benjamin

Das Vorrecht der Jugend, die Dinge ohne taktische Rücksichten beim Namen zu nennen, wird von dem 39jährigen Benjamin des Bundeskabinetts, dem Sonderminister Franz-Josef Strauß, weidlich ausgenutzt. Die Gunst der Umstände und eine gesunde Portion bayrischer Robustheit haben den Münchner Metzgerssohn seit 1945 eine steile politische Karriere

machen lassen. Heute ist er der Chef der CSU im Bundestag und zugleich Generalsekretär seiner Partei, die ihn als ihr zugkräftigstes Pferd in Bayern nicht mehr entbehren kann.

Dafür ist er der richtige Mann, und auch im Bundestag sind seine Äußerungen mehr für den Rundfunkhörer als für das Parlament bestimmt. Rundfunksprecher war er auch, als er nach dem Scheitern der EVG mit seiner taktisch wenig glücklichen Adresse an die französische Kammer auffiel.

Des Kanzlers getreuester Paladin, versteht er es doch mit Nachdruck, die bayrischen Sonderwünsche an den Mann zu bringen. In der persönlichen Auseinandersetzung ebenso stark im Geben wie im Nehmen, hat er sich von jeher schon seinen Koalitionsgenossen von den Freien Demokraten, Dr. Dehler, aufs Korn genommen und neuerdings auch den BHE mit Seitenhieben bedacht. So ist er die Schlüsselfigur im augenblicklichen Koalitionsstreit geworden.

Sachlich tiefer als dieser mit bayrischen Obertönen geführte Streit reicht seine Rolle als Gegenspieler von Theodor Blank. Wie Blank war er im letzten Krieg Oberleutnant der Reserve, und wie jener hat er sich auf Wehrfragen spezialisiert. Nicht ganz so zivilistisch wie Blank, wenn auch einer Reform nicht abgeneigt, vertritt er die traditionelle bayrische Linie, und das heißt: auch beim Militär Reservatrechte. Persönlich trägt er eine betonte Bescheidenheit und Volkstümlichkeit zur Schau. Und in Bayern ist er volkstümlich. Daran ändert auch nichts, daß der einstige bayrische Juniorenmeister im Radfahren jetzt einen neuen Ehrgeiz hat: möglichst schnell mit dem Auto zu fahren. Dr. W. K.

Zwei Minuten Verkehrsruhe am Kriegsgefangenen-Gedenktag

BONN, 19. Oktober

Am Kriegsgefangenen-Gedenktag am kommenden Samstag soll nach einem Aufruf des Verbandes der Heimkehrer um 12 Uhr für zwei Minuten der Straßenverkehr ruhen. Die Sirenen der Fabriken, Zechen und Schiffe sollen ertönen und die Fahnen aller öffentlichen Gebäude auf halbmast gesetzt werden. Die Öffentlichkeit wird aufgerufen, am Samstag und Sonntag von 19 Uhr an in den Fenstern Gedenkkerzen anzuzünden. In den Kirchen werden Bittgottesdienste für die Heimkehr der Gefangenen gehalten. Am Sonntag wird der Präsident des Deutschen Roten Kreuzes, Dr. Weitz, im Rundfunk über die Bemühungen um die Rückführung der deutschen Gefangenen sprechen. (dpa)

Acht Nationen wollen Gebiet am Südpol aufteilen

„Unerschöpfliche Reichtümer" locken - Amerikaner bereiten eine neue Expedition zum 6. Kontinent vor

Von unserem Korrespondenten GEORGE W. WRONKOW

NEW YORK, 19. Oktober

„In Verfolg des anhaltenden Interesses der Vereinigten Staaten in diesem Gebiet wird Amerika eine Expedition an Bord des Eisbrechers „Atka" in die Antarktis schicken." Diese Verlautbarung aus dem Weißen Haus ist von erheblicher politischer und strategischer Bedeutung. Schon seit einiger Zeit ist in USA ein innerpolitisches Tauziehen im Gange, ob Amerika Ansprüche auf Teile des sechsten Kontinents erheben soll. Im Sommer lehnte Präsident Eisenhower eine solche Maßnahme zunächst ab, obwohl eine Studie, die gemeinsam vom Verteidigungs- und Außenministerium ausgearbeitet worden war, dringend diesen Kurs anriet.

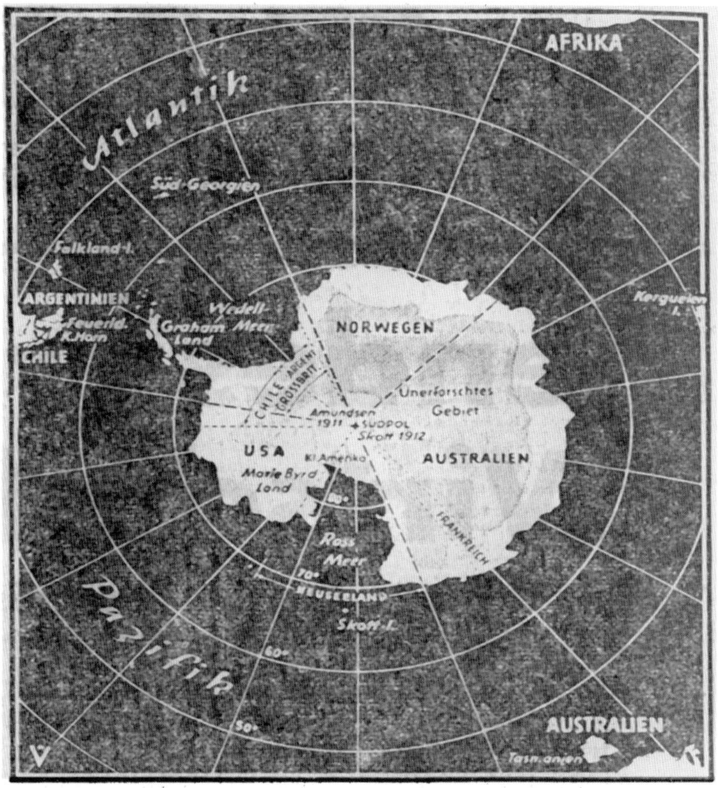

Bisherige Hoheitsansprüche im Festlands- und Inselgebiet des Südpols:

Australien	4,5 Mill. qkm	= 33 v. H.
Norwegen	2,5 Mill. qkm	= 17 v. H.
Großbritannien . . .	1,7 Mill. qkm	= 12 v. H.
Chile	1,4 Mill. qkm	= 10 v. H.
Argentinien	1,23 Mill. qkm	= 9 v. H.
Neuseeland	0,9 Mill. qkm	= 6 v. H.
Frankreich	0,4 Mill. qkm	= 3 v. H.
Noch unbestimmt . . .	1,48 Mill. qkm	= 10 v. H.

Auf der Karte grau: unerforschtes Gebiet.

WAZ-Karte: Voßnacke

Im Kongreß herrscht starke Stimmung für die Anmeldung amerikanischer Ansprüche. Die jetzige Expedition wird auf Verlangen des Rüstungsausschusses des Senates unternommen, um die zweifellos bevorstehende Anmeldung von territorialen Forderungen vorzubereiten. Großbritannien, Frankreich, Australien, Neuseeland, Norwegen, Argentinien und Chile haben bereits solche Ansprüche erhoben die sich teilweise überschneiden.

Der alte Südpolforscher Admiral Byrd wird technischer Berater der Expedition sein. Es steht noch nicht fest, ob er selber wieder mit auf die Reise gehen wird. Admiral Byrd, der im Jahre 1947 auf dem von ihm so getauften Marie-Byrd-Land an der Ross-See eine Station „Little America" errichtet hatte, sagte jetzt, daß die neue Expedition auf dem Tisch in einem der unter Eis begrabenen Häuser einen Zettel finden wird, auf dem geschrieben steht: „Dies war ein friedlicher Platz." „Aber" — so fuhr er fort — „die Antarktis wird nicht mehr lange friedlich bleiben."

Auch Sowjets interessiert

Tatsächlich erklärt man heute im Weißen Haus, daß die Antarktis ein Gebiet von großer potentieller strategischer Wichtigkeit ist, besonders im Falle eines Krieges. Es ist andererseits bekannt, daß die Sowjetunion, obwohl sie ebenfalls bisher keine territorialen Forderungen erhoben hat, sehr großes Interesse für die Antarktis bekundet. Die USA haben die territorialen Forderungen der anderen Staaten bisher nicht anerkannt. Die amerikanische Regierung hat die Internationalisierung des riesigen Gebietes vorgeschlagen. Dieser Vorschlag wurde jedoch von den obengenannten sieben Staaten, die Gebietsansprüche erhoben haben, abgelehnt.

Admiral Byrd, der bisher vier Expeditionen zum Südpol durchgeführt hat, erklärt, daß der sechste Kontinent „unerschöpfliche Reichtümer" berge, die Kohlenlager seien unbegrenzt, und wahrscheinlich gäbe es auch Uranlager. Der Kommandant der neuen Expedition wird Kapitän Glenn Jacobsen sein, der große Erfahrungen in der Navigation in Eismeeren hat. Der Expedition sind zahlreiche Aufgaben gestellt. In erster Linie soll das Gebiet kartographiert werden. Geeignete Punkte für Anlegung von Hilfslagern für die große internationale Geophysische Expedition für 1957/58 sollen erkundschaftet werden.

MIT DIESEM FLOSS (rechts) überquerte der 61jährige Amerikaner William Willis (links) in 114 Tagen mutterseelenallein den Stillen Ozean. Am 22. Juni ließ er sich von Peru aus im Humboldtstrom treiben, und am 14. Oktober erreichte er wohlbehalten die Samoa-Inseln.

ap-Bilder

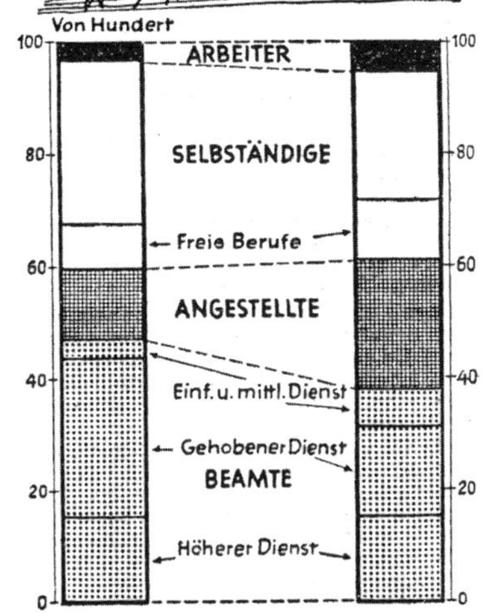

Das Schaubild zeigt für das Sommersemester 1930 und das Wintersemester 1952/53 die Gliederung der Studierenden nach den Bevölkerungsgruppen, denen sie entstammen. Die wesentlichste Veränderung besteht in der stärken Zunahme des Angestelltenteils, die auf das starke Anwachsen der Angestelltenschaft in den Jahrzehnten nach der Jahrhundertwende zurückzuführen ist. Die Verminderung des Beamtenteils beruht auf der relativ nur geringen Zunahme der Zahl der Beamten in dem gleichen Zeitabschnitt, die infolge des starken Wachstums der übrigen am Hochschulstudium beteiligten Bevölkerungsgruppen zu einer Abnahme ihres Anteils führte.

Dauerredner spricht seit vier Tagen

. . . über „unheimliche Dinge"

OLDHAM (England), 28. Oktober

Der seit Montagmorgen ununterbrochen redende 25jährige Ire Levin Sheehan war Donnerstag früh immer noch nicht bereit, den Mund zu halten, obwohl er bereits den Weltrekord im Dauerreden für sich beansprucht, den mit 36 Stunden „irgendein Russe" innegehabt haben soll. „Ich habe Kopfschmerzen und geschwollene Drüsen, aber ich werde durchhalten, bis mein Rekord nicht mehr zu überbieten ist." 127 Stunden reden hat sich Sheehan zum Ziel gesetzt. Sein Thema lautet: „Die unheimlichen Dinge des Lebens."

Werbung für Fremdenlegion hält an

WAZ BONN, 6. Oktober

Die illegale Werbung von Deutschen für die französische Fremdenlegion hält, nach in Bonn vorliegenden Informationen, trotz der Beendigung des Indochina-Krieges an. Auch im Ruhrgebiet sind die Werber tätig. Die Sammelstellen scheinen aus dem Gebiet von Landshut, Mainz und Koblenz, wo deutsche Stellen über die Arbeitsämter und Freiwilligen-Organisationen einen Auffanggürtel geschaffen hatten, jetzt in das Gebiet von Trier verlegt worden zu sein.

WESTDEUTSCHE ALLGEMEINE
Die unabhängige Zeitung des Ruhrgebiets

Sofia Loren:

„Haremsdame" und Spitzenstar

Vor wenigen Jahren noch zeigte sich unter den nur selten beschäftigten Statisten der römischen Filmstadt „Cinecitta" ein gutgewachsenes, hübsches Mädchen, das auf den Namen Sofia Scivolone hörte. Bisweilen wurde Sofia als spärlich bekleidetes Girl oder als Haremsdame in

mäßigen Unterhaltungsfilmen eingesetzt; ihre Gage reichte gerade für die täglichen Spaghetti.

Aus dem derzeitigen „Aschenbrödel", das nicht einmal alle Klassen der Volksschule absolvierte, ist heute ein Star geworden, der nach Gina Lollobrigida die höchste Gage aller italienischen Filmschauspielerinnen bezieht. Sofia Scivolone nennt sich heute Sofia Loren, sie ist als solche in Italien etwa so populär wie bei uns Sonja Ziemann und genau wie diese schwankt sie in ihren Darstellungen ständig zwischen billiger Klamotte und den Ansätzen guter Schauspielkunst.

Ein solcher Ansatz war ihre Rolle als mondäne Kokotte in „Neapolitanisches Karussell", einem außergewöhnlich guten Farbfilm. Hier zeigte die 21jährige, daß sie mehr kann, als mit zitternden Nasenflügeln und vage bekleideter Anatomie durch filmische Minderwertigkeiten zu spazieren: sie spielte sehr ausdrucksvoll, übertrieb nicht, zeigte viel Sinn für die schwere Kunst richtiger Zwischentöne.

Dieser Film wurde kürzlich in Berlin gezeigt und Sofia war persönlich zugegen, um den Applaus auch des deutschen Publikums entgegenzunehmen. Rothaarig, in schwarzer Tüllrobe mit ausgeprägtem Dekolleté, groß, schlank und sehr charmant, so verkörpert sie einen Typ, der geradezu prädistiniert erscheint, um im Film zwielichtige Damen darzustellen. Doch gerade davor sollte sie sich hüten, wenn sie nicht nur ihren Charme, sondern auch ihre Begabung pflegen will.

EH

Schwarzhändler wußten es: Steinhalde besteht aus Kohle

WAZ RECKLINGHAUSEN, 18. Okt.

Schwarzhändlern verdankt die Zeche General Blumenthal in Recklinghausen den Tip zum Abbau einer „Steinhalde", in der mindestens noch 300 000 t Kohle lagern. Die Kohle war im Zuge der Reparationsleistungen des ersten Weltkrieges von den Franzosen abgelehnt, dort aufgekippt und vergessen worden. Die Zeche wurde auf die Halde aufmerksam, als der Schwarzhandel Deputatkohle mit dem vermeintlichen „schwarzen Dreck" mischte und dennoch beachtliche Brennerfolge erzielte. Die Zeche hat jetzt nach dem Bau einer improvisierten Wäsche mit der Gewinnung der Haldenkohle begonnen.

Bonn: Terrorwahl Pankow: 99,3 v. H. sagen ja

WAZ BONN/BERLIN, 18. Oktober

Die Pankower Regierung könne aus dem Ergebnis der Wahlen vom Sonntag niemals eine Legitimation für ihre Machtposition herleiten, erklärte am Montag die Bundesregierung. Der Ausgang dieser sogenannten Wahlen in der Sowjetzone sei der beste Beweis dafür, daß im sowjetisch besetzten Gebiet nach wie vor ein Terror-Regime besteht.

Der Ost-Berliner Rundfunk gab am Montag bekannt, daß bei den Volkskammerwahlen in der Sowjetzone nach dem vorläufigen Gesamtergebnis 99,3 v. H. der Stimmen für die Kandidaten der Einheitsliste abgegeben worden seien. Die Wahlbeteiligung wurde für die Sowjetzone mit 98,4 v. H. und für Ost-Berlin mit 97,7 v. H. angegeben.

Die Zahl der Wahlberechtigten in der Sowjetzone ist seit dem 15. Oktober 1950 von damals 12 325 168 auf jetzt 12 086 987 zurückgegangen. Dieser Rückgang um knapp 240 000 Wahlberechtigte läßt den Schluß zu, daß die Einwohnerzahl der Sowjetzone in den letzten vier Jahren um insgesamt 350 000 bis 400 000 gesunken ist.

RICHTFEST IN DIESER WOCHE

Mit der Montage zweier 10,5 m langer Kastenträger im Gewicht von je 18 t wurde am Montag der Brückenbogen der neuen Rheinbrücke zwischen Duisburg-Ruhrort und Homberg praktisch geschlossen. Um das „Einfädeln" der beiden Träger zu erleichtern, mußte der gesamte Stahlkörper der Ruhrorter Brückenhälfte um 60 mm zunächst zurückgeschoben und dann wieder vorgezogen werden. In der Fahrbahn der Brücke klafft noch ein 15,3 m langes, quadratisches Loch. Mit seiner Schließung am kommenden Freitag wird das Richtfest des neuen Verkehrsweges über den Rhein eingeleitet.

Literatur-Nobelpreis verliehen

40000 Dollar für Hemingway

Das große Rätselraten um den diesjährigen Träger des Nobelpreises für Literatur (40 000 Dollar) ist zu Ende. Gestern nachmittag haben sich die 18 Mitglieder der Schwedischen Akademie, deren Aufgabe wohl selten schwieriger war als in diesem Jahr, für einen graubärtigen, alten Mann entschieden, der z. Z. in Havanna ein neues Buch schreibt: für den „grand old man" der modernen amerikanischen Literatur, Ernest Miller Hemingway.

Hemingway: „Stolz und glücklich"

SAN FRANCISCO DE PAULA (Kuba), 28. Oktober

Ernest Hemingway erklärte, nachdem er von der Verleihung des diesjährigen Literatur-Nobelpreises erfahren hatte, er sei darüber „stolz und glücklich". Wenn er jedoch zu entscheiden gehabt hätte, wäre der Preis dem amerikanischen Schriftsteller Carl Sandburg für dessen sechsbändige Lincoln-Biographie zuerkannt worden. Er sei in einer ausgelassenen Stimmung, während ihm wegen der Verleihung des Nobelpreises eigentlich feierlich zumute sein müßte. „Ich nehme meine Arbeit so ernst", sagte er, „daß es mir schwerfällt, etwas anderes ernst zu nehmen." (ap)

Nun wird die Kritik beginnen! Viele werden sagen, allein der Roman „Salka Valka" des kommunistischen Isländers Halldor Laxness sei besser als alles von Hemingway; nur er habe den Preis verdient. Andere werden die Kandidaten Niko Kazandsakis, Ezra Pound — den Lehrmeister Hemingways — und Paul Claudel nennen. Und ihr Argument wird sein, daß das dichterische Werk eines

jeden dieser drei ungleich größere literarische Bedeutung habe, als die Bücher des „versierten Reportagedichters" Hemingway.

Solcher Kritik ist jedes Preisgericht ausgesetzt, speziell die Schwedische Akademie. Wir meinen: ihre Entscheidung war gut und richtig.

Denn es kann gar keinen Zweifel darüber geben, daß einige von Hemingways Büchern jener kleinen Bibliothek angehören müssen, in der man die beste Prosa dieses Jahrhunderts aufbewahrt. „Fiesta" gehört dazu, die Kurzgeschichte „Schnee am Kilimandscharo", vor allem „Der alte Mann und das Meer", vielleicht noch der Roman „Wem die Stunde schlägt". Diese Bücher haben wenig mit jener Bildungsliteratur zu tun, die der Phantasie und dem Faible für psychologische Weitschweifigkeit oft einen gefährlich weiten Spielraum läßt, sondern sind auf der unmittelbaren Anschauung von Milieu und Menschen erdacht.

Das heißt nicht, daß sie von der Wirklichkeit abgeschrieben sind. Die Sprache Hemingways — sie ist für ein Heer von Epigonen vorbildlich geworden — vermeidet immer das Ausführliche, Direkte, die erschöpfende Detailmalerei. Sein Stil ist sachlich, kurz, prägnant, er deutet an, sagt nur das Wichtigste. Er ist trotzdem nicht poesielos. In vielen wunderbaren Szenen — etwa mit dem Schlafsackgespräch in „Wem die Stunde schlägt" — hat Hemingway gezeigt, daß sein lyrischer Realismus ganz neue Möglichkeiten für die Darstellung abgegriffener, aber unvermeidlicher Themen enthält. Dieser sachliche Stil wird nur aus der Zeit verständlich, in der er entstand. Es war die Zeit nach dem ersten Weltkrieg, in der sich die deprimierten jungen Literaten Amerikas zur „verlorenen Generation" formierten, deren Sprecher Hemingway wurde.

Sein Hang zu gewaltigen Trinkereien, Naturburschenhobbys und gefährlichen Abenteuern ließen ihn zum populärsten Schriftsteller Amerikas werden. Seine Feinde sagen: er habe es verstanden, sich den Nymbus eines rauhbeinigen Schlagetots zuzulegen, wie ihn etwa Clark Gable in Abenteuerfilmen verkörpere. Und auch die Reklamesucht eines arrivierten Filmstars sei ihm zu eigen. Mag sein, daß an dieser höhnischen Kritik manches wahr ist. Sie macht uns den Menschen Hemingway nicht unsympathisch. Vor allem aber ist sie von dem zu trennen, was der graubärtige alte Mann schrieb und noch schreiben wird.

MICHAEL LENTZ

2 schlicht, 2 kraus am Winterabend

Eine warme Raglanweste

Gebraucht werden: 40 dkg reine Schafwoll-Zephir, die doppelt genommen wird, in zwei Farben, 2 Nadeln Nr. 2½.

Muster:

Alle Teile 2farbig gestrickt, je zwei Reihen in einer Farbe.

1. Reihe: Randmasche, 1 M. glatt, 1 M. abheben (Faden immer nach rückwärts legen), usw. 1 Randmasche. Rückreihen verkehrt.

3. Reihe: Randmasche, 1 M. abheben, 1 M. glatt, usw., 1 Randmasche.

5. Reihe wie 3. Reihe.

7. Reihe Randmasche, 1 M. glatt, 1 M. abheben, usw. (wie 1. Reihe).

9. Reihe wie 7. Reihe.

11. Reihe von der 3. Reihe an wiederholen.

Anleitung

Rücken:

Anschlag am unteren Rand gleich mit dem Muster beginnen. Bis zur Taille viermal 1 Masche ab-, bzw. nach der Taille 16mal 1 Masche aufnehmen, 29 cm ab Anschlag für die Raglanschrägung bis zur Schulterspitze 50mal 1 Masche abketten. Noch 5 cm gerade stricken und abketten.

Vorderteilhälfte

Anschlag wieder am unteren Rand seitlich Abnahme auch für die Raglanschrägung genau wie beim Rückenteil. 1½ cm ab Anschlag für den Saum der Knopfleiste, 9 Maschen dazu anschlagen. 3 cm ab Anschlag das 1. Knopfloch und 7 weitere im Abstand von 7 cm doppelt nebeneinander einstricken. 1 cm nach dem letzten Knopfloch die Breite der Knopfleiste abketten und die übrigen Maschen für die Ausschnittsschrägung weiterführen. Nach 3 cm die restlichen Maschen auf 5 mal abketten.

Ärmel:

Anschlag am unteren Rand und beiderseits 40mal 1 Masche bis zum Armausschnitt aufnehmen. Abnahme an den Außenkanten genau wie bei der Raglanschrägung des Rückens. 54 cm ab Anschlag für den Schulterzwickel in der Mitte teilen und beide Hälften getrennt weiterstricken. Für die Schulterschrägung 6 mal 1 Masche abnehmen.

Ausfertigung:

Seiten-, Ärmel- und Schulternähte schließen und die Ärmel einsetzen. Alle Säume und die Knopfleiste nach innen umbiegen und ansäumen, die Knopflöcher zusammenschlingen.

Bild und Text: Femina

WESTDEUTSCHE ALLGEMEINE
Die unabhängige Zeitung des Ruhrgebiets

Antigone wurde „Miß Welt"

LONDON, 19. Oktober

Die 20jährige Ägypterin Antigone Costanda wurde in London zur „Miß Welt" gewählt. 16 Mädchen aus allen Teilen der Welt stellten sich einer Jury und einer über 2000köpfigen Zuschauermenge zur Wahl. „Miß Welt" erhielt als ersten Preis einen Geldpreis in Höhe von 500 Pfund (etwa 6000 DM). Sie kam mit 167 cm Größe, 90 cm Büste und 57,5 cm Taille dem für dieses Jahr festgelegten Schönheitsstandard am nächsten.

Eisenhower: Adenauer einer der größten Staatsmänner

WASHINGTON, 27. Oktober

Als einen „der größten Staatsmänner unserer Zeit" bezeichnete Präsident Eisenhower auf einer Pressekonferenz Bundeskanzler Dr. Adenauer, der am Mittwochabend in Washington eintraf. Bei seiner Ankunft in Washington erinnerte Adenauer in einer der Presse übergebenen Erklärung an den Unterschied zwischen seinem ersten Besuch in den Vereinigten Staaten vor eineinhalb Jahren und seiner jetzigen Amerikareise. Damals sei die Frage, von der Leben und Tod des deutschen Volkes abhänge, die Frage der Verteidigung Europas, noch nicht geregelt gewesen. Lange Zeit habe Unsicherheit darüber bestanden, in welcher Form Deutschland seinen Beitrag zur Verteidigung leisten solle. Diese Zeit der Unsicherheit sei nun vorbei. Auf dem Flug nach den USA hatte Adenauer am Dienstag Station auf Island gemacht. Am Abend war er nach Neufundland weitergeflogen, wo er die Nacht in einem Luftwaffenstützpunkt verbrachte. Am Mittwochabend gab Außenminister Dulles für ihn ein Essen. Für Donnerstag mittag ist ein Besuch bei Präsident Eisenhower vorgesehen. (ap/dpa)

Kanzler in Amerika als Alliierter begrüßt

Umfassende Übereinstimmung mit Eisenhower und Dulles

Von unserem Korrespondenten GEORGE WRONKOW

WASHINGTON, 28. Oktober

Bundeskanzler Dr. Adenauer ist in Amerika mit einer Herzlichkeit empfangen worden, die nur selten auswärtigen Staatsmännern entgegengebracht wurde. Der Empfang gilt nicht nur dem Vertreter des deutschen Volkes, sondern auch dem „großen Europäer", als der er von der gesamten Presse gefeiert wird. Auf einem Essen, das Außenminister Dulles am Mittwochabend zu Ehren des Bundeskanzlers gab, nannte er Adenauer „einen der hervorragendsten Staatsmänner aller Zeiten". Er begrüßte den Kanzler als „Alliierten der USA in der NATO".

In seiner Antwort sagte Dr. Adenauer, die USA hätten Europa vor dem Zusammenbruch gerettet und Dulles hätte dazu entscheidend beigetragen. An dem Essen nahmen außer einer Reihe von Diplomaten auch hohe amerikanische Beamte und Militärs, darunter Admiral Radford und General Ridgway, teil.

Am Donnerstag traf Adenauer mit Dulles im USA-Außenministerium zu einer ersten offiziellen Besprechung zusammen. Als Gesprächsthemen wurden genannt: Deutschlands Rolle bei der Verteidigung Westeuropas, die Pariser Abkommen und ihre Ratifizierung und der neue sowjetische Vorschlag für eine Viererkonferenz über Deutschland. Auch Kriegsgefangenenprobleme und die Frage des beschlagnahmten deutschen Eigentums wurden erörtert. Breiten Raum nahm die Frage der Wiedervereinigung Deutschlands ein. Bezüglich der amerikanischen Waffenlieferungen sollen Einzelheiten erst nach der Ratifizierung der Pariser Verträge ausgearbeitet werden.

Unterredung im Weißen Haus

Im Anschluß an ihre Besprechung fuhren Dulles und Adenauer ins Weiße Haus, um mit Präsident Eisenhower zu sprechen. Nach einer langen Unterredung fand ein offizielles Essen im Weißen Haus statt. Gemeinsam erklärten Eisenhower und Dulles im Anschluß daran, die Pariser Abkommen über die deutsche Souveränität und den deutschen Verteidigungsbeitrag ebneten den Weg zu einem starken und vereinten Europa. In der jüngsten Sowjetnote könnten sie keine neuen Vorschläge für die Wiedervereinigung Deutschlands feststellen. Auch stimmten sie überein, daß dieses Ziel nur mit friedlichen Mitteln erreicht werden soll.

Am Freitag soll der Freundschafts- und Handelsvertrag zwischen den USA und Deutschland unterzeichnet werden.

Beim offiziellen Empfang in Washington (von links): Frau Dulles, Bundeskanzler Dr. Adenauer und US-Außenminister John Foster Dulles. ap-Funkbild

Die Theaterlandschaft gerät in Bewegung

„Deutsche Oper am Rhein" zwischen Duisburg und Düsseldorf im Entstehen

Durch Indiskretionen hüben und drüben wurde mit rauher Hand vorzeitig ans Tageslicht gezerrt, was die Verhandlungspartner vor Monaten behutsam einfädelten, beharrlich weiter gesponnen und ängstlich gegen Störungen abgeschirmt hatten: der Plan für eine Operngemeinschaft zwischen Duisburg und Düsseldorf. Die verfrühte Zerreißprobe ist hart und gefährlich, denn es geht um weit mehr, als die bisherigen Äußerungen erkennen ließen. Nicht lediglich eine Zusammenschaltung wirtschaftlich-organisatorischer Art, sondern ein musikalisches Theater von europäischem Format, eine „Deutsche Oper am Rhein", schwebt den Stiftern einer solchen Theaterehe vor.

Was haben die Partner sich gegenseitig anzubieten? Duisburg verweist auf seine einst glanzvolle Operntradition, seine verwaltungsmäßigen Erfahrungen und sein wiederaufgebautes prächtiges Haus, das alle mordernen technischen Anforderungen erfüllt. Düsseldorf präsentiert seinen landeshauptstädtischen Rang, einen beachtlichen Ausstattungsfundus und — für nächstes Jahr — eine örtlich allerdings heftig umstrittene Modernisierung seines Opernhauses.

Während Duisburg weder Ensemble noch Fundus besitzt — beides ging im letzten Kriege verloren —, verzeichnet Düsseldorf auf der Minus-Seite ein auch nach seiner eigenen Ansicht unzulängliches Opernniveau. Daraus resultiert das gemeinsame Ziel, Besseres, ja Erstklassiges zu schaffen, das sich mit München oder Hamburg messen kann. Eben: d i e „Oper am Rhein".

Die Ruhr ist offenbar ausgeschieden. Duisburger Bemühungen um eine echte Partnerschaft mit einer Revierbühne scheiterten allenthalben an der Ungleichheit der Anforderungen, an lokalpatriotischen Kirchtürmen oder an Unentschlossenheit. Kulturelles Revierbewußtsein? „Das ist leider nur zu oft Phrase, mit der wir jedenfalls im Augenblick und in nächster Zukunft praktisch nichts anfangen können", mußten die Duisburger am Ende ihrer Bemühungen zu ihrem Bedauern feststellen.

Nur mit Düsseldorf fand man eine gemeinsame Plattform der Wünsche. Welch hoher Einsatz — ein Kostenanschlag rechnet mit einem Gesamtetat von etwa 4 Mill. DM — gespielt wird, zeigen Kostproben aus dem Stellenplan-Entwurf: 11 künstlerische Vorstände, 35 männliche Solisten, davon 9 Opern- und 2 Operettentenöre, 60 Solistinnen einschließlich 14 Spitzensängerinnen, ein Tanztheater von 47 Mitgliedern mit einem Direktor, 1 Ballettmeister internationalen Rufs, 13 Solo- und 27 Gruppentänzer. Mit einem solchen Apparat von insgesamt 215 künstlerischen, technischen und Bürokräften würde eine gleichzeitige Bespielung beider Häuser weitaus gesichert sein.

Von den vier möglichen Organisationsformen — Zweckverband, Aktiengesellschaft, GmbH. und Gesellschaft bürgerlichen Rechtes — erwärmte man sich bisher für die letztere. Sie gilt als die beweglichste, wirtschaftlichste und einfachste. Die Gliederung: ein Verwaltungsrat, je zur Hälfte durch die beiden Städte besetzt; ein Arbeitsausschuß für die Tagesfragen; ein Generalintendant. Für den letzteren soll gelten: „Der Beste ist uns gerade gut genug."

Düsseldorf kann die Ausgangsposition für einen völligen künstlerischen Neubau durchaus schaffen: die Verträge mit dem Generalintendenten Iltz, dem Generalmusikdirektor Szenkar und einem Teil der Künstler laufen aus. Hier wie in Duisburg ist also die Bahn frei für einen ganz neuen Anfang — ohne Belastungen der Vergangenheit.

Um den Sitz der Verwaltung und des Generalintendanten, der möglichst schon für die Spielzeit 1955/56 gewonnen werden soll, wird noch gerungen. Die Stadt Duisburg, aus Erfahrungen jedem Anschein eines Filialbetriebes abhold, möchte wieder einen Herrn — und auch den gemeinsamen — im eigenen Haus haben. Die Stadt Düsseldorf hat ihren landeshauptstädtischen Ehrgeiz, zeigt aber guten Willen und Verständnis. Offizielle Stellen meinen, daß daran das gemeinsame Vorhaben nicht scheitern sollte.

Gustaf Gründgens, der gegenwärtige Schauspiel-Lieferant beider Städte, äußerte sich auf Befragen vorsichtig, aber positiv zu dem Projekt. Sicherlich wird man nicht versäumen, auch an den Mann, der im letzten Kriege sämtliche Berliner Staatsbühnen zusammenhielt und sich auch als Opernregisseur einen Namen machte, eine entscheidende Frage zu richten. Landeskultusminister Schütz kennt den Plan und scheint Gefallen an ihm zu finden.

Ein Plan, der genau auf der Linie dringender Notwendigkeiten liegt, die von der WAZ vor einigen Monaten in einer umfassenden Untersuchung aufgezeigt wurden. Nämlich: in unserer so vielfarbigen, aber auch so verworrenen und so unvernüftig bepflanzten Theaterlandschaft endlich zu neuen, größeren und leistungsfähigeren Gebilden zu kommen. Erst eine sinnvolle Zusammenfassung der zersplitterten Kräfte vermag sie so zu steigern, wie es dem künstlerischen Potential des Industriegebiets gebührt.

ALBERT LONGJALOUX

EINE GROSSE ZUKUNFT

... sagen die Fachleute dem sog. Rollermobil voraus. Von diesem neuen Fahrzeugtyp erschienen jetzt die ersten Modelle auf dem deutschen Markt. Unser Bild zeigt das Goggomobil, das, wenn man von der Radgröße absieht, äußerlich nicht mehr an einen Roller erinnert. Das Goggomobil soll über die Vorzüge eines Reisewagens verfügen: gute Steigfähigkeit (28 v. H.) und schnelles Anzugsvermögen. Der hinten gelagerte 250-ccm-Zweitakt-Motor mit Gebläse leiset 14 PS. Getriebe mit vier Vorwärtsgängen und einem Rückwärtsgang. Höchstgeschwindigkeit: 80 km/st. Benzinverbrauch: etwa 4 Liter auf 100 km. Die Steuer beträgt monatlich 4,50 DM, die Haftpflichtversicherung 8,25 DM. Preis des Fahrzeuges: 2940 DM, mit Rolldach 2975 DM. Bild: Kempter

Bundespost eröffnet Jagd auf ‚Schwarzseher'

FRANKFURT (Main)

Die deutschen Postbehörden, die seit Anbeginn des „Rundfunkzeitalters" den Schwarzhörern auf den Fersen sind, haben nunmehr auch eine „wirksame Waffe" zur „Jagd auf Schwarzseher" erhalten.

Das Signal „Jagd frei" wurde auf der Tagung der fernsehtechnischen Gesellschaft in Marburg durch die Bundespost gegeben, die ein kleines handliches Suchgerät vorführte, mit dem noch auf große Entfernung die magnetischen Felder von Fernsehgeräten genauestens angepeilt werden können. Dieses empfindliche Gerät ermöglicht nicht nur die Anpeilung des Hauses und der Wohnung, sondern sogar des Zimmers, in dem die sogenannten „Schwarzsehempfänger" stehen.

(ap)

Kindertage des Fernsehens

Die junge Bundesrepublik kommt so langsam ins Schulalter, das Fernsehen steckt noch tief in den Kinderschuhen. Dabei gibt es ein hübsch anzuschauendes Fräulein-Wunder auf den Bildschirmen zu betrachten: Sie heißen Mady Eichenauer, Ursula von Manescul, Anette von Aretin oder Hilde Nocker – genannt „Fernseh-Mieze" – und sie verkünden 11.685 Geräte-Besitzern, denen die Bundespost Anfang des Jahres eine „Fernsehgenehmigung" erteilt hat, was die Flimmerkiste so hergibt.

Das aber geht an den meisten vorbei. Deutschland ist Radioland; Fernsehen, das kann sich kaum jemand leisten. Die Fußball-Weltmeisterschaft, na klar, lässt die Zahl der Geräte-Besitzer sprunghaft ansteigen, am Ende des Jahres werden es gut 85.000 sein. Wer aber erinnert sich an die bewegten, bewegenden Bilder aus Bern? Alle kleben gebannt vor den Radio-Empfängern und hören Zimmermanns Reportage: „Rahn schießt..."

Dabei tut sich einiges in Sachen Fernsehen: Die Sender der Arbeitsgemeinschaft der Rundfunkanstalten Deutschlands (ARD) beschließen ein Gemeinschaftsprogramm und legen genau fest, wieviel jeder Sender dazu beitragen muss: 50 Prozent fallen auf den „Nordwestdeutschen Rundfunk" (NWDR), 20 Prozent auf den Bayerischen Rundfunk, der mit Mozarts „Gärtnerin aus Liebe" erstmals auf Sendung geht, je zehn Prozent müssen Süddeutscher Rundfunk, Südwestfunk und Hessischer Rundfunk zum ARD-Programm beisteuern.

Doch die Gewichtung wird sich schnell verschieben: Noch in diesem Jahr stößt der neue „Sender Freies Berlin" zur ARD, der Düsseldorfer Landtag beschließt das „WDR-Gesetz": Es besiegelt die Trennung des NWDR mit seinem Kölner Ableger in den künftigen WDR und NDR. Längst nämlich war Nutzern und Politikern die „Nordlastigkeit" des NWDR ein Dorn im Auge (vor allem im Ohr): Zwischen Rhein und Weser fühlt man sich doch ziemlich unterrepräsentiert. Mehrere Sender starten TV-Regionalprogramme und die Hessen entdecken als erste eine zusätzliche Finanzquelle: Sie strahlen Werbespots aus, zunächst nur im Rundfunk.

Während sich in Deutschland die Rundfunklandschaft zu formen beginnt, läuft sogar schon die europäische TV-Zusammenarbeit an. Als allererste „Eurovisions"-Übertragung wird den wenigen Zuschauern das Narzissenfest aus Montreux live übertragen – von Italien bis England. Das ist der Probelauf für die Fußball-WM in der Schweiz, die erste große Herausforderung für die Eurovision, die das Programm mittels Richtfunk-Antennen über den Kontinent verbreitet.

Fernsehen müsse, so hat es vor wenigen Jahren der große Kulturpolitiker Adolf Grimme gefordert, eine Bildungseinrichtung für das Volk sein. Die Programmmacher sehen das schnell anders. Mit „Unsere Nachbarn heute Abend: Familie Schölermann" geht die Mutter aller Familienserien auf Sendung. Live aus dem Studio, aufzeichnen kann man nichts. 111-mal kommt die Familie bis 1959 auf den Bildschirm – ein ebenso beliebtes wie offenbar treffendes Identifikationsmuster der Menschen im Nachkriegs-Deutschland. Auch schlägt schon die Stunde der Unterhaltungs-„Dinos": Hans-Joachim Kulenkampff eröffnet den Reigen der Quiz-Shows mit „Wer gegen wen", wenig später verkündet ein junger, schlanker Mann im Jacket mit großen Karos „1:0 für Sie"; Peter Frankenfeld debütiert im Fernsehen mit einer Show nach amerikanischem Muster.

Ach ja, Amerika: Da schwärmt der WAZ-Korrespondent von einem Fernseh-Erlebnis der besonderen Art. NBC hatte die Weltpresse geladen und führte dieselbe Sendung auf zwei TV-Geräten vor: „Aber schon nach wenigen Minuten sah man die übliche Übertragung in Schwarz und Weiß nicht mehr. Sie war blass, grau, flach, fast unsichtbar neben den vollen, zart abgestuften und rein strahlenden Farben des anderen Apparates. Hier war nicht nur Farbe, sondern auch eine Plastik und ein Leben, das der Farbfilm in mehreren Jahren seiner Entwicklung nicht erreicht hatte." In den USA geht das Farbfernsehen an den Start nach der Norm NTSC, über die später gespöttelt wird: NTSC, das stehe für Never The Same Colour (niemals dieselbe Farbe).

Farbe, die spielt im deutschen Fernsehen auf lange Sicht keine Rolle. Die Industrie sieht sich kaum in der Lage, der wachsenden Nachfrage nach Fernsehgeräten Herr zu werden. Kein Zweifel, das Medium Fernsehen beginnt seinen unaufhaltsamen Aufstieg.

Manuel Fritzsche

EINZELPREIS 20 PF / NR. 264

FREITAG, 12. NOV. 1954

WESTDEUTSCHE ALLGEMEINE

Breite Front gegen ‚Ehesteuer'

Bundestag wird Schäffer-Vorlage voraussichtlich ablehnen

Von unserem Bonner Büro Vo BONN, 11. November

Schäffers „Ehesteuer" hat kaum noch Aussichten, verwirklicht zu werden. Die Fronten der Gegner haben sich inzwischen noch verstärkt. Der Kampf wird immer dramatischer. Auch der Steuerexperte der CDU, Dr. Neuburger, lehnt neben einer großen Zahl seiner Parteifreunde die „Ehesteuer" ab und fordert getrennte Veranlagung für berufstätige Ehegatten.

Damit stehen der Bundesfinanzminister, die CSU-Abgeordneten und die CDU-Gruppe um Bundesminister Wuermeling praktisch allein in ihrem Bestreben, Ehegatten künftig steuerlich gemeinsam zu veranlagen. Die Tendenz der Parlamentsmehrheit geht also dahin, Ehegatten nach wie vor getrennt zu besteuern, einen Partner allerdings nach Steuergruppe I (Ledige).

Neuburger und seine CDU-Freunde befürworten darüber hinaus die SPD-Forderung, diese Form der getrennten Veranlagung auch auf die Selbständigen auszudehnen. In ähnlicher Richtung gehen die Wünsche der FDP, des BHE und der DP.

Fortsetzung auf Seite 2

BHE bleibt in der Koalition

WAZ BONN, 11. November

Das Ultimatum des BHE an den Bundeskanzler ist abgelaufen, ohne daß die Partei aus der Bonner Regierungskoalition ausschied. Nach neuen Beratungen der Fraktion am Donnerstag wurde in einem Kommuniqué festgestellt, der Gesamtdeutsche Block werde die Koalition verlassen, „wenn die Zusagen nicht ohne Verzug bzw. innerhalb des durch die Arbeit des Parlaments bedingten Zeitraumes verwirklicht werden sollten".

Die Erhöhung der Kriegsbeschädigtenrenten, die Verbesserung des Kinderbeihilfengesetzes sowie die Weihnachtsbeihilfe für die sozial Schwachen und die Ausgabenseite des Lastenausgleichs werden als noch nicht erfüllte Forderungen genannt. Der BHE erwartet jetzt noch eine schriftliche Bestätigung dieser Zusagen durch den Bundeskanzler.

Mieter von offenen Verkaufsstellen können gegen Kündigung protestieren

BONN, 11. November

Der Wohnungsbauausschuß des Bundestages verabschiedete am Donnerstag mit den Stimmen der Mitglieder der Regierungskoalition einen Gesetzentwurf, nach dem der Mieter gegen die Kündigung eines Mietverhältnisses für offene Verkaufsstellen Einspruch erheben kann, wenn er nachweist, daß er dadurch seine wirtschaftliche Lebensgrundlage verliert. (dpa)

Siehe auch auf Seite „Wirtschaft und Arbeit"

Francois-Poncet will zurücktreten

WAZ BONN, 11. November

Spätestens nach dem Inkrafttreten der Pariser Verträge wird der jetzige französische Hohe Kommissar, Botschafter André Francois-Poncet, sein Amt in Deutschland niederlegen und aus dem diplomatischen Dienst ausscheiden. Als Kandidaten für den Posten des künftigen französischen Botschafters in Bonn werden die Namen des Leiters der politischen Abteilung im Quai d'Orsay, Roland de Margerie und des französischen Botschafters in Rom, Fouques Duparc, genannt.

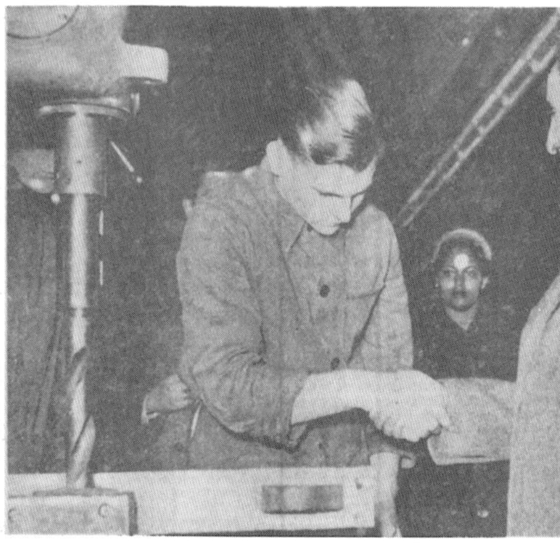

KAISER HAILE SELASSIE IM RUHRGEBIET

Auf seiner Fahrt durch das Ruhrgebiet besuchte Kaiser Haile Selassie von Äthiopien u. a. das Hüttenwerk Rheinhausen. Unser Bild zeigt ihn im Gespräch mit einem Lehrling in der Lehrwerkstatt des Hüttenwerks. In der Mitte die Schwiegertochter des Kaisers, rechts (halb verdeckt) Ministerpräsident Arnold, dem der Negus das Großkreuz des Ordens Meneliks II. verlieh. Anschließend fuhr der Kaiser nach Essen, wo er in der Villa Hügel Gast Alfried Krupps war. — Bei seinem Abschied von Bonn hatte Haile Selassie dem Bundespräsidenten eine 50 cm hohe Nachbildung der Freiheitsstatue in der äthiopischen Hauptstadt Addis Abeba geschenkt. Der Kaiser bat Prof. Heuss, dieses Geschenk als Symbol für die Einheit und Freiheit Deutschlands entgegenzunehmen.

WAZ-Bild: Werner Ebeler

Siehe auch auf Seite „Aus dem Westen"

Monnet verläßt Hohe Behörde

Montanunion verliert ihren bisherigen Präsidenten

Von unserem Bonner Büro Vo BONN, 11. November

Der Präsident der Hohen Behörde, Monnet, hat die Regierungen der Mitgliedsstaaten der Montanunion davon unterrichtet, daß er sich nach Ablauf seiner Amtszeit am 10. Februar 1955 nicht mehr zu einer Wiederwahl als Präsident stellen werde. In einem Schreiben an die Außenminister teilte er mit, daß er gleichzeitig auch sein Mandat als Mitglied der Hohen Behörde niederlegen wolle.

Der persönliche Referent des deutschen Vizepräsidenten der Hohen Behörde, Dr. von Heide, erklärte am Donnerstag in Bonn, daß für den Entschluß Monnets die politische Entwicklung maßgebend gewesen sei. Vor der Hohen Behörde habe Monnet betont, daß er von seinem Amt zurücktrete, um sich als freier Mann wirkungsvoller für die europäische Einheit einsetzen zu können.

Jean Monnet: Rücktritt

In Bonner Regierungskreisen wurde der Schritt Monnets sehr bedauert. Sein Name werde mit dem Werk der Montanunion immer verbunden bleiben. In Kreisen der SPD vertrat man die Auffassung, daß Monnet das Opfer seiner eigenen Politik der Teilintegration geworden sei, vor der die SPD gewarnt habe.

In Kreisen der Hohen Behörde werden als mögliche Nachfolger Monnets der frühere französische Außenminister Schuman und der Generalsekretär des Europäischen Wirtschaftsrates (OEEC), Marjolin, genannt.

Siehe auch Kommentar auf Seite 2

Neuer Vorstoß gegen Kindergeldgesetz

WAZ BONN, 11. November

Die FDP, der BHE und die DP haben im Bundestag einen neuen Vorstoß unternommen, um das umstrittene Kindergeldgesetz zu ändern. Nach einem von diesen Fraktionen eingereichten Antrag sollen statt der Berufsgenossenschaften die Finanzämter eingeschaltet werden. Ferner fordern die Fraktionen der Regierungskoalition, daß die Beitragsfreiheit der Selbständigen von 4800 DM Einkommen jährlich auf 9000 DM erhöht wird. Man befürchtet allerdings, daß die CDU erneut versuchen wird, mit Hilfe ihrer knappen Mehrheit auch diese Änderungsanträge zu verwerfen.

Sozialisten in England und Frankreich billigen Verträge

PARIS/LONDON, 11. November

Die Sozialistische Partei Frankreichs und die Parlamentsfraktion der britischen Labour Party sprachen sich am Donnerstag für die Ratifizierung der Pariser Verträge aus. Die Franzosen billigten die Ratifizierung mit 2817 gegen 454 Stimmen; die Labour-Fraktion stimmte ihr mit 124 gegen 72 Stimmen zu.

Regierungsteilnahme abgelehnt

Die französische Sozialistische Partei lehnte am Donnerstagabend überraschend eine Teilnahme an der Regierung von Ministerpräsident Mendes-France ab. (dpa/ap)

Athener Regierung steht zu Abmachungen mit deutschen Firmen

Zwei Minister zurückgetreten - Eine Erklärung Marschall Papagos'

Berichte unserer Nachrichtendienste

ATHEN, 11. November

Die Regierungskoalition ist überraschend auseinandergebrochen, als Ministerpräsident Papagos bekanntgab, daß der ehemalige Minister für Wirtschaftsplanung, Markezinis, ohne sein Wissen vor einem Jahr den deutschen Firmen Siemens und Telefunken die Genehmigung zum Ausbau und Betrieb des griechischen Fernsprech- und Rundfunknetzes erteilt habe. Auf diese Erklärung hin gab Markezinis bekannt, daß seine „Neue Partei" aus der Regierungskoalition ausscheide. Zugleich reichten der Nachfolger von Markezinis, Kapsalis, und Finanzminister Papayannis ihren Rücktritt ein.

Kapsalis und Papayannis sind enge Freunde von Markezinis und gehören ebenfalls der „Neuen Partei" an. Ministerpräsident Papagos erklärte, Markezinis habe bei seinem Besuch in der Bundesrepublik im November vorigen Jahres mit Bundeswirtschaftsminister Erhard über diese Genehmigung Protokolle ausgetauscht, deren Fotokopien der deutsche Botschafter Kordt Außenminister Stephanopoulus vorgelegt hat. Die griechische Regierung, so betonte Papagos, werde diese Abmachung respektieren, obwohl sie ihm als Ministerpräsidenten monatelang verheimlicht worden sei.

Bundesbahn fehlen 3000 Personenwagen

Beschaffung kostet 500 Mill. DM

BONN, 11. November

3000 Personenwagen fehlen der Bundesbahn zur zufriedenstellenden Bedienung des Berufsverkehrs, teilte Bundesverkehrsminister Seebohm auf eine kleine Anfrage der SPD-Fraktion im Bundestag mit. Für den Berufsverkehr stehen rund 17 700 Wagen zur Verfügung, von denen 4700 älter als 40 Jahre sind. Die Bundesbahn baut in diesem und im kommenden Jahr einen Teil der Dreiachswagen mit einem Kostenaufwand von rund 95 Millionen DM um. Die Beschaffung der 3000 fehlenden Wagen wird nach Angabe der Bundesbahn etwa 500 Mill. DM kosten. Die Finanzierungsmöglichkeiten sind noch nicht gesichert und hängen mit von der Verabschiedung der Verkehrsgesetze ab. (dpa)

*

Auch die Bremer Bürgerschaft hat einen Dringlichkeitsantrag der SPD angenommen, das Saarabkommen mit Frankreich im Bundesrat abzulehnen. Nur die CDU und DP lehnten den Antrag ab.

Auf Schloß Bellevue, dem künftigen Berliner Wohnsitz des Bundespräsidenten, das 1945 zu 75 v. H. zerstört wurde und jetzt mit Bundesmitteln wiederaufgebaut wird, wurde die Richtkrone gesetzt.

Sechs Parteien haben mit Ablauf der Einreichungsfrist am Donnerstagabend beim hessischen Innenministerium ihre Wahlvorschläge für die Landtagswahl am 28. November eingereicht. Es sind dies SPD, FDP, CDU, BHE, KPD und der „Bund der Deutschen".

Eine neue Atomexplosion hat nach Mitteilung japanischer Wissenschaftler am 29. oder 30. Oktober vermutlich in Sibirien stattgefunden. Das meteorologische Forschungsinstitut in Tokio stellte am 4. und 5. November radioaktiven Staub über Japan fest.

Die britische Veröffentlichung deutscher Geheimdokumente, in denen der Herzog von Windsor erwähnt wurde, wird nächste Woche zu mehreren Anfragen im Londoner Unterhaus führen.

(WAZ/dpa/ap)

Moskau: Chruschtschew verbietet Kirchenverfolgung

MOSKAU, 11. November

Parteisekretär Chruschtchew ordnete am Donnerstag an, daß Parteifunktionäre es bei ihren künftigen antireligiösen Kampagnen vermeiden sollten, die Gefühle der Gläubigen zu verletzen, noch dürften sie sich verwaltungsmäßig in die Tätigkeit der Kirchen einmischen. Eine entsprechende Verordnung wurde in der parteiamtlichen Moskauer „Prawda" veröffentlicht. Die Anweisung kam für die westlichen Vertreter in Moskau überraschend, weil die sowjetische Presse noch in den letzten Monaten einen scharfen Feldzug gegen die Kirche geführt hat. (dpa/ap)

Kesselring: Invasion wäre geglückt Messerschmitt: Es bestand keine Chance

LONDON, 11. November

Über die Schlacht um Großbritannien und über die Erfolgsaussichten, die eine deutsche Landung in Großbritannien im Jahre 1940 gehabt hätte, sprachen der Generalfeldmarschall Kesselring und der Flugzeugkonstrukteur Prof. Messerschmitt am Mittwochabend in einem Interview über den britischen Fernsehfunk. Kesselring vertrat die Ansicht, daß die deutsche Wehrmacht nach Dünkirchen durchaus zu einer Invasion in der Lage gewesen wäre, wenn man deutscherseits mit derselben Initiative vorgegangen wäre, wie in anderen Feldzügen. Die Luftschlacht habe die deutsche Luftwaffe nicht verloren, sondern die Operationen seien verfrüht abgebrochen worden. Kesselring meinte ferner, in den SS-Divisionen sei ein Teil des besten deutschen Blutes vertreten gewesen. Man dürfe die Angehörigen dieser Einheiten nicht verfemen.

Messerschmitt erklärte, daß die Schlacht um Großbritannien wegen der mangelnden Reserven der deutschen Luftwaffe hätte abgebrochen werden müssen und betonte, die Engländer hätten den Sieg davongetragen. (dpa/ap)

„Das Leben ganzer Kontinente würde ausgelöscht werden"

WASHINGTON, 11. November

Es gebe heute Waffen, die ganze Kontinente veröden und alles menschliche, tierische und pflanzliche Leben auf ihnen ausrotten, erklärte der USA-Minister für die Luftstreitkräfte, Talbott, bei einer Gefallenenehrung auf dem Heldenfriedhof Arlington. Er habe von Amts wegen eine intime Kenntnis dieser Waffen, die es ermöglichten, in einer einzigen Nacht alle Zivilisation auszurotten. (dpa/ap)

Moskauer USA-Botschafter: Malenkow will verhandeln

WASHINGTON, 11. November

Sowjetisch-amerikanische Differenzen sollten künftig auf dem Verhandlungswege beigelegt werden. Diesen Wunsch hat, wie jetzt bekannt wird, der sowjetische Ministerpräsident Malenkow auf dem kürzlichen Staatsbankett dem amerikanischen Botschafter Bohlen gegenüber geäußert. (dpa)

Montgomery: Das bleibt den Deutschen selbst überlassen

OTTAWA, 11. November

Die Haltung der Bundesrepublik gegenüber ihren zukünftigen NATO-Partnern ist äußerst korrekt, erklärte der stellv. NATO-Oberbefehlshaber, Lord Montgomery, in Ottawa. Vor der Presse beantwortete er Fragen kanadischer Journalisten, nach welchem Vorbild die Deutschen ihre Divisionen zu formen haben, welche Waffen ihnen gegeben werden und warum ein deutscher Generalstab geschaffen werde mit den Worten: „Alle diese Dinge bleiben den Deutschen selbst überlassen. Wie Sie wissen, ist Deutschland jetzt ein souveränes Land genau wie das Ihre. Hinsichtlich eines deutschen Generalstabes kann ich nicht einsehen, wie ein Land seine Streitkräfte aufbauen soll, ohne daß es einen Kriegsminister und dessen Berater hat." (dpa)

Bonn empfängt den Kaiser von Äthiopien

Haile Selassie zum Staatsbesuch in der Bundesrepublik eingetroffen

WAZ BONN, 8. November

Kaiser Haile Selassie von Äthiopien ist am Montag mit seinem Gefolge zu einem sechstägigen Staatsbesuch in der Bundesrepublik eingetroffen. Er ist der erste Monarch, der der Bundesrepublik einen offiziellen Besuch abstattet. Haile Selassie wird begleitet von seinem Sohn, dessen Frau, zwei Ministern und dem Hofmarschall. Zur Begrüßung des Kaisers fanden sich Bundespräsident Heuss, Bundeskanzler Adenauer, alle in Bonn anwesenden Mitglieder des Bundeskabinetts, der Vizepräsident des Bundestages und der Präsident des Bundesrates auf dem Bonner Bahnhof ein.

Beim Einlaufen des Zuges intonierte die Polizeikapelle die äthiopische und die deutsche Nationalhymne. Etwa 10 000 Menschen, die schon lange Zeit vorher auf dem Bahnhofsvorplatz und in den angrenzenden Straßen gewartet hatten, empfingen den Monarchen mit Zurufen und Händeklatschen, als er unter einem rot-weißen Baldachin und durch Polizeispalier zum Wagen schritt.

Daraufhin fuhr der Kaiser zusammen mit dem Bundespräsidenten zum Hotel Petersberg bei Königswinter. Bereits am Montagnachmittag machte er dem Bundespräsidenten in der Villa Hammerschmidt einen offiziellen Besuch.

Sechs Hundertschaften grünuniformierter Bereitschaftspolizei flankierten die Koblenzer Straße im Bonner Regierungsviertel. Eine Stunde später machte der Bundespräsident dem Kaiser auf dem Petersberg einen Gegenbesuch. Dann folgten kurz aufeinander die Besuche des Bundeskanzlers, des Bundesratspräsidenten Peter Altmeier und des Vizepräsidenten des Bundestages, Prof. Carlo Schmid. Unser Bild zeigt Haile Selassie zusammen mit dem Bundespräsidenten und dem Bundeskanzler beim Verlassen des festlich geschmückten Bonner Bahnhofes.

Churchill glaubt an Auswirkungen der Atomexplosionen auf die Erdatmosphäre

LONDON, 2. November

Premier Churchill erklärte am Dienstag vor dem Unterhaus, eine übermäßige Anzahl von Atom- und Wasserstoffexplosionen könnte ernste Auswirkungen auf die Atmosphäre haben, von der die Erde umgeben ist. Diese Auswirkungen würden nach seinen Informationen etwa 5000 Jahre lang spürbar sein. Als einige Mitglieder des Hauses diese Bemerkung des Regierungschefs mit Gelächter quittierten, sagte Churchill: „Ich wünsche nicht, in spaßhafter Art über Dinge zu reden, die uns ständig bewegen."

(ap/dpa)

Neue Pankower Regierung kaum verändert

WAZ BERLIN, 19. November

Sowjetzonen-Ministerpräsident Grotewohl stellte am Freitag der Volkskammer die neugebildete Regierung der Sowjetzonenrepublik vor, die gegenüber der bisherigen Zusammensetzung nur geringe Veränderungen aufweist. Die wichtigste Änderung ist die Ersetzung des bisherigen Volksbildungsministers Laabs durch den bisherigen Leiter der Zentralkommission für staatliche Kontrolle, Franz Lange.

In einer Regierungserklärung forderte Grotewohl einen gesamtdeutschen Volksentscheid über die Frage, ob das deutsche Volk die Verwirklichung der Pariser Vereinbarungen oder aber die Regelung des deutschen Problems im Rahmen eines gesamteuropäischen Paktes für kollektive Sicherheit wünsche. Wie Grotewohl mitteilte, hat die Sowjetzonenregierung die Einladung Moskaus zu der vorgeschlagenen europäischen Sicherheitskonferenz am 29. November angenommen.

Nobelpreis für Physik an zwei Deutsche verliehen

STOCKHOLM, 3. November

Mit dem Nobelpreis für Physik 1954 wurden die beiden deutschen Professoren Dr. Max Born (Göttingen) und Dr. Walther Bothe (Heidelberg) von der schwedischen

PROF. DR. BORN

Königlichen Akademie der Wissenschaften ausgezeichnet. Der Geldpreis von rund 145 000 Mark wurde beiden Preisträgern zu gleichen Teilen zugesprochen. Den Nobelpreis für Chemie erhielt Dr. Linus Carl Pauling, Direktor des kalifornischen Instituts für Technologie in Pasadena.

Die beiden deutschen Physik-Nobelpreisträger sind Schüler Max Plancks, der die Grundlagen der Quantentheorie legte. Prof. Born erhielt den Preis für seine Arbeit auf dem Gebiet Quantenmechanik, Prof. Bothe für die Analyse der kosmischen Strahlen. (dpa)

WESTDEUTSCHE ALLGEMEINE
Die unabhängige Zeitung des Ruhrgebiets

Eisenhower: Aussichten auf Frieden besser denn je

NEW YORK, 8. November

Die Aussichten auf einen dauernden Frieden seien heute besser denn je in den letzten Jahren, erklärte Präsident Eisenhower am Montag in einer Rede in Boston. Er hoffe, daß sein Plan für die friedliche Nutzung der Atomenergie eine neue Phase der Beziehungen zwischen den USA und der Sowjetunion einleiten werde. „Es ist bei unseren friedlichen Bemühungen nicht paradox", betonte Eisenhower, „daß wir zugleich gewaltige militärische Kräfte unterhalten. Denn in einer Welt, die zum Teil von Menschen beherrscht wird, die nur Geschütze, Flugzeuge und Panzer respektieren, sind diese Waffen für unsere Weiterexistenz wesentlich."

Die „Washington Post and Times Herald" enthüllt am Montag, Eisenhower habe am 12. September auf einer Sondersitzung des Nationalen Sicherheitsrates eine Empfehlung der Generalstabschefs und Außenminister Dulles' verworfen, in der vorgeschlagen wurde, USA-Luftstreitkräfte sollten im Falle einer kommunistischen Landung auf Quemoy Angriffe auf das chinesische Festland durchführen. (ap/dpa)

Nicht genug Reklame kann man für den Film „Die Faust im Nacken" machen, in dem Marlon Brando (unser Bild) den Kampf gegen eine Gangsterclique aufnimmt, die die New-Yorker Hafenarbeiter terrorisiert. Der sehr sozialkritische, nach authentischem Material gedrehte Film, erhielt mit Recht drei große Preise. „Die Faust im Nacken" gehört zu den wenigen Streifen der letzten Zeit, die man wirklich nicht versäumen darf.

Ehefrau muß den Mannesnamen führen

KOBLENZ, 16. November

Auch bei Gleichberechtigung von Mann und Frau ist eine Ehefrau verpflichtet, den Namen ihres Ehemannes zu führen. Diese grundsätzliche Entscheidung wurde jetzt vom Oberverwaltungsgericht Koblenz gefällt. Eine Schriftstellerin, der von einer Verwaltungsbehörde zunächst erlaubt worden war, ihren Geburtsnamen zu führen, hatte Klage erhoben, als diese Erlaubnis kurze Zeit später wieder zurückgenommen wurde. Das Oberverwaltungsgericht stellte fest, der durch die Heirat begründete Status der Ehegatten müsse auch in der Namensführung erkennbar sein. Dies dürfe nicht als rechtliche Minderbewertung der Frau aufgefaßt werden, sondern als eine Ordnungszwecken dienende Maßnahme. Außerhalb des Rechtsverkehrs, d. h. publizistisch oder künstlerisch, könne die Ehefrau ihren Geburtsnamen führen. (dpa)

Hausfrauen können Gemüse „topffertig" kaufen

KÖLN, 4. November

Künftig können die Hausfrauen auch im Bundesgebiet Frischgemüse und Kartoffeln geschält, geputzt, geschnitten, in Tüten verpackt einkaufen und „topffertig" nach Hause tragen. Diesen neuen Kundendienst kündigte am Donnerstag die Hauptgemeinschaft des deutschen Einzelhandels in Köln an. Ähnlich wie in Holland sollen demnächst in den westdeutschen Einzelhandelsgeschäften Gemüseputzmaschinen aufgestellt werden. Für das Herrichten des Gemüses wird ein entsprechender Preisaufschlag erhoben. Nach Auffassung des Einzelhandels werden die Hausfrauen diese geringen Mehrkosten gern in Kauf nehmen, wenn sie das Gemüse bereits geputzt einkaufen können.

Auf einem Treffen europäischer Strumpfwirker wurden einige Zahlen über den Verbrauch von Damenstrümpfen aus Perlon und Nylon bekanntgegeben. Das Schaubild zeigt den Verbrauch in vier ausgewählten Ländern. Überall geht die Entwicklung in Richtung auf den Fein-Strumpf. In den USA haben die nahtlosen Strümpfe bereits 14 v. H. des Verbrauchs erreicht.

„Millionenerbin" hatte 1 DM auf der Bank

Leichtgläubiger Geschäftsmann richtete ihr ein Jagdhaus ein - Schecks platzten

NEUWIED, 3. November

Eine aus Sachsen geflüchtete zweimal vorbestrafte 35 Jahre alte Witwe hatte bei ihrer Trampfahrt durch die Bundesrepublik auf der Autobahn einen Straßenbauunternehmer aus dem Rheinland kennengelernt. Sie gaukelte dem Geschäftsmann vor, daß ihr aus einer Erbschaft 13 Millionen zufallen würden.

In Erwartung des phantastischen Reichtums richtete der Unternehmer ein Jagdhaus als Wohnung für die Witwe ein. Das Paar wollte die Hubertusburg bei Leutesdorf für eine halbe Million DM, großes Waldgelände für 110 000 DM und eine Villa in Honnef für 70 000 DM erwerben. Ein Notar wurde beauftragt, Aktien eines Augsburger Industrieunternehmens zu beschaffen.

Der Schwindel kam schnell heraus. Reihenweise platzten auf der Stadtsparkasse in Linz am Rhein Schecks, die für den Kauf eines Wagens und anderer Wertgegenstände ausgestellt waren. Die „Millionenerbin" verfügte über ein Bankkonto mit einer Einlage von einer deutschen Mark.

Wegen fortgesetzten Betruges bestrafte das Schöffengericht Neuwied die Schwindlerin zu vier Monaten und den mitangeklagten Bauunternehmer zu drei Monaten Gefängnis. (dpa)

Die „Ehesteuer" ist tot

Von großer Mehrheit im Bundestag abgelehnt

Freibeträge vom dritten Kind an erhöht

Von unserem Bonner Büro   Vo BONN, 18. November

Schäffers „Ehesteuer" ist am Donnerstag vom Bundestag endgültig zu Grabe getragen worden. Eine überwältigende Mehrheit der Abgeordneten hat die Zusammenveranlagung der Ehegatten bei der zweiten Lesung der großen Steuerreform mit größter Entschiedenheit abgelehnt. Der sogenannte Neuburger-Tarif, der bei den kleineren Einkommen bis zu 12 v. H. unter den Schäffer-Tarif geht und bei Jahreseinkommen von etwa 36 000 DM ausläuft, wurde gebilligt. Die Freibeträge für das dritte und jedes weitere Kind wurden von 1440 DM auf 1680 DM jährlich erhöht. Ferner sprach sich der Bundestag dafür aus, daß auch weiterhin die gesetzlichen und tariflichen Zuschläge für Sonntags-, Feiertags- und Nachtarbeit steuerfrei bleiben, sofern der Lohn insgesamt 7200 DM im Kalenderjahr nicht übersteigt.

An diesen Beschlüssen des Bundestages dürfte sich auch bei der dritten und abschließenden Lesung der Steuerreform am Freitag nichts mehr ändern. Dasselbe gilt für die Herabsetzung der Erbschaftsteuer nach der Regierungsvorlage, wie sie von der Mehrheit des Parlaments gebilligt worden ist.

Ungewiß ist dagegen noch das Schicksal des Körperschaftsteuertarifs und der Exportbegünstigung. Im Hammelsprung beschloß der Bundestag mit einer sehr knappen Mehrheit die Wiederherstellung des gespaltenen Körperschaftsteuersatzes. Danach soll der Körperschaftsteuertarif 45 v. H., für den ausgeschütteten Gewinn aber nur 30 v. H. betragen. Hier und in der Frage des Exportbonus könnten bei der dritten Lesung noch Änderungen eintreten.

BEGEISTERT BEGRÜSST wurde der Arzt und Kulturphilosoph Albert Schweitzer in Oslo, wo er kürzlich eintraf, um den ihm im vorigen Jahr verliehenen Friedens-Nobelpreis in Empfang zu nehmen. Der 79jährige Elsässer war sonnenverbrannt und trug einen wallenden schwarzen Mantel.

ALS „GRÖSSTEN KUMMER SEINES LEBENS"
bezeichnete Bundesfinanzminister Schäffer die Tatsache, daß er wegen seiner Krankheit die „Schlacht im Bundestag" um seine Steuerreform nur aus der Ferne verfolgen könne. Er liegt mit einer Venenentzündung in seiner Bonner Wohnung an der Poppelsdorfer Allee. Laufend bekommt Schäffer Besuch von seinen engsten Mitarbeitern, die ihn über den Stand der Beratungen informieren. Am Donnerstagabend brachte man ihm die Meldung, daß er im Parlament die bisher größte Niederlage erlitten habe. Keystone-Bild

Verkehrsampeln mit Selbstbedienung

In einigen deutschen Städten wurden kürzlich die ersten Selbstbedienungs-Signale für Fußgänger probeweise in Betrieb genommen. Durch Druck auf einen Knopf schaltet der Fußgänger für sich grünes Licht, während der Kraftfahrzeugverkehr durch „rot" gesperrt wird. Nach 15 Sekunden springt das Licht automatisch zurück. Frühestens nach 27 Sekunden kann der nächste Fußgänger wieder auf „grün" schalten. Schirner-Bild

Kühe tanzten auf der Weide

Sumpf war elektrisch

HENRHYD (Wales), 15. November

In dem kleinen nordwalisischen Dörfchen Henrhyd wurde das Geheimnis der „tanzenden Kühe" gelöst. Während sich die Tiere im Stall absolut normal verhielten, führten sie seit einigen Tagen auf der Weide die tollsten Sprünge auf, so daß einige abergläubische Einwohner fürchteten, die Kühe seien von bösen Geistern besessen. Als schließlich der Bauer Bill in Begleitung seines Schäferhundes die Weide betrat, kniff aber auch das sonst so mutige Tier den Schwanz ein und rannte laut jaulend davon. Gleich darauf stürzte eine Kuh zu Boden, und als Bill sie anfaßte, traf ihn ein Schlag.

Bei einer daraufhin durchgeführten Untersuchung stellte sich heraus, daß ein Isolator an einem Leitungsmast nicht in Ordnung war. Der abgeleitete Strom hatte das sumpfige Feld mit einer Spannung bis zu 3000 Volt aufgeladen. (ap)

WESTDEUTSCHE
ALLGEMEINE
Die unabhängige Zeitung des Ruhrgebiets

Erster deutscher Atommeiler soll schon 1955 gebaut werden

Industriefirmen gründen Montag in Düsseldorf „Physikalische Studiengesellschaft" für Atomforschung

Von dem Leiter unseres Bonner Büros ADAM VOLLHARDT

BONN, 6. November

Im nächsten Jahr soll im Bundesgebiet mit dem Bau des ersten deutschen Atommeilers begonnen werden. Jetzt wartet man nur noch auf das „grüne Licht". Mit Inkrafttreten der Abmachungen über den Deutschlandvertrag wird auch uns die Atomforschung für friedliche Zwecke erlaubt. Damit bahnt sich in der Bundesrepublik auf dem Gebiet der Forschung und Wirtschaft eine neue Entwicklung mit noch unübersehbaren Auswirkungen an.

Bereits am nächsten Montag wird in Düsseldorf eine „Physikalische Studiengesellschaft mbH" gegründet, die den Bau des ersten Atommeilers vorbereiten und die Forschung auf dem Gebiet der Atomkraft vorantreiben soll, um auch in Deutschland endlich zu einer praktischen und friedlichen Verwertung der Atomenergie zu kommen. Wie man hört, dürften dieser Physikalischen Studiengesellschaft 15 bis 20 große Firmen angehören, darunter bekannte elektrotechnische und chemische Werke. Ihre Kapitaleinlage in die neue GmbH wird je 100 000 DM betragen, so daß für den Anfang ein Kapital von 1,5 bis 2 Mill. DM zur Verfügung steht.

Standort noch ungewiß

Die Kosten für den Bau des Versuchs-Atommeilers werden auf etwa 20 Mill. DM geschätzt. Von der Bundesregierung sind für das nächste Jahr im außerordentlichen Haushalt zunächst 1,9 Mill. DM bereitgestellt. Man hofft jedoch, daß dieser Betrag noch erhöht wird. Vorläufig ist jedoch noch nicht darüber entschieden, wo der Atommeiler — in der Fachwelt spricht man von einem „Kernreaktor" — errichtet werden soll. Bisher haben sich nur Karlsruhe und München um den Standort beworben. Die letzte Entscheidung dürfte das Bundeskabinett treffen.

Der erste deutsche Atommeiler wird noch keinen elektrischen Strom für wirtschaftliche Zwecke erzeugen, da er nur für 1500 kW ausreicht. Uranmeiler, die auswertbare Energie erzeugen, müssen mindestens die zehnfache Kapazität aufweisen. So wird z. B. augenblicklich in England ein Atommeiler für 25 000 kW errichtet.

Der deutsche Kern-Reaktor dient ausschließlich Versuchszwecken. In seiner Nähe soll daher auch ein besonderes Forschungsinstitut errichtet werden. Die größte Schwierigkeit ergibt sich durch die fehlenden keinen geschulten Nachwuchs und über keine Praktiker. Daher versucht die Regierung jetzt Verbindung mit dem Ausland aufzunehmen, damit dort 25 bis 30 junge deutsche Nachwuchskräfte ihre Erfahrungen sammeln können. Gedacht wird vor allem an die USA.

Uran aus Fichtelgebirge

Für den ersten Atommeiler soll Uran aus dem Fichtelgebirge verwendet werden. Das Zentrum des dortigen Urangebietes liegt bei Weisenstadt. Die Vorkommen im Schwarzwald sind, wie die Fachleute inzwischen festgestellt haben, nur sehr gering. Auch das Uran aus dem Fichtelgebirge muß mit Hilfe eines sehr kostspieligen Verfahrens aufgearbeitet werden. Die chemische Industrie zeigt hierfür zwar großes Interesse, zögert aber selbst, größere Beträge in die Entwicklung zu stecken, zumal es kaum erlaubt sein dürfte, Uran frei zu handeln. Man denkt offenbar daran, wie in anderen Staaten Lizenzen zu vergeben und den Abbau sowie die Verwendung des Urans zu kontrollieren.

Ausland hat Vorsprung

Etwa drei Tonnen reines Uran und außerdem schweres Wasser oder Graphit werden für den deutschen Kernreaktor benötigt. In der Bundesrepublik gibt es allerdings keine Anlage für schweres Wasser. Norwegen hat zwar ein großes Werk, das während des Krieges von den Deutschen ausgebaut und damals von den Engländern bombardiert wurde. Aber das schwere Wasser in Norwegen ist schon auf Jahre hinaus ausverkauft. Ein Kilogramm davon kostet soviel wie ein kg Gold. Deshalb wird man für den deutschen Atommeiler wahrscheinlich neben Uran Graphit verwenden, das in der Nähe von Passau vorkommt. Dieses Graphit muß einem sehr komplizierten Reinigungsprozeß unterzogen werden.

In maßgebenden Kreisen der Bundesregierung hofft man, daß die deutsche Wissenschaft in nicht allzu langer Zeit den Vorsprung aufholen kann, den das Ausland in den letzten Jahren auf dem Gebiet der Atomforschung und der Nutzung von Atomenergie gewonnen hat. Aber auch dort ist man bisher über die Anfänge kaum hinausgekommen. So haben selbst die Amerikaner noch keinen Atommeiler, der für Energie-Erzeugung verwandt wird. Es gibt aber schon mehrere Projekte, die in den nächsten Jahren verwirklicht werden sollen.

In Frankreich werden ebenfalls zwei große Atommeiler gebaut. Die Franzosen planen offenbar unter dem Gesichtspunkt, wie sie die Atomkraft vor allem in Nordafrika und in anderen Gebieten ihres Imperiums einsetzen können, um dort neue Industrien zu entwickeln. Ein Vorteil der durch Uran und ähnliche Stoffe gewonnenen Atomenergie ist, daß die damit versorgten Werke praktisch überall errichtet werden können.

Die großen Uranvorkommen im Kongo sind von den Amerikanern aufgekauft worden. Dafür bauen sie den Belgiern kostenlos den ersten großen Kernreaktor.

Außer im Kongo gibt es noch in Kanada, vor allem im Gebiet des großen Bärensees, Uranerze, die bisher kaum erschlossen sind.

Die Sachverständigen hoffen, daß man allmählich auf das kostspielige und seltene Uran als Hauptstoff für die Atomenergie verzichten und das sogenannte Thorium verwenden kann, das in gewissen Sandarten enthalten ist. Es handelt sich hier ebenfalls um ein radiumaktives Element, das in größeren Mengen vorkommt. Auch im Bundesgebiet gibt es Thoriumsand.

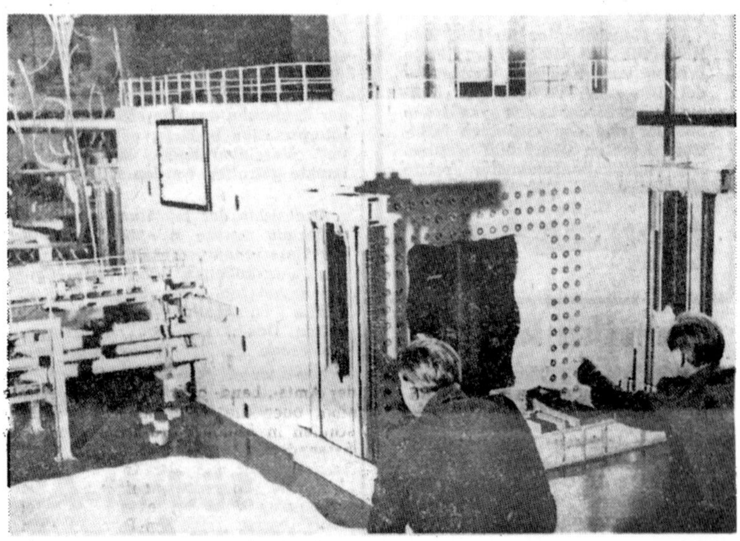

Dieses Modell eines britischen Atommeilers erregte auf der Deutschen Industrieausstellung in Berlin großes Aufsehen. Es wurde im Maßstab 1:6 dem Original des Atommeilers in der englischen Forschungsstation Harwell nachgebildet. dpa-Bild

SECHS JAHRE ALT wurde am vergangenen Sonntag Großbritanniens Thronfolger Prinz Charles. Unser Bild zeigt die neueste Aufnahme des Prinzen. Einen Tag nach dem Geburtstag warf der „Daily Expreß" die Frage auf, ob es jetzt nicht Zeit sei, den britischen Thronfolger in eine öffentliche Schule zu schicken. Das Blatt schreibt, dem Prinzen, der bisher Privatunterricht erhielt, werde es nur guttun, wenn er zusammen mit anderen Kindern ebenso wie diese die Schulbank drücken müsse.

Fernseh-Telefon für 7000 Dollar

NEW YORK, im November

Das Fernseh-Telefon hat seinen Einzug in Amerika gehalten. Vor dem Kriege gab es in einigen deutschen Großstädten bereits öffentliche Fernseh-Telefonzellen. Diese Entwicklung wurde allerdings 1939 unterbrochen. Die Amerikaner bauten das System weiter aus. Eine Reihe von großen Firmen ist jetzt dabei, es auch praktisch zu erproben.

In San Franzisko führte man das Fernseh-Telefon jetzt vor. Vor einem Bildschirm nahm einer der Gesprächspartner den Telefonhörer ab und wählte die Nummer eines irgendwo in der Stadt wohnenden Freundes. Sobald sich dieser meldete, erschien sein Gesicht auf der einen Hälfte des Bildschirms, während der „Anrufer" sein Gesicht auf der anderen Hälfte sah. Ebenso war es auf dem Bildschirm des Mannes am anderen Ende der Leitung.

Bisher sind die Kosten dieser Einrichtung noch zu hoch, als daß sie allgemein nutzbar gemacht werden könnte; eine einzige Anlage kostet 7000 Dollar. Die Hersteller aber sind der Auffassung, daß sie in zwei Jahren schon bedeutend billiger sein wird. Bisher ist das Fernseh-Telefon in Atomwerken und Fabriken wie Westinghouse, General Electric, Remington Rand oder Lockheed Aircraft in Betrieb. Im Bankverkehr kann es sehr nützlich sein, wenn sich die Fernsprechpartner auch sehen — man denke nur an telefonische Rückfragen der Bank, wenn es um die Annahme von Schecks geht. Mit Hilfe des Fernseh-Telefons können sogar Konferenzen einberufen werden, deren Teilnehmer gar nicht zusammenzusitzen brauchen. Sie können sich von ihren Büros aus unterhalten und einander sogar die Dokumente demonstrieren, um die sich das Gespräch dreht. (NP)

WESTDEUTSCHE
ALLGEMEINE
Die unabhängige Zeitung des Ruhrgebiets

ILLUSTRIERTE *bunte* BLÄTTER

SONNTAGSBEILAGE »WESTDEUTSCHE ALLGEMEINE«

SAMSTAG, 6. NOVEMBER

FOTOS:
FLACHENECKER (2)
JACOBY (1)

ZEICHNUNGEN:
WERNER THIELE

Er und Sie im neuen MANTEL

Auf unserer Zeichnung rechts oben zeigen wir den eleganten doppelreihigen Herrenmantel. Charakteristisch: lange Revers, abfallende Schultern, Schubtaschen, zwei Knöpfe. Links der immer moderne Trenchcoat, der allerdings seine Form auch etwas geändert hat. Er wird ganz durchgeknöpft, der Kragen ist mittelgroß, die Taschen sind sehr groß und aufgesetzt. Rechts unten das Mittelding zwischen beiden, ein sportlich-eleganter Übergangsmantel, einreihig auf zwei Knöpfe, lange Revers, eingesetzte Taschen. Typisch für alle Herrenmäntel: sie reichen nur bis an die Knie.

Unsere Fotos zeigen rechts oben einen in Paris stark beachteten Mantel von Jacques Fath, tailliert, aber mit blusig fallendem Rücken. Die Taillierung wird vorn durch schräge Abnäher erreicht. Links die sportliche Note: Kamelhaarmantel mit großem Kragen. Rechts eine dreiviertellange Jacke von Bessie Becker aus München aus grauem Flanell. Vorsicht: das ist nur etwas für große schlanke Frauen, die darin allerdings sehr vorteilhaft aussehen.

Gerstenmaier erst im dritten Wahlgang gewählt

Unerwartet starke Opposition bei der Entscheidung über den neuen Bundestagspräsidenten

Von unserem Bonner Büro Vo BONN, 16. November

In einer dramatischen Serie von Abstimmungen, wie sie der Bundestag seit seinem Bestehen noch nicht erlebt hatte, wurde am Dienstag der CDU-Abgeordnete und Vorsitzende des Außenpolitischen Ausschusses, Dr. Eugen Gerstenmaier, zum neuen Präsidenten des Parlaments der Bundesrepublik gewählt. Er ist damit als Nachfolger des verstorbenen Präsidenten Ehlers zweiter Mann im Staate geworden.

EIN ERNSTES GESICHT

machte Dr. Gerstenmaier (ganz rechts), als er auch im zweiten Wahlgang nicht die für die Wahl zum Bundestagspräsidenten erforderliche Stimmenzahl erhalten hatte. Unser Bild zeigt Gerstenmaier zusammen mit Bundeskanzler Dr. Adenauer und dem CDU-Abgeordneten Pferdmenges, der sich, offenbar ratlos, mit der Hand ans Kinn faßt. ap-Funkbild

Über fünf Stunden dauerte der Wahlakt, und drei Wahlgänge waren notwendig, bis endlich Vizepräsident Carlo Schmid das Ergebnis dieses bemerkenswerten Wahlvorganges verkünden konnte. Im dritten Wahlgang erhielt Gerstenmaier von den 409 abgegebenen Stimmen 204, sein Gegenkandidat, der CDU-Abgeordnete Ernst Lemmer, Berlin, 190, während sich 15 Abgeordnete der Stimme enthielten.

So einmalig wie dieser Wahlakt war war zweifellos auch die überraschende Tatsache, daß der Gegenkandidat Gerstenmaiers ausgerechnet sein eigener Parteifreund, der Berliner CDU-Abgeordnete Ernst Lemmer war. Er war, was die Überraschung noch erhöhte, aus den Reihen der Freien Demokraten, also einer Koalitionspartei, präsentiert worden.

Alle Abgeordneten erhoben sich von den Plätzen, als Vizepräsident Carlo Schmid nach der Wahl den neuen Präsidenten beglückwünschte und erklärte: „Herr Präsident, Sie übernehmen ein hohes Amt, dessen Ehre und Würde gleichermaßen schwer wiegen. Sie werden die schwierige Kunst üben müssen, auf einem Feld, dessen Gesetz Wettbewerb und oft Kampf ist, Gerechtigkeit allen widerfahren zu lassen. Ein bedeutender Vorgänger hat einen geraden Weg zum Ziel gehabt. Schreiten Sie auf diesem Wege fort. Die guten Wünsche des Hauses begleiten Sie."

In seiner Antrittsrede betonte Gerstenmaier, daß er nur gegen schwere persönliche Bedenken nach dieser Wahl das Erbe des großen toten Präsidenten antrete.

Ingrid Bergman

die zusammen mit Mathias Wiemann die Hauptrolle in dem neuen deutschen Film „Angst" nach der Novelle von Stefan Zweig spielt, wird anläßlich der Uraufführung dieses Filmes eine Tournee durch die Bundesrepublik unternehmen. Unser Bild zeigt eine Szene aus dem Film.
Keystone-Bild

391 Bergleute verunglückten in diesem Jahr tödlich

WAZ **DÜSSELDORF, 9. Nov.**

391 Bergleute sind in diesem Jahr durch Unglücksfälle ums Leben gekommen. Ihrer gedachte Landtagspräsident Josef Gockeln zu Beginn der Dienstagssitzung. Seit der letzten Plenarsitzung Ende September seien allein 78 Bergleute getötet worden. Aus dieser Bilanz ergebe sich, welches Opfer diese soziale Schicht für die Existenz des Volkes bringe.

WESTDEUTSCHE ALLGEMEINE
Die unabhängige Zeitung des Ruhrgebiets

Arbeitskräfte werden knapp

Sachverständige: Wir fahren schon auf Reserve - Der Arbeits-Tank ist bald leer

Von DR. RICHARD SCHULZ   RUHRGEBIET, 26. November

Wesentlich früher als erwartet ist in der Bundesrepublik ein drückender Mangel an Arbeitskräften, vor allem an Facharbeitern, eingetreten. Noch ehe der erste von Blanks Soldaten die Uniform angezogen hat, fehlen in Westdeutschland 100 000 Männer auf offenen Arbeitsplätzen. Naturgemäß steht Nordrhein-Westfalen im Brennpunkt der künftigen Entwicklung. Eine Umfrage bei den Arbeitsämtern, Handelskammern und Betrieben des Reviers ergab ein ungefähres Situationsbild.

In der Gleichzeitigkeit folgender Abläufe liegt die Problematik unserer Arbeitsmarkt-Situation während der nächsten Jahre:

- Ausweitung des Produktions-Volumens;
- Erschöpfung der Arbeits-Reserven;
- Verringerung der Schulentlassungen;
- Verstärktes Ausscheiden älterer Arbeitskräfte;
- Einberufungen zum Wehrdienst.

Ausgleich und Umschulung

Seit der Währungsreform wirkte das Ruhrgebiet als der „starke Magnet". Hier vollzog sich im großen Rahmen der Ausgleich zwischen dem Überangebot an Arbeitskräften in industrieschwachen Ländern und der steigenden Nachfrage unserer immer stärker produzierenden Betriebe im „wirtschaftlichen Kerngebiet" Westdeutschlands. Ohne den sog. „überbezirklichen Ausgleich" wäre die Wirtschaft des Reviers schon seit Jahren nicht mehr ausgekommen. 4000 auswärtige Arbeitskräfte jährlich betrug allein der Bedarf des Arbeitsamtes Duisburg, 570 Auswärtige wurden hier allein im Oktober 1954 vermittelt.

Dem doppelten Zweck eines innerbezirklichen Gleichgewichts zwischen Angebot und Nachfrage und der Befriedigung steigenden Facharbeiterbedarfs in bestimmten Wirtschaftszweigen dienten zahlreiche Umschulungsaktionen, hauptsächlich auf Bau- und Metallberufe. Wie bei der Investition von 85 000 DM in die Umschulung von 500 Arbeitslosen in Duisburg im Jahre 1952, von denen 95 v. H. dann fest vermittelt und in Arbeit gehalten werden konnten, machte man überall im Revier beste Erfahrungen mit solchen Aktionen.

Erschöpfte Reserven

Was heute bei den westdeutschen Arbeitsämtern als arbeitsuchend gemeldet ist, stellt nur noch zur Hälfte eine „echte Reserve" dar. Das Essener Arbeitsamt gliedert seine 4900 männlichen Arbeitslosen so:

1. 25 v. H. Fluktuationsanteil;
2. 25 v. H. vorerst nicht zu vermitteln;
3. 50 v. H. einsatzfähige „echte" Reserve.

Es gibt aber schon Arbeitsämter, wie z. B. in Solingen und Iserlohn, wo der Stock bereits vollständig ausgeräumt ist. Beruhigend wird im zentralen Revier nur die noch unvermindert anhaltende Zuwanderung empfunden. In Essen sind es monatlich rund 1000 Menschen mit ihrem hohen Anteil von Jugendreserve für spätere Jahre. Eine neue, weniger beruhigende Tendenz zeichnet sich aber schon jetzt bei Anforderungen guter Fachkräfte aus den passiven Gebieten des überbezirklichen Ausgleichs ab. Schleswig-Holstein hat bereits erklärt, die voll einsatzfähigen Kräfte mit allen Mitteln halten zu wollen. Die Jugend-Reserve aus den Schulentlassungen wird bald schmäler werden. Von 911 000 im Bundesgebiet und 304 000 in NRW (1954) wird die Kurve bis 1961 auf 633 000 im Bund und 126 000 im Land absinken.

An erster Stelle wird der Bergbau von der weiteren Verknappung der Arbeitskräfte betroffen. Gerade haben die Bemühungen um eine bessere Altersschichtung zu Erfolg geführt, da drohen neue Einbrüche in die mühsam erkämpfte Ordnung. Schon heute beziffert eine Dortmunder Zechengesellschaft den für das Halten der augenblicklichen Produktion notwendigen Nachwuchsbedarf für 1955 auf 1500 Mann. Mit dem „Halten" soll es aber nicht getan sein. Man ruft nach „Mehr-Förderung".

Woher nehmen, wenn andere Wirtschaftszweige, vor allem Industrie und Baugewerbe nach wie vor einen unheimlichen Sog auf den Berg-Nachwuchs ausüben? Einziger Ausweg: Überwindung der bisherigen Ablehnung von Kontraktbrüchigen. „Ein Reuiger ist besser als ein Neuer mit allen bekannten Risiken", sagt man auf vielen Zechen des Reviers und nimmt — teilweise sogar auf der gleichen Anlage — den „Fahnenflüchtigen" dankbar wieder auf.

Im Zeichen unseres verbissenen Wiederaufbaus hat das Bau- und Baunebengewerbe eine stürmische Sonderentwicklung zu nie gekannter Blüte durchgemacht. Schon hat sich hier im Bauhilfsarbeiter eine vollständige Umwertung eines Berufsbegriffes vollzogen. Vor Jahren noch ein Ungelernter, muß ein qualifizierter Mann hier jetzt über zahlreiche technische Grundkenntnisse verfügen. Der Bedarf ist riesig. Ein großer Kran bindet allein 18 Mann.

Sonderregelung

„Ohne Sonderregelung, mag sie nun UK-Stellung, Ersatzdienst oder sonstwie heißen, wird es bei uns zu Katastrophen kommen", sagen Bergbau, Binnenschiffahrt und viele andere Wirtschaftszweige, die unter Arbeitskräfte-Mangel leiden. Wie tief wird Blank eigentlich in den Bestand unserer Industriestädte eingreifen? Duisburg rechnet in der ersten Rate mit 3500, Essen mit 8000 und Dortmund mit 6000 Einberufungen. Als ungefähren Schlüssel kann man für Industriestädte etwa 1 v. H. der Einwohnerzahl rechnen. In Städten mit hohem Anteil „junger" Wirtschaftszweige und voll wehrtauglicher Berufe liegt der Prozentsatz höher. Denn wenn ein Schwarzseher errechnet hat, daß nur etwa 50 v. H. der zu Musternden auch tauglich sein würden, dann gilt das z. B. bestimmt nicht für den Bergbau und die Schiffahrt. Was hier angelegt oder angeheuert wird, das wird jedem Stabsarzt ein zufriedenes Schmunzeln und ein „Volltauglich" entlocken.

Eine besondere Rolle werden in Blanks Überlegungen die „Spezialisten" spielen. Er wird Funktechniker, Radarspezialisten, besondere Gruppen von Ingenieuren usw. in Hülle und Fülle benötigen. Und zwar in der Wirtschaft und in der Truppe — und gänzlich unabhängig in beiden Fällen vom Alter. Es wäre ganz patent zu sagen: Die Jungen in die Truppe — die Alten in die Wirtschaft. Daß das nicht geht, weiß auch Blank. Hier heißt es besonders sorgsam planen.

„Hubschrauber im Rucksack" kann Volksflugzeug von morgen werden

Professor Focke: Verwirklichung eines Wunschtraumes ist technisch möglich - 30 kg Gewicht

Von unserem Korrespondenten
WOLF-DIETER ZÖLLNER

STUTTGART, 28. November

Das „Volksflugzeug" von morgen kann der „Hubschrauber im Rucksack" sein. Das meint Professor Heinrich Focke, der 1936 den von ihm konstruierten ersten Drehflügler der Welt starten ließ. Nach mehrjährigem Auslandsaufenthalt ist er jetzt in die deutsche Heimat zurückgekehrt, um zunächst für zwei Wintersemester an der Technischen Hochschule Stuttgart eine ordentliche Professur für Flugzeugbau zu übernehmen. Der „Vater des Hubschraubers" glaubt fest daran, daß einem solchen Ein-Mann-Flugzeug noch eine große Zukunft beschieden sein wird. Zu unserem Stuttgarter Korrespondenten sagte er: „Ich würde mich sehr freuen, wenn ich das in meinem Leben noch machen könnte."

Sand im Rucksack

In Frankreich hat Focke nach dem letzten Krieg schon Berechnungen für ein derartiges Projekt angestellt und auch einige praktische Experimente unternommen. Beispielsweise hatte er sich einen 32 Kilo schweren sandgefüllten Rucksack auf den Rücken geschnallt und damit Sprünge und Kniebeugen versucht, um zu ermitteln, ob diese Last — die etwa dem Gewicht des damals skizzierten Rucksack-Hubschraubers entsprach — solche Bewegungen zuläßt, und ob dies für einen normalen Menschen zuträglich ist. Das Kernproblem ist nämlich nach Ansicht von Professor Focke weniger ein technisches als ein physiologisches, für dessen Lösung die Aussagen und Untersuchungen der Sportmediziner heute fast wichtiger sind als die der Konstrukteure.

„Hubschrauber im Rucksack": die Beine ersetzen das Fahrgestell. Keystone-Bild

Die Verwirklichung dieses modernen Menschheitstraumes hängt nämlich letzten Endes davon ab, ob die Beine des Menschen das Fahrgestell des Kleinst-Flugzeuges „ersetzen" können. Künstliche Fußstützen würden das Gewicht des Flugapparats erhöhen und damit wieder eine kompliziertere Gesamtapparatur bedingen. Dies würde den Grad der Wirtschaftlichkeit beeinträchtigen und den ganzen Plan weniger sinnvoll, zumindest dann nicht mehr ideal erscheinen lassen.

Mit Gasturbinen

„Beinbrüche erlebten wir vor 20 Jahren auch bei unseren ersten Hanggleitern oft genug", meinte Prof. Focke, fügte aber hinzu, daß es bei den Rucksack-Hubschraubern aber sicher nicht so schlimm werde. Seit den ersten Berechnungen seien inzwischen schließlich wieder einige Jahre ins Land gegangen, und man könnte diese Fluggeräte eines Tages sicher noch leichter als 30 Kilo bauen. Heute werde man sie voraussichtlich mit billigen und leichten Gasturbinen betreiben. Das ganze werde dann sicher auch eine Frage des Trainings sein.

„Nichts für Großmütter"

Ein solches kleines Luft-Vehikel sei natürlich nichts für Großmütter, wie ja auch ein Motorrad oder ein Roller nichts für Gebrechliche ist. Bei seiner Benützung muß man sicherlich manch harten Stoß in Kauf nehmen, wenn man etwa beim Landen oder Starten in eine kleine Bö gerät. Aber dies könne wohl doch als Norm gelten: Wer mit 30 Kilo Gepäck auf dem Buckel vom Küchentisch zu springen vermag, ohne sich weh zu tun, der ist flugfähig für den Rucksack-Hubschrauber.

Einzelheiten, auch über die Verkehrsprobleme, die mit dem Aufkommen eines solchen „Volks-Luftfahrzeuges" zusammenhängen, kann Prof. Focke noch nicht angeben. Das ganze Projekt ist auch für ihn noch ein Zukunfts-Traum, allerdings einer, an dessen Verwirklichung er nicht zweifelt.

Der Verbrauch an Nahrungsmitteln im Bundesgebiet hat sich in den letzten Jahren von der Quantität zur Qualität verschoben. Vom ersten Halbjahr 1953 bis zum ersten Halbjahr 1954 stieg der Konsum bei mehreren hochwertigen Nahrungsmitteln erheblich an. Die Zunahme ist dort am größten, wo eine Verbilligung erfolgte. (Globus)

WESTDEUTSCHE
ALLGEMEINE
Die unabhängige Zeitung des Ruhrgebiets

Revierstädte schwimmen nicht im Geld

Das Gefälle der Steuerkraft im Ruhrgebiet – Besserer Finanzausgleich dringend notwendig

Von GERHARD STEINHAUER

RUHRGEBIET, 16. November

Der Düsseldorfer Stadtkämmerer konnte im letzten Haushaltsjahr je Kopf der Bevölkerung 201,77 DM an Gemeindesteuern auf der Einnahmeseite verbuchen, sein Kollege in Köln 164,18 DM, der in Essen 131,95 DM und der in Bottrop nur 95,15 DM. In diesen Zahlen des Statistischen Landesamtes spiegelt sich das starke Gefälle der gemeindlichen Steuerkraft. Die Revierstädte sind schlechter gestellt als viele vergleichbare Städte im übrigen Teil von NRW. Unter den Reviergemeinden wiederum sind die typischen Kohlenstädte am steuerschwächsten.

Unter den Großstädten des Reviers hält Duisburg mit 144,52 DM die Spitze. Dann folgen Hagen mit 144,03 DM, Dortmund mit 138,91 DM, nach Essen Bochum mit 124,20 DM, Mülheim mit 121,27 DM, Gelsenkirchen mit 118,61 DM und Herne mit 116,50 DM. Oberhausen liegt mit 104,79 DM erheblich unter dem Landesdurchschnitt von 114,35 DM. Bottrop wird noch von Recklinghausen unterboten, das nur 91,41 DM einnahm.

Unter den Mittelstädten des Ruhrgebiets sind nur Hamm mit 130,68 DM und Lünen mit 125,16 DM bessergestellt als der Gesamtdurchschnitt. Tief darunter liegen Witten mit 98,30 DM, Wanne-Eickel mit 87,40 DM, Castrop-Rauxel mit 86,47 DM, Wattenscheid mit 86,17 DM und Gladbeck mit 83,07 DM. Zum Vergleich zwei Mittelstädte außerhalb des Reviers: Remscheid nahm 176,45 DM und Rheydt 175,21 DM ein. In den Landkreisen des Ruhrkohlenbezirks betrug das Aufkommen aus Gemeindesteuern: Ennepe-Ruhr-Kreis 109,14 DM, Recklinghausen 104,21 DM, Moers 102,07 DM, Dinslaken 79,40 DM, Rees 72,46 DM, Unna 69,49 DM und Geldern 58,02 DM.

Der gemeindliche Spielraum wird nun nicht nur durch das Steueraufkommen bestimmt, sondern auch durch die Möglichkeiten, Vorhaben mit Anleihemitteln zu finanzieren. Man bemüht sich um Darlehen mit möglichst langer Laufzeit. Auch hier sind die ärmeren Städte schlechter dran, weil der Kapitaldienst aus den laufenden Einnahmen bestritten werden muß. Reichen diese schon knapp für die Pflichtaufgaben, so bleibt nur wenig Spielraum für zusätzliche Zins- und Tilgungsleistungen.

Am Rande des letzten Haushaltsjahres war die Neuverschuldung je Kopf der Bevölkerung z. B. in Bonn auf 272,77 DM und in Düsseldorf auf 201,77 DM aufgelaufen. Unter den Großstädten des Reviers steht Bochum mit 177,81 DM weit voran. Bochum hat diese relativ hohe Verschuldung im Interesse einer großzügigen städtebaulichen Neuordnung auf sich genommen. In großem Abstand folgen Essen mit 98,14 DM, Hagen mit 93,54 DM, Dortmund mit 72,94 DM, Duisburg mit 71,27 DM, Oberhausen mit 67,14 DM, Mülheim mit 58,33 DM, Recklinghausen mit 52,50 DM, Gelsenkirchen mit 50,54 DM, Herne mit 38,29 DM (inzwischen auf 95 DM gestiegen) und Bottrop mit 26,50 DM.

Unter den Mittelstädten des Reviers führt Hamm mit großem Abstand bei einer Neuverschuldung von 110,46 DM je Kopf der Bevölkerung. Alle anderen bleiben weit unter dem Landesdurchschnitt von 71,23 DM. In Lünen beträgt die Verschuldung 37,75 DM, in Castrop-Rauxel 31,14 DM, in Wanne-Eickel 30,20 DM, in Witten 27,73 DM und in Wattenscheid 23,53 DM je Einwohner. Für die Landkreise gelten folgende Zahlen: Rees 95,58 DM, Dinslaken 84,49 DM, Recklinghausen 41,86 DM, Ennepe-Ruhr 36,20 DM, Moers 35,22 DM, Geldern 32,10 DM und Unna 29,30 DM.

Bedenkt man, daß die meisten Städte des Reviers besonders stark zerstört waren, einen außergewöhnlichen Nachholbedarf an gemeindlichen Einrichtungen haben, ihre Soziallasten größer sind als anderwärts und sie in großem Umfange Neubürger aufnehmen mußten, so erkennt man die Tragik dieser von Süden nach Norden zunehmenden Kluft zwischen Finanzbedarf und finanzieller Leistungsfähigkeit. Eine Kluft, die gerade solche Gebiete an der Entwicklung hemmt, aus denen die Volkswirtschaft insgesamt ihre bedeutendsten Werte, Kohle und Eisen, schöpft. Hier wird auch sichtbar, daß die Forderung nach einem besseren Finanzausgleich eine Forderung nach Gerechtigkeit ist.

Tarantella

heißt dieses beschwingte Frühjahrsmodell Heinz Oestergards, das in Berlin gezeigt wurde, als gerade der erste Schnee gefallen war. Es ist aus Baumwollsatin hergestellt und mit Rosen garniert. dpa-Bild

‚Hosen-Hannelore' erhielt 30 Heiratsanträge

KASSEL, 23. November

Hannelore Knittel mit den dreiviertellangen Hosen, 22jähriges Hünfelder Mädchen, das durch sein modisches Kleidungsstück seinerzeit das Mißfallen des Landrats Heinrich Beck erregte, hat jetzt über 30 Heiratsanträge aus aller Welt erhalten. Heiratsabsichten haben nicht nur Österreicher, Schweden, Norweger und Deutsche, sondern auch Fabrikbesitzer, Farmer und Rechtsanwälte aus den USA und anderen überseeischen Ländern.

Der Hünfelder Landrat Beck hatte (siehe WAZ, 27. Oktober, „Landrat entfesselt Hosenkrieg") Hannelore im Landratsamt, das sie als Besucherin betreten hatte, energisch wegen ihres Anzugs zur Rede gestellt und später, nachdem Hannelore in der Presse ihrem Herzen über diesen Vorfall Luft gemacht hatte, erklärt, er sei nicht gewillt, sich in seinem Dienstgebäude „einen derart unmoralischen Anzug gefallen zu lassen". (dpa)

Hungerkünstler wurde tobsüchtig

BIELEFELD, 23. November

Ein schwerer Tobsuchtsanfall setzte dem Rekordversuch des Hungerkünstlers „Heros" in einem versiegelten Glaskasten in Bielefeld ein plötzliches Ende. „Heros", mit bürgerlichem Namen Willi Schmidt, 53 Jahre alt, wurde in eine Heilanstalt im Rheinland eingeliefert. Er war am 18. September in seinen Glaskasten gestiegen, um den Hungerweltrekord des Inders Burmah zu brechen. Er beabsichtigte, 81 Tage lang bei Mineralwasser und Zigaretten zu hungern. Nun mußte er am 66. Tag aufgeben. Nach Angaben seines Managers winkten ihm als Preis 100 000 Dollar. (dpa)

D-ACAD und D-ACOH in Hamburg-Fuhlsbüttel gelandet - D-ACAD und D-ACOH

Lufthansa ist endlich flügge

Zwei Convair-„Liner" 340 von Kalifornien überführt - Glatte Atlantiküberquerung

Von unserem Korrespondenten VOLKMAR HOFFMANN HAMBURG, 29. November

Die beiden ersten Passagiermaschinen der Deutschen Lufthansa sind am Montagnachmittag auf dem Hamburger Flughafen Fuhlsbüttel gelandet. Die ersten Flugzeuge, deren Seitenruder die Farben der Bundesrepublik und das altbekannte Nationalitätszeichen „D" tragen. Lufthansa-Direktor Gert Höltje aus Köln, zahlreiche ehemalige „Lufthanseaten", ein Heer von Presseleuten und Kameramännern hatten sich zum Empfang auf das regennasse Rollfeld begeben. Offizielle Vertreter des Bundesverkehrsministeriums und des Hamburger Senates fehlten. Man wollte die Ankunft der beiden Maschinen nicht zu einer Staatsaktion machen. Begründung: schließlich ist die Deutsche Lufthansa zunächst die kleinste Luftverkehrslinie.

ZUM ERSTENMAL AUF DEUTSCHEM BODEN GELANDET sind zwei der vier von der Lufthansa gekauften Convair-Maschinen. Die beiden silberglänzenden Flugzeuge wurden vor der Halle in Fuhlsbüttel gebührend bewundert. Werkpiloten hatten sie über mehr als 10 000 km von San Diego nach Deutschland gesteuert. Zwei der nachgeschulten alten Lufthansa-Kapitäne saßen hinter dem zweiten Steuer. dpa-Funkbild

Punkt 14.51 Uhr erscheint die erste Lufthansa-Maschine, D-ACAD, über dem Flugplatz. Der von der deutschen Luftfahrt seit Jahren ersehnte Augenblick ist da. Der blanke Aluminiumrumpf glitzert in der Nachmittagssonne. Auf blauem Band in weißer Schrift das Wort „Lufthansa".

Das Dröhnen der 2400-PS-Motoren übertönt die Begrüßungsrufe. Während die Maschine noch eine große Schleife über dem Flugplatz zieht und alle Köpfe ihr nachschauen, setzt fast unbemerkt später ihr Zwillingsbruder, die D-ACOH, zur Landung an. Vor der Flughalle B rollt der Riesenvogel langsam aus und kommt zum Stehen.

Von Besuchern umringt

Sofort ist das 24,14 m lange und 8,59 m hohe Flugzeug von Menschen umringt. Automatisch klappt die Gangway aus dem Rumpf. Aber mit der Begrüßung der sechsköpfigen Besatzung müssen sich die Besucher in Geduld fassen. Man sieht sie ohne Jacke und Schlips zwischen Pilotenkanzel und Passagierraum hin- und herlaufen.

Das Publikum wartet. Flughafentechniker klopfen mit Schraubenschlüsseln an die Aluminiumhülle. „Wir hatten mit soviel Gästen nicht gerechnet", entschuldigt sich später Werkpilot Carrier, der amerikanische Kommandant der D-ACOH, „und wollten uns erst gentlemanlike machen". Nach Carrier verläßt der deutsche Lufthansa-Pilot Rudolph Mayr die Maschine. Der baumlange Deutsche, der vor dem Kriege die Probeflüge der alten Hansa über den Atlantik mitgemacht hat, wird in Zukunft die Maschine steuern.

Steckbrief des Convair „Liner" 340

VERWENDUNG: Verkehrsflugzeug für mittlere Strecken für 44 Fluggäste.
BESATZUNG: 3 bis 4 Mann.
TRIEBWERK: 2 Motoren Pratt & Whitney R-2800-CB-16 von je 2400 PS Startleistung.
ABMESSUNGEN: Spannweite 32,2, Länge 24,2 m.
GEWICHTE: Leergewicht 13 400 kg, Fluggewicht 21 400 kg.
AUSRÜSTUNG: Kabine mit Druckausgleich, Klima-Anlage.
LEISTUNGEN: Höchstgeschwindigkeit in 4800 m 502 km/st, Reisegeschwindigkeit in 6000 m 463 km/st, Reichweite mit 3500 kg Nutzlast 1600 km, mit 4500 kg Nutzlast 800 km.

„Wie am Schnürchen"

„Wir haben trotz der Atlantikstürme einen guten Flug gehabt. Alles klappte ohne Schwierigkeit", sagt Carrier nach der Ankunft. Und John Withly, der Flugkapitän der zweiten Lufthansa-Maschine: „Bei uns lief alles wie am Schnürchen". Er hatte den deutschen Flugkapitän Walter Blume mit an Bord.

Das Betreten der beiden Maschinen war streng verboten. Wir kamen trotzdem hinein. Die Passagierkabine ist geräumig. Zu beiden Seiten des Mittelganges bequeme Sessel mit taubenblauen Bezügen. „Ich habe glänzend darin geschlafen", erklärt Mr. Cornell, ein Vertreter der Convair-Werke. Er hatte auf der Strecke Keflavik (Island) bis Hamburg nichts Besseres zu tun.

Insgesamt hatten die beiden Flugzeuge vom Werk in San Diego (Kalifornien) bis Hamburg eine Strecke von 10 440 km zurückgelegt. Die Flugzeit von New York über Gander (Neufundland) und Keflavik nach Deutschland betrug 17 Stunden und 26 Minuten. Die durchschnittliche Reisegeschwindigkeit lag bei 380 km/st.

Konkurrenz hatte geflaggt

Das entspricht aber nicht der normalen Leistung. Nach Angabe der Deutschen Lufthansa werden die Maschinen bei 5500 m Höhe im Schnitt 480 km in der Stunde erreichen.

Der Preis je Flugzeug beläuft sich auf runde 3 Mill. DM. Langstreckenflüge sind aber nicht die Stärke der Convair-„Liner" 340. Ihr günstigster Flugbereich liegt zwischen 300 und 400 km Entfernung. Als Zielorte im Ausland werden darum beim Start der Lufthansa am 1. Oktober 1955 zunächst Paris, London und Madrid angeflogen. In der Bundesrepublik sollen in erster Linie Düsseldorf, Köln, Frankfurt, München und Hamburg bedient werden.

Daß die Maschinen sich aber auch auf weiten Strecken bewähren, zeigte sich bei dem 2500-km-Non-Stop-Flug von Gander nach Keflavik. Diese weiteste Etappe zwischen Santiago und Hamburg schaffte die für diesen Flug mit Zusatztanks ausgerüstete „Convair" in reichlich sieben Stunden.

Die in Hamburg vertretenen ausländischen Fluggesellschaften hatten zum Empfang der beiden Maschinen ihre Flaggen gehißt, eine freundliche Geste gegenüber der noch kleinen deutschen Konkurrenz.

Kino, Krieg und viele Oscars

Das Filmgeschäft läuft in diesem Jahr weltweit sehr gut. Die herausragenden Produktionen des deutschen wie des internationalen Films zeigen, dass man sich um erheblichen Tiefgang bemüht. Viele hervorragende Schauspieler können ihre Kunst beweisen, indem sie gebrochene Typen spielen. Besonders die Aufarbeitung der historischen Vergangenheit ist ein wichtiges Filmthema.
Dazwischen gibt es natürlich auch zahlreiche „leichte" Filme – für sie steht in Deutschland besonders der Typus des romantisierenden „Heimatfilms" –, in denen die Zuschauer den harten Alltag und die Nachwehen des Weltkrieges für einige Kinostunden vergessen können. Doch Krieg ist auf der Welt immer noch präsent: Schauspielerin Marilyn Monroe besucht am 1. Februar die US-Soldaten an der Waffenstillstandslinie in Korea. Ihre Tournee soll die Laune der Truppe verbessern. Überhaupt sorgt Marilyn Monroe in diesem Jahr für die entscheidenden Schlagzeilen der Glamour-Magazine. Sie heiratet den weltberühmten Baseball-Star Joe DiMaggio. Doch die Ehe hält nur wenige Monate, weil sie DiMaggios Eifersucht nicht ertragen kann.
Zwar hat die Monroe in „Fluss ohne Wiederkehr", Otto Premingers melodramatischem Liebesfilm vor beindruckender Landschaftskulisse, einen Publikumserfolg. Doch der weibliche Star des Jahres ist eine andere Frau: Die blutjunge, rehäugige Audrey Hepburn, die für ihre Prinzessinnen-Rolle in „Ein Herz und eine Krone" den Oscar bekommen hat und jetzt in Billy Wilders Komödie „Sabrina" zu sehen ist. Die zarte Schauspielerin verkörpert das genaue Gegenteil zu den figürlichen „Atombomben" von Jane Russell bis Marilyn Monroe.
Und noch eine andere Frau rührt die Kinozuschauer weltweit: Es ist Giulietta Masina in „La Strada – Das Lied der Straße". Der italienische Regisseur Federico Fellini gibt hier seiner Frau Giulietta die erste Hauptrolle. Es hat etwas vom Leiden und Lachen des traurigen Clowns Chaplin, wie die Masina als geknechtete Assistentin eines proletenhaften Jahrmarktsartisten, gespielt von Anthony Quinn, die Härte des Wanderlebens erfahren muss. „La Strada" wird mit Auszeichnungen und Kritikerlob überhäuft.
Noch ein anderer ausländischer Film lässt Hollywood aufhorchen: Der japanische Regisseur Akira Kurosawa erzählt mit „Die sieben Samurai" eine Geschichte, die Western-Qualität hat. Die Bewohner eines japanischen Dorfes werben sieben Kämpfer an, mit denen sie in atemberaubenden Szenen eine Banditenbande vertreiben.
Kritisch mit dem amerikanischen Traum vom Land der unbegrenzten Möglichkeiten gehen zwei Filme um. Elia Kazans „Die Faust im Nacken" handelt von der Korruption im New Yorker Hafen und macht Marlon Brando zum Künstler seiner Generation. „Die Faust im Nacken" ist mit acht Auszeichnungen der große Abräumer bei der Oscar-Verleihung, Brando wird dabei als bester Hauptdarsteller geehrt. „Stadt in Angst" mit Spencer Tracy zeigt erstmals die Unterdrückung asiatischer Amerikaner im Zweiten Weltkrieg.
Einer der kritischen Beiträge des deutschsprachigen Kinos ist Helmut Käutners Antikriegsfilm „Die letzte Brücke". Gerade während des Kalten Krieges ist er wichtig, weil er gegen den antikommunistischen Zeitgeist die kommunistischen Partisanen als bewunderungswürdige Menschen darstellt. Maria Schell beweist, dass sie nicht nur „das Seelchen" ist, sondern die Qualität für ernsthafte Rollen besitzt. Zwar lebt der deutsche Film noch überwiegend von alten Ufa-Stars, doch zeigen sich schon vielversprechende neue Gesichter: darunter Hardy Krüger, Karl Heinz Böhm und Gunnar Möller. Und Joachim Fuchsberger ist als Gefreiter Asch in der Verfilmung von Hans Hellmut Kirsts Erfolgsroman „08/15" zu sehen, dem Bestseller vom Barras. Anekdotisch und derb, löst der Film seinen Anspruch auf ein kritisches antimilitärisches Engagement nur bedingt ein. Viel eher bedient er die Unterhaltungserwartung des Publikums und ist vielleicht gerade deshalb erfolgreich.
Überhaupt legt die Filmindustrie in Deutschland kräftig zu. Mit 142 Produktionen sind es 35 Prozent mehr als im Vorjahr. Durch Bundesbürgschaften bekommt dieser aufblühende Wirtschaftszweig die notwendigen Finanzspritzen.

Michael Vaupel

EINZELPREIS 20 PF / NR. 297
VERLAGSORT ESSEN

MITTWOCH, 22. DEZ. 1954
BUNDES-AUSGABE

WESTDEUTSCHE
ALLGEMEINE
Die unabhängige Zeitung des Ruhrgebiets

Kleine Verkehrssünder müssen 5 DM zahlen

Kabinett beschließt Erhöhung gebührenpflichtiger Verwarnung von 2 DM auf 5 DM

Von unserem Bonner Büro
Vo BONN, 21. Dezember

Die Erhöhung der gebührenpflichtigen Verwarnungen für kleinere Verkehrsvergehen von 2 auf 5 DM beschloß am Dienstag in Bonn das Bundeskabinett unter Vorsitz von Bundeskanzler Dr. Adenauer. Ferner verabschiedete das Kabinett einen Gesetzentwurf, der die endgültige Einführung einer Verkehrssünderkartei in Flensburg vorsieht. Mit diesen beiden Vorlagen werden sich Bundestag und Bundesrat Anfang des kommenden Jahres befassen.

Die Erhöhung der Verwarnungen auf 5 DM erfolgte vor allem, um kleinere Verkehrssünder sofort wirksam zu bestrafen und gleichzeitig die Gerichte zu entlasten. Weiterhin verspricht man sich davon eine erzieherische Wirkung.

Die Vergehen hartnäckiger Verkehrssünder sollen — wie wir bereits berichteten — künftig in der Flensburger „Sünderkartei" registriert werden. Die Behörden haben dann eine Möglichkeit, diese Verkehrssünder daraufhin untersuchen zu lassen, ob sie vor allem aus gesundheitlichen Gründen künftig überhaupt noch ein Fahrzeug führen dürfen. Man stellte bereits fest, daß nur etwa 5 bis 6 v. H. der Verkehrsteilnehmer fast 40 v. H. der Unfälle verursachen.

12 000 Verkehrstote

In diesem Jahre haben in der Bundesrepublik allein 12 000 Personen durch Verkehrsunfälle den Tod gefunden. Im selben Zeitraum waren es bei einer fast gleich großen Bevölkerung in England 5000 Verkehrstote.

STAHLGUSS IM VAKUUM

Der Guß eines großen Stahlblockes in dem vom Bochumer Verein neu entwickelten Vakuum-Gießverfahren, den dieses Bild zeigt, wird sorgfältig überwacht. Die beiden Ingenieure links unten beobachten genau den Gießvorgang durch Quarzglasfenster. (Siehe auch S. 2.) WAZ-Bild

Heuss ruft zur Kriegsgefangenenhilfe auf

BONN, 21. Dezember

Bundespräsident Prof. Heuss hat die Bevölkerung der Bundesrepublik und West-Berlins aufgerufen, durch Unterstützung der „Kriegsgefangenenhilfe der Wohlfahrtsverbände" das bittere Los der vielen Tausende, die auch im zehnten Winter nach Kriegsende noch durch Gefangenschaft von ihren Angehörigen getrennt sind, zu mildern. Die Kriegsgefangenen und Internierten sollten spüren, „daß die Heimat um die Größe ihres Leides weiß".

Spenden an die Kriegsgefangenenhilfe der Wohlfahrtsverbände, deren angeschlossene Organisationen, Arbeiterwohlfahrt, Caritasverband, DRK und Evangelisches Hilfswerk seit Jahren die Betreuung der Kriegs- und Zivilgefangenen übernommen haben, werden von sämtlichen Banken, Sparkassen sowie Postscheckämtern unter dem Stichwort „Kriegsgefangenenhilfe der Wohlfahrtsverbände" auf Sonderkonten entgegengenommen. (ap)

Kabinett beschließt Ausgleichszahlung an Bundesbeamte

WAZ BONN, 21. Dezember

Das Bundeskabinett beschloß am Dienstag, den Bundesbeamten für die Zeit vom 1. Oktober 1954 bis 31. März 1955 eine einmalige Ausgleichszahlung als Vorgriff auf die künftige Besoldungsreform zu gewähren. Die Zulage soll ein Drittel der Grundbezüge eines Monats betragen und im Januar ausgezahlt werden.

Schwere Sturmbö über Borkum

BORKUM, 21. Dezember

Die seit Jahren schwerste Sturmbö ging am Dienstagabend über die Nordseeinsel Borkum hinweg. Fachleute schätzen die Geschwindigkeit des von einem heftigen Gewitter begleiteten Sturms auf 160 bis 180 km/st. Mit den meteorologischen Geräten auf der Insel konnte die hohe Geschwindigkeit nicht mehr gemessen werden. Die Folgen des Sturmes waren am Dienstagabend noch nicht zu übersehen.

Die Wetterstationen gaben am Dienstagabend für die Schiffahrt Orkanwarnung. Zahlreiche Schiffe suchten Nordseeschutzhäfen auf. (dpa)

Paris: Gaullisten fordern Vertagung der Ratifizierung

... aber sie wollen erst noch die Rede von Mendes-France hören

Berichte unserer Nachrichtendienste
PARIS, 21. Dezember

Nach den Erklärungen der Berichterstatter der verschiedenen Parlamentsausschüsse begann am Dienstagnachmittag die eigentliche Aussprache in der Nationalversammlung über die Pariser Verträge. Der Abgeordnete Soustelle forderte im Namen der Sozialrepublikaner (Gaullisten) eine Vertagung der Ratifizierung so lange, bis die Saarfrage und das Schicksal der französischen Pläne für ein Rüstungskontroll- und Produktionsamt eindeutig geklärt seien und nochmalige Verhandlungen mit der Sowjetunion stattgefunden hätten.

Der förmliche Vertagungsantrag soll aber erst nach der Erklärung des französischen Ministerpräsidenten Mendes-France zu den Pariser Verträgen eingebracht werden. Soustelle, der als der parlamentarische Sprecher General de Gaulles gilt, erklärte, aus den deutschen und französischen Interpretationen zum Saarabkommen hätten sich neue Meinungsverschiedenheiten in der Saarfrage ergeben, die erst geklärt werden müßten. Soustelle meinte ferner, da in den Augen der Deutschen die deutschen Ostgrenzen noch nicht festgelegt seien, könnte es eines Tages darüber zu einem Konflikt kommen. Als er fragte, ob Frankreich die deutschen Forderungen auf die Gebiete unterstütze, die jetzt Polen beanspruche, erhob sich Mendes-France und erklärte: „Gewiß nicht."

Vor Soustelle hatte der Berichterstatter für das Saarabkommen der Ratifizierung zugestimmt. Er verlangte jedoch zwei Zusicherungen, die ihm Mendes-France noch während der Sitzung gab: daß nämlich die französische Regierung keine Einschränkungen oder einschränkenden Auslegungen an dem unterschriebenen Text dulden werde und daß die französisch-saarländischen Wirtschaftsbeziehungen eine ausschließliche Angelegenheit der Saarländer und der Franzosen bleiben würden, also weder von dem Saarkommissar noch von den Garantiemächten beeinflußt werden könnten.

Siehe auch Seite 2

Volkswagensparer verloren ihren Prozeß

Bundesgerichtshof verneint Ansprüche auf Lieferung eines Wagens zum Selbstkostenpreis unter Anrechnung der Sparraten

Von unserem Korrespondenten
WALTER SCHALLIES
KARLSRUHE, 21. Dezember

Eine schlechte Weihnachtsbotschaft für die Volkswagensparer: der Erste Zivilsenat des Bundesgerichtshofes hat am Dienstag ihre Ansprüche auf Lieferung eines Wagens zum Selbstkostenpreis (etwa 2300 DM) unter voller Anrechnung der eingezahlten Sparraten abgewiesen. Die Richter in der roten Robe entschieden, daß nicht das Volkswagenwerk in Wolfsburg, sondern die ehemalige Deutsche Arbeitsfront Vertragspartnerin gewesen ist.

Das Oberlandesgericht in Celle hatte den VW-Sparern zweimal in der Auffassung recht gegeben, es habe ein Lieferungsvertrag mit dem VW-Werk bestanden. Vor Entscheidung der weiteren Rechtsfrage, ob und in welchem Umfange dem Werk die Erfüllung der Verträge wirtschaftlich zuzumuten sei, hatte die Direktion in Wolfsburg den Bundesgerichtshof im Revisionsverfahren angerufen.

Die Frage der Partnerschaft wurde nun beantwortet: Vertragspartner der Sparer war nur die DAF. Der Beweis dafür, daß die Verträge etwa von der DAF namens des VW-Werkes abgeschlossen wurden, konnte in dem Prozeß nicht erbracht werden.

Die Sparer, heißt es in der Urteilsbegründung, hätten der DAF ihre Spargelder in dem Vertrauen gegeben, daß es der Massenorganisation möglich sein werde, ihnen ein Kraftwagen für den Preis von 939 RM zu beschaffen. Die Erwähnung des VW-Werkes in den Vertragsurkunden habe nur die Bedeutung eines Hinweises auf die Produktionsstätte der Wagen gehabt.

Als weiterer Beweis wurde von den Bundesrichtern angeführt, daß das VW-Werk vor Beginn der Produktion keine Spargelder erhalten sollte und auch nicht erhielt. Die gesamte Sparaktion sei im Kriege steckengeblieben. Alle Spareinlagen blieben unangetastet auf dem Sonderkonto der DAF bei der Bank der Deutschen Arbeit und sind neuerdings vom Bankenaufsichtsamt in Berlin als Gelder der Sparer anerkannt worden.

Siehe auch Kommentar auf Seite 2

Dornier-Produktion in Spanien kann nicht verboten werden

LONDON, 21. Dezember

Die Herstellung eines Dornier-Flugzeuges in Spanien trotz Verbotes der Flugzeugproduktion in Deutschland bezeichnete das Labour-Mitglied des Oberhauses, Lord Stansgate, am Dienstag als eine „Lücke in der Kontrolle der deutschen Wiederbewaffnung". Staatsminister Lord Reading sagte, der Konstruktion habe eine Anforderung des spanischen Luftfahrtministeriums zugrunde gelegen. Die Produktion und Weiterentwicklung von Flugzeugen in Spanien könne weder vor noch nach der Inkraftsetzung der Pariser Verträge verboten werden. (dap)

Über 3 Mill. Familien zogen um

Viele davon kamen nach NRW

WAZ BONN, 21. Dezember

Die Bundesrepublik verzeichnet in den letzten Jahren wahre Völkerwanderungen. So sind 1953 in rund 3 180 000 Fällen die Wohnorte gewechselt worden. Die Wanderungsbewegung in Westdeutschland hat damit gegenüber den Vorjahren noch weiter zugenommen. Einen wichtigen Grund hierfür sehen die zuständigen Stellen in der allmählichen Entspannung auf dem Wohnungsmarkt.

Dieser Wohnortwechsel war bei den Vertriebenen doppelt so hoch wie bei der einheimischen Bevölkerung. Einen Großteil dieser Wanderungen innerhalb des Bundesgebietes machen die Umzüge von Bundesland zu Bundesland aus. Im Jahre 1953 waren es 928 000 Fälle der gesamten Binnenwanderung. Die meisten Personen sind von Niedersachsen (113 000) und Schleswig-Holstein (76 000) nach Nordrhein-Westfalen verzogen.

*

Insgesamt 75 785 Personen hätten in der Zeit vom 1. Oktober 1953 bis zum 31. Oktober 1954 ihren Wohnsitz aus der Bundesrepublik und West-Berlin in die Sowjetzone verlegt, meldet der sowjetzonale Nachrichtendienst ADN am Dienstag.

Als erstes deutsches Schiff traf nach fast zehnjähriger Pause jetzt das Motorschiff „Nürnberg", von Regensburg kommend, in Belgrad ein.

Zum zentralen Nachweiseamt über die Personalunterlagen ehemaliger Wehrmachtsangehöriger soll das Personenstandsarchiv von NRW in Kornelimünster bei Aachen ausgebaut werden, das jetzt vom Bund übernommen wurde.

Nehru begrüßt Tito

Eine „aktive Ko-Existenz" der Weltmächte auf der Grundlage einer Übereinkunft zur Lösung der dringlichsten internationalen Streitfragen befürwortete der jugoslawische Staatschef Marschall Tito in Indien. Jugoslawien sei über die Verdächtigung erhaben, daß es einen „Dritten Block" anstrebe, wenn es jetzt seine Freundschaftsbande mit Indien und Burma festige, betonte Tito. Der jugoslawische Staatschef befindet sich auf einem 18tägigen Staatsbesuch in Indien. Unser Bild zeigt ihn mit dem indischen Ministerpräsidenten, der ihn in Neu-Delhi willkommen heißt. up-Bild

Bonn hebt Anschluß-Gesetz auf

Bereinigung des Streites über die österreichische Staatsbürgerschaft

Von unserem Bonner Büro
Vo BONN, 21. Dezember

„Jede Behauptung, die Bundesregierung hege irgendwelche Anschlußgedanken, ist jetzt endgültig in das Reich der Fabel verwiesen." Mit diesen Worten erläuterte ein Regierungssprecher am Dienstag in Bonn den Inhalt eines kurz zuvor vom Kabinett verabschiedeten Gesetzes zur Bereinigung des Streites über die deutsche bzw. österreichische Staatsangehörigkeit.

In der Präambel des Gesetzentwurfs wird festgestellt, daß das Reichsgesetz vom 30. März 1938 über die Wiedervereinigung Österreichs mit dem Deutschen Reich gegenstandslos geworden sei. Weiter wird festgelegt, daß die sogenannte „Anschluß"-Staatsangehörigkeit der Österreicher mit Wirkung vom April 1945 weggefallen sei. Gleichzeitig bestimmt der § 2 des Gesetzes jedoch, daß Österreicher innerhalb einer bestimmten Frist die deutsche Staatsangehörigkeit beantragen können, die seit 1945 ununterbrochen in der Bundesrepublik wohnen.

Die jetzt erfolgte bundesgesetzliche Regelung war notwendig geworden, nachdem das Bundesverwaltungsgericht am 30. Oktober in zwei Fällen Österreichern die deutsche Staatsangehörigkeit zugesprochen hatte. Diese Entscheidung hatte in Österreich erhebliches Aufsehen erregt.

Der österreichische Bundeskanzler Julius Raab erklärte am Dienstagabend, er habe den Beschluß der deutschen Bundesregierung über diesen Gesetzentwurf mit besonderer Befriedigung zur Kenntnis genommen.

Sowjets fordern Abzug der USA-Truppen aus Tirol

WAZ WIEN, 21. Dezember

Auf einer überraschend vom sowjetischen Hohen Kommissar Iljitschow einberufenen Sondersitzung des Kontrollrates in Wien (der ersten seit 1946) forderte der Hohe Kommissar in einer Entschließung den Abzug der USA-Truppen aus Tirol (französische Besatzungszone). Er behauptete, die Amerikaner verletzten dadurch das Kontrollrats-Abkommen, da sie ihren Dienst im Rahmen der NATO-Streitkräfte ausübten.

Die Entschließung Iljitschows wurde vom Alliierten Rat abgelehnt.

19 Deutsche starben im Fußball-Sonderzug

Belgische Lok reißt vier Wagen Böschung hinab 50 Verletzte liegen in Loewener Krankenhäusern

LOEWEN, 2. Dezember

Auf der Rückfahrt nach Deutschland ist am Donnerstagmorgen bei Loewen (Belgien) der Sonderzug 101 der Bundesbahn mit 700 Schlachtenbummlern des Fußball-Länderspiels England — Deutschland entgleist. Bei der Katastrophe fanden 19 deutsche Reisende sowie der belgische Lokomotivführer und der Heizer den Tod. 80 Reisende mußten zum Teil mit schweren Verletzungen in Krankenhäuser eingeliefert werden, 30 leichter Verletzte konnten die Fahrt am Nachmittag fortsetzen.

ZU EINEM BERG ZUSAMMENGESCHOBEN sind zwei Wagen des verunglückten Sonderzuges. Rettungsmannschaften bemühen sich, Verletzte aus dem Knäuel von Stahl und Holz zu retten und Tote zu bergen. ap-Funkbild

Nach den ersten Berichten hat sich das Unglück wie folgt abgespielt: An einer Arbeitsstelle auf der in Reparatur befindlichen Brücke über den Dyle-Fluß bei Loewen sprang die belgische Lokomotive des Zuges aus den Schienen und stürzte einen sechs Meter hohen Abhang hinab. Sie riß die ersten vier Wagen mit, die sich ineinanderschoben und am Fuße der Böschung ein unentwirrbares Knäuel von Stahl und Holztrümmern bildeten. Die übrigen Wagen stürzten nicht ab.

Ein Sprecher der belgischen Eisenbahn weigerte sich bisher, Meldungen zu bestätigen oder zu dementieren, wonach sich an derselben Stelle bereits einmal ein Unfall ereignet hat und der Zug statt mit der vorgeschriebenen Geschwindigkeit von 30 km/st 78 km/st fuhr. Man nimmt an, daß die hohe Geschwindigkeit des Zuges (die Tachometernadel der Lokomotive steht auf 78 km/st) zu einem großen Teil das Unglück verursachte. Die Brücke über den Fluß — wenige Meter hinter der Unglücksstelle — wird zur Zeit repariert, so daß die Strecke auf einige hundert Meter eingleisig befahren wird. Der Zug mußte vor der Brücke über zwei Weichen fahren, um von einer Fahrbahn auf die andere zu gelangen. An dieser Stelle sind 12 km/st als Höchstgeschwindigkeit angegeben. Während der erste Übergang ohne Schwierigkeiten vor sich ging, sprang die Lokomotive vor der zweiten Weiche aus den Gleisen. Die gesamte Unglücksstelle wurde von Polizei und Truppen abgesperrt.

Das Ziel des Sonderzuges war Offenbach am Main. Bei den getöteten und schwerverletzten Reisenden handelt es sich ausschließlich um Süddeutsche, die in der Mehrzahl aus dem fränkischen Raum stammen. Der Sonderzug kam von Ostende und wurde, um den normalen Frühverkehr nicht zu behindern, über Nebenlinien geleitet. Im Zug befanden sich keine Spieler der deutschen Nationalmannschaft.

(dpa/ap)

Künstlicher Planet rückt näher

Die amerikanische Regierung wird bereits im nächsten Jahr mit den Planungsarbeiten für die Errichtung eines künstlichen Planeten im Weltraum beginnen, teilte der amerikanische Flugzeugindustrielle William P. Lear mit. Er sagte, der künstliche Planet werde einen Durchmesser von 150 m haben und die Erde in 750 km Höhe umkreisen. Automatische Kameras könnten von dort aus jeden Punkt der Erde fotografieren und die Vereinigten Staaten mit wichtigen Informationen versorgen. Der künstliche Planet werde aus mehreren Einzelteilen bestehen, die jedes für sich in den Weltenraum entsandt und dort durch Fernsteuerung zusammengesetzt würden. (ap)

McCarthy nach Tadelsvotum: Ich untersuche weiter

WASHINGTON, 2. Dezember

Der Senat hat mit 67 gegen 20 Stimmen einen Tadel gegen den republikanischen Senator McCarthy wegen verächtlicher Behandlung eines Kongreßausschusses ausgesprochen, der 1951/52 McCarthys Einkommensverhältnisse untersuchen sollte. Die Abstimmung betrifft den ersten von zwei Vorfällen, deretwegen McCarthy getadelt werden soll. Der republikanische Fraktionsführer Knowland stimmte gegen den Tadelsantrag.

Lächelnd und gut gelaunt erklärte McCarthy in einem Fernsehinterview, der von ihm geleitete Untersuchungsausschuß werde am Dienstag seine Arbeit fortsetzen und sich mit den Kommunisten in amerikanischen Rüstungsfabriken befassen. Das Tadelsvotum werde die Untersuchungen zwar erschweren, aber es werde ihn nicht von seiner Arbeit abhalten. (dpa/ap)

Wernher von Braun: Untertassen? „Zu Hause in meiner Küche"

WASHINGTON, 30. November

Der Raumflug- und Raketenfachmann Wernher von Braun antwortete auf die Frage, ob er an die Existenz von fliegenden Untertassen glaube: „Die einzigen, die ich kenne, sind zu Hause in meiner Küche." Von Braun betonte in diesem Zusammenhang erneut, daß die USA in etwa zehn bis 15 Jahren in der Lage seien, einen die Erde umkreisenden künstlichen Planeten zu bauen. Das technische Wissen dafür sei vorhanden. Die Kosten würden etwa 20 bis 30 Md. DM betragen. (ap)

WESTDEUTSCHE ALLGEMEINE
Die unabhängige Zeitung des Ruhrgebiets

Look: USA-Ehemann ist „Halbtags-Hausfrau"

„Der Souverän ist tot"

NEW YORK, 30. November

Der amerikanische Ehemann hat die Autorität und Würde verloren, die ihm einstmals als dem Oberhaupt der Familie zukam. Er ist zur „Halbtags-Ehefrau" und zum „dienenden Vater" geworden. So steht es in der neuesten Nummer der bekannten amerikanischen Zeitschrift „Look".

Das alte Familienideal vom „souveränen" Vater ist für immer dahin, meint „Look". Aber die Zeitschrift tröstet ihre Leser mit der Erwägung, daß die gemeinschaftliche Bewältigung der Aufgaben, die geteilten Freuden, die größere Ungezwungenheit und der Abbau der Beschränkungen, die den Frauen einst auferlegt waren, im großen und ganzen doch eine Verbesserung gegenüber den früheren Zuständen bedeuten. (ap)

„Chronik des Reviers"

Wieder Ruhrland-Museum in Essen

In Essen wurde jetzt nach fünfzehnjähriger Pause an seinem 50. Geburtstag das Ruhrland- und Heimatmuseum wiedereröffnet. Das Museum stellt die „abgekürzte Chronik" einer viele Jahrtausende alten Entwicklung des Ruhrgebiets dar. In Essen gelagert, ist es doch stellvertretend für den ruhrländischen Raum. Was insbesondere im Emscherboden bei den Grabungen des Kanals und der Flußregulierung gefunden wurde, ist bezeichnend für alle Frühsiedlungen im weiten Bezirk.

Reste der Tierwelt, wie Mammut, Wollnashorn und Wildpferd, Äxte und Keile, von denen die ältesten 4000 Jahre zählen, Gewebeteile, keramische Scherben, Spuren aus Brandgräbern, Pfahlbaufunde, aber auch Steinproben, Querschnitte und Bilder vermutlicher Vegetationsformen erläutern die Vergangenheit unseres Raumes.

Die Jahrtausende sind in anschaulicher Weise dargestellt, auf das wesentliche konzentriert und insbesondere nach Lebenszusammenhängen geordnet. In langer Atempause, in der aus Stollen und Kellern die evakuierten Schätze geborgen und in der Werdener Folkwang-Abtei magaziniert wurden, sichtete, bestimmte, gruppierte Museumsleiter Dr. Bechthold die Gegenstände, die zu 60 v. H. dem Krieg entkamen. Für ein Zehntel hat er Platz im neuen Haus. Doch allen Interessierten, sonderlich Wissenschaftlern, steht das Magazin offen.

Hörerforschung untersucht Aufnahme des „III. Programmes"

HAMBURG, 14. Dezember

Für seine anspruchsvollen Hörer wird der NWDR, wie wir bereits berichteten, zum Jahresende zehn Tage lang ein „Drittes Programm" senden. Falls das Programm entsprechende Resonanz findet, ist daran gedacht, es in Zukunft grundsätzlich zu senden. Der Intendant des Funkhauses Hamburg, Ernst Schnabel, erklärte zu diesem Plan, man glaube, bei den Hörern des Dritten Programms neben der grundsätzlichen Bereitschaft, zuzuhören, auch ein reges Interesse an Werken der klassischen und modernen Kunst voraussetzen zu dürfen.

BANANENERNTE IM RUHRGEBIET

In der Dortmunder Stadtgärtnerei wurden in diesen Tagen 17 Pfund Bananen geerntet. Die Stadtgärtnerei züchtet die Bananen in Treibhäusern (unser Bild), damit die Dortmunder Schüler Bananen nicht nur essen, sondern auch sehen können, wie sie an Stauden heranreifen. Wie die Gärtnerei mitteilte, brauchten in diesem Jahr die Bananen wegen des schlechten Sommerwetters lange, um zu reifen. In normalen Jahren können die Bananenstauden bereits im September oder Oktober abgepflückt werden.

dpa-Bild

USA: fünfmal so viele Wagen wie in Europa

Jeder 3. Amerikaner, aber nur jeder 27. Deutsche Autobesitzer

Interessante Aufschlüsse vermittelt die Gegenüberstellung der Kraftwagen-Bestandszahlen in den USA und den Hauptländern des westlichen Europas. Danach besitzen die USA mit rund 45,5 Mill. mehr als fünfmal so viele Wagen, so daß auf jeden dritten Amerikaner, aber beispielsweise nur auf jeden 27. Deutschen (ohne Sowjetzone) ein Auto entfällt.

Land	Kfz.-Bestand in Mill.	davon Pkw. in Mill.	Bevölkerung in Mill.	Einwohner auf 1 Kfz.
USA	54,94	45,45	160,0	3
England	3,79	2,76	50,6	13
Schweden	0,54	0,43	7,1	13
Frankreich	3,01	2,10	42,4	14
Belgien	0,55	0,39	8,7	16
Dänemark	0,25	0,16	4,3	17
Schweiz	0,27	0,22	4,8	18
Norwegen	0,17	0,09	3,8	20
Bundesrepublik	1,85	1,25	49,0	27
Holland	0,29	0,19	10,4	38
Italien	0,92	0,61	46,9	51

Neuer Raum für Millionen Menschen

Steckenpferd der UNESCO – Bewässerung großer Wüstengebiete in Afrika, Australien und Amerika

Mehr als ein Drittel der Erdoberfläche sind Wüste — Sand, Geröll, unbewohnte Öde. Täglich aber nimmt die Zahl der Erdbewohner um 57 000, nach neuerer Berechnung sogar um 78 000 zu. In hundert Jahren werden drei- bis viermal soviel Menschen leben wie heute, 9 statt 2,4 Milliarden.

Müssen sie verhungern? Oder wird es gelingen, sie aus dem Boden, der sie geboren hat, zu ernähren? Eins der Mittel, dieses Ziel zu erreichen, wäre die Bewässerung der Wüsten. Das war der Anlaß für die UNESCO, sich gerade diese Aufgabe als eine Art Steckenpferd zu wählen. Ein Handbuch, das sie soeben herausgibt, zählt etwa 100 Institutionen ihrer 69 Mitgliedsstaaten auf, die sich diesem Problem widmen. Doch jeder arbeitete bisher für sich. So war es eine Tat, als die UNESCO die Initiative ergriff. Sie stellte ein „Wüstenprogramm" auf, dessen Ziel es ist, alle wissenschaftlichen Forschungen, die sich mit den Wüsten befassen, zu fördern und zu vereinigen. Ein neungliedriger Ausschuß sorgt für die Verwirklichung dieses Programms. Er tritt zweimal jährlich zusammen.

Es gibt auf der Erde fünf ausgedehnte Wüstengebiete, zwei in Afrika, das nordafrikanische mit dem Muster einer „perfekten" Wüste, der Sahara, im Mittelpunkt, das sich aber über Arabien und ganz Asien bis in die Mongolei (Wüste Gobi) ausdehnt, und das südafrikanische (Kalahari), zwei in Amerika, das eine im Westen der USA, das andere in Argentinien, Chile und Peru, und schließlich das fünfte in Australien.

Daß es im Kampf des Menschen gegen die Wüste nicht allein um die Nutzbarmachung unfruchtbaren Landes, sondern ebenso hart um die Erhaltung bestehenden Kulturlandes geht, zeigen mahnende Beispiele. Von dem Reichtum des fruchtbaren, von einem Kanalnetz durchzogenen Zweistromlandes Mesopotamien, von dieser „Kornkammer der Welt" rings um Babylon, zeugen heute nur noch alte Schriften und Ruinen. Verschwunden sind die Kanäle, zerstört und begraben unter dem vorrückenden Sand, zu Staub vertrocknet die fruchtbare Erdkrume. Nicht anders liegen die Dinge in Syrien, dem „Friedhof der 100 toten Städte", im Libanon, in Ägypten, in Teilen Indiens und Chinas.

Der Fachmann weiß, daß man so gut wie jeden Boden ertragsfähig machen kann. In allen Wüsten der Welt sind die Geologen daher auf der Suche nach unterirdischem Wasser, wobei sie die neuesten geophysikalischen Methoden anwenden. Allein in dem Gebiet um Mexico City werden täglich mehr als 100 Brunnen gebohrt. In Wüstengebieten schadet Regen oft mehr, als er nützt. Durch seine Heftigkeit schwemmt er die oberste Erdschicht fort und laugt den Boden aus, während das Wetter in Sturzbächen nutzlos davonläuft. Es ist daher dringend nötig, die Flüsse einzudämmen und Wasserreservoire zu bauen. Hier steht heute Indien an erster Stelle. Doch die Wasservorräte, die Grundwasser und Flüsse liefern, sind nicht unbegrenzt. Seit Jahrhunderten ist daher die Umwandlung des Meerwassers in Süßwasser ein Traum der Menschheit.

„Künstlicher Regen" ist die andere erfolgversprechende Methode zur Wüstenbewässerung. „Diese Methode", sagt Swarbrick, „war heiß umstritten, aber jetzt haben sich die Gemüter beruhigt. Es ist unmöglich, Regen aus einem wolkenlosen Himmel zu zaubern. Doch oft stehen Regenwolken am Himmel und zerstreuen sich, ohne daß es regnete. In diesen Fällen kann man den Regen auf verschiedene Weise erzwingen. Entweder werden die Wolken mit festem Kohlendioxyd (Eis) oder mit Silberjodid beschossen oder man erzeugt in einem Generator Silberjodiddampf, der dann in die Wolken aufsteigt. Da der natürliche Regen nur etwa 1 Prozent der Luftfeuchtigkeit ausmacht, besteht keine Gefahr daß auch diese Methoden die Regenvorräte erschöpft oder andere Gebiete der Trockenheit ausgesetzt werden." Aber auch mit diesen Versuchen steht man noch im Anfangsstadium und auch sie sind mit erheblichen Kosten verbunden. Nach Swarbricks Angaben haben jedoch amerikanische, australische und afrikanische Forscher letzthin so wesentliche Fortschritte erzielt, daß voraussichtlich in einigen Jahren bestimmte Wüstenrandgebiete, die jetzt nur zeitweilig als Weideland dienen, für den Getreideanbau nutzbar gemacht werden können und man das Weideland selbst ausdehnen kann.

Goldene Regeln bestimmen deutschen „Benimm"

... im Ausland - Zwölf Anleitungen im Reisepaß sollen unser Ansehen fördern

WAZ DÜSSELDORF, 13. Dezember

Auf Anregung des Landesverbandes NRW der Europaunion hat Innenminister Dr. Meyers in einem Runderlaß die Verwaltungsbehörden gebeten, künftig jedem Auslandspaß zwölf Goldene Regeln für den Auslandsreisenden beizufügen. Die Regeln, die das deutsche Ansehen im Ausland fördern sollen, haben folgenden Wortlaut:

● Vergiß es nie: in Deutschland bist du ein Deutscher unter Millionen, im Ausland aber bist du der Deutsche, nach dessen Worten und Taten der Fremde das Bild deiner Nation formt.

● Verheimliche nicht, daß du von deutschen Eltern stammst, aber sorge dafür, daß der Ausländer von dieser Tatsache angenehm berührt wird.

● Bist du der törichten Ansicht, im Ausland sei alles schlechter als zu Hause, dann bleibe daheim. Glaubst du, in der Fremde sei alles besser, dann kehre nicht wieder zurück.

● Ziehst du durch fremde Länder, dann sorge dafür, daß sie von deiner Schweigsamkeit widerhallen, je stiller du bist, um so lauter werden die anderen reden.

● Kleide dich so, daß dich niemand bemerkt, aber setz e dir keinen Fes auf.

● Singe gern, wenn man dich darum bittet, aber singe nur dann.

● Suche nicht dort aufzutrumpfen, wo der Fremde überlegen ist, wo du aber überlegen bist, lasse dich lächelnd besiegen, auf daß du verläßliche Freunde gewinnst.

● Denke daran, daß nur die Namen der Tugenden und Laster in andere Sprachen übersetzt werden können, was sie wirklich bedeuten, mußt du in jedem Lande von neuem erfahren.

● Was dir bei fremden Völkern merkwürdig vorkommt, bemühe dich zu verstehen. Gelingt dir das nicht, so suche den Grund dafür zuletzt bei den anderen.

● Erhebe im Ausland den Finger nur, um zu lernen, nie, um zu lehren.

● Sei auf Reisen sparsam, aber nicht geizig, trinke weniger als der Gastgeber, damit dir um so mehr Zeit bleibt, seine Gastlichkeit zu rühmen.

● Der Fremde mag sich noch so sehr vermummen in allerlei nationale Trachten: in der Stunde der Gefahr vergiß nicht, daß auch er nur ein Mensch ist wie du.

Ganze Straßenzüge in Bottrop wurden für Hausierer gesperrt

WAZ BOTTROP, 13. Dezember

Einen entscheidenden Erfolg gegen die fortschreitende Verschuldung der Bergleute verspricht sich die Bergwerksdirektion Gladbeck der Hibernia AG mit der Sperrung ihrer werkseigenen Straßen im Stadtteil Eigen in Bottrop für Hausierer und Auftragswerber. Es sind Schilder aufgestellt worden mit der Aufschrift: „Privatstraße — Betreten für Hausierer und Auftragswerber verboten. Bergwerksdirektion Gladbeck." Jeder Anwohner ist berechtigt, einen dort tätigen Hausierer oder Auftragswerber zur Anzeige zu bringen. Beim Bergmann liegt es, ob das Experiment gegen die Verschuldung wirksam wird.

WESTDEUTSCHE
ALLGEMEINE
Die unabhängige Zeitung des Ruhrgebiets

Moskau rechnet nicht mit Krieg

Beschlüsse der Ostblockstaaten leiten eine Zwischenphase ein — Neue Konferenz vorgesehen

Von unserem Berliner Büro BERLIN, 3. Dezember

Wer nur das Neue in den Moskauer Erklärungen der Ostblockstaaten sucht, gerät in die Versuchung, die dort für den Fall der westlichen Ratifizierung angekündigten militärischen Maßnahmen des Ostens als das einzig Wichtige anzusehen. Es sollte aber nicht übersehen werden, daß in Moskau auf einige hundert Worte, die diesem Thema galten, Zehntausend andere Worte über ganz andere Fragen entfielen.

Die Hauptmasse der wortreichen östlichen Erklärungen war dem Bemühen gewidmet, die Welt vor den angeblichen Gefahren der westlichen Rüstungspolitik zu warnen und ihr die Möglichkeit und dringende Notwendigkeit von Verhandlungen über die europäische Sicherheitsfrage und über das Deutschlandproblem vor Augen zu führen. Das ganze Arsenal der östlichen Argumente wurde noch einmal ausgeräumt, um den Westen zur Änderung seiner Politik zu bewegen. Die Franzosen und die Deutschen wurden dabei, wie bisher, gesondert angesprochen. Man scheute nicht einmal vor Widersprüchen im Redefluß, wenn z. B. den Franzosen eine westeuropäische Vormachtstellung der westdeutschen Militaristen, den Westdeutschen aber die 50jährige Versklavung ihres Landes als Auswirkung der gleichen Pariser Vereinbarungen angedroht wurde.

Die Gegenmaßnahmen

Erst am Schluß dieser in Moskau gehaltenen Reden und auch der am Freitag unterzeichneten gemeinsamen Deklaration der acht osteuropäischen Konferenzstaaten wurde jeweils der Wille ausgesprochen, „Maßnahmen zur Gewährleistung ihrer Sicherheit und zur Erhaltung des Friedens in Europa zu ergreifen". Der tschechoslowakische Ministerpräsident Siroky hat am deutlichsten gesagt, was damit gemeint ist: Verstärkung und Koordinierung der Streitkräfte sowie Sicherung eines einheitlichen Kommandos der europäischen Ostblockländer und weiterhin gemeinsame Grenzsicherungsmaßnahmen der Tschechoslowakei, Polens und der Sowjetzonen-Republik, als der drei angeblich besonders bedrohten Staaten. Sowjetzonen-Ministerpräsident Grotewohl ergänzte dies mit der Ankündigung, die Sowjetzone werde sich bei Ratifizierung der Pariser Vereinbarungen gezwungen sehen, „nationale Streitkräfte zu schaffen, die imstande sind, die friedlichen Errungenschaften der Werktätigen der DDR zu schützen".

Grenzen der Aufrüstung

Diese Ankündigungen werden im Westen verschieden ausgelegt. Die einen sprechen von einem bloßen Propagandatrick, der weder für die schon bisher koordinierte Ostblock-Wehrmacht noch für die schon bisher mit einer Volkspolizei-Armee gesegnete Sowjetzonen-Republik wesentliche Änderungen bringe. Andere dagegen erwarten eine tatsächliche Verstärkung der östlichen Rüstung und, wie selbst amerikanische Informationen behaupten, den Ausbau der Sowjetzonen-Armee von heute 90 000—100 000 auf insgesamt 350 000 Mann sowie deren Ausrüstung mit einer Panzerwaffe von beträchtlicher Stärke.

Wie dem auch sei, einiges wird im Osten nach der westlichen Ratifizierung geschehen. Es wird sich in Grenzen halten, die gesetzt sind durch die Rücksicht auf wirtschaftliche Erwägungen, durch das in Prag und Warschau wache Mißtrauen gegen jede deutsche, auch eine ostdeutsche Bewaffnung und durch die Hoffnung, daß die Zeit der Verhandlungen auch nach der westlichen Ratifizierung noch nicht zu Ende sein werde.

Aber vorläufig ist man noch nicht einmal soweit. Die angekündigten Maßnahmen sollen im einzelnen erst auf einer zweiten Ostkonferenz auf Grund einer nochmaligen Prüfung der Lage getroffen werden. Im gegenwärtigen Stadium ist alles nur Warnung an den Westen, verbunden mit der Lockung, wie gut und leicht alle europäischen Probleme gelöst werden könnten, wenn der Westen auf seinen Rüstungsweg verzichtete. Wenn auch die Beobachter ein nachlassendes Interesse sowjetischer Gesprächspartner in der Deutschlandfrage bemerkt zu haben glauben, scheint doch im Osten die Hoffnung, daß in manchen westlichen Ländern, vor allem in Frankreich, die Ratifizierung scheitern könnte, noch nicht ganz aufgegeben zu sein.

Für die Zeit nach der westlichen Ratifizierung aber eröffnet die Moskauer Erklärung nicht nur militärische, sondern auch politische Ausblicke. Mit der Lösung der Deutschlandfrage soll es dann aus sein, denn nur der Verzicht auf die Einbeziehung Westdeutschlands in den westlichen Militärblock soll Aussichten auf „gesamtdeutsche freie Wahlen im Jahre 1955" zulassen.

Transportband soll U-Bahn ersetzen

NEW YORK, im November

Die gegenwärtig im Pendelverkehr betriebene U-Bahn-Strecke zwischen dem New York Times Square und dem Zentralbahnhof soll im Laufe der nächsten Jahre durch ein System von laufenden Bändern, die gondelähnliche Fahrzeuge transportieren, ersetzt werden. Die Transportbänder sollen mit unterschiedlicher Geschwindigkeit laufen, so daß an den Bahnhöfen bei einer Geschwindigkeit von 2,5 km je Stunde ein- und ausgestiegen werden kann, während die Bänder auf freier Strecke eine Geschwindigkeit von bis zu 25 st/km haben sollen.

Das neue System soll den Transport von bis zu 22 000 Fahrgästen je Stunde erlauben und mit jährlichen Unterhaltskosten von 183 000 Dollar fast um die Hälfte billiger sein, als die gegenwärtige U-Bahn. Der Bau einschließlich des Tunnel-Umbaus wird zwei bis drei Jahre dauern und etwa 5 Millionen Dollar erfordern. (ap)

Polen gibt deutsche Frauen und Kinder frei

Großaktion zur Familien-Zusammenführung soll bald anlaufen

Von unserem Bonner Büro Vo BONN, 13. Dezember

Schon in aller Kürze kann auf westdeutschem Gebiet die Ankunft einer größeren Anzahl von Deutschen — man spricht von einigen Tausend — erwartet werden, die jetzt noch in Polen und in polnisch verwaltetem Gebiet leben. Völlig überraschend hat sich die polnische Regierung jetzt bereit erklärt, Deutschen die Ausreise ins Bundesgebiet zu gestatten, deren Angehörige sich dort befinden. Bei dieser Aktion wird es sich also im wesentlichen um eine Zusammenführung von Familien handeln.

Die Einzelheiten dieser Rückführung sollen in Besprechungen zwischen den Rot-Kreuz-Organisationen von Polen und Deutschland geklärt werden. Von deutscher Seite ist, verbunden mit einem Dank für diese gute Nachricht, das Rote Kreuz in Warschau gebeten worden, Termin und Zeit dieser Konferenz zu bestimmen.

In Polen laufen offenbar bereits die Vorbereitungen für diese Aktion. In der Bundesrepublik trafen bei verschiedenen Familien Telegramme ein, worin es u. a. heißt, man befinde sich auf dem Wege in ein Lager, und die Heimkehr stehe kurz bevor.

Damit haben die jahrelangen Bemühungen des Deutschen Roten Kreuzes und der internationalen Organisationen zu einem guten Ergebnis geführt. Vertreter des DRK berichteten am Montag in Bonn, man habe in den letzten Monaten einen bemerkenswerten Klimawechsel zum Guten feststellen können. Man hofft, daß diese erfreuliche Entwicklung anhält und daß es möglich sein wird, im Laufe des nächsten Jahres weitere Rückführungstransporte auch aus anderen Ländern im Osten durchführen zu können.

Beim DRK in Bonn hofft man weiter, daß nunmehr bald auch die Einladung an DRK-Präsident Weitz erfolgt, zu Besprechungen über die Heimkehr deutscher Kriegs- und Zivilgefangener aus der Sowjetunion nach Moskau zu kommen.

Arbeitszeiten werden länger

48-Stunden-Woche gehört zu den Ausnahmen - Durchschnitt liegt jetzt bei 50 Wochenstunden

WAZ DÜSSELDORF, 7. Dezember

Die durchschnittliche Wochenarbeitszeit der Industriearbeiter hat im August mit 50 Stunden ihren höchsten Stand seit Kriegsende erreicht, wie das Statistische Bundesamt in seiner letzten Erhebung feststellt. Die Steigerung gegenüber Mai beträgt 0,4 Stunden. Auch bei den Frauen nahm die Arbeitszeit von 45,3 auf 46, also um 0,7 Stunden, zu. Erhöht hat sich ferner der Anteil der zuschlagpflichtigen Überstunden und der Arbeitsstunden an Sonn- und Feiertagen.

Diese Entwicklung zeigt deutlich, wie stark in diesem Sommer bereits die Reserven an Arbeitskraft angespannt waren. Die Mehrarbeit wird nach dem Urteil der Bank deutscher Länder im allgemeinen gerne verrichtet, weil dadurch eine Verbesserung der Lebenshaltung erzielt werden kann.

Von den 24 erfaßten Gewerbezweigen standen im August die Brauereien mit einer Wochenarbeitszeit der Männer von 53,7 Stunden an der Spitze. Dann folgen Papierproduktion mit 52,7 und das Flachdruckgewerbe mit 52,4 Stunden in der Woche. Auch in der eisenschaffenden Industrie wurde mit 51,6 Stunden verhältnismäßig lange gearbeitet. Eine Arbeitszeit unter 48 Stunden konnte bei den männlichen Industriearbeitern nur in drei Wirtschaftszweigen festgestellt werden: in der Bekleidungsindustrie mit 46,8, in der Lederverarbeitung mit 47,9 und in der Schuhfabrikation mit 45,6 Stunden. Rechnet man männliche und weibliche Arbeiter zusammen, so ergab sich, daß im Durchschnitt nur noch in sechs Gewerbezweigen die Arbeitszeit kürzer als 48 Stunden war.

Höhere Verdienste

Gleichzeitig sind die Brutto-Stundenverdienste gestiegen. Die Ursache hierfür liegt in einigen Tariflohn-Erhöhungen. Vorwiegend ist jedoch der höhere Brutto-Stundenlohn auf die Zuschläge für verstärkt geleistete Mehrarbeit, zusätzliche Akkordarbeit und Leistungsprämien zurückzuführen. Im Schnitt verbesserte sich der Brutto-Stundenlohn der männlichen Industriearbeiter von 181,7 Pf auf 183,6 Pf, also um nicht ganz 2 Pf. Bei den Arbeiterinnen stieg der Stundenlohn von 115 Pf auf 115,8 Pf. Im Vergleich zum Vorjahr ergibt sich für die männlichen Arbeiter eine Steigerung um 4,6 Pf und für die weiblichen Arbeiter um 2,5 Pf.

Infolge der höheren Stundenlöhne und der längeren Arbeitszeit weisen die Brutto-Wochenlöhne eine weitere Zunahme auf. Die männlichen Industriearbeiter verdienten im August 91,86 DM gegenüber 90,15 im Mai oder 1,71 DM mehr, während sich bei den Arbeiterinnen der Wochenlohn von 52,14 DM auf 53,29 DM oder um 1,15 DM erhöht hat. Im Vergleich zum August 1953 ist der Brutto-Wochenlohn der Arbeiter um 3,16 DM und der Arbeiterinnen um 1,45 DM gestiegen.

Erhebliche Unterschiede

Recht erheblich sind die Unterschiede in den einzelnen Gewerbegruppen. Ein Brutto-Wochenlohn über 100 DM wurde von den männlichen Industriearbeitern in vier Gewerbezweigen erreicht: in der eisenschaffenden Industrie mit 112,78 DM, im Buchdruck mit 111,82 DM, im Flachdruckgewerbe mit 108,48 DM und in der Gießereiindustrie mit 100,74 DM. Unter dem Durchschnitt von 91,86 DM blieben zurück die Arbeiter in der Schuhindustrie mit 75,50 DM, in der Holzverarbeitung mit 75,36 DM und in der Sägeindustrie mit 69,68 DM.

Bei den Frauen verdienten über dem Durchschnitt die Arbeiterinnen in der Metallverarbeitung mit einem Brutto-Wochenlohn von 58,40 DM, in der chemischen Industrie mit 57,04 DM und in der Textilindustrie mit 54,06 DM. In der Schuhindustrie war der Wochenverdienst der Arbeiterinnen mit 53,19 DM etwa so hoch wie der Gesamtdurchschnitt von 53,29 DM. Erheblich darunter lagen die Nahrungs- und Genußmittelindustrie mit 45,81 DM und die Lederverarbeitung mit 45,92 DM.

Untersucht man die einzelnen Leistungsgruppen, so weist den stärksten Zuwachs der Brutto-Wochenlohn der männlichen Facharbeiter auf, nämlich von 96,64 DM auf 98,80 DM. Bei den angelernten Arbeitern erhöhte sich der Wochenlohn von 90,83 DM auf 92,77 DM und bei den Hilfsarbeitern von 76,04 DM auf 77,74 DM. Die weiblichen Fachkräfte und angelernten Arbeiterinnen erzielten eine Steigerung des Wochenlohns von 54,20 DM auf 55,41 DM. Auch die Hilfsarbeiterinnen überstiegen mit 50,07 DM gegenüber 48,85 DM die Grenze von 50 DM Wochenlohn.

WESTDEUTSCHE ALLGEMEINE
Die unabhängige Zeitung des Ruhrgebiets

Handelskammer Dortmund für Ruhrgebietshochschule

Die Industrie- und Handelskammer Dortmund setzte sich für die Errichtung einer Hochschule im Ruhrgebiet ein, durch die der Anteil der Arbeiterkinder an den Studierenden erhöht werden könnte. Bis jetzt betrage dieser unter den männlichen Studierenden in der Bundesrepublik nach einer Umfrage des Verbandes Deutscher Studentenwerke gegenwärtig nicht ganz 5 v. H. Die Kammer betont, eine Hochschule im Ruhrgebiet könnte die Unterhaltskosten während der Studienzeit wesentlich verringern, wenn der Student die Hochschule täglich vom Wohnort seiner Eltern aus mit den öffentlichen Verkehrsmitteln erreichen könne. Die Mehrzahl der Hochschulen des Bundesgebietes liege aber in den Gegenden, wo der Anteil der Arbeiterschaft an der Gesamtbevölkerung gering sei. Der relativ hohe Unterhaltskostensatz, der in der Umfrage der Studentenwerke auf monatlich 150 bis 180 DM bei bescheidener Lebensführung angegeben wird, erkläre sich aus der Tatsache, daß der Student meist am Ort der Hochschule einen zweiten Wohnsitz gründen müsse. (dpa)

Bonn ist nervös über den Münchener Kurs

Koalition ohne CSU abgesprochen - Adenauer verliert die Zweidrittelmehrheit im Bundesrat

Von unseren Korrespondenten BONN/MÜNCHEN, 9. Dezember

Der Verlauf der Koalitionsgespräche in München und die als sicher geltende Regierungsbildung dort ohne die CSU, haben in Bonn eine deutlich spürbare Nervosität ausgelöst. Diese Stimmung wird noch dadurch gesteigert, daß die Regierung ohne CSU in München für die Bonner Regierung schwerwiegende Folgen für die Zusammensetzung des Bundesrates (Verlust der Zweidrittelmehrheit) haben wird. In München fiel am Donnerstag die Vorentscheidung für die Koalition aus SPD, DP, BHE und FDP. Die vier Parteien unterzeichneten eine Vereinbarung, in der sie erklärten, eine Regierung bilden zu wollen.

Während die CSU in München sich auf die Rolle der Opposition einstellt, suchen die anderen Parteien eine gemeinsame Basis für eine Regierung. Unser Bild zeigt den Bayernpartei-Vorsitzenden Dr. Baumgarten (links) bei einer Besprechung mit dem bisherigen Innenminister Dr. Högener (SPD).

Diese Übereinstimmung kam zustande, nachdem sich nach den anderen Parteien am Donnerstag auch die FDP offiziell für die „Große Allianz" ohne die CSU ausgesprochen hatte. Vorher hatte die CSU mit der FDP noch Verhandlungen geführt in der Absicht, mit der FDP zusammenzugehen. Die FDP lehnte jedoch ab, obwohl die CSU, wie ein FDP-Sprecher versicherte, besonders in kulturpolitischer Hinsicht „wahnsinnig nachgegeben" habe. Sprecher der CSU erklärten am Donnerstagabend: „Wir würden uns in der Opposition bestimmt wohler fühlen, als manche Partei in dieser Regierung." Die Bayernpartei habe sich „der SPD an den Hals geworfen, obwohl gerade sie die vergangene Koalition zwischen der CSU und SPD immer wieder als ‚Todsünde' und ‚Mißgeburt' beschimpft habe".

In Bonner CDU-Kreisen erklärt man jetzt, es sei ein Fehler gewesen, daß sich die CSU nicht mit der SPD in Bayern in Verbindung gesetzt habe. Weiter meint man, die klerikale Gruppe um Dr. Hundhammer habe offensichtlich zu überspannte Forderungen gestellt, an denen alle Versuche einer Absprache mit der Bayernpartei gescheitert seien.

BBC-Fernsehsendung löst Protestaktion aus

Roman „1984" allzu realistisch dargestellt – Trotzdem: Wiederholung

LONDON, 13. Dezember

Die Fernsehfassung des Romans „1984" von George Orwell hat am Montag in Großbritannien einen Proteststurm hervorgerufen. Hunderte von Anrufern beschwerten sich bei der britischen Rundfunkgesellschaft BBC über die allzu realistische Darstellung eines Polizeistaates der Zukunft. Das aufgebrachte Fernsehpublikum und die Fernsehkritiker der meisten Londoner Zeitungen nehmen besonders an den schaurigen Folterszenen und einigen leidenschaftlichen Liebesszenen Anstoß.

Nach Mitteilung eines Sprechers der BBC soll das Stück trotz der Proteste wie geplant am Donnerstag wiederholt werden, da die Gesellschaft glaubt, daß es sich dabei um eines der Meisterwerke unserer Zeit handele. Allerdings hatte die BBC vor der Sendung selbst erklärt, die Sendung sei „für ältere Leute und die jüngeren Mitglieder der Familie ungeeignet". (ap)

Furtwängler †

Prof. Dr. Wilhelm Furtwängler, der größte unter den deutschen Dirigenten der Gegenwart, ist am Dienstag um 17 Uhr im Sanatorium Ebersteinburg bei Baden-Baden einer Herzschwäche erlegen, die einer schweren Lungenentzündung folgte. Der weltbekannte Künstler, der im 69. Lebensjahr stand, war bereits seit einiger Zeit in Behandlung, die Tatsache seiner Erkrankung wurde erst vor wenigen Tagen bekannt.

Erhard: Wir brauchen italienische Arbeiter

Deutsch-italienische Regierungskommission prüft Bedingungen

WAZ BONN, 15. Dezember

Die Frage, wann und unter welchen Bedingungen italienische Arbeiter im Bundesgebiet beschäftigt werden können, soll schon im Januar von einer deutsch-italienischen Regierungskommission geprüft werden. Wie am Mittwoch in Bonn mitgeteilt wurde, haben Bundeswirtschaftsminister Erhard, Bundesarbeitsminister Storch und der italienische Minister Valloni dieses Problem „eingehend erörtert".

Die deutsche und italienische Regierung seien sich einig, daß die Beschäftigung italienischer Arbeiter in Westdeutschland auch unter politischen und sozialen Gesichtspunkten betrachtet werden müsse. Bei der sich abzeichnenden Entwicklung müsse mit der Notwendigkeit gerechnet werden, daß die deutsche Wirtschaft auf italienische Arbeiter zurückgreifen werde. Bundesminister Erhard erklärte dazu vor der Presse, daß man seiner Auffassung nach in „diese Situation" kommen werde.

Die konkreten Möglichkeiten für die Hereinnahme italienischer Arbeiter nach Westdeutschland seien jedoch noch nicht zu übersehen. Umfang und Zeitpunkt müßten sich nach dem Arbeitskräftebedarf richten. Erhard betonte, daß jede nachteilige Beeinflussung der beiderseitigen Arbeitsmärkte und Arbeitsbedingungen dabei vermieden werden müsse. Die italienischen Arbeiter sollten bei gleicher Leistung zu den gleichen Bedingungen wie deutsche Arbeiter beschäftigt werden. Vorwiegend werde es sich um ungelernte Arbeiter handeln, von denen ein Teil in Deutschland ausgebildet werden könne.

Die Bären brüllten schon vor Hunger . . .

WAZ MÜLHEIM (Ruhr), 26. Dez.

Acht Menschen und zahlreiche Tiere des Zirkus' Herrmann, die in ihrem Winterquartier in Mülheim vor dem Verhungern standen, wurden noch kurz vor Weihnachten durch unzählige Spenden buchstäblich in letzter Minute gerettet. Die Geschenke aus allen Kreisen der Bevölkerung reichten vom einfachen Laib Brot über bares Geld bis zum Angebot auf Arbeit für die Söhne des Unternehmers.

Das einjährige Kamel Ali war zum Skelett abgemagert, und die Bären liefen brüllend vor Hunger in ihren Käfigen auf und ab, als eine alte Frau mit den ersten Nahrungsmitteln erschien. Dann aber riß die Kette der Spender nicht mehr ab.

Die WAZ in Mülheim hatte auf die Lage des Zirkus' hingewiesen. Die erste Hilfe kam gerade noch rechtzeitig.

Unverheiratete dürfen sich „Frau" nennen

Jetzt auch im Amtsverkehr

WAZ BONN, 17. Dezember

Jedes „Fräulein" wird sich in Zukunft auch im Verkehr mit Amtsstellen „Frau" nennen dürfen. An eine Altersgrenze soll dieses Recht nicht gebunden sein. Bundesinnenminister Dr. Schröder teilte am Freitag im Parlament mit, die Länderinnenminister hätten sich jetzt geeinigt, entsprechende Erlasse herauszugeben.

Die Alterspräsidentin des Bundestages, Frau Dr. Dr. Lüders (FDP), sagte dazu, „diese Angelegenheit steht ja auch schon seit 100 Jahren auf der Tagesordnung". Sechs verschiedene Erlasse seien seit 1869 in dieser Frage herausgegeben worden. Vor fast 100 Jahren seien die Forderungen der Frauen noch in die ministeriellen Papierkörbe gewandert mit der Begründung, die Bezeichnung „Frau" könne „nur als königliche Gunstbezeigung, und zwar als Titel" gewährt werden.

WESTDEUTSCHE ALLGEMEINE
Die unabhängige Zeitung des Ruhrgebiets

Statt zur Arbeit in den Tod

Die größte Zugkatastrophe im Ruhrgebiet

15 Menschen getötet, 64 verletzt beim Zusammenstoß am Dortmunder Hbf. - Ganzstahlwagen schützen 500 Kinder

Von unserem Redaktionsmitglied EWALD KURTZ
DORTMUND, 19. Dezember

„Wir glaubten an eine schwere Explosion", berichteten übereinstimmend die Bewohner der Kapellenstraße in Dortmund über ihren ersten Eindruck von dem Eisenbahnunglück, das sich am Samstag um 6.20 Uhr auf dem Bahnkörper vor ihren Augen abspielte. „Dann folgte eine unheimliche Stille." Erst Minuten später setzten nach dem furchtbaren Schock die Schmerzensschreie der Sterbenden und Verletzten ein. Das Eisenbahnunglück forderte bis Sonntag abend 15 Tote, 34 Schwer- und 30 Leichtverletzte.

Der Angestellte Karl B. wollte sich gerade rasieren, als er bei einem Blick durchs Fenster seiner Wohnung auf das Bahngelände den frühen Nahschnellverkehrszug aus Duisburg auf einem anderen als dem gewohnten südlichsten Gleis auf die Brücke über die Bornstraße zufahren sah: „Wer lange Zeit an einer Bahnstrecke wohnt, bekommt so etwas Ahnung von dem Betrieb, und ich erschrak bei dem Gedanken, daß der Personenzug nach Hamm auf einem Einfahrtgleis rollte."

Kinder aus dem Rheinland

Sekunden später war es geschehen. Der Zug war mit dem Sonderzug 4224 aus Kiel zusammengestoßen, der 500 von Krankenkassen nach Westerland zur Erholung verschickte Kinder zurück nach Dortmund und ins Rheinland brachte.

In dem Personenzug, der überwiegend Männer an ihren Arbeitsplatz bringen sollte, herrschte das Grauen: der Packwagen hatte sich in den folgenden Wagen geschoben und ihn restlos zertrümmert. 13 Fahrgäste starben in den ersten Minuten, die dem Zusammenstoß folgten. Sie wurden von hilfsbereiten Händen auf Bahren an der Böschung niedergelegt, zugedeckt mit ihren Mänteln, neben sich die Aktentasche mit den Butterbroten für den Samstag ... Zwei noch lebend Geborgene überstanden den Transport ins Krankenhaus nicht.

Ohne wesentliche Beschädigungen überstand dagegen der Kindersonderzug den furchtbaren Anprall. Die stabilen Ganzstahlwagen hatten den schweren Stoß ausgehalten: nur eines der Kinder wurde leicht verletzt.

Spielkarten und eine abgerissene Notbremse

... lagen neben den Gleisen der Unglücksweiche in der Nähe des Dortmunder Hauptbahnhofs. Bild links: Bei dem Zusammenstoß der beiden Züge wurde der Packwagen des Personenzuges bis in die letzten Abteile des hinter ihm folgenden Wagens gedrückt. Bilder: WAZ-Schley, Keystone

. . . wenne hintn einsteichs

Mitte Strahssnbahn
fahrchchanz gährne.
Da kasse nähmlich fohrne einstein,
oder du kassauch hintn einstein
weilse nähmlich meissnsn Annänger drannatt.

Unwenne fohrne einsteichs,
dann kasse daauchnomal fohrne einstein,
zu den Strahssnbahnfarrer,
Unda kasse sehn, wenner so bimmelt
wattat Volk, wiedattzo überde Strahsse läuft,
doof is.
Di Rattfarrers, die Olln mittn Regenschihrm,
die Autos un watta allettzo rumläuft.

Wenne fohrne einsteichs,
kasse auch hintn einstein,
wo dä Schaffner sein Platz hat.
Wenne also fohrne einsteichs,
da kasse also fohrne fohrne
oder fohrne hintn einstein.

Genau so isset, wenne hintn einsteichs,
innen Annänger.
Da kasse auch hintn fohrne
oder hintn hintn einstein,
ganz egal, wie dattich Spassmacht.

Aber dattis ehmdatt Schöne anne Strahssnbahn:
Wennße dabiss, wohße hinwills,
dann bisse da,
oppe nun fohrne fohrne
oder fohrne hinten,
oder hinten fohrne
oder hintn hintn eingestiehn biss.

ANTON

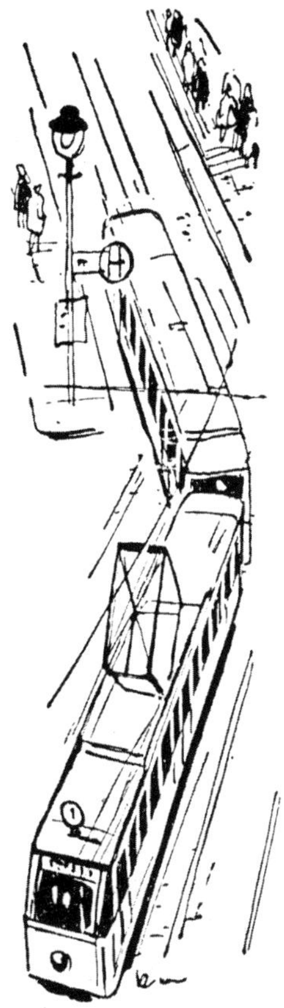

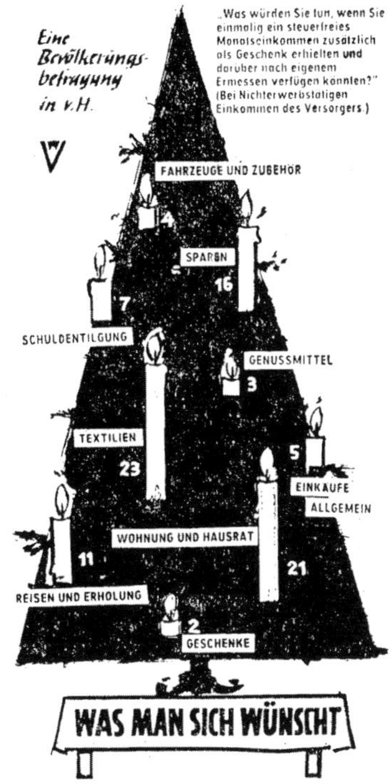

Aus den Ergebnissen einer Umfrage des Bielefelder Meinungsforschungsinstituts EMNID in der Vorweihnachtszeit haben wir die wichtigsten Antworten ausgewählt und im Schaubild dargestellt. Bemerkenswert ist, daß die Wunschrichtung „Reisen und Erholung", die ihren Höhepunkt naturgemäß im Sommer hat und im vergangenen Jahr vor Weihnachten kaum genannt wurde, jetzt auch in den Wintermonaten ausgeprägt in Erscheinung tritt. WAZ-Schaubild: Wilm Voßnacke

Was erwarten Sie vom Fernsehen?

Persönlichkeiten des öffentlichen Lebens antworten auf diese Frage

„Halten Sie das Fernsehen für ein neues, zukunftsträchtiges Ausdrucksmittel?, lautete eine der ins einzelne gehenden Fragen, die die Deutsche Presse-Agentur an Persönlichkeiten des Staates, der Kirchen und kultureller Institutionen, an Theaterdirektoren, Bühnen- und Filmregisseure und Verleger gerichtet hatte. Es kam darauf an, die Meinungen derer zu hören, die aus beruflichen, künstlerischen oder ethischen Gründen am Fernsehen nicht vorbeigehen können. Hier sind ihre Antworten:

„Zukunftsträchtig?" — „Ja", antworteten fast alle der Befragten. „Selbstverständlich, unbedingt", betonten vor allem Theaterfachleute. „Der Denkfaulheit darf allerdings durch Mißbrauch des Fernsehens als Unterhaltungsmittel nicht Vorschub geleistet werden", warnt der Verleger Ernst Heimeran, München. Nachteilige Einflüsse auf das Theater oder die Lektüre guter Bücher werden von der überwiegenden Mehrzahl der Antwortgeber nicht befürchtet. „Im Gegenteil", erklären berufene Bühnenfachleute, Theater, Film und Buch können durch das Fernsehen positive Impulse empfangen". Nur der Intendant des Berliner Schiller-Theaters, Boleslaw Barlog, hegt leise Zweifel: „Ich bin da nicht ganz sicher."

GÜNSTIGER EINFLUSS AUF DIE FAMILIE

Welche Auswirkungen hat das Fernsehen auf die Familie? Einen günstigen Einfluß auf ihren äußeren Zusammenhang sieht der Bundesminister für Familienfragen, Dr. Wuermeling, schon im bloßen Vorhandensein des Fernsehgeräts und in einer Einladung an alle Familienangehörigen zum gemeinsamen Erleben einer Sendung.

„In technischer Hinsicht gibt es noch gewisse Mängel", erklärt als Sprecher für viele andere der Intendant des Berliner Schiller-Theaters. Zu lange Umschaltpausen sind störend, sagt man im evangelischen Rundfunk-Referat, Hamburg. „Die Technik ist besser als die bisherige geistige Leistung", behauptet Prof. Dr. Walter Hagemann vom Institut für Publizistik (Münster).

PUBLIKUM WIRD AUGENZEUGE

Und nun die Hauptfrage, die Frage der Programmgestaltung. Sollen die aktuellen Berichterstattungen (Life-Sendungen) bevorzugt werden? „Ja, unbedingt", antworten die meisten der Befragten. Sie sind die Hauptaufgabe des Fernsehens, sagen mehrere. Als Konkurrenz für andere Publikationsorgane (Zeitung, Film) sind sie nicht anzusehen. Im Gegenteil, sie füllen eine Lücke aus, indem sie das Publikum zum Augenzeugen der gegenwärtigen Ereignisse werden lassen.

Natürlich darf das Unterhaltungsprogramm nicht vernachlässigt werden. Das Gros der Zuschauer legt Wert darauf. „Wir bezahlen fünf Mark monatlich, da können wir gute Unterhaltung verlangen", sagte eine Dame, wobei sie freilich nicht bedachte, daß diese fünf Mark keine Bezahlung für das Programm, sondern Sendegebühr darstellen. „Unterhaltung? 50:50! fordert Intendant Lippert vom Deutschen Schauspielhaus Hamburg. Populärwissenschaftliche Sendungen sollten immer unterhaltender Art sein, Belehrung mit erhobenem Zeigefinger ist unerwünscht. Sport-Übertragungen sind unentbehrlich — aber alles im rechten Maße, [illegible]d gefordert. Für das Fernsehen als „Heimkino" ist keine Stimmung vorhanden.

„SHAKESPEARE DES FERNSEHENS" GESUCHT

Alle Befragten sind sich darüber einig, daß das Fernsehen eigene Stilmittel für den Bildschirm erfinden muß. „Wir warten auf den Shakespeare des Fernsehens, der die neue Form schafft", sagt Prof. Hagemann.

Welche Wünsche bleiben noch offen? Erwünscht sind lokale und regionale Sendungen der einzelnen Sendestationen. Intendant Boleslaw Barlog gibt dem deutschen Fernsehen den Rat: „Keine zu langen Sendungen — Niveau, Niveau, Niveau! Und Verleger Kahnert faßt die Wünsche vieler der befragten Zuschauer in die Worte zusammen: „Das Fernsehen sollte die große Chance ergreifen, die Problematik des Lebens und nicht nur seinen äußeren Schein darzustellen."

WESTDEUTSCHE ALLGEMEINE
Die unabhängige Zeitung des Ruhrgebiets

Über 1 Million Festtagspakete aus NRW für die Sowjetzone

560 Eisenbahnwaggons

WAZ DUISBURG, 23. Dezember

Aus NRW wurden vom 4. November bis 22. Dezember 560 Eisenbahnwaggons mit 1 144 000 privaten Weihnachtspaketen in die Sowjetzone und nach Ost-Berlin versandt, wie die Umschlagstelle für NRW für Sowjetzonen-Pakete beim Hauptpostamt Duisburg am Donnerstag mitteilte. Dies bedeutet eine Zunahme gegenüber dem Vorjahr um 60 000 Pakete.

Bei einem Durchschnittsgewicht der Pakete von 5 kg und einem geschätzten durchschnittlichen Wert von 20 DM für das Paket wurden demnach 1954 Weihnachtssendungen mit etwa 5,7 Mill. kg im Werte von rund 23 Mill. DM aus NRW in die Sowjetzone versandt.

Unter den Empfangsgebieten führt Magdeburg-Stadt und -Bezirk mit zusammen 112 Waggons Weihnachtspaketen vor Erfurt mit 98 Waggons. Nach Ost-Berlin wurden 38 Waggons abgefertigt.

Riesenschluck aus Schnapsflasche rettete nicht vor Gefängnis

WAZ ESSEN, 16. Dezember

Die Blutprobe „vermasseln" wollte ein Motorradfahrer in Essen der Polizei nach seiner Festnahme wegen Trunkenheit am Steuer. Auf der Wache zückte er plötzlich eine Schnapsflasche und nahm einen kräftigen Schluck. Ergebnis: 2,64 pro mille Alkohol im Blut. Das Gericht zog für den „Nachschluck" großzügig 120 ccm oder fünf Gläschen Schnaps ab. „Dann bleiben immer noch 1,84 pro mille", stellte der Sachverständige wissenschaftlich exakt fest. „Genug für absolute Fahruntüchtigkeit", meinte das Gericht und verurteilte den Angeklagten zu sechs Wochen Gefängnis.

Neueste Damenmode: Herrenpyjamas

NEW YORK, 20. Dezember

Der Weihnachtsverkaufs-Schlager und der letzte Schrei auf dem Gebiet der Damenmode in den USA sind — Herrenschlafanzüge. 86 v. H. der Pyjamas werden von Frauen gekauft, berichtete der Leiter des Verbandes amerikanischer Pyjama-Fabrikanten. Der Umsatz hat sich im Vergleich zu 1950 verdoppelt.

Viele Ehefrauen sind dazu übergegangen, die Hosenbeine und die Ärmel der Schlafanzüge ihrer Männer umzukrempeln und sie zu tragen. Auch viele alleinstehende Frauen kaufen sich jetzt Herrenschlafanzüge in kleinen Größen, vermutlich weil sie sich darin bequemer fühlen. *(ap)*

WEIHNACHTEN UNTER TAGE

730 m tief unter der Erde steht dieser Weihnachtsbaum, den Bergleute auf Schacht III der Zeche Königsborn-Werne bei Hamm geschmückt haben. Sie sind stolz auf ihren „tiefsten" Tannenbaum in der Bundesrepublik. WAZ-Bild: Werner Ebeler

EINEN PREISGEKRÖNTEN ENTWURF für einen Mantel, den der 21 Jahre alte Hamburger Modestudent Karl Lagerfeld in Paris fertigstellte, übernahm der bekannte Modeschöpfer Pierre Balmain für seine neue Kollektion. Unser Bild zeigt den jungen Deutschen mit einem Mannequin, der den soeben vollendeten Mantel trägt. Im Hintergrund die mit 3600 DM prämiierten Zeichnungen Lagerfelds. dpa-Bild

U-Bahn duftet nach Kölnisch Wasser

... natürlich in Paris

PARIS, 29. Dezember

Die Pariser Untergrundbahn. die „Metro", zeichnet sich nicht nur durch eine außerordentliche Pünktlichkeit ihres Zugverkehrs, sondern in den Hauptverkehrsstunden auch durch eine drangvolle Enge in ihren Abteilen aus. Um der Luftverschlechterung zu begegnen, werden die unterirdischen Haltestellen seit langem mit Desinfektionsmitteln besprüht, denen Zitronenöl zugesetzt ist. Dieser Geruch scheint nicht allen Fahrgästen behagt zu haben, denn die „Metro" ist dazu übergegangen, zunächst auf zwei Versuchsstrecken andere Wohlgerüche zu verwenden.

Auf der einen Linie werden in den frühen Morgenstunden Luftreinigungsmittel zerstäubt, denen Eau de Cologne beigegeben ist. Auf der anderen Linie wird Fichtennadelduft verbreitet. Versuche mit anderen Düften sind in Vorbereitung.

Deutscher Film auf schlechten Plätzen

Konkurrenz des Auslandes immer noch zu stark – Mangel an Kapital

BONN, 23. Dezember

Im Jahre 1946 wurde der erste deutsche Nachkriegsfilm gedreht. 1150 Kinos mit gut 400 000 Sitzplätzen waren übriggeblieben. Bis zur Geldreform wurden zwanzig Filme hergestellt. 1949 gab es schon 3360 Theater mit rd. 1,3 Mill. Plätzen. Im Jahre 1953 waren es mehr als 2 Mill. Sitze in 5120 Filmtheatern. Es gibt jetzt in Westdeutschland fast soviel Kinos wie einst im Reichsgebiet. Die Besucherzahlen sind bedeutend angestiegen. Im Reichsgebiet von 1939 (mit Österreich, Sudeten- und Saargebiet) wurden 624 Mill. Besucher an den Kassen gezählt, im letzten Jahr in der Bundesrepublik mit Berlin-West dagegen 675 Millionen.

Damit ist der Film, wie das jetzt vorgelegte Filmstatistische Jahrbuch nachweist, wieder zum beachtlichen Wirtschaftsfaktor geworden. Allerdings, die Freude ist nicht ungetrübt. Den Löwenanteil im Verleihprogramm bestreitet noch das Ausland. Für die laufende Spielzeit wurden 514 abendfüllende Streifen angekündigt, davon 138 deutsche, 237 kommen aus USA, 49 aus Frankreich, 37 aus Italien, 24 aus England und anderen Staaten. Für die Filmeinfuhr haben wir im letzten Verleihjahr (endend am 31. 8. 1954) rund 34 Mill. DM an das Ausland gezahlt, während der eigene Filmexport nur 11 Mill. DM an Devisen einbrachte.

Daß die deutsche Filmwirtschaft also vorläufig auf schlechteren Plätzen sitzt als ihre Konkurrenz, ist wohl nicht so sehr eine Frage ihrer Leistungen. Man hat ihre großen Gesellschaften zerschlagen. Weltmärkte gingen verloren. Wer die „großen" Filme von einst den heutigen gegenüberstellt, sollte das bedenken. Für Wagnisse und neue Wege braucht man finanziellen Rückhalt; der fehlt.

Die Einnahmen der Filmtheater sind zwar von 411 Mill. DM im Jahre 1949 auf 682 Mill. DM im Jahre 1953 gestiegen, aber die Vergnügungssteuern sind recht bedeutend, während die Eintrittspreise wenig über denen der Vorkriegszeit liegen. Die Gemeinden kassierten im letzten Jahr 130 Mill. DM Steuern mit „Vergnügen". Es wird schwerhalten, ihnen diese Einnahmen zu schmälern. (kom)

Chronik 1954

Januar

4. Januar
In Duisburg werden die ersten Parkuhren der Bundesrepublik Deutschland aufgestellt.

4. Januar
Sturmflut an der Ostseeküste. Das Wasser erreicht zwei Meter über Normalstand, Häfen und Küstenstädte werden überschwemmt.

12. Januar
Lawinenkatastrophe in den österreichischen, Schweizer und bayrischen Alpen. Mehr als 200 Menschen finden den Tod.

21. Januar
Das erste Atom-U-Boot läuft vom Stapel: Die „Nautilus" der amerikanischen Marine.

Februar

9. Februar
Auf dem Wetterschacht „Barbara" der Essener Zeche Amalie wird eine Teufe von 1.215 Metern erreicht. Damit ist dieser Schacht der tiefste im Ruhrgebiet.

19. Februar
Als erste Deutsche erringt die 18-jährige Kölnerin Gundi Busch den Weltmeistertitel im Eiskunstlauf der Damen.

26. Februar
Im Deutschen Bundestag stimmt eine Zweidrittel-Mehrheit – die SPD votiert dagegen – für die „Wehrergänzung zum Grundgesetz". Damit ist der Weg zur Einführung der Wehrpflicht in der Bundesrepublik geebnet.

März

1. März
Die USA testen die bisher stärkste Wasserstoffbombe im Pazifik. Die Zerstörungskraft der Bombe übertrifft die Berechnungen der Wissenschaftler.

18. März
Schwierige Lage im Steinkohlenbergbau. Auf Ruhrgebiets-Zechen werden erstmals seit zwei Jahrzehnten wieder Feierschichten gefahren.

25. März
Die UdSSR überträgt der Sowjetzone Souveränitätsrechte.

April

8. April
Ein „Comet"-Düsenverkehrsflugzeug stürzt mit 21 Menschen an Bord in die Bucht von Neapel. Es ist das zweite Unglück mit einer Maschine der „Comet"-Flotte innerhalb von drei Monaten. Folge: Flugverbot für die „Comet".

24. April
Suchtrupps finden die ersten neun Todesopfer einer Tragödie, die sich auf dem Dachstein-Plateau (Österreich) ereignet hat. Zehn Schüler und drei Lehrer aus Heilbronn sind während einer Wanderung in einen Schneesturm geraten. Bis auch die letzten Vermissten erfroren aufgefunden werden, sollen noch Wochen vergehen.

Mai

1. Mai
Die Gewerkschaften machen die Forderung nach Einführung der Fünftage-Woche zum Schwerpunkt des Mai-Aufrufs. In den USA und in Kanada ist sie schon eingeführt. Plakat: „Samstags gehört Vati mir".

7. Mai
Die Festung Dien Bien Phu in Indochina (Vietnam) ergibt sich den kommunistischen Aufständischen „Vietminh". Der Fall besiegelt das Ende der französischen Präsenz. Am 20. Juli wird das Waffenstillstandsabkommen beschlossen. Vietnam wird geteilt: Der Norden mit der Hauptstadt Hanoi geht in kommunistische Herrschaft über, der Süden ist der Rest vom bisherigen Staat.

17. Mai
Der amerikanische Oberste Gerichtshof erklärt die Rassentrennung an den Universitäten und Schulen für verfassungswidrig.

23. Mai
Hannover 96 wird durch ein 5:1 gegen den 1. FC Kaiserslautern Deutscher Fußballmeister.

25. Mai
Das Land NRW erhält einen eigenen Rundfunksender. Der „Westdeutsche Rundfunk" wird seinen Sitz in Köln haben.

Juni

17. Juni
Erstmals gesetzlicher Feiertag zur Erinnerung an den Volksaufstand vom 17. Juni 1953 gegen das SED-Regime in Ostberlin und zahlreichen anderen Orten in der DDR.

19. Juni
Der erste Strommast zur Elektrifizierung der Bundesbahnstrecke Düsseldorf-Hamm wird in Essen errichtet. Für die gesamte Eisenbahnstrecke quer durchs Ruhrgebiet werden rund 135.000 Masten benötigt. Die Elektrifizierung leite einen neuen Abschnitt in der Entwicklung des Industriegebietes ein, erklärt Ministerpräsident Karl Arnold (CDU). „Ich sehe hierin eine unerlässliche Ergänzung des Wiederaufbaus unserer Fabriken, unserer Heimstätten und unserer gesamten Wirtschaft, ohne die unsere Arbeit nur Stückwerk bleiben kann."

20. Juni
Hans Günter Winkler holt auf „Halla" den Titel bei der Weltmeisterschaft der Springreiter in Madrid.

27. Juni
Landtagswahl in NRW. Die CDU erreicht 41,3 Prozent, die SPD 34,5, die FDP 11,5, das Zentrum 4, 0, die KPD 3,8 Prozent. Die Wahlbeteiligung beträgt 72,6 Prozent. Ministerpräsident Karl Arnold (CDU) führt eine Koalition aus CDU, FDP und Zentrum.

Juli

4. Juli
Das „Wunder von Bern": Deutschland wird Fußball-Weltmeister. Trotz eines 0:2-Rückstands schlägt die Elf von Bundestrainer Sepp Herberger die ungarische Mannschaft im Endspiel in Bern mit 3:2.

17. Juli
Der erste Bundespräsident der Bundesrepublik, Theodor Heuss (70), wird wiedergewählt. Der FDP-Politiker bekleidet das Amt von 1949 bis 1959.

20. Juli
Der Präsident des Bundesamtes für Verfassungsschutz, Otto John, verschwindet und taucht wenige Tage später als politischer Flücht-

ling in Ostberlin wieder auf. Ein sensationeller Fall, zumal nie abschließend geklärt werden kann, ob John freiwillig in die DDR wechselte, entführt oder nach einem Besuch festgehalten worden ist. Als er im Dezember 1955 wieder in der Bundesrepublik erscheint, wird ein Verfahren wegen Landesverrats gegen ihn geführt, John zu vier Jahren Zuchthaus verurteilt.

31. Juli
Eine italienische Expedition mit Lino Lacedelli und Achile Compagnoni an der Spitze bezwingt im Himalaja den K 2, den zweithöchsten Gipfel der Erde (8.611 Meter). Im Jahr zuvor war erstmals der Mount Everest bezwungen worden, der höchste Berg der Welt.

August

6. August
Die im Januar 1953 gegründete „Aktiengesellschaft für den Luftverkehrsbedarf" (Luftag) wird zur Deutschen Lufthansa. Mit der Neugründung lebt ein Traditionsunternehmen von Rang wieder auf.

22. August
Der argentinische Rennfahrer Juan Manuel Fangio wird Automobilweltmeister mit einem Mercedes-„Silberpfeil". Es ist – nach 1951 – Fangios zweiter von schließlich fünf WM-Titeln.

September

9. September
Bei einem Erdbeben in Algerien sterben mehr als 1.500 Menschen.

15. September
„Familie Schölermann" geht als erste deutsche Familienserie im Fernsehen auf Sendung.

26. September
Mit unvorstellbarer Wucht tobt ein Taifun über Japan. Die Zahl der Todesopfer wird auf etwa 2.000 geschätzt.

Oktober

2. Oktober
Die Londoner Außenminister-Konferenz – sieben westeuropäische Staaten, die USA und Kanada – nimmt die Grundsatzerklärung zur deutschen Wiederbewaffnung an. In weiteren Konferenzen der wichtigsten westlichen Staaten in diesem Monat – auch in Paris – werden entscheidende Weichen gestellt: Das

Ende des Besatzungsregimes wird beschlossen und die Aufnahme der Bundesrepublik in die Nato.

31. Oktober
Der „weiße Blitz" Heinz Fütterer stellt in Yokohama den Weltrekord von Jesse Owens (USA) über 100 Meter in 10,2 Sekunden ein.

November

3. November
Der französische Maler Henri Matisse stirbt im Alter von 84 Jahren. Matisse war einer der wichtigsten Vertreter des „Fauvismus", des auf Bildkompositionen in reinen und kräftigen Farben setzenden Stils.

30. November
Wilhelm Furtwängler, einer der führenden Dirigenten seiner Zeit, stirbt im Alter von 68 Jahren. Zuletzt war Furtwängler, der auch komponierte, Leiter der Berliner Philharmoniker.

Dezember

4. Dezember
Das Ruhrlandmuseum in Essen wird wiedereröffnet. Biologie, Geologie, Vor- und Frühgeschichte sowie die Ortsgeschichte sind die Ausstellungsthemen.

10. Dezember
Die deutschen Wissenschaftler Max Born (Universität Göttingen) und Walter Bothe (Universität Heidelberg) erhalten gemeinsam den Nobelpreis für Physik. Der Nobelpreis für Literatur wird in diesem Jahr Ernest Hemingway zugesprochen. Der amerikanische Schriftsteller bekommt die Auszeichnung unter anderem für seinen Roman „Der alte Mann und das Meer". Der Friedensnobelpreis wird nicht verliehen, kein Kandidat wird für würdig befunden.

18. Dezember
Eisenbahnunglück im Dortmunder Hauptbahnhof: Ein Nahverkehrszug aus Duisburg stößt mit einem Sonderzug aus Kiel zusammen – 15 Menschen werden getötet, 64 verletzt. Wie die Bahn später mitteilt, ist der Nahverkehrszug über eine Weiche geleitet worden, die signaltechnisch noch nicht freigegeben werden durfte.

18. Dezember
Die Rheinbrücke Duisburg-Ruhrort/Homberg wird eingeweiht.

22. Dezember
Ein Sturm über Deutschland fordert binnen 48 Stunden 22 Todesopfer.